国家社会科学基金"十三五"规划2017年度教育学一般课题"研究型大学引导区域创新的协同动力机制与优化路径研究"（课题批准号：BIA170172）

How Research Universities Guide Regional Innovation:
Mechanism and Approaches

研究型大学引导区域创新机制与路径

郄海霞　董伟 ◎ 著

中国社会科学出版社

图书在版编目（CIP）数据

研究型大学引导区域创新：机制与路径／郄海霞等著．—北京：中国社会科学出版社，2023.5
ISBN 978-7-5227-1975-7

Ⅰ.①研… Ⅱ.①郄… Ⅲ.①高等学校—学校管理—研究—中国 Ⅳ.①G647

中国国家版本馆 CIP 数据核字（2023）第 097276 号

出 版 人	赵剑英	
责任编辑	张　林	
特约编辑	肖春华	
责任校对	季　静	
责任印制	戴　宽	

出　　版	中国社会科学出版社	
社　　址	北京鼓楼西大街甲 158 号	
邮　　编	100720	
网　　址	http://www.csspw.cn	
发 行 部	010-84083685	
门 市 部	010-84029450	
经　　销	新华书店及其他书店	
印　　刷	北京明恒达印务有限公司	
装　　订	廊坊市广阳区广增装订厂	
版　　次	2023 年 5 月第 1 版	
印　　次	2023 年 5 月第 1 次印刷	
开　　本	710×1000　1/16	
印　　张	24.75	
插　　页	2	
字　　数	394 千字	
定　　价	128.00 元	

凡购买中国社会科学出版社图书，如有质量问题请与本社营销中心联系调换
电话：010-84083683
版权所有　侵权必究

目 录

序 言 …………………………………………………………… (1)

第一章 绪论 …………………………………………………… (1)
第一节 研究背景与研究意义 ……………………………… (1)
一 研究背景 ……………………………………………… (1)
二 研究目的 ……………………………………………… (7)
三 研究问题 ……………………………………………… (8)
四 研究意义 ……………………………………………… (8)
第二节 国内外研究现状述评 ……………………………… (9)
一 区域创新相关研究现状 ……………………………… (9)
二 研究型大学引导区域创新相关研究现状 …………… (20)
三 国内外研究现状评价 ………………………………… (31)
第三节 研究思路与研究内容 ……………………………… (32)
一 研究思路 ……………………………………………… (32)
二 研究内容 ……………………………………………… (34)
三 研究重点与难点 ……………………………………… (35)
第四节 研究方法与技术路线 ……………………………… (36)
一 研究方法 ……………………………………………… (36)
二 技术路线 ……………………………………………… (37)
三 创新之处 ……………………………………………… (38)

第二章　相关概念和理论基础……………………………………（39）
第一节　相关概念……………………………………………（39）
一　区域创新及区域创新体系的内涵…………………………（39）
二　研究型大学的内涵…………………………………………（41）
三　协同动力机制………………………………………………（43）
四　引导…………………………………………………………（44）
第二节　理论基础……………………………………………（45）
一　区域创新理论………………………………………………（45）
二　知识生产模式转型与四螺旋创新理论……………………（46）
三　大学职能论…………………………………………………（49）

第三章　研究型大学引导区域创新的外部诉求和内在逻辑……（53）
第一节　研究型大学引导区域创新的外部诉求……………（54）
一　国家发展战略需要研究型大学提高贡献度………………（55）
二　区域社会发展需要研究型大学扩大支撑度………………（58）
三　区域创新体系建设需要研究型大学增强引领度…………（60）
第二节　研究型大学引导区域创新的内在逻辑……………（63）
一　研究型大学是创新型人才培养及会聚的高地……………（65）
二　研究型大学是知识生产以及创新的活力源泉……………（68）
三　研究型大学是高新技术集成创新转化的平台……………（72）
四　研究型大学是新思想与新文化的主要辐射源……………（74）
五　研究型大学是国际交流与合作的桥梁与纽带……………（78）

第四章　研究型大学引导区域创新的动力机制…………………（81）
第一节　研究型大学引导区域创新的外部动力机制………（81）
一　研究型大学引导区域创新的外部要素……………………（83）
二　研究型大学引导区域创新的外部动力……………………（88）
三　研究型大学引导区域创新的外部动力机制………………（90）
第二节　研究型大学引导区域创新的内部动力机制………（94）
一　研究型大学引导区域创新的内部要素……………………（95）
二　研究型大学引导区域创新的内部动力……………………（100）

三　研究型大学引导区域创新的内部动力机制 …………… （103）
　第三节　研究型大学引导区域创新的协同动力机制 ………… （107）
　　一　内部动力机制和外部动力机制之间的关系 …………… （108）
　　二　协同动力机制的模型构建 ……………………………… （109）
　　三　研究型大学引导区域创新协同动力机制的内在机理 …… （112）

第五章　国外研究型大学引导区域创新的协同动力机制分析 …… （116）
　第一节　美国研究型大学引导区域创新的协同动力机制分析 …… （116）
　　一　美国研究型大学引导区域创新的概况 ………………… （117）
　　二　美国研究型大学引导区域创新的实践案例 …………… （122）
　　三　美国研究型大学引导区域创新的经验 ………………… （143）
　第二节　德国研究型大学引导区域创新的协同动力机制 …… （145）
　　一　德国研究型大学引导区域创新的概况 ………………… （146）
　　二　德国研究型大学引导区域创新的实践案例 …………… （154）
　　三　德国研究型大学引导区域创新的经验 ………………… （169）
　第三节　英国研究型大学引导区域创新的协同动力机制 …… （172）
　　一　英国研究型大学引导区域创新的概况 ………………… （173）
　　二　英国研究型大学引导区域创新的实践案例 …………… （179）
　　三　英国研究型大学引导区域创新的经验 ………………… （203）
　第四节　国外研究型大学引导区域创新的共性与特色 ……… （205）
　　一　国外研究型大学引导区域创新的共性 ………………… （205）
　　二　国外研究型大学引导区域创新的特色 ………………… （210）

第六章　我国研究型大学引导区域创新的实证分析 …………… （213）
　第一节　指标体系的构建 ……………………………………… （213）
　　一　指标构建的基础 ………………………………………… （214）
　　二　指标设计过程 …………………………………………… （219）
　　三　指标体系确定及数据来源 ……………………………… （223）
　第二节　我国研究型大学引导区域创新的实证分析 ………… （230）
　　一　实证分析框架 …………………………………………… （230）
　　二　研究结果 ………………………………………………… （235）

三　研究型大学区域创新贡献度分析 …………………………（249）

第七章　我国研究型大学引导区域创新的案例分析 ……………（266）
第一节　清华大学研究院 ………………………………………（266）
　　一　清华大学引导区域创新概况 ………………………（267）
　　二　清华大学研究院基本情况 …………………………（269）
　　三　内部动力机制 ………………………………………（271）
　　四　外部动力机制 ………………………………………（279）
　　五　内外部动力机制的协同过程 ………………………（282）
第二节　浙江大学国家大学科技园 ……………………………（284）
　　一　浙江大学引导区域创新概况 ………………………（284）
　　二　浙江大学国家大学科技园基本情况 ………………（286）
　　三　内部动力机制 ………………………………………（289）
　　四　外部动力机制 ………………………………………（292）
　　五　内外部动力机制的协同过程 ………………………（294）
第三节　同济大学"环同济知识经济圈" ………………………（295）
　　一　同济大学引导区域创新概况 ………………………（295）
　　二　"环同济知识经济圈"基本情况 …………………（298）
　　三　内部动力机制 ………………………………………（301）
　　四　外部动力机制 ………………………………………（305）
　　五　内外部动力机制的协同过程 ………………………（307）

第八章　我国研究型大学引导区域创新的优化路径 ……………（309）
第一节　我国研究型大学在引导区域创新中面临的问题 ………（309）
　　一　各区域相关制度政策实施存在差异 ………………（310）
　　二　研究型大学与区域内各主体间的合作机制不健全 ……（311）
　　三　研究型大学校际协同创新能力亟待增强 …………（316）
　　四　研究型大学自身需提升创新实力 …………………（318）
第二节　我国研究型大学引导区域创新的优化路径 ……………（327）
　　一　优化创新政策体系，增强研究型大学引导区域创新的
　　　　活力 …………………………………………………（327）

  二 构建"政—校—企—社"深度合作机制，形成新的区域创新体系 …………………………………………………（328）
  三 构建研究型大学集群，增强区域协同创新能力 …………（332）
  四 激发研究型大学引导区域创新的内生动力 ………………（339）

结 语 ……………………………………………………………（348）

参考文献 ………………………………………………………………（356）

后 记 ……………………………………………………………（383）

序 言

当今世界形势复杂多变,正处于百年未有之大变局中,我国要实现从制造大国向制造强国转变的战略目标,必须加快实施创新驱动发展战略,加快实现高水平科技自立自强,以国家战略需求为导向,集聚力量进行原创性引领性科技攻关,增强自主创新能力。改革开放以来,我国始终将创新摆在国家发展全局的核心位置,不断加强国家创新体系建设,加快建设创新型国家。区域创新体系是国家创新体系在区域层次的延伸,建设创新型国家,必须加强区域创新体系建设。区域创新能力正在成为决定区域经济增长和国家竞争优势的关键性因素。人才是创新的第一资源,是增强区域创新能力、实现经济可持续发展的重要源泉。研究型大学作为人才培养、科技发展与创新增长的原始动力,不仅是基础研究与重大科技突破的生力军,也是引导区域创新的关键力量。国内外实践表明,以研究型大学为核心形成的大学集群不仅为区域发展创造了大量经济价值,而且创造了大量创新资源和创新成果,影响着区域创新的方向,并形成了独特的区域创新文化。

大学通过与政府、企业、科研机构等深度合作,在创新体系中发挥着独特的功能。硅谷是创新生态体系的原型,其形成和发展既得益于政府政策法规和私人投资的支持,更离不开研究型大学的推动。斯坦福大学和加州大学伯克利分校是促使硅谷形成的关键资源。这两所大学一方面吸引着来自世界各地的优秀人才、高端技术和资本,不断激励着新创意的产生,并迅速形成新的企业,实现了从创意到创新再到创业的过程;另一方面通过与政府建立联合项目、与工业界合作,将政府和工业界两股力量凝聚在一起,共同推动着技术的创新和传播。可见,研究型大学在促进区域创新体系形成和发展中起到了支撑性、引领性作用。当前新一轮科技革命和人工智能迅猛发展，新技术、新业态、新模式不断涌现，区域创新呈现新的趋势，创新方式从以资源为主的驱动转变为以人才为核心的驱动，研究型大学被赋予新的角色和使命。在新的时代，研究型大学不仅是区域创新体系的支持者和推动者，更是引领者和实践者。然而，如何在区域创新体系中重新定位研究型大学的作用，如何有效发挥研究型大学在区域创新体系中的领导力和凝聚力，这方面的研究还很不充分。

《研究型大学引导区域创新：机制与路径》一书突出了研究型大学在区域创新中的引导作用，围绕研究型大学如何引导区域创新这一核心问题展开系统研究。首先，该书阐明了研究型大学引导区域创新来自外部诉求和内在逻辑的双重驱动，其引导作用通过内外部动力机制协同作用来实现，并构建了内外部协同动力机制模型，在理论上回答了研究型大学为何能够引导区域创新、如何引导区域创新这两个关键问题。其次，该书从国际比较的视角分析了美、德、英三国典型地区研究型大学引导区域创新的现状和趋势，揭示了国际上研究型大学引导区域创新的共性和特色，为我国提供经验参考。再次，该书立足中国实际，通过实证研究和案例分析，总结了我国京津冀地区和长三角地区研究型大学引导区域创新的特点和差异，指出了其中存在的问题。最后，在理论分析、国际比较、实证研究和案例分析基础上，该书对如何发挥研究型大学在区域创新中的引导作用提出了优化路径，为重新定位研究型大学在区域创新体系中的角色和作用、深化研究型大学与其他创新主体之间的协同关系、完善区域创新的体制机制建设、提升研究型大学自身的创新实力等具有重要的参考价值。

本书是一项跨学科的研究成果，具有重要的理论和现实意义，我为郄海霞研究团队选择这样一个既有难度又很有意义的研究课题感到欣慰。通读全书后，我认为该书具有以下特点：第一，研究视野开阔，既有多学科的理论支撑，也有国内外的现状考察，是一项理论性、综合性较强的研究著述。该书以区域创新理论、四螺旋创新理论、大学职能论为理论基础，从跨学科角度构建研究型大学引导区域创新的理论分析框架，为实证研究奠定理论基础。此外，该书既立足我国研究型大学和区域创新的现状，又放眼世界不同国家研究型大学引导区域创新的典型案例，在国际比较中揭示研究型大学引导区域创新的共性规律和特色差异。第二，观点新颖，突出了研究型大学在区域创新中的引导性。书中观点突破了以往将企业作为区域创新核心主体的观点，强调研究型大学在区域创新中的引导作用，认为研究型大学引导区域创新是内外部因素双重驱动、内外部动力协同作用的过程。这对我们重新定位研究型大学在区域创新中的角色和作用具有重要的启发。第三，研究方法综合，定性研究和定量研究相结合。该书在系统梳理国内外研究成果基础上，综合运用文献研究法、比较研究法、统计分析法和案例研究法，对研究型大学引导区域创新的协同动力机制进行了深入研究，研究过程中不仅参考了大量理论研究成果和翔实的案例资料，而且深入挖掘了近十年我国京津冀地区和长三角地区区域创新能力和研究型大学的统计数据，对研究型大学引导区域创新的现状进行了实证分析，这既是该书的创新之处，也是作者对过去研究范式的突破。当然该书还只是这个重要研究领域的初始之作，还有待进一步研究和完善。例如，中国的社会制度不同，资本在区域创新发展中的作用问题，我国制度中政府在区域创新中的作用及与研究型大学和企业的关系问题，以及在我们特色制度下研究型大学如何起到引领作用等问题可能需要在今后的研究当中进行深入的研究和探讨。但总体而言，该书文风朴实，资料翔实，内容充实，观点新颖，研究结论对新时代加快实施创新驱动发展战略和研究型大学主动参与和引领区域创新具有重要的参考价值。

在该书即将出版之际，我为郄海霞及其团队所取得的成果感到高兴，同时也希望他们继续将这一领域的研究深入下去，以取得更具创新性和引领性的成果。

2022 年 11 月 20 日

第一章

绪　　论

第一节　研究背景与研究意义

创新是引领发展的第一动力。经济发展、科技进步、国家兴旺发达均离不开创新。实施创新驱动发展战略是我国全面建设社会主义现代化国家的迫切要求。党的二十大报告指出，教育、科技、人才是全面建设社会主义现代化国家的基础性、战略性支撑。人才是创新的核心要素，集聚和培养大批高端创新人才是我国创新发展的当务之急。研究型大学是科技创新和创新人才培养和聚集的高地，积极发挥研究型大学在创新引领中的作用，提高研究型大学引导区域创新的能力是落实创新驱动发展战略、实施人才强国战略的重要内容。

一　研究背景

伴随着全球新一轮科技革命、产业变革和信息技术变革加速演进，新的经济结构和产业结构逐步形成，颠覆性技术不断涌现，为适应新的产业竞争、科技竞争，创新已经成为增强综合国力和核心竞争力的关键。世界各国都将创新发展作为国家的重大战略。区域创新是国家创新体系建设的基础。新的经济形势对传统区域创新模式提出了新要求，人才成为区域创新的核心要素。高校，特别是研究型大学在集聚和培养创新人才、推动原始创新中发挥着关键作用。

（一）创新发展是提升国家竞争力和综合国力的战略选择

知识经济与信息化时代背景下，创新成为推动国家可持续发展的核心理念，各国纷纷提出以创新为主题的国家战略，并基于国家创新战略制定了一系列政策措施，进一步增强自主创新能力和综合国力，力图在世界竞争中立于不败之地。例如，美国的"国家创新战略"（American Innovation Strategy）、欧盟的"开放式创新 2.0"（Open Innovation 2.0）、德国的"工业 4.0"战略（Germany's Industry 4.0）、印度的"印度制造"（Make in India）国家战略、我国的创新驱动发展战略等。

美国一直非常重视创新，将创新作为提升国家竞争力和影响力的重大战略。自 2004 年以来，美国发布了一系列国家创新战略推动国家创新生态体系建设，支撑国家和区域创新实践发展。2015 年发布的新版《美国国家创新战略》把创新生态系统看作实现全民创新和提升国家竞争力的关键，进一步明确了推进国家创新发展的方向和路径。《欧盟 2020 战略》提出智能型增长、可持续增长和包容性增长，其中智能型增长以知识和创新作为未来成长的推动力。[1]《开放式创新 2.0》认为创新的新模式正在出现，导致大学、产业、政府和社区之间的界限变得模糊不清，这种创新模式利用颠覆性技术（如云计算、物联网和大数据）来迎接社会挑战，不仅具有可持续性，且有营利性，创新速度比以前更快，创新能力比以前更强。[2] 在新的创新模式下，各创新主体和组织之间打破传统界限，进行跨界整合，形成以协同创新为主的网络式创新生态系统。德国提出"工业 4.0"战略，希望通过利用信息通信技术和网络空间虚拟系统推动制造业向智能化转型。这一战略不仅大大推动了德国新一轮的创新发展，也对全球创新和技术变革带来了广泛影响。日本政府将科技创新作为国家创新增长的核心，根据长期战略计划，每年制定年度综合创新战略，明确各项措施和前沿领域，保证创新战略的前瞻性和引领性，将科学技术与创新成果用于解决社会面临的各种问题，从而打造日本社会在全球的影响力和竞争力。作为发展中大国和 IT 人才强国，印度自 2010 年以来提出从"世界办公室迈向创新型

---

[1] 方陵生：《欧盟 2020 年战略创新计划（摘编）》，2012 年 3 月 8 日，http：//www.world-science.cn/qk/2012/1y/kjzc/582148.shtml，2022 年 2 月 21 日。

[2] 胡德良：《开放式创新 2.0 的十二条原则》，2016 年 7 月 14 日，http：//www.world-science.cn/qk/2016/7y/cxlt/584367.shtml，2022 年 2 月 21 日。

国家"的国家战略,并推出"印度十年创新路线图"。① 此后,印度政府还提出"印度制造"国家战略(2014)和"数字印度"(2015),② 通过这些创新战略决策,更好地实现经济发展、科技创新和人民生活水平提高,在全球竞争中增强科技竞争力和创新能力。

创新也是我国长期的发展战略。党的十八届五中全会将创新发展置于"五大发展理念"之首,强调必须把创新摆在国家发展全局的核心位置,不断推进理论创新、制度创新、科技创新、文化创新等各方面创新。2016年中共中央、国务院印发《国家创新驱动发展战略纲要》,提出到2020年进入创新型国家行列、2030年跻身创新型国家前列、到2050年建成世界科技创新强国"三步走"目标。③ 党的十九大进一步提出加强国家创新体系建设,加快建设创新型国家,特别提出通过强化战略科技力量,加强基础研究和应用基础研究,实现科技强国建设目标。党的二十大报告再次强调,加快实施创新驱动发展战略,以国家战略需求为导向,集聚力量进行原创性引领性科技攻关,坚决打赢关键核心技术攻坚战。④ 随着创新驱动发展战略的深入推进,创新已成为引领发展的第一动力。

(二) 区域创新是国家创新体系建设的重要保证

当前,全球科技创新进入活跃期,新一轮科技革命和产业革命相互交织,加速了全球经济和产业的重构,全球竞争呈现新的格局。为适应新技术、新经济、新产业的复杂要求和全球竞争的加剧,国家创新体系建设成为一个国家提升综合竞争力的关键。区域创新体系是国家创新体系在区域层次的延伸和体现,建设创新型国家,必须加强区域创新体系建设,这是提高区域创新能力、增强区域竞争力、完善国家创新体系的重要保证。⑤ 在区域层面,新科技革命成果日新月异,创新成为区域经

---

① 《印度的国家战略:从世界办公室迈向创新型国家》,https://wenku.baidu.com/view/5bfdb0e29e314332396893a4.html,2022年2月21日。

② 《印度:用"印度制造"和"数字印度"引领国家未来》,2016年10月21日,http://www.xinhuanet.com/world/2016-10/21/c_129331813.htm,2022年2月23日。

③ 《〈国家创新驱动发展战略纲要〉印发 提出2050年建成世界科技创新强国》,2016年5月19日,http://www.xinhuanet.com//politics/2016-05/19/c_128998833.htm,2022年2月21日。

④ 习近平:《高举中国特色社会主义伟大旗帜 为全面建设社会主义现代化国家而团结奋斗——在中国共产党第二十次全国代表大会上的报告》,人民出版社2022年版,第35页。

⑤ 胡树华、牟仁艳:《构建区域创新体系战略研究》,科学出版社2016年版,前言。

济发展的"助推器",区域创新能力正在成为决定区域经济增长和国家竞争优势的关键性因素。因此,无论从建设创新型国家角度还是促进区域经济发展角度,推动区域创新、增强区域创新能力都成为当前的必然选择。

区域创新从早期注重经费投入和硬件改善到近年来越来越重视加强政策引导,不断提高区域创新能力。许多国家制定了提升区域创新能力的相关政策,例如区域科技投入政策、区域人才政策、专利政策、税收政策等。这些政策有力地促进了区域的创新活动,为提高区域创新能力和国家竞争力提供了政策保障。此外,灵活的市场体制、强烈的创新意识、浓厚的创新文化、和谐的政府—市场关系等也是推动区域创新不可缺少的因素。在上述因素共同作用下,许多国家和地区开展了丰富的创新实践,产生了大量创新成果,形成了一些典型模式,例如美国的硅谷、英国剑桥工业园区、德国慕尼黑地区、日本筑波科学城等。

位于美国旧金山湾区的"硅谷"是世界著名的创新创业中心,对美国乃至世界科技创新起到了重要的推动作用。硅谷在发展过程中形成了包括大学、政府、科研机构、企业、中介服务机构等在内的创新网络,各创新主体在创新网络内相互作用和影响,不断创新形成了自己的发展优势,成为世界范围内区域自主创新的典范之一。硅谷的成功是多种因素共同作用的结果。首先,这里汇聚了世界一流的大学、科研机构和实验室,为创新提供了充足的人力资源和智力保障。其次,硅谷拥有大量高科技企业、风险投资公司、各类中介机构等,以及健全的法律法规、成熟完善的市场体系、专业化的投资和项目服务,为创新提供了良好的环境。最后,开放、包容的创新文化也是硅谷成功的重要因素。这里拥有大量移民,多元化的人口构成形成了多样化的文化,硅谷包容多样性、鼓励冒险、宽容失败的氛围非常有利于创新思想的发展。

慕尼黑是德国主要的经济、文化和科技中心,也是德国颇具创新性的地区之一。慕尼黑代表着国家和国际水平的杰出研究和创新。[①] 慕尼黑

---

① Georg K, Myrna S, et al, "Munich As a Location for Innovation and Science", [2021 - 9 - 13], http://www.wirts chaft - muenchen.de/publikationen/pdfs/Innovations - und - Wissenschaftsstandort19 - kurz.pdf.

拥有世界一流的慕尼黑工业大学和慕尼黑大学，其丰富的学科设置、高水平的教师和研究人员、创新型人才以及与区域深度融合的产学研合作机制等为慕尼黑的区域创新奠定了良好的人力和智力资源，在一定程度上引领着慕尼黑的创新发展。区域内各创新主体围绕两所大学构建的区域协同创新网络大大推动了慕尼黑的区域创新发展，使慕尼黑地区能够结合其独特的科教资源、产业结构和地域文化良性运转，并成为代表整个国家创新水平的重要区域。2019年德国教研部（BMBF）推出"创新未来集群"（Clusters 4 Future）竞赛计划，旨在通过竞赛形式，由政府为胜出者提供资助，大力推动区域创新网络的发展。在2021年2月公布的首轮7个"未来创新集群"中，慕尼黑的未来集群"M Cube"榜上有名。[1]

2015年9月，中共中央办公厅、国务院办公厅印发《关于在部分区域系统推进全面创新改革试验的总体方案》，要求以实现创新驱动发展转型为目标，以推动科技创新为核心，以破除体制机制障碍为主攻方向，选择一些区域，开展系统性、整体性、协同性改革的先行先试，……为建设创新型国家提供强有力支撑。[2] 在我国实施创新驱动发展战略的重点任务中，创新发展需要中央政府、企业、地方政府共同推动。在地方政府层面，要从"竞争型"追求经济增长转向"服务型"追求创新驱动，从招商引资转向招才引智，创造宜居环境，打造区域创新体系，厚植区域发展优势，推动区域创新能力与竞争力提升，拓展我国经济发展新空间。[3] 因此，推动区域创新发展，增强区域创新能力是我国实现国家创新驱动发展战略目标必不可少的路径之一。

（三）研究型大学在区域创新体系中发挥着不可替代的作用

在以数字技术和人工智能为核心的新经济时代，知识和人才成为区域创新的核心。知识是创新的基础，其本身不仅能够创新，而且能够作

---

[1] supercell：《德国7大区域创新网络成为"创新未来集群"》，2021年3月5日，https://byteclicks.com/17467.html，2022年3月1日。

[2] 中共中央办公厅、国务院办公厅：《关于在部分区域系统推进全面创新改革试验的总体方案》，2015年9月7日，http://www.gov.cn/zhengce/2015-09/07/content_2926502.htm，2022年2月23日。

[3] 中国理论网：《实施创新驱动发展战略的重点任务（中国理论网）》，2021年2月19日，http://pinglun.youth.cn/ll/202102/t20210219_12717843.htm，2022年2月23日。

为重要资源参与创新，激发主体的创新精神，增强其创新能力。人才是创新的第一资源，是提升区域创新能力、实现经济可持续发展的重要源泉。研究型大学作为原始创新和科技领军人才、学术骨干人才的集中地，是典型的智力型、知识型创新驱动力量，在基础研究和应用基础研究以及科技创新中发挥着基础性作用，在提高区域核心竞争力、促进经济结构调整、催生新技术和孕育新产业发展方面发挥着重要的支撑和引领作用。从前文美国"硅谷"和德国慕尼黑地区创新的例子可以看出，以研究型大学为核心形成的大学集群在硅谷及慕尼黑的创新发展中发挥着不可或缺的作用。因此，协调优化研究型大学与政府、企业、科研机构和中介机构等多个创新主体间的关系，充分发挥研究型大学在区域创新中的引导作用，是实现创新驱动发展战略的关键。

2012年，教育部、财政部联合颁发了《关于实施高等学校创新能力提升计划的意见》，即"2011计划"，旨在通过深化高校的机制体制改革，增强高校创新能力和推动社会经济发展的能力。2017年1月印发的《国家教育事业发展"十三五"规划》明确提出，教育发展要"主动适应和引领经济发展新常态，为国家现代化建设厚植人才优势，培育创新动力"。对于高校而言，就是要通过提升人才供给和高校创新服务能力，深化全方位协同创新，在推动和实现国家、区域、产业等全面创新方面发挥重大引领和智库作用。2018年，习近平总书记在全国教育大会上再次强调，要提升教育服务经济社会发展能力，加快一流大学和一流学科建设，推进产学研协同创新，积极投身实施创新驱动发展战略，着重培养创新型、复合型、应用型人才。

当前，我国科技成果转化机制尚不健全，高校与科研院所、企业等其他创新主体之间的联系不够紧密，在资源共享、高校科技成果转化和技术转移、产学研深度融合等方面缺乏体制机制创新，创新创业生态还不够完善。提升研究型大学在区域创新中的贡献度，更好地发挥研究型大学在区域创新人才培养、知识创新、技术创新、制度创新、治理模式创新、智库服务等方面的引导作用是破解当前问题的关键。研究型大学在引导区域创新中具有独特的条件，也肩负着神圣的使命。首先，研究型大学拥有一流学科、国家重点实验室和重点研究基地，学科门类较为齐全，各学科之间交叉融合，相互渗透，各实验室本就是交叉学科平台，非常有利于知识创新。其次，研究型大学拥有大量一流的教师和科研人员、硕士研究生和博士研究生以及博士后研究人员，形成了合理的学术研究梯队，是基础研究和应用研究的主力军。他们与产业界、政府及其他利益相关者之间建立了长期合作关系，有利于企业的技术创新以及地方政府的治理模式创新，是区域创新系统的重要组成部分，引导着区域创新的方向。再次，研究型大学都是国际化程度较高的高校，与国际一流大学、一流学者和研究机构联系密切，能够及时把握科技发展前沿，掌握国际上创新的最新动态。最后，人才培养、科学研究和社会服务是大学的三大基本职能，随着大学社会服务职能的日益凸显，促进区域经济社会发展和创新成为大学的重要任务和使命。研究型大学位于高等教育体系金字塔顶端，既是思想和知识创新的源泉、创新型人才培养的高地，又是社会生产力发展的引擎与动力，在国家和区域创新体系中处于重要的战略地位，为推动社会经济的发展发挥着不可替代的作用。

二　研究目的

基于上述研究背景，本书期望在对国内外相关研究及概念梳理的基础上，以区域创新理论、四螺旋理论、大学职能论等为理论基础，系统论证研究型大学引导区域创新的外部诉求和内在逻辑，分析研究型大学引导区域创新的外部动力和内部动力，阐明研究型大学引导区域创新的协同动力机制，构建研究型大学引导区域创新的协同动力机制模型；基于这一模型，分析国外研究型大学引导区域创新的经验和特色，对我国京津冀、长三角地区研究型大学引导区域创新的现状进行实证研究和案例分析；在理论分析、国际比较和实证研究基础上，深入挖掘我国研究型大学引导区域创新的现实问题，最后提出解决路径，希望能够为完善相关制度和政策、构建深度融合的政产学研体制机制、建立区域内大学集群、激发研究型大学内生动力、营造良好的文化氛围等提供理论和实践参考。

具体而言，主要包括以下目标：①在理论上厘清研究型大学引导区域创新的外部诉求和内在逻辑；②构建研究型大学引导区域创新的协同动力机制模型；③通过实证研究和案例分析明晰我国研究型大学对区域创新的贡献现状，剖析现存问题及原因；④提出研究型大学引导区域创新的优化路径和对策。

三 研究问题

本书研究的核心问题是：研究型大学如何引导区域创新？围绕这一核心问题，可以分解为以下五个具体问题。

第一，研究型大学为何能够引导区域创新？通过分析区域创新的主要影响因素、研究型大学自身的特点论述研究型大学引导区域创新的外部诉求和内在逻辑。

第二，研究型大学如何发挥在区域创新中的引导作用？遵循什么逻辑？通过哪些机制实现？通过理论分析和模型构建，分析研究型大学在引导区域创新中的内外部动力机制及其协同机制。

第三，国外研究型大学在区域创新中发挥何种作用？运行机制如何？通过国际比较和案例分析，总结国外研究型大学引导区域创新的经验和启示。

第四，我国研究型大学在区域创新中的贡献度如何？不同区域具有哪些特点和问题？通过实证研究，分析京津冀地区和长三角地区研究型大学在区域创新中的贡献及存在的问题。

第五，如何使研究型大学更好地引导区域创新？针对现实问题，分析研究型大学引导区域创新的优化路径。

四 研究意义

本书是一项理论与实践相结合的研究成果，既通过分析研究型大学引导区域创新的逻辑机理和协同机制构建理论模型，也基于国内外发展实际阐明研究型大学在区域创新中的现状和问题，具有重要的理论和实践意义。

(一) 理论意义

本书的理论意义主要包括：其一，聚焦研究型大学引导区域创新的协同动力机制和优化路径，通过理论研究，归纳研究型大学引导区域创新的独特优势，分析研究型大学引导区域创新的内外部动力机制，构建协同动力机制模型，为研究型大学在区域创新中发挥引导作用提供理论参考；其二，基于国家创新驱动发展战略的宏观背景，以区域创新理论、知识生产模式转型与四螺旋理论、大学职能论为理论基础，开展跨学科研究，拓展了关于研究型大学的理论视野；其三，对国外典型大学和区域创新进行深入的案例研究和比较分析，归纳国外研究型大学引导区域创新的经验与特色，丰富了国际比较的案例和经验。

(二) 实践意义

本书的实践意义：其一，通过系统的理论分析和国际比较得出了一些有意义的结论和启示，为我国研究型大学引导区域创新提供经验借鉴和模式参考；其二，通过对京津冀地区和长三角地区研究型大学引导区域创新的现状进行实证研究和案例分析，归纳两个区域研究型大学对区域创新的贡献总体情况和差异，为两个区域的创新发展战略和研究型大学建设提供了现实的参考依据和具体建议；其三，通过对国内外案例的深入研究和问题剖析，发现我国研究型大学在引导区域创新中的主要问题，并提出解决策略，为我国研究型大学更好地引导区域创新提供了现实的路径参考。

第二节 国内外研究现状述评

在实施国家创新驱动发展战略，构建区域创新体系的过程中，大部分国家和地区都将大学作为科技创新的后方阵地，通过大学的创新知识传播、生产和应用为国家创新发展提供智力支持。大学，尤其是研究型大学，具有极强的综合创新优势和科研能力，作为区域创新体系的重要主体，其所发挥的引导区域创新的作用越来越明显。国内外关于研究型大学与区域创新的研究数量越来越多，研究范围也越来越广，极大地促进了该研究领域的发展。为更系统地了解国内外关于研究型大学与区域创新的研究现状和研究热点，把握理论前沿，本书以中国知网（CNKI）和 Web of Science 数据库的相关文献为主要分析对象，对国内外相关研究进展进行了较为直观而全面的考察与评估。

一 区域创新相关研究现状

为准确把握国内外区域创新研究现状，考察相关研究的重点内容，本书对 Web of Science 和中国知网（CNKI）中的区域创新相关核心文献进行了计量分析。在 Web of Science 中，数据库选择"Web of Science 核心合集"，引文索引选择"Social Sciences Citation Index"，以"regional innovation"为标题检索词进行检索，截至 2022 年 2 月得到有效文献 431 篇（文献类型包含论文、在线发表与综述论文）；在中国知网中，以"区域创新"为篇名检索词，将文献来源设置为"北大核心"和"CSSCI"，得到有效文献（学术期刊）2249 篇。利用文献计量软件 CiteSpace 对上述有效文献分别进行关键词分析，即得到了国内外区域创新相关研究的关键词知识图谱（见图 1-1、图 1-2）。国内区域创新研究数量较多，通过对关键词进行分年段统计（见表 1-1 所示）可以发现近年来研究热点的变化。数据表明，区域创新研究的年均发文量在逐年升高。自 1999 年以来，我国区域创新相关研究对创新能力和创新效率愈加重视，党的十八大以来，我国坚持创新驱动发展战略，正在从科技大国向科技强国迈进，与之相应，创新效率、创新能力、创新绩效成为近五年学界关注的重中之重。"十三五"规划指出，"创新是引领发展的第一动力"，"人才是支撑发展的第一资源"①。在我国区域研究关键词分年段统计中，"人力资本"关键词从 20 位以外快速提升至第 10 位、第 6 位，体现出在我国人才优先

图 1-1　国外区域创新研究关键词图谱 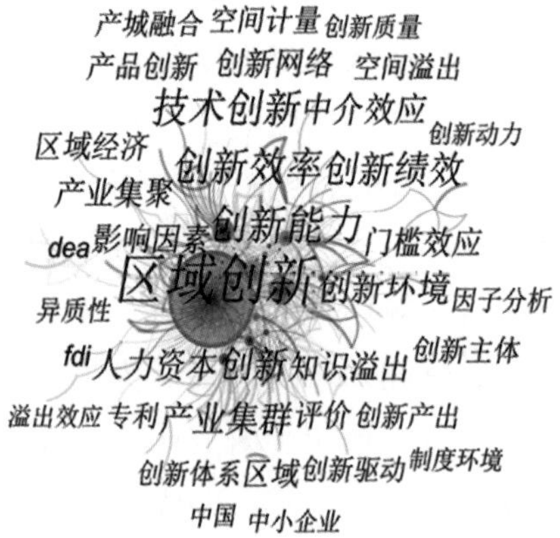　　图 1-2　国内区域创新研究关键词图谱

---

①《中华人民共和国国民经济和社会发展第十三个五年规划纲要》，《人民日报》2016 年 3 月 18 日第 16 版。

发展战略背景下，人力资本逐渐受到学界的重视，而研究型大学是基础研究人才和高素质创新人才的培养高地，其在区域创新体系中的重要性越发凸显。此外，在大数据时代，数字经济对于区域经济创新具有重要助力作用，近五年研究中"数字经济"一词的突现反映出了研究者对于新兴热点的关注。

表1-1　中国知网核心期刊区域创新研究关键词统计（1999—2022年）

1999—2012年		2012—2017年		2017—2022年	
关键词	频次	关键词	频次	关键词	频次
区域创新	211	区域创新	165	区域创新	205
技术创新	60	创新能力	42	创新效率	42
创新能力	50	创新效率	35	创新能力	32
产业集群	45	技术创新	21	创新绩效	31
创新	40	创新绩效	19	门槛效应	25
创新绩效	29	知识溢出	18	人力资本	23
创新环境	28	创新环境	17	产业集聚	22
创新效率	25	空间计量	15	技术创新	22
区域	23	影响因素	15	空间溢出	20
评价	21	人力资本	15	中介效应	20
区域经济	21	创新驱动	12	创新	18
创新体系	16	创新	11	创新环境	15
产品创新	15	区域经济	10	空间关联	14
创新网络	15	产业集群	10	创新驱动	14
U形曲线	14	协同创新	9	影响因素	14
产城融合	14	中国	9	知识溢出	13
关键词	频次	关键词	频次	关键词	频次
创新系统	14	因子分析	9	数字经济	12
中介效应	14	区域差异	9	京津冀	12
创新主体	12	创新网络	9	创新网络	12
专利	12	中介效应	9	空间计量	11

结合知识图谱、主题词频次、关键词频次等进行分析,则可以发现国内外区域创新的研究以"区域创新体系(系统)"(Regional Innovation System)为中心主题,串联起"区域创新能力""区域创新绩效""区域创新动力""区域创新网络""区域创新环境""创新能力评价"等内容。区域创新体系是区域创新研究的核心内容,其完善程度和质量高低可以用来评价区域创新能力。因此,提高区域创新能力应该着力于区域创新体系的完善与升级,探索研究型大学引导区域创新的协同动力机制和优化路径,应当从区域创新体系入手,使研究型大学这一区域创新的重要主体在区域创新体系中更好地发挥作用。本书将国内外区域创新研究的高频关键词、社会网络分析图谱、聚类分析结果以及关键词共现可视化图谱等相结合,对国内外区域创新体系相关重点研究进一步总结提炼如下。

(一)区域创新体系的内涵与特征

关于区域创新体系的基本概念。Freeman(1987)和Nelson(1993)在对国家创新体系的研究中最早提出了区域创新的概念[1][2]。Cooke(1992)最早提出了区域创新体系(Regional Innovation System,RIS)的概念,并对区域创新体系进行了较早和较全面的研究[3]。Cooke(1996)认为,区域创新体系主要是由在地理上相互分工与关联的生产企业、研究机构和高等教育机构等构成的一种可以支持并产生创新的区域性组织体系[4],并指出大学研究是影响区域创新体系的主要因素之一[5]。通过对区域创新体系制度与组织层面的分析,Cooke等(1997)指出区域创新体系是国家创新系统区域化的产物,是基于微宪法监管下的

---

[1] Freeman C., *Technology Policy and Economic Performance: Lessons from Japan*, London and New York: Pinter Publishers, 1987.

[2] Nelson. R. R., *National Innovation System: A Comparative Analysis*. Oxford: Oxford University Press, 1993, p. 3.

[3] Cooke P., "Regional Innovation Systems: Competitive Regulation in the New Europe", *Geoforum*, Vol. 23, No. 3, 1992, pp. 365 – 382.

[4] Cooke P., Heidenreich M. and Braczyk H. J., eds., *Regional Innovation System: the Role of Governance in the Globalized World* (2nd Edition), London: Routledge, 2004.

[5] Cooke P., Uranga M. G., Etxebarria G., "Regional Innovation Systems: Institutional and Organisational Dimensions", *Research Policy*, Vol. 26, No. 4 – 5, 1997, pp. 475 – 491.

制度秩序[1]。Asheim 和 Isaksen（1997、2002）认为区域创新体系是由支持组织围绕两类主要行动者及其相互作用组成的区域集群，第一类主要行动者是区域内产业集群及其支持产业的公司；第二类主要行动者是具有支持区域创新重要能力的制度基础结构，包括科技机构、高等院校、技术中介机构、职业培训组织、产业协会、金融机构等[2][3]。20 世纪 90 年代中期以后国际上关于区域创新体系的研究日益增多。

1996 年起，国内学者开始在国家创新体系框架内进行区域创新体系（区域创新系统）的研究[4]。关于区域创新体系的概念主要集中在以下几种观点：1）区域创新系统是主要由参与技术发展和扩散的企业、大学和研究机构组成，并有市场中介服务组织广泛介入和政府适当参与的一个为创造、储备和转让知识、技能和新产品的相互作用的创新网络系统[5]；2）区域创新体系是指一个经济区域与技术创新的产生、扩散和应用直接相关，并具有内在相互关系的创新主体、组织和机构的复合系统[6]；3）区域创新体系是一个地区内由各类创新主体形成的制度、机构网络[7]；4）在特定的经济区域内和特定的社会经济文化背景下，各种与创新相关联的主体要素（实施创新的机构和组织）和非主体要素（创新所需要的物质条件）以及协调各要素之间关系的制度和政策所构成的网络[8]。虽然国内外学者对区域创新体系的概念表述不同，尚未形成完全一致的定义，但都将区域创新体系看作由多个创新要素组成的网络或系统。同时从相关研究中也可以看出，早在区域创新体系刚提出之时，大学或大学研究

---

[1] Cooke P., Uranga M. G., Etxebarria G., "Regional Innovation Systems: Institutional and Organisational Dimensions", *Research Policy*, Vol. 26, No. 4 – 5, 1997, pp. 475 – 491.

[2] Asheim B. T., Isaksen A., "Location, Agglomeration and Innovation: Towards Regional Innovation Systems in Norway?" *European Planning Studies*, Vol. 5, No. 3, 1997, pp. 299 – 330.

[3] Asheim B. T., Isaksen A., "Regional Innovation Systems: The Integration of Local 'Sticky' and Global 'Ubiquitous' Knowledge", *Journal of Technology Transfer*, Vol. 27, No. 1, 2002, pp. 77 – 86.

[4] 陈德宁、沈玉芳：《区域创新系统理论研究综述》，《生产力研究》2004 年第 4 期。

[5] 胡志坚、苏靖：《区域创新系统理论的提出与发展》，《中国科技论坛》1999 年第 6 期。

[6] 刘友金：《基于行政区划的区域创新体系研究》，《企业经济》2001 年第 3 期。

[7] 柳御林：《区域创新体系成立的条件和建设的关键因素》，《中国科技论坛》2003 年第 1 期。

[8] 李虹：《区域创新体系的构成及其动力机制分析》，《科学学与科学技术管理》2004 年第 2 期。

便被作为区域创新体系的重要主体受到了研究者的重视。

关于区域创新体系的构成要素。综合国内外已有研究，主要形成了三要素说、四要素说、五要素说和六要素说几种观点。1）三要素说。Samantha Sharpe 等（2007）认为区域创新体系主要由区域创新企业、支持企业创新的区域机构以及区域创新主体间的相互作用等三方面构成[1]。李虹（2004）认为区域创新体系的基本构成要素包括三部分：①主体要素，包括企业、大学、科研机构、各类中介组织和地方政府；②功能要素，包括制度创新、技术创新、管理创新的机制和能力；③环境要素，包括体制、基础设施、社会文化心理和保障条件等[2]。魏江和夏雪玲（2005）认为区域创新系统包括创新主体、资源、经济要素三个维度，创新主体通过经济要素对资源发挥作用，资源受经济要素的作用不断发生变化，这种变化对区域创新系统的结构产生影响[3]。2）四要素说。王稼琼等（1999）认为区域创新体系在结构上主要由创新执行机构、创新基础设施、创新资源和创新环境四部分组成。其中，创新机构主要包括企业、大学、科研院所、孵化器及其他中介机构，创新基础设施包括信息网络、图书馆、数据库、公共基础设施等基本条件，创新资源指资金、人才、信息、知识和专利等，创新环境是政策与法规、管理体制、市场与服务的统称[4]。3）五要素说。Wigg（1995）认为区域创新体系应该包括五种机构：①进行创新产品生产和供应的生产企业群；②进行创新人才培养的教育机构；③进行创新知识与技术生产的研究机构；④对创新活动进行金融、政策法规支持与约束的政府机构；⑤金融、商业等创新服务机构[5]。Michaela Trippl 等（2007）将一个区域创新体系分为五个核心子系统：①知识创造和扩散范围替代了区域的知识基础设施，包括研发机构、

---

[1] Samantha Sharpe, Cristina Martinez – Fernandez, "Measuring Regional Knowledge Resources: What Do Knowledge Occupations Have to Offer?" *Innovation*: *Management*, *Policy & Practice*, Vol. 9, No. 3 – 4, 2007, pp. 262 – 275.

[2] 李虹：《区域创新体系的构成及其动力机制分析》，《科学学与科学技术管理》2004 年第 2 期。

[3] 魏江、夏雪玲：《区域创新系统的结构与系统演变》，《科技管理研究》2005 年第 3 期。

[4] 王稼琼、绳丽惠、陈鹏飞：《区域创新体系的功能与特征分析》，《中国软科学》1999 年第 2 期。

[5] 杨省贵、顾新：《区域创新体系间创新要素流动研究》，《科技进步与对策》2011 年第 23 期。

教育机构、技术中介和其他创新支持机构;②知识应用和开发类别,即区域内部的商业部门,包括制造和服务型企业以及他们的客户、供应商、介入和合作伙伴;③区域政策子系统,包括区域政府组织和区域发展机构;④区域知识流和技能;⑤区域社会经济制度因素,即社会体制和文化环境,包括共同的习惯、程序、惯例和规则[1]。4)六要素说。德国学者 J. Revilla Diez(2009)等认为区域创新体系由六大要素组成:①制造和服务型企业;②知识密集型商业服务(KIBSs);③知识生产和传播机构,包括大学、理工学院和公共资助的研究机构等;④人力资本,即大学、理工学院以及其他教育机构的输出机构;⑤中介机构,包括技术转移机构、科学园和企业孵化器和金融机构;⑥区域政策制定和监管机构,政策制定机构如议会、政府部门、其他公共机构和科学与技术委员会,监管机构如专业组织、工会和学会等[2]。

(二)区域创新体系的类型划分

关于区域创新体系的类型,由于划分标准不同,区域创新体系包括不同类型。Asheim 和 Isaksen(1997)根据社会的根植性把区域创新体系分为区域性的国家创新系统和根植于特定区域的创新系统[3]。Cooke 等(1998)按照区域发展潜力划分区域创新体系的类型,分为高潜力、中等潜力和低潜力区域创新体系[4]。Cooke(1998)还从治理结构和商业创新两个维度将区域创新体系分为六种类型,基于治理结构可分成基层式(grassroots)、网络式(network)和统制式(dirigiste),基于商业活动模式可以分为地方式(localist)、交互式(interactive)和全球式(globalist)[5]。Howell(1999)根据地理邻近和空间集聚将区域创新体系分为两类:一类是从属于国家创新体系的自上而下的区域创新体系,另一类是

---

[1] Trippl M., Tödtling F., "Developing Biotechnology Clusters in Non – high Technology Regions: The Case of Austria", *Industry and innovation*, Vol. 14, No. 1, 2007, pp. 47 – 67.

[2] Revilla Diez J., Kiese M., "Regional Innovation Systems", *International Encyclopedia of Human Geography*, 2009, pp. 246 – 251.

[3] Asheim B. T., Isaksen A., "Location, Agglomeration and Innovation: Towards Regional Innovation Systems in Norway?" *European Planning Studies*, Vol. 5, No. 3, 1997, pp. 299 – 330.

[4] Braczyk H. J., Cooke P., Heidenreich M., eds., *Regional Innovation Systems*, London: UCL Press, 1998.

[5] 桑媛媛:《区域创新体系理论综述》,《现代商贸工业》2009 年第 1 期。

自下而上具有独立的内部特征和内部联系的区域创新体系[1]。Isaksen（2001）将区域创新体系分成缺乏组织的、零散的和封闭的三类[2]。Doloreux（2005）根据技术转移的管制类型，将区域创新体系分为三大类，即草根类、网络类和管制类[3]。

我国学者涂成林（2005）从动力的角度将区域创新体系分为市场牵引型、研发驱动型、政府主导型和重点扩散型四大类，并立足于构建国家创新体系的大背景，进一步归纳出中国区域创新体系的几种典型模式：北京的知识创新主导型模式、上海的全面综合协调型模式、深圳的企业主体主导型模式，以及苏州的政府推动主导型模式[4]；林迎星（2006）则从区域优势产业和创新资源配置机制两个维度分别对区域创新体系进行分类，根据区域优势产业维度将区域创新体系分为高技术产业型、传统产业型和混合产业型三类，根据创新资源配置机制维度分为政府主导型、市场主导型和政府与市场共推型三类[5]；毛艳华（2007）根据治理结构、社会根植性、创新主体、创新环境和主体互动程度等将区域创新体系分为三类：地域根植性区域创新体系、区域网络化创新系统和区域化国家创新系统[6]。任胜钢和陈凤梅（2007）从国内外成功地区的区域创新体系经验中归纳出六种典型的区域创新体系发展模式，包括科技主导的地方性区域创新系统、企业主导的地方性创新系统、企业主导的外向性区域创新系统、企业主导的多层面区域创新系统、研企结合的外向性区域创新系统和研企结合的多层面区域创新系统[7]。董新平（2008）基于组织要素结构的组合特征将区域创新体系模式划分为研究开发主导型、企业

---

[1] Howells J., "Regional Systems of Innovation?" in Archibugi D., Howell J., Michie J., eds., *Innovation Policy in a Global Economy*, Cambridge: Cambridge University Press, 1999, pp. 67–93.

[2] Isaksen A., "Building Regional Innovation Systems: Is Endogenous Industrial Development Possible in the Global Economy?" *Canadian Journal of Regional Science*, Vol. 24, No. 1, 2001, pp. 101–120.

[3] Doloreux D., Bitard P., Hommen L., "Identifying Regional Innovation Systems in a Globalising Economy: A Plead for an Integrated View", II Globelics Conference, Beijing, China, 2004.

[4] 涂成林：《关于国内区域创新体系不同模式的比较与借鉴》，《中国科技论坛》2007 年第 1 期。

[5] 林迎星：《区域创新优势》，经济管理出版社 2006 版。

[6] 毛艳华：《区域创新体系的内涵及其政策含义》，《经济学家》2007 年第 2 期。

[7] 任胜钢、陈凤梅：《国内外区域创新系统的发展模式研究》，《研究与发展管理》2007 年第 5 期。

(产业) 主导型、投资主导型三种类型①。陈琪 (2009) 基于要素结构、产业组织、空间结构、制度结构和发展动力等提出了不同视角下的区域创新体系模式②。崔新健和崔志新 (2015) 依据创新主体之间由简单到复杂的协同关系,将区域创新体系协同发展模式依次分为战略联盟、三螺旋、创新网络和开放式创新四种模式,建议政府在不同的发展模式中发挥针对性作用③。

(三) 区域创新体系的影响因素

已有研究从区域创新体系的构成要素之间的地理位置和相互作用、知识资本、产业集群和区域文化等角度分析了区域创新体系的影响因素。Cristina Chaminade 等 (2008) 认为区域创新体系各组成部分的互动对区域创新体系的形成有重要影响④。Yoshiyuki Takeda 等 (2008) 发现组织间距离和区域网络对区域创新集群的形成有影响,组织间相对靠近的地理位置有助于促进与该组织其他成员之间的交流⑤。Anne Nygaard Madsen 等 (2010) 发现相对集中的地理位置有利于区域创新活动,并且指出区域文化和社会凝聚力对区域创新活动有重大影响⑥。Giovanni Schiuma 等 (2008) 通过分析四类知识资本 (人力资本、关系资本、结构资本和社会资本) 对区域创新能力的不同作用,发现知识资本是区域创新能力形成的最重要因素⑦。Tom Broekel 等 (2010) 运用回归分析总结出影响区域创新体系的 12 大因素 (企业研发人员数、产业特征、城市化程度、就业结

---

① 董新平:《基于组织要素结构的区域创新体系模式探讨》,《科技创业月刊》2008 年第 6 期。
② 陈琪:《基于不同视角的区域创新体系模式研究》,《科技进步与对策》2009 年第 8 期。
③ 崔新健、崔志新:《区域创新体系协同发展模式及其政府角色》,《中国科技论坛》2015 年第 10 期。
④ Chaminade C., Vang J., "Globalisation of Knowledge Production and Regional Innovation Policy: Supporting Specialized Hubs in the Bangalore Software Industry", *Research Policy*, Vol. 37, No. 10, 2008, pp. 1684 – 1696.
⑤ Takeda Y., Kajikawa Y., Sakata I., et al, "An Analysis of Geographical Agglomeration and Modularized Industrial Networks in a Regional Cluster: A Case Study at Yamagata Prefecture in Japan", *Technovation*, Vol. 28, No. 8, 2008, pp. 531 – 539.
⑥ Madsen A. N., Andersen P. D., "Innovative Regions and Industrial Clusters in Hydrogen and Fuel Cell Technology", *Energy Policy*, Vol. 38, No. 10, 2010, pp. 5372 – 5381.
⑦ Schiuma G., Lerro A., "Knowledge – based Capital in Building Regional Innovation Capacity", *Journal of Knowledge Management*, Vol. 12, No. 5, 2008, pp. 121 – 136.

构、经济结构、大学和技术学院数、人力资本质量、潜在的人力资本、公共研究机构数、财务状况、企业成立情况和区域吸引力)[1]。李虹（2004）认为影响区域创新体系的主要因素包括：国家创新体系建设及经济体制背景、地区经济发展战略、区域产业的本地因素及产业集群[2]。王知桂（2006）提出影响区域创新体系的制约因素主要有：产业集群组织内部的产业链不长、产品技术含量低和知识流动与扩散半径狭小以及公共品供应不足等；地方行政区划的空间壁垒；科技创新缺乏特色和资金投入有限[3]。吴先慧等（2011）构建了以研发投入、经济结构、基础设施、人力资本、对外开放程度和创新政策六大因素为基础的区域创新体系影响因素分析模型，并以深圳市的创新活动为基础进行了论证[4]。孟卫东和但森（2013）发现区域间的创新能力的差异主要是由不同区域在知识的创造和获取能力、企业创新能力和创新环境方面的差异所造成的[5]。薛永刚（2021）以广东省为例，通过研究发现：创新政策、创新要素和外部经济环境对区域创新系统具有正向影响，创新政策影响最大；创新主体对区域创新具有不利影响；内部经济环境对区域创新系统具有正向直接影响，但是考虑到各因素交互作用后对新产品销售具有不利影响；区域创新空间相关性对区域创新系统具有正向影响[6]。

（四）区域创新体系的绩效评价

区域创新体系绩效评价主要包括两类研究：一类是关于区域创新体系绩效评价指标体系的研究，另一类是关于评价方法的研究。就评价指标体系而言，已有研究主要根据区域创新体系的构成要素构建指标框架，

---

[1] Tom Broekel, Thomas Brenner, "Regional Factors and Innovativeness: An Empirical Analysis of Four German Industries", *The Annals of Regional Science*, Vol. 47, 2011, pp. 169–194.

[2] 李虹:《区域创新体系的构成及其动力机制分析》,《科学学与科学技术管理》2004 年第 2 期。

[3] 王知桂:《要素耦合与区域创新体系的构建——基于产业集群视角的分析》,《当代经济研究》2006 年第 11 期。

[4] 吴先慧、吴海燕、陆强等:《我国区域创新体系的影响因素实证研究——以深圳为例》,《科技进步与对策》2011 年第 7 期。

[5] 孟卫东、但森:《区域创新体系创新能力影响因素实证分析》,《特区经济》2013 年第 5 期。

[6] 薛永刚:《基于 S – SEM 的区域创新系统影响因素和路径研究》,《科研管理》2021 年第 8 期。

再基于框架确定具体评价指标。李林和杨泽寰（2013）以湖南省 14 个地市州为例，从创新主体协作形式与数量、创新机制保障、创新组织协调程度和知识技术流动程度四个层面构建区域协同创新度评价指标体系，同时应用熵权模糊物元模型测算出区域创新协同度[1]；林善泉等（2019）以珠三角国家自主创新示范区为例，构建了包含创新产业要素、科研基础设施、创新政策环境、创新支撑条件 4 个大类、23 个小类指标的区域创新能力与潜力的空间评价模型，进行了区域创新能力与潜力空间评价的实证分析[2]。熊鹏和宋雨（2021）采用"三螺旋"分析框架，构建了由创新空间、知识空间和协同空间三个维度、技术合同金额和成果经济效益等 29 个二级指标构成的区域创新系统评测体系[3]。刘明广（2013）对区域创新系统绩效评价的影响因素及路径进行了分析，最终提取了直接投入、绿色投入、创新环境、科研产出以及新产品产出 5 个潜变量，并对潜变量之间以及潜变量与各自的观察变量的数量结构关系进行了分析[4]。就评价方法而言，主要包括数据包络分析（DEA）、因子分析法。Jon M. Zabala-Iturriagagoitia 等（2007）基于欧洲创新记分牌（EIS）应用数据包络分析（DEA）方法对欧洲区域创新体系进行评价，研究结果表明技术水平越高的区域越需要系统的协调[5]。王帅（2016）基于中国省际面板数据，利用 DEA 评价方法对中国各省份的区域创新系统效率进行了评价，研究结果表明，近年来我国创新能力迅速提升，区域创新系统效率呈现一定的集聚性，但区域创新系统演化程度总体上较低且各地区演化程度差异较大[6]。Hugo Pinto 等（2010）通过对欧盟 175 个地区的区域创

---

[1] 李林、杨泽寰：《区域创新协同度评价指标体系及应用——以湖南省 14 地市州为例》，《科技进步与对策》2013 年第 19 期。

[2] 林善泉、刘嘉丽、刘沛：《区域创新能力与潜力评价——以珠三角国家自主创新示范区为例》，《现代城市研究》2019 年第 4 期。

[3] 熊鹏、宋雨：《区域创新系统评测体系及关键影响因素研究——基于湖北 2010—2019 年面板数据的分析》，《湖北社会科学》2021 年第 3 期。

[4] 刘明广：《区域创新系统绩效评价的影响因素实证研究》，《工业技术经济》2013 年第 7 期。

[5] Zabala-Iturriagagoitia J. M., Voigt P., Gutiérrez-Gracia A., et al, "Regional Innovation Systems: How to Assess Performance", *Regional Studies*, Vol. 41, No. 5, 2007, pp. 661–672.

[6] 王帅：《开放式创新视角下区域创新系统演化机制及其绩效影响因素研究》，博士学位论文，中国科学技术大学，2016 年。

新体系概况进行比较研究,用因子分析法将区域创新评价指标综合归纳为技术创新、人力资本、经济结构和劳动力市场状况四个维度[①]。甄峰等(2000)以知识创新、技术创新为核心,构建了四层次区域创新能力综合评价指标体系框架,利用因子分析法对沿海10个省市创新能力进行评估[②]。

二 研究型大学引导区域创新相关研究现状

为准确把握研究型大学引导区域创新的国内外相关研究现状,考察相关研究的重点内容,本书对 Web of Science 和中国知网(CNKI)中的研究型大学与区域创新相关研究的核心文献进行了分析。在 Web of Science 中,数据库选择"Web of Science 核心合集",引文索引选择"SSCI",以"(regional innovation) AND (research university)"为主题检索词进行检索,截至2022年2月得到有效文献638篇(文献类型包含论文、在线发表与综述论文);在中国知网中,以"研究型大学 * 区域创新"为主题检索词,将文献来源设置为"北大核心"和"CSSCI",截至2022年2月得到有效文献30篇。因国内相关研究数量较少,本书主要对638篇外文文献进行了计量分析。利用文献计量软件 CiteSpace 对有效文献进行关键词分析,整理得到了研究型大学与区域创新主题研究的关键词知识图谱(见图1-3)和关键词频次统计表(见表1-2)。

关键词图谱和关键词频次统计表表明,国外研究型大学与区域创新相关研究以"创新"为核心关键词,以"研发""知识""绩效""技术转移"等为重点,将相关研究串联起来。这些热点关键词反映出了研究型大学引导区域创新的路径,在区域创新体系中,研究型大学不仅可以为区域技术创新提供基础知识和技术支撑,通过知识溢出和技术转移推动区域技术创新,更能够为区域技术创新提供人力资本,培养创新创业的企业家。随着时间的推移,可以发现2011—2016年相关研究对"技

[①] Pinto H., Guerreiro J., "Innovation Regional Planning and Latent Dimensions: The Case of the Algarve Region", *The Annals of Regional Science*, Vol. 44, No. 2, 2010, pp. 315-329.

[②] 甄峰、黄朝永、罗守贵:《区域创新能力评价指标体系研究》,《科学管理研究》2000年第6期。

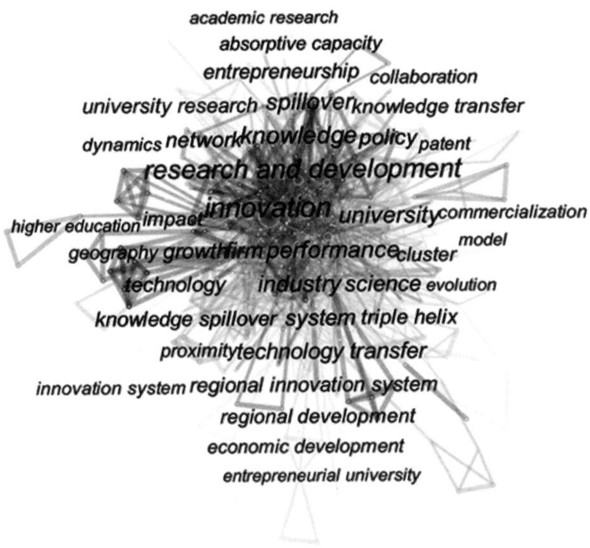

图 1-3　WOS 研究型大学与区域创新研究关键词图谱

术"与"技术转移"的重视性明显提高，在技术转移的过程中，研究型大学是知识和技术的产生源，企业是技术应用的主体，通过技术转移，可以推动区域产业技术创新，促进区域产业群的形成，优化区域产业结构，有利于区域创新发展。在2017—2022年，相关研究中"三螺旋""区域创新体系"关键词凸显出来，这反映出相关研究对于区域创新各主体之间的有机联系的重视性有所提高，能够从区域创新体系中政府、产业、大学等主体之间的关系出发，加强大学—政府—产业之间的三螺旋关系研究。区域创新绩效不仅取决于系统内部各创新主体积累的知识，更取决于主体把知识转化为行动力的能力，而这种转化工具即系统内的吸收能力[①]，2017—2022年"绩效""吸收能力"关键词的凸显，则反映出了相关研究对区域创新绩效和吸收能力的重视。此外，关键词"创业""创业型大学"在近年来高频次地出现在相关研究中，这体现出了在参与区域创新的过程中，研究型大学向创业型大学的转变，以及研究者对于研究型大学在区域创新体系中培养创新创业人才，促进区域创新创业的

---

① 苏屹、李忠婷：《区域创新系统主体合作强度对创新绩效的影响研究》，《管理工程学报》2021年第3期。

作用的重视。

表1-2　WOS研究型大学与区域创新研究关键词频次统计（2002—2022年）

2002—2022年		2002—2010年		2011—2016年		2017—2022年	
关键词	频次	关键词	频次	关键词	频次	关键词	频次
创新	211	创新	52	创新	109	创新	65
研发	153	研发	36	研发	67	研发	55
知识	105	溢出	24	知识	51	知识	42
绩效	87	科学	22	溢出	44	绩效	41
大学	83	产业	19	大学	43	大学	33
产业	81	体系	17	绩效	42	三螺旋	27
溢出	79	企业	17	产业	40	区域创新体系	26
企业	74	网络	16	技术转移	37	影响	25
体系	68	增长	16	科学	37	产业	25
技术转移	67	知识	15	体系	35	企业	24
科学	67	大学研究	14	企业	35	政策	24
增长	62	学术研究	14	网络	30	技术转移	24
网络	60	知识溢出	14	技术	29	吸收能力	23
政策	55	大学	14	大学研究	28	增长	23
技术	53	政策	13	知识溢出	28	知识转移	22
知识溢出	53	技术	12	创业	27	体系	22
区域创新体系	51	技术转移	11	集群	27	创业	21
三螺旋	50	绩效	9	增长	26	商业化	19
创业	49	集群	9	近距	24	创业型大学	19
大学研究	47	协作	9	地理	23	网络	16

（一）研究型大学引导区域创新的理论基础

关于研究型大学与区域创新的研究，主要基于知识生产理论、人力资本理论、学术资本主义理论、国家创新体系理论和区域创新体系理论等。关于知识生产理论，随着经济社会发展和技术进步，知识生产经历了从模式1向模式2、模式3的升级创新，而作为承载知识生产模式、运行机制的组织,大学的学术取向、学科组织架构、科研模式、评价方式等也发生着重要变革,以适应新的知识生产方式的要求①。三螺旋是知识生产模式 2 的动力机制模型,组成了"大学—产业—政府"的关系网,促进了大学知识转化办公室、知识产权管理机构、研发公司、创业公司的诞生。知识生产模式 3 的动力机制是在三螺旋的基础上增加了对公民社会的关注,形成了"学术界—产业—政府—公民社会"四螺旋创新生态系统模型②。近年来,三螺旋知识生产模式在研究型大学与区域创新研究中已得到了较为广泛的应用,四螺旋知识生产模式作为一种最新的知识生产模式,已经引起学界的重视。人力资本理论认为,人力资本是一国或地区经济发展的决定性因素,代表该国或地区的核心竞争能力与生产力水平,对于推动落后地区经济走向发达具有决定性的意义③。区域经济的发展和区域创新水平的提高离不开创新人才的开发和培养。关于学术资本主义理论,在当前高等教育实践的学术资本主义行为中,创新创业象征着高校对学术资本主义行为具体化的一种共识④。学术资本主义已成为 21 世纪高校发展的"新常态",在学术资本主义浪潮的席卷下,大学创业生态系统开始蓬勃发展⑤。一些研究型大学在积极回应发展变化的境遇中,从学术型科学共同体走向创业型科学共同体,从学术人文主义转向学术资本主义,从区域创新的边缘者转向主体者,呈现创业型大学的特征⑥。对我国研究型大学而言,在新发展理念和新一轮"双一流"建设背景下,促进高校科研成果转化,引导区域创新体系建设,积极服务世界重要人才中心和创新高地建设的能力显得格外重要。关于国家创新

---

① 霍丽娟:《基于知识生产新模式的产教融合创新生态系统构建研究》,《国家教育行政学院学报》2019 年第 10 期。

② 黄瑶、王铭:《"三螺旋"到"四螺旋":知识生产模式的动力机制演变》,《教育发展研究》2018 年第 1 期。

③ 桂昭明:《人才资源经济学》,蓝天出版社 2005 年版,第 23—58 页。

④ 卓泽林、向敏:《学术资本主义视域下的大学创新创业转型》,《高教探索》2020 年第 3 期。

⑤ 王传毅、黄显惠:《学术资本主义下的大学创业生态系统构建》,《现代教育管理》2016 年第 1 期。

⑥ 易高峰、赵文华:《创业型大学:研究型大学模式的变革与创新》,《复旦教育论坛》2009 年第 1 期。

体系理论，1987年费里曼提出了"国家创新体系"概念，其后由于纳尔逊、伦德韦尔等人的工作，关于国家创新体系的理论研究在世界范围内得到了进一步的发展[1]。我国国家创新系统理论研究对产学研主体间的协同创新机制非常重视[2]。国家创新体系由知识创新、技术创新、知识传播和知识应用构成，其中，知识创新指通过科学研究在基础科学和技术科学领域获得新知识的过程，研究型大学是这一职能的主要承担者[3]。关于区域创新体系理论，从上文国内外学者对区域创新体系的内涵界定中可以看出，大学特别是研究型大学在区域创新体系中发挥着不可或缺的作用。

（二）研究型大学在区域创新体系中的地位和作用

国外学者多从实证的角度论述研究型大学在区域创新中的作用。Walshok（1995）分析了研究型大学在知识传递过程中的潜在作用[4]。Irene Ramos - Vielba 等（2010）研究了区域创新体系中大学与产业的合作与互动，对737家公司和765名研究团队负责人的调查结果进行了实证分析，结果表明，大学在区域创新体系中作为隐性知识提供者发挥着重要作用，在区域创新体系中，企业将大学作为创新的源泉[5]。Scott Tiffin 和 Martin Kunc（2011）对加拿大和智利的自然资源型区域进行了比较研究，通过对加拿大的4所大学和智利的4所大学进行比较分析，测量了大学与产业在区域层面的联系强度，发现当大学和产业之间的知识和规模水平最相似时，大学能够提供促进集群所需的网络、意识和社会资本建设，这种作用远超任何其他机构[6]。Robin Cowan 和 Natalia Zinovyeva（2013）

---

[1] 谢伟：《国家创新系统理论的来源和发展》，《中国科技论坛》1999年第3期。

[2] 张宁宁、温珂：《中国特色国家创新系统理论初探》，《科学学研究》2022年第1期。

[3] 徐祖广：《研究型大学在建设国家创新体系中的地位和作用》，《清华大学教育研究》1999年第2期。

[4] Walshok M. L., *Knowledge Without Boundaries: What America's Research Universities Can Do for the Economy, the Workplace, and the Community*, San Francisco: Jossey - Bass Publishers, 1995.

[5] Ramos - Vielba I., Fernández - Esquinas M. and Espinosa - de - los - Monteros E., "Measuring University - Industry Collaboration in a Regional Innovation System", *Scientometrics*, Vol. 84, No. 3, 2010, pp. 649 - 667.

[6] Tiffin S., Kunc M., "Measuring the Roles Universities Play in Regional Innovation Systems: A Comparative Study between Chilean and Canadian Natural Resource - based Regions", *Science and Public Policy*, Vol. 38, No. 1, 2011, pp. 55 - 66.

对大学系统的扩张是否会影响区域产业创新作了实证分析,通过研究1985—2000 年意大利开设的新大学对区域创新的影响,发现新的大学在创建的五年内使区域创新活动得到增加,这得益于大学为区域提供的高质量科学研究[1]。Cristian Barra 和 Roberto Zotti（2018）应用知识生产函数对意大利区域创新体系的效率及其决定因素进行了实证研究,证明高等教育机构的研究活动对提高区域创新效率有卓越贡献,其研发资源和区域创新绩效之间存在着积极关系[2]。此外,也有学者对研究型大学在区域创新中的作用进行了案例分析。Paul Benneworth 等（2017）以多案例分析方法和批判现实主义视角对大学在区域创新体系中的角色进行了研究,分析了大学内部结构对机构企业家参与外源性机构创业活动的自由度的影响,指出大学对机构创业的结构性影响明显受到区域独特性的影响[3]。Lars Coenen（2007）对英格兰东北部和瑞典南部斯堪尼亚地区的大学在区域创新体系中的作用进行了分析,认为一所大学在区域创新体系中所能产生的实际影响取决于其所在地区区域创新体系的特征、创新政策的区域化程度以及大学本身的愿望和能力等因素[4]。

国内学者多从定性研究的角度阐述研究型大学在区域创新中的作用,认为研究型大学的特征决定了其在建设国家创新体系中处于核心地位[5];研究型大学是区域创新体系中的重要主体之一,具有培养创新人才、传播创新知识和提供新技术的作用[6];研究型大学是知识创新和技术创新活

---

[1] Cowan R., Zinovyeva N., "University Effects on Regional Innovation", *Research Policy*, Vol. 42, No. 3, 2013, pp. 788 – 800.

[2] Barra C., Zotti R., "The Contribution of University, Private and Public Sector Resources to Italian Regional Innovation System (in) Efficiency", *The Journal of Technology Transfer*, Vol. 43, No. 2, 2018, pp. 432 – 457.

[3] Benneworth P., Pinheiro R., Karlsen J., "Strategic Agency and Institutional Change: Investigating the Role of Universities in Regional Innovation Systems (RISs)", *Regional Studies*, Vol. 51, No. 2, 2017, pp. 235 – 248.

[4] Coenen, L., "The Role of Universities in the Regional Innovation Systems of the North East of England and Scania, Sweden: Providing Missing Links?" *Environment and Planning C: Government and Policy*, Vol. 25, No. 6, 2007, pp. 803 – 821.

[5] 徐祖广:《研究型大学在建设国家创新体系中的地位和作用》,《清华大学教育研究》1999 年第 2 期。

[6] 乔颖、王永杰、陈光:《研究型大学在区域创新体系中的地位与作用》,《科学学与科学技术管理》2002 年第 6 期。

跃的学术组织,是国家和区域创新体系中最为重要的创新资源体系之一[1];研究型大学具有较强的人才和技术优势,是区域创新体系的重要组成部分,其技术成果将对区域经济的发展起到较大的促进作用,其技术转移在区域产业结构优化中具有重要作用[2];研究型大学是区域先进文化的"发源地"、区域创新体系的"动力站"、区域科技转化的"孵化器"和信息共享平台的"结节点",对区域创新具有强劲的带动能力;实现创新驱动发展,需要高水平大学、研究机构、企业、政府、中介机构等密切耦合,组成强大和高效率的知识链、产业链和价值链,形成知识溢出、高科技集聚、产业集聚效应,而研究型大学是创新驱动发展的核心支撑[3]。此外,还有学者在论述研究型大学对区域创新的作用基础上分析其作用机制。陈昀等(2013)分析了研究型大学在区域创新生态系统中的作用机制,并以此构建了一个基于研究型大学主导的区域创新生态系统框架模型[4];郗海霞等(2020)提出研究型大学引导的"四螺旋"创新生态系统形成了"高等教育系统—经济系统—社会系统—政治系统—高等教育系统"的螺旋式循环运行模式,通过知识流动与交换进行互动,以便通过先进的开拓性创新来促进知识社会的可持续发展[5]。

(三)研究型大学引导区域创新的实现路径

1. 研究型大学引导区域知识创新

随着知识经济时代的到来与发展,国内外学术界对于研究型大学与区域知识创新之间的相互作用关系展开了较为深入的探究。D. M. Amidon(1993)认为知识创新是科学家和工程师在进行跨学科、跨行业、跨国家的合作中,共同研究的结果促进了新思想的产生、流动和传播,并

---

[1] 张乐平、周卉:《略论研究型大学教育科技创新的资源能力建设》,《高等工程教育研究》2005年第6期。

[2] 李应博、何建坤、吕春燕:《区域产业结构优化中的研究型大学技术转移》,《科学学研究》2006年第S1期。

[3] 肖国芳:《创新驱动视域下的研究型大学创新能力提升机制研究》,《科学管理研究》2019年第3期。

[4] 陈昀、贺远琼、周振红:《研究型大学主导的区域创新生态系统构建研究》,《科技进步与对策》2013年第14期。

[5] 郗海霞、李欣旖、王世斌:《四螺旋创新生态:研究型大学引导区域协同创新机制探析——以苏黎世联邦理工学院为例》,《高等工程教育研究》2020年第2期。

应用于产品和服务，造福社会[1]。R. Hunter（2010）认为，研究型大学是知识创新者和文化的桥梁，而学术共同体的存在有利于促进知识创新，推动人类知识水平的不断提高[2]。王永杰等（2000）认为知识创新系统的两大核心分别是国立科研机构和高校中的研究型大学，其中研究型大学居于核心地位，发挥着知识生产的源头作用、知识传播的纽带作用和知识转移的社会服务作用[3]。陈宗友（2007）认为，研究型大学在区域创新系统中的重要作用之一便是参与知识创新，研究型大学是知识创新中知识生产的源头，是知识创新中知识传播的纽带，是知识创新中知识转移的核心[4]。袁永久（2013）认为知识创新导向的研究型大学知识整合具有适应融转机理、协同互补机理、动态择优机理、协调控制机理及自组织演化机理[5]。王嘉毅和陈建海（2016）着重分析了研究型大学面临的创新挑战，认为创新性大学是研究型大学转型升级的路径选择，以服务经济社会发展为使命，以知识创新为基本内核，在创新创业人才培养、原始创新成果产出、知识资本转化应用等方面优势突出，能够在国家创新驱动发展战略中起到重要支撑和引领作用[6]。孙绵涛和郭玲（2017）则明确指出知识创新是创建一流大学的关键[7]。

此外有学者还通过实证研究对研究型大学知识创新进行了综合评价及测度。Michael Fritsch 等（2007）采用空间计量的方法研究了大学和区域创新之间的内在关系[8]；孟浩和王艳慧（2008）利用突变评价法，建立

---

[1] Amidon D. M., "Knowledge Innovation: The Common Language", *Journal of Technology Studies*, Vol. 19, No. 2, 1993, pp. 15–21.

[2] Rawlings H., "The Modern Research University: Intellectual Innovator and Cultural Bridge", *Procedia – Social and Behavioral Sciences*, Vol. 2, No. 5, 2010, pp. 7192–7197.

[3] 王永杰、陈家宏、陈光等：《研究型大学在知识创新中的地位和作用》，《科学学研究》2000 年第 2 版。

[4] 陈宗友：《区域创新系统中研究型大学与伙伴互动研究》，硕士学位论文，四川大学，2007 年。

[5] 袁永久：《知识创新导向的研究型大学知识整合机理研究》，《图书情报工作》2013 年第 1 期。

[6] 王嘉毅、陈建海：《从研究型大学到创新性大学——我国高水平大学的发展方向》，《高等教育研究》2016 年第 12 期。

[7] 孙绵涛、郭玲：《知识创新是创建一流大学的关键》，《高等教育研究》2017 年第 7 期。

[8] Michael Fritsch, Viktor Slavtchev, "Universities and Innovation in Space", *Industry and Innovation*, Vol. 14, No. 2, 2007, pp. 201–218.

了研究型大学知识创新综合评价指标体系，并对北京地区研究型大学的知识创新投入与产出进行了突变性综合评价[1]。沈能（2012）利用超效率DEA模型测算了我国各地区大学的知识创新效率，并将结果分为高投入—高效率、高投入—低效率、低投入—高效率和低投入—低效率等模式[2]。程鹏（2014）则基于省域面板数据，运用SDM模型研究中国高校R&D对区域创新能力的知识溢出效应[3]。沈佳坤等（2020）以高深知识资源为中间产出，将知识创新生产过程划分为知识创造和知识应用两个阶段，并据此构建效率评价的两阶段理论模型与基于网络DEA的测算模型[4]。

2. 研究型大学引导区域科技创新

科技创新能力是衡量区域和国家创新实力的关键指标，实施创新驱动发展战略也强调科技创新，尤其是技术创新的重要性和必要性，较之于一般性大学，研究型大学在科技创新的条件、创新绩效、成果转化方面具有更大的优势，是我国科技创新的主力军、区域和国家创新集群的重要组成部分。姜澄宇（2002）强调科技创新是研究型大学的本质要求，要服务于国家目标和重大战略需求，国外的高水平研究型大学都为其国家经济、科技的发展，以及综合国力的提高作出过重要的、不可替代的贡献[5]。而研究型大学引导区域技术创新的主要路径科学研究产出原创性成果，再进行技术成果转化。关于技术成果转化，国外学者或称之为技术转移，在理论研究领域多集中于大学技术转移的影响因素（Matkin，1990）、制度安排（Corsten H，1987）、模式（C. De Bresson，1991）等方面。Yong S Lee（1996）提出了"新转移主义"[6]，其主要特征是研究

---

[1] 孟浩、王艳慧：《基于突变评价法的研究型大学知识创新综合评价》，《运筹与管理》2008年第3期。

[2] 沈能：《大学知识创新效率的测度与空间收敛分析》，《科学学与科学技术管理》2012年第5期。

[3] 程鹏：《高校R&D知识溢出与区域创新能力——基于空间杜宾模型的实证研究》，《教育与经济》2014年第6期。

[4] 沈佳坤、张军、冯宝军：《研究型大学知识创新的生产效率评价》，《高校教育管理》2020年第3期。

[5] 姜澄宇：《科技创新是研究型大学的本质要求》，《中国高等教育》2002年第21期。

[6] Lee Y S. "'Technology Ttransfer' and the Research University: A Search for the Boundaries of University – industry Collaboration", *Research Policy*, Vol. 25, No. 6, 1996, pp. 843–863.

型大学的技术转移效率和规模逐渐扩大，吸引了外部机构的加入和参与，并朝着制度化、组织化方向构建新型技术转让服务机构，其中政府的服务功能得到了最大化体现，保障了不同主体之间相互传递、转化的可能性和稳定性[1]。国内学者则侧重于总结借鉴国外优秀经验与国内成功做法，翁君奕（2000）从政策取向、结构和效果等角度对美国、日本和中国的高校技术转移激励政策进行了比较分析[2]；冯倬琳和赵文华（2007）在总结世界创新型国家与高校技术创新经验的基础上，分析了我国研究型大学自主技术创新的人才、科技竞争力投入与产出等优势，以及充分发挥其在自主技术创新中的作用的重要性和必要性[3]；孟浩等（2007）基于研究型大学与创新能力转移的相互关系，提出了研究型大学创新能力转移这一新的概念，认为要实现这种程度的转移需要超前创新的理念先行作为前提，辅之以包括创新管理、系统学、技术管理等在内的相应理论引导，合理配置创新资源、有效结合创新主体，通过产业创新传导至企业，再借助创新能力转移桶机制、资源共享机制等新机制，汇聚研究型大学所具有的人才、知识、技术和文化等创新能力，多领域、多层次、多维度地有机融合与产业、企业创新，最终推动区域整体创新能力的优化提升[4]；姜丽君和李敏（2011）概况总结出了研究型大学技术转移的模式，主要包括成果转让、产学研结合、自办实体和委托开发等方面[5]；王海军等（2019）主要考察我国研究型大学所面临的现实需要和技术转让的阻碍，探析了组织模块化的调节作用，并构建了相应的技术转让关联组织模型[6]。

---

[1] 陈安国、张继红、周立等：《论研究型大学的技术转移模式与制度安排》，《科学学与科学技术管理》2003年第9期。

[2] 翁君奕：《美日中高校技术转移激励政策比较》，《高等教育研究》2000年第4期。

[3] 冯倬琳、赵文华：《研究型大学在国家自主技术创新中的作用》，《清华大学教育研究》2007年第2期。

[4] 孟浩、周立、何建坤：《研究型大学技术与创新能力转移的公共选择》，《科学学研究》2007年第5期。

[5] 姜丽君、李敏：《研究型大学科技成果的技术转移模式探讨》，《北京交通大学学报》2011年第3期。

[6] 王海军、王楠、陈劲：《组织模块化嵌入的研究型大学技术转移》，《科学学研究》2019年第5期。

在实证研究方面，Anselin（1997）从空间维度着手，系统研究了高校 R&D 对高技术产业的空间溢出效应[①]；Robin Cowan 和 Natalia Zinovyeva（2013）通过对 1985—2000 年意大利开设的新大学对区域创新的影响进行实证研究，发现新大学所在区域的工业专利申请活动在一所新大学开办后的五年内都有相当大的增长[②]。范柏乃等（2015）通过测度我国 31 个省市区的高校技术转移效率，进一步考察了不同区域的差异，并分析了主体因素、主体之间的关系因素和环境因素对高校技术转移效率的影响[③]；黄小平等（2018）结合我国"双一流"建设绩效评价指标建立区域高校科技创新能力绩效评价指标体系，并运用 DEA 模型对 Z 省高校进行综合评价，以此提出了相应的提升路径[④]；温芳芳等（2020）以"双一流"高校为主要研究对象，计算出专利许可转让年龄并进行多维比较和历时分析，用以揭示高校的专利技术转移速度分布及其变化规律[⑤]。

3. 研究型大学为区域创新提供创新创业人才

徐祖广（1999）认为，人才是知识的载体，发展知识经济人才是最关键、最根本的因素，研究型大学致力于培养和造就富有创新意识和能力的高级人才，其水平制约着国家创新体系的建设和知识经济的发展状况[⑥]。陈宗友（2007）认为，创新资源中最重要的资源是人才，区域教育水平决定了就业人员的文化技术素质，而员工的技术素质又是创新的关键，研究型大学可以为区域创新系统培养创新人才[⑦]。陈静（2008）分析

[①] Anselin L., Varga A., and Acs Z. J., "Local Geographic Spillovers between University Research and High Technology Innovations", *Journal of Urban Economics*, Vol. 42, No. 3, 1997, pp. 422 – 448.

[②] Cowan R., Zinovyeva N., "University Effects on Regional Innovation", *Research Policy*, Vol. 42, No. 3, 2013, pp. 788 – 800.

[③] 范柏乃、余钧：《高校技术转移效率区域差异及影响因素研究》，《科学学研究》2015 年第 12 期。

[④] 黄小平、刘光华、刘小强：《"双一流"背景下区域高校系统科技创新能力：绩效评价与提升路径》，《江西师范大学学报》（哲学社会科学版）2018 年第 6 期。

[⑤] 温芳芳、曹世锋、李翔宇等：《我国"双一流"高校专利技术转移速度研究——基于专利许可转让年龄的多维比较和历时分析》，《情报理论与实践》2020 年第 11 期。

[⑥] 徐祖广：《研究型大学在建设国家创新体系中的地位和作用》，《清华大学教育研究》1999 年第 2 期。

[⑦] 陈宗友：《区域创新系统中研究型大学与伙伴互动研究》，硕士学位论文，四川大学，2007 年。

美国大学在区域创新中的作用,指出美国研究型大学注重对学生创新创业精神的培养,培养出大量创新创业人才和技术创新的企业家,在美国企业领袖毕业的高等学府中,哈佛大学、耶鲁大学、麻省理工学院等10所一流研究型大学培养的企业领袖数量占其总数的一半以上[1]。陈昀(2013)等认为,作为区域知识创造的主体,知识转移的邻近效应使得研究型大学日益成为区域创新生态系统的主导性力量,在区域创新生态系统中的知识转移机制中,研究型大学为区域创新提供了创新创业人才的支持[2]。邴浩(2014)提出了以高校为核心的区域创新主体合作的动力机制,认为高校在创新人才培养领域发挥着不可替代的作用,作为创新人才培养的主阵地,其在区域创新主体中居于核心地位[3]。王嘉毅和陈建海(2016)认为,将一批高水平大学特别是研究型大学建成创新性大学是经济社会转型期我国高等教育发展的必然趋势,这种创新性大学要以创新创业人才培养为目标,着眼于造就面向世界科技前沿、解决经济发展难题、符合国家战略需求的精英型人才[4]。吴雪萍和袁李兰(2019)分析了美国研究型大学培养创新人才的经验,指出美国研究型大学通过跨学科课程、"产—学—研"一体化的培养模式和深入开展创新创业教育等方式为国家创新体系发展输出了大量人力资源,在美国国家创新体系建设中发挥了重要支撑作用[5]。

三 国内外研究现状评价

区域创新是国家创新的基础,传统的区域创新以企业为核心,大学的作用并未凸显。在创新驱动发展战略下,智力和人才因素越来越成为驱动创新的核心要素。研究型大学作为原始创新和科技领军人才、学术

---

[1] 陈静:《基于三螺旋理论的区域创新体系研究》,硕士学位论文,北京交通大学,2008年。
[2] 陈昀、贺远琼、周振红:《研究型大学主导的区域创新生态系统构建研究》,《科技进步与对策》2013年第14期。
[3] 邴浩:《区域创新视角下高校创新人才培养模式研究》,《中国高校科技》2014年第10期。
[4] 王嘉毅、陈建海:《从研究型大学到创新性大学——我国高水平大学的发展方向》,《高等教育研究》2016年第12期。
[5] 吴雪萍、袁李兰:《美国研究型大学研究生创新人才培养的基础、经验及其启示》,《高等教育研究》2019年第6期。

骨干人才的集中地，在提高区域核心竞争力、促进经济结构调整、催生新技术和孕育新产业发展等方面发挥着重要的支撑和引领作用。

通过对国内外区域创新相关研究进行考察发现，在区域创新体系中，大学特别是研究型大学已被视作区域创新的重要主体。已有研究肯定了研究型大学在区域创新体系中的角色、地位和作用，对研究型大学参与区域创新的实现路径进行了探讨，主要包括研究型大学引导区域知识创新、技术创新、为区域创新提供创新创业人才以及塑造区域创新文化等方面。国内外研究者还通过许多案例研究和实证研究对区域创新效率的影响因素、大学参与区域创新的绩效进行了评价。然而，现有文献尚未较全面地论述研究型大学在区域创新中的引导作用与逻辑机理，也未明确阐述研究型大学在引导区域创新中的内部动力、外部动力及具体协同机制是什么，应该如何优化升级研究型大学引导区域创新的路径等问题。

"十四五"期间，我国将着力打造以科技创新为主导的区域创新新格局，研究型大学对区域创新的引导作用在新时期愈加凸显。为此，本书基于已有文献研究结论，结合现实问题与情况，综合运用理论论述、模型构建、案例分析和实证研究等分析方法，尝试系统论证研究型大学引导区域创新的外部诉求和内在逻辑，构建研究型大学主导的区域创新体系模型，通过国际比较和实证研究分析国内外研究型大学引导区域创新的现状，最终提出研究型大学引导区域创新的优化路径和具体对策，以期为新时期我国区域创新体系建设和创新型国家建设贡献力量。

第三节　研究思路与研究内容

一　研究思路

本书按照"理论分析—模型建构—比较研究—实证分析—案例研究——对策研究"的思路展开。首先，从理论上阐明研究型大学引导区域创新的外部诉求和内在逻辑；其次，以区域创新理论、知识生产模式转型与四螺旋创新理论、大学职能论等为基础，形成本书的分析框架，在此基础上阐述研究型大学引导区域创新的内外部协同动力机制，构建"研究型大学引导区域创新的协同动力机制模型"；再次，对国外研究型大学引导区域创新的现状、内外部动力、路径和典型案例进行比较研究，得出经验与启示；又次，以构建的模型为主要维度设计指标体系，选取京津冀地区和长三角地区为案例开展实证研究，考察所选地区研究型大学引导区域创新的现状、特点和问题；复次，基于实证研究的结果，选择对区域创新贡献较大的清华大学、浙江大学、同济大学展开案例研究，深入剖析我国研究型大学引导区域创新的本土特色与典型模式；最后，基于理论分析、比较研究和实证研究，综合思考如何优化研究型大学引导区域创新的路径，并提出具体对策（见图 1-4）。

研究思路	研究内容
理论研究	研究型大学引导区域创新的外部诉求与内在逻辑
模型构建	研究型大学引导区域创新的协同动力机制及模型构建
比较研究	国外研究型大学的典型实践与经验借鉴
实证分析	我国研究型大学引导区域创新的实证研究
案例研究	我国研究型大学引导区域创新的多案例研究
对策研究	研究大学引导区域创新的路径分析

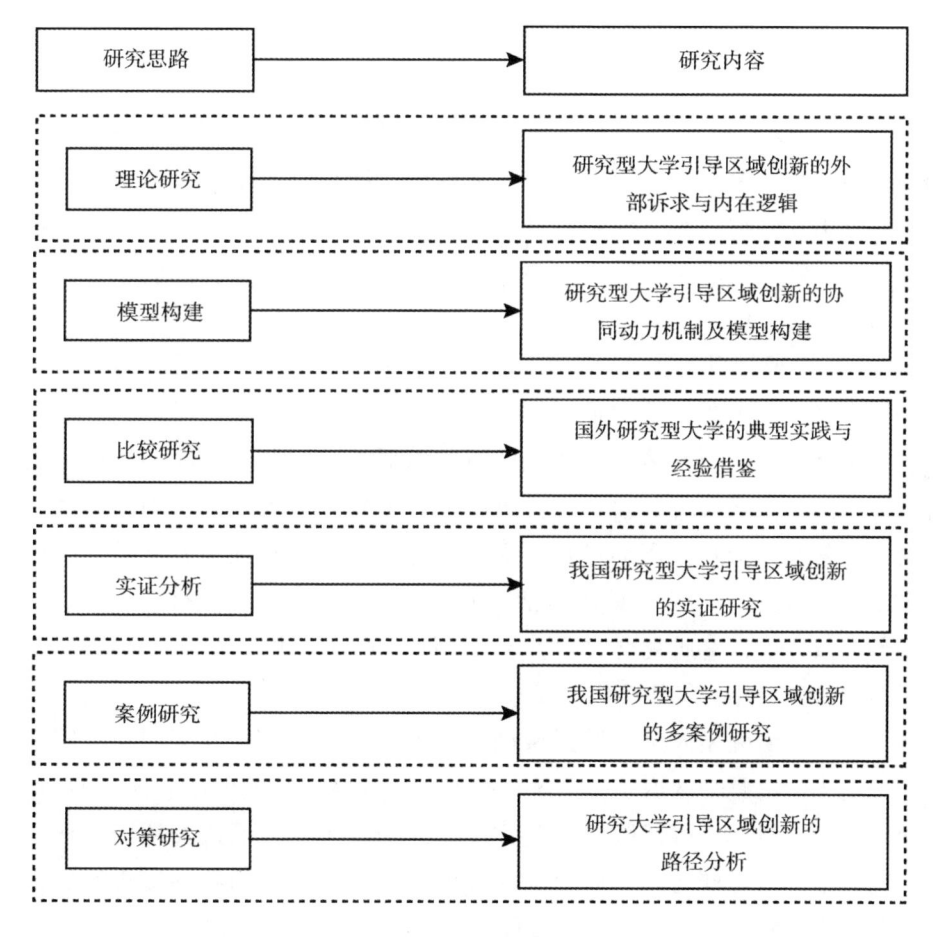

图 1-4 研究思路

二 研究内容

基于研究问题和分析框架，本书的主要内容如下。

（一）研究型大学引导区域创新的相关概念和理论基础。首先，界定相关概念。本书涉及的核心概念包括四个：区域创新、研究型大学、协同动力机制、引导。本书界定了区域创新的概念，并在此基础上梳理了区域创新体系的内涵，分析了研究型大学的内涵，对协同动力机制、引导的概念进行界定。其次，阐述了本书的理论基础：区域创新理论、知识生产模式转型与四螺旋创新理论、大学职能论，在此基础上构建了本书的分析框架。

（二）研究型大学引导区域创新的外部诉求和内在逻辑。主要内容包括：研究型大学引导区域发展的外部诉求，从区域创新的核心要素及创新要求出发，阐明区域创新需要研究型大学发挥引导作用；研究型大学引导区域创新的内在逻辑，主要从人才培养、科学研究、社会服务、思想引领、文化传承的角度进行阐述。

（三）研究型大学引导区域创新的协同动力机制模型。此部分是本书的核心之一，主要包括三部分内容。

第一，研究型大学引导区域创新的内部动力机制。内部动力机制指研究型大学依托自身的教学、科研和社会服务职能推动区域创新的各种动力因素及其交互作用的过程。主要内容包括：①研究型大学引导区域创新的"输入"环节，具体包括：人才培养、知识生产、科技创新、创新创业教育等；②研究型大学引导区域创新的"输出"环节，具体包括：科技服务和应用、知识产权、信息共享等。

第二，研究型大学引导区域创新的外部动力机制。外部动力机制指研究型大学以整个区域创新系统为平台，与区域内其他创新主体（政府、企业、中介机构、科研院所）建立交互式纽带关系，通过发挥引导作用并与其他部门协同合作，以提高区域创新能力为目标的各种促进区域创新的动力因素及其交互作用的过程。

第三，研究型大学引导区域创新的协同动力机制模型。协同动力机制指研究型大学内部各种动力因素与外部各种动力因素交互作用，协同合作引导区域实现创新的过程。本部分将综合考虑内部动力和外部动力各种要素，以研究型大学为主导，构建研究型大学引导的区域创新协同动力机制模型。重点思考研究型大学在区域创新中如何调动内部各要素发挥引导作用，同时如何与外部各种动力因素协同合作，在其中发挥引导性作用。

（四）研究型大学引导区域创新的国际经验与启示。主要内容包括：国外研究型大学引导区域创新的发展历程、主要模式、动力机制和典型案例，主要以英国剑桥大学、牛津大学，美国斯坦福大学、加州大学伯克利分校、麻省理工学院、华盛顿大学（西雅图），德国慕尼黑工业大学和海德堡大学等作为案例，最后总结研究型大学引导区域创新的国际经验与启示。

（五）研究型大学引导区域创新的实证研究和案例分析。以模型为基础，构建"研究型大学引导区域创新的协同动力机制评价指标体系"，从与政府的关系、与企业的关系、与科研院所等其他机构的关系，以及研究型大学的人才培养、技术创新、社会服务、文化创新等维度构建评价指标；根据指标体系，以京津冀地区和长三角地区为案例开展实证研究。通过实证研究考察研究型大学引导区域创新的现状及面临的现实问题，分析研究型大学引导区域创新的各种动力因素的作用程度及其相互关系。基于对上述两个区域的实证研究，再进一步选取清华大学、浙江大学、同济大学作为案例，具体分析其在引导区域创新中的实践。

（六）研究型大学引导区域创新的现实困境与优化路径。该部分在理论研究、国际比较、实证研究基础上，从政策制度、大学与区域的外部合作机制、研究型大学集群、研究型大学内生动力等方面综合分析我国研究型大学引导区域创新的现实困境和优化路径。

三 研究重点与难点

当前，关于区域创新体系以及研究型大学在区域创新体系中的作用等相关研究成果比较丰富，但是，对研究型大学在区域创新中的引导作用及其动力机制进行系统研究的尚不多见，本书的重点是：①研究型大学引导区域创新的内外部协同动力机制及模型的构建；②研究型大学引导区域创新的实证研究。

本书借鉴管理学、经济学、教育学等多学科理论对区域创新的构成要素、研究型大学引导区域创新的内外部动力机制进行理论分析和模型建构，属于跨学科研究，在理论建构方面存在一定难度；此外，本书对京津冀地区、长三角地区研究型大学引导区域创新的现状进行实证研究，在数据收集中存在一定困难，主要基于现有的统计数据，相关的调研难以开展，因此实证研究部分成为本书研究的主要难点。

第四节　研究方法与技术路线

一　研究方法

本书采用定性研究与定量研究相结合的范式，主要运用了文献研究法、案例研究法、比较研究法、统计分析法。

1. 文献研究法。文献法是本书理论研究、比较研究和实证分析的基础。文献来源包括两类：一类是各级政府、大学和其他机构发布的政策文件、制度、报告等；另一类是国内外学者的研究专著和论文。在本书中，主要使用文献研究法厘清国内外研究现状，构建研究型大学引导区域创新的理论模型，梳理国内外研究型大学引导区域创新的典型案例等，并进行了相关总结。

2. 案例研究法。案例研究法是以典型案例为素材，通过系统收集案例的相关数据和资料，并进行深入系统的分析，探讨某一现象/问题在现实情境中的发展状况。在本书中，国际比较部分以部分国家著名研究型大学引导区域创新的实践为案例进行深入研究和比较分析；国内研究部分以京津冀和长三角地区为案例进行实证研究，分析研究型大学引导区域创新的现状、问题、各种动力因素及其相互关系，并以清华大学、浙江大学、同济大学地方区域研究院为例，对国内研究型大学引导区域创新的典型案例进行分析。

3. 比较研究法。在案例研究基础上，将美国、德国、英国研究型大学引导区域创新的实践和经验进行并置和比较，总结国外研究型大学引导区域创新的共性和特色，对不同国家研究型大学引导区域创新的实践进行因素分析和综合分析。

4. 统计分析法。统计分析法是基于多类统计学统计方法对既定研究内容进行分析的一种方法，常用统计分析方法包括检验分析、回归分析、因子降维等，目前已经被较多学者应用到各个领域之中，具有较成熟的固定用法。本书主要使用回归分析方法探究共线性较为不强的具体指标，对研究型大学的区域创新能力进行宏观分析，并使用熵值法计算出每个地区各研究型大学区域创新能力的具体综合得分，在此基础上加以分析和讨论。

二　技术路线

如图 1-5 所示。

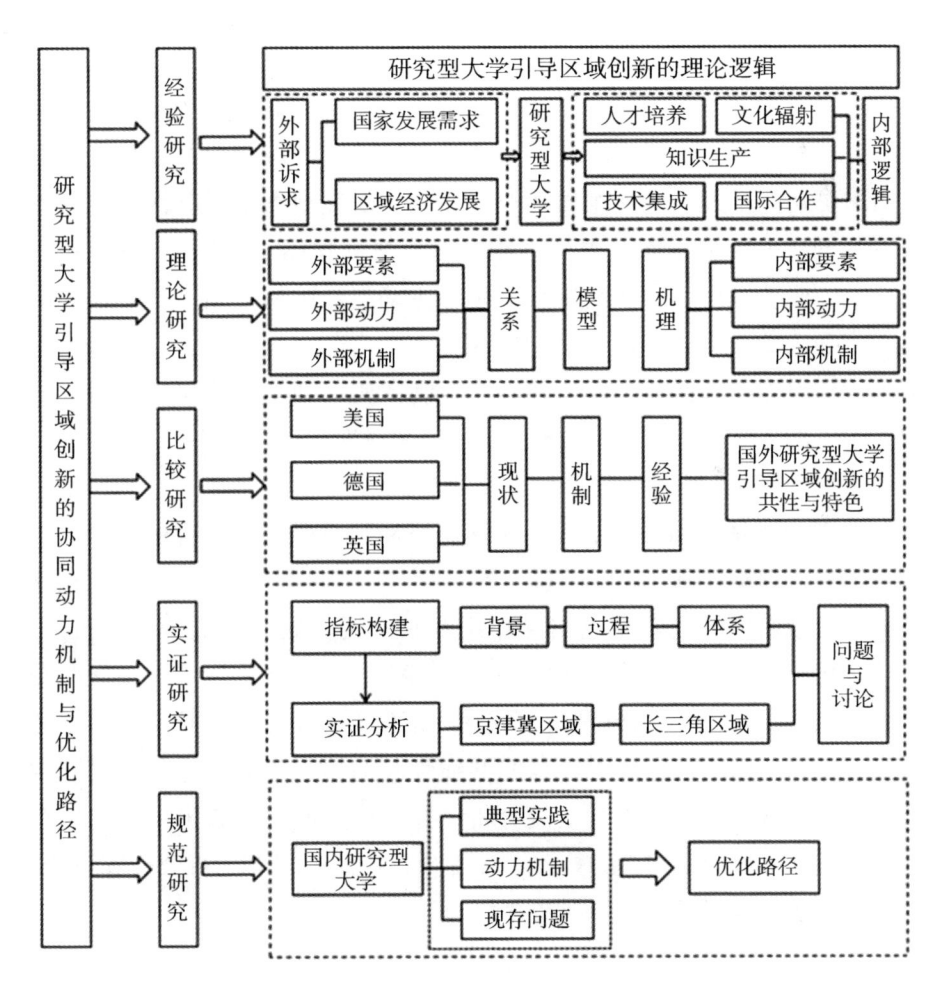

图 1-5　技术路线

三　创新之处

1. 学术思想创新。本书在四螺旋模型基础上构建了研究型大学与政府、企业、科研院所、中介机构之间的分析框架，将中介机构和科研院所作为研究型大学外部引导机制的重要参与者，对分析研究型大学引导区域创新的协同动力机制提供了新的视角。在阐述研究型大学引导区域创新的内外部动力机制基础上，构建了"研究型大学引导区域创新的协同动力机制模型"，凸显了研究型大学的重要作用，不同于以往区域创新体系研究中强调企业作用的观点。

2. 学术观点创新。本书认为，研究型大学在区域创新中发挥引导作用，其引导作用源于国家战略、区域经济发展和区域创新体系建设等外部诉求与研究型大学内在逻辑的双重驱动。研究型大学引导区域创新的过程是创新主体和要素在内外部动力机制协同作用下不断发展的过程。内部动力驱动研究型大学利用自身优势主动引导区域创新，外部动力通过国家和区域创新的多种需求对研究型大学内部产生作用，有效拉动研究型大学引导区域创新，内外部动力机制在实现创新供给与创新需求的对接中逐渐形成一个动态关联整体，通过非线性作用产生 $1+1>2$ 的协同效应来提升研究型大学引导区域创新的能力。

3. 研究方法创新。本书采用质性研究和定量研究相结合的混合研究方法，通过理论研究、国际比较、实证研究、案例研究从不同角度论述研究型大学在区域创新中的引导作用及其作用机制，揭示其协同机理。具体运用文献研究法、比较研究法、案例研究法、统计分析法（回归分析法和熵值法），力求做到理论研究和实证研究有机结合。特别在实证研究中，本书使用回归分析方法探究共线性较为不强的具体指标，对研究型大学的区域创新能力进行宏观分析，并使用熵值法计算出每个地区各研究型大学区域创新能力的具体综合得分，在此基础上进行分析和讨论，在研究方法上进行了一定的创新尝试。

第二章

相关概念和理论基础

第一节 相关概念

本书的核心是探讨研究型大学引导区域创新的协同动力机制,并提出研究型大学引导区域创新的优化路径。基于这一研究方向,核心概念包括区域创新、研究型大学、协同动力机制、引导。由于现有的区域创新已经发展到区域创新体系建设,因此本书在梳理"区域创新"这一概念时将重点探讨区域创新体系的内涵。

一 区域创新及区域创新体系的内涵

在汉语中,创新的含义非常广泛。熊彼特(Joseph Alois Schumpeter)最早从经济学的角度对"创新"进行了定义,认为创新就是生产要素和生产条件的重新组合,即建立一种新的生产函数。随后,创新的内涵在政治学、社会学、文化学等多个领域不断丰富。本书中的"区域创新"指在整个国家创新体系内,将某个特定地理范围内的生产要素进行重新组合,并将其付诸实践的过程。这些新组合包括引入新产品、新技术、新市场、新原料、新组织等。

关于区域创新体系的概念,最早由英国卡迪夫大学库克(Cooke,1992)教授提出,但其规定性概念学界尚无完全统一的界定。Cooke (1996) 将区域创新体系定义为在地理上相互分工与关联的企业、研究机构、高等教育机构等形成的区域性创新组织系统[1],这种创新系统能够在

---

[1] 陈广胜、许小忠、徐燕椿:《区域创新体系的内涵特征与主要类型:文献综述》,《浙江社会科学》2006年第3期。

地理条件与行政条件上支持创新网络和机构的相关安排,以推动区域内企业的创新产出。[1] 还有学者将区域创新体系看作由行动支持者（域内产业集群及其支持产业的公司；制度基础结构）及其相互作用组成的区域集群。其中,制度基础结构包括科技结构、高等院校、技术中介机构、产业协会与金融机构等,具有支持区域创新的重要能力。[2] 也有学者认为,区域创新系统是私人与公共利益体、正规机构以及其他组织的集合,它们在相互作用下按照组织制度安排与人际关系促进知识的生产、利用与传播。[3]

国内学者对区域创新体系也作出了一系列的界定。陈光等（1999）认为,区域创新体系是相关组织、机构与实现条件在特定技术创新区域内的构成的网络体系,其中企业、高等学校、科研机构等相关主体形成的子系统以组织系统的整体性、系统性、结构性与动态性构成了开放系统特征的社会系统。[4] 黄鲁成（2000）将区域创新系统界定为特定经济区域内,创新活动的主体要素（创新机构与组织）与非主体要素（创新活动所需的物质条件）以及各要素之间协调构建的制度与政策网。[5] 也有学者认为,区域创新系统是一定区域范围内各类创新资源和要素的有机整合来促进创新活动的系统。作为中观系统,区域创新系统是对接行业（产业）创新与创新成果产业化需求的行业系统,以一种独立的运作方式将个创新主体（如科研、生产单位）和创新资源要素包含在内形成较为完整的社会创新体系,其具有自反馈功能,通过各主体要素的相互作用形成自发且持续的创新发展动力与连锁反馈机制。[6]

虽然国内外学者对区域创新体系的概念各有所见,尚未形成完全一致的定义,但是区域创新体系具备基本的特征：地域性、网络性、互动性、开放性、集成性。基于上述概念和特征,本书认为,区域创新体系是国家

---

[1] Cooke P., Schienstock G., "Structural Competitiveness and Learning Regions", *Enterprise and Innovation Management Studies*, Vol. 1, No. 3, 2000, pp. 265 – 280.

[2] 陈广胜、许小忠、徐燕椿：《区域创新体系的内涵特征与主要类型：文献综述》,《浙江社会科学》2006 年第 3 期。

[3] Doloreux D., "What We Should Know about Regional Systems of Innovation", *Technology in Society*, Vol. 24, No. 3, 2002, pp. 243 – 263.

[4] 陈光、王永杰：《区域技术创新系统研究论纲》,《中国软科学》1999 年第 2 期。

[5] 黄鲁成：《关于区域创新系统研究内容的探讨》,《科研管理》2000 年第 2 期。

[6] 顾新：《区域创新系统的内涵与特征》,《同济大学学报》（社会科学版）2001 年第6期。

创新体系在区域层次上的发展和延伸，是创新驱动战略的重要内容，它是在特定区域的创新环境下，由政府、企业、大学、科研机构、中介服务机构等创新主体，以及相关制度和运行机制等创新要素和环境组成的协同合作的网络系统，其功能在于生产、使用和传播新知识、新技术及新产品。

二 研究型大学的内涵

对于研究型大学的界定，一种是基于20世纪70年代的卡内基高等教育机构分类法。早期的研究型大学被视为获取联邦经费前100名的大学，其年授予博士学位在50个以上。[1] 1994年，将联邦资助额度标准作为研究型大学类型划分的标准。Ⅰ类研究型大学每年至少获得4000万美元的联邦经费；Ⅱ类研究型大学则每年应获得1550万—4000万美元的联邦经费。[2] 2000年的"分类法"则不再严格区分研究型大学和博士型大学，将两类合并为博士研究型大学，并根据学科范围和博士学位授予数量区分为广博型和精深型两个子类。广博型定义为"提供广泛的本科课程教育，并通过博士学位课程致力于研究生教育，每年至少在15个学科范围内授予50个以上的博士学位"；精深型定义为"提供广泛的本科课程教育，并通过博士学位课程致力于研究生教育，每年在至少3个学科授予不少于10个博士学位，或每年授予20个以上博士学位"。2005年的分类法中，将研究生教育机构分为博士学位授予机构和不授予博士学位的机构。其中博士学位授予机构分为三类：具有极高度科研活动的研究型大学、具有高度科研活动的研究型大学、博士/研究型大学。[3] 在2015年的"分类法"中，将高等教育机构分为七大类：博士学位授予大学、硕士学位授予院校、学士学位授予院校、学士/副学士学位授予院校、副学士学位授予院校、专门高等教育机构以及原住民学校，[4] 对于研究型大学的界

---

[1] 史静寰、赵可、夏华：《卡内基高等教育机构分类与美国的研究型大学》，《北京大学教育评论》2007年第4期。

[2] Carnegie Foundation for the Advancement of Teaching, A Classification of Institutions of Higher Education, 1994 Edition, (2012 – 11 – 27), http://www.carnegiefoundation.org/classifications.

[3] 傅凰：《研究型大学的历史演进及概念界定》，《理工高教研究》2008年第6期。

[4] 王茹、高珊、吴迪：《美国2015版卡内基高等教育机构分类介绍》，《世界教育信息》2017年第9期。

定仍然只涵盖具备博士学位授予资格的大学。

其他具有代表性的概念界定有以下几种。弗莱克斯纳（Abraham Flexner）认为，现代大学旨在现代社会的理智需求，大学的明智就在于根据需求、事实和理想做出变化。① 世界银行和联合国教科文组织特别工作组对于世界各国不同的研究型大学进行分析后认为，研究型大学最重要的目标是在多个学科领域取得优秀研究成果，注重高层次人才的培养和提供高质量的教育；研究型大学对本科生的录取有很强的选择性或竞争性；教学科研人员的课堂教学任务较少，在教学中更为注重学生研究能力的培养，而不是知识的传授和技术的培训；在对教学科研人员的聘用和晋升上，更多注重他们的学术成就，科研能力和对新知识的推广。简言之，研究型大学更注重科学研究，"关注新知识的增长，关注不同学科领域的新突破，并将重要的研究成果应用于实际"。② 斯坦福大学荣誉校长杰拉德·卡斯帕尔（Gerald kass pearl）认为研究型大学应具有四个特点：一是研究型大学会不断对大学工作如大学的使命和组织框架等进行反思，在听取教师、学生、家长和校友的意见后做出改进；二是研究型大学的教学与研究相互促进，缺一不可；三是学术自由对研究型大学的发展极其重要；四是研究型大学具有明确定位，拥有能实现长远目标的管理和治理结构。③ 全国学位与研究生教育发展中心常务副主任王战军教授认为，研究型大学的办学理念是进行创新知识的传播、生产和应用；研究型大学的办学目标是开展高水平的科研和培养高层次的人才，促进社会发展、经济建设、科教进步、文化繁荣以及保障国家安全；研究型大学的功能包括是国家创新拔尖人才基地以及是自然科学与社会科学研究基地；研究型大学的使命是成为国家与地区经济发展的加速器、国家和地区社会发展与繁荣的推动机，是国家和省两级政府决策咨询的思想库。④

---

① ［美］亚伯拉罕·弗莱克斯纳：《现代大学论——美英德大学研究》，徐辉、陈晓菲等译，浙江教育出版社 2001 版，第 28 页。
② 世界银行和联合国教科文组织特别工作组编著：《发展中国家的高等教育：危机与出路》，蒋凯等译，教育科学出版社 2001 年版，第 40 页。
③ 杰拉德·卡斯帕尔：《杰拉德·卡斯帕尔谈研究型大学必备的四种特性》，《中国教育报》2002 年 7 月 30 日第三版。
④ 李凝：《解析"研究型大学"》，2002 年 12 月 4 日，http//：10.28502/n.cnki.nkjrb.2002.006456，2021 年 7 月 15 日。

综上所述，研究型大学即把研究作为主要使命，将教学和研究紧密结合，从事知识的生产与传播，拥有研究所必需的基础设施（包括图书馆、信息技术和实验室），聘任高质量的教师和研究人员（通常具有博士学位），招收最优秀的学生，提供学士、硕士、直到博士层次的教育，产生大量高水平的研究成果，对区域发展、国家发展作出重要贡献，处于高等教育金字塔顶端的一类机构。在本书中，国外研究型大学以卡内基分类 2015 作为选择依据，国内研究型大学以第一批"双一流"建设高校中的一流建设大学作为重点研究对象。

三 协同动力机制

1. 协同学的产生及其定义。协同学（Synergetics）在希腊语中的含义为"合作的科学"，德国物理学家赫尔曼·哈肯（Herman Harken）在研究激光理论的过程中首次提出了"协同学"学说，以耗散结构论、协同论、突变论等揭示不同学科的共同本质和多学科中长久以来难以解决的问题。一方面，协同学本身关注系统内各个子系统的相互协同作用及基于序参量作用实现整个系统的结构与功能的协同；另一方面，协同学是多学科交叉的作用结果。协同指系统的各个要素以及子系统之间同步互动的结果，从而形成整体有序性的系统结构。从系统视角审视协同学，意在将系统看作由不同要素或子系统构成的整体，通过物质、信息以及能量的交换实现整个系统的协作效应。

2. 支配和自组织原理。协同学中的序参量在于提供有意义的信息以及总场景，核心在于衡量系统中各子系统集体运动时协同效应的实现程度。当系统处于初始无序状态时，各子系统呈现相互独立的单独运作状态，无法实现协同效应；当系统处于临界点时，各子系统逐渐发生互相作用形成协同效应，进而促使序参量产生并反作用于各子系统，支配其行为以达到自组织过程。

3. 协同效应。协同效应指参与创新的各子系统相互作用而产生的外部宏观效应，简言之即 $1+1>2$ 的效应。从宏观层面来看，协同效应表现为通过促使系统平衡与系统化来推动系统可持续发展；从微观层面来看，协同效应是系统结构由无序走向有序，由非平衡趋于平衡的过程。

本书的"动力"是指行动的力量，即推动研究型大学与其他创新主体沟通协作的行动力量。对于"机制"的含义,《现代汉语词典》(第6版)的解释是:(1)机器的构造和工作原理。(2)机体的构造、功能和相互关系。(3)指某些自然现象的物理、化学规律。(4)泛指一个工作系统的组织或部分之间相互作用的过程和方式。①《辞海》对"机制"也有类似的解释:(1)用机器制造的。(2)有机体的构造、功能和相互关系。(3)一个工作系统的组织或部分之间相互作用的过程和方式。② 本书认为,"机制"指一个工作系统的构造、功能和相互关系以及各要素之间相互作用的过程和方式。"动力机制"指通过组织要素及其各部分之间的相互作用而产生的行动力量激励或推动工作系统成为一个有机体构造的过程。

因此,本书所说的协同动力机制指研究型大学以整个区域创新系统为平台,依托自身的教学、科研和社会服务等内部因素,与区域内其他创新主体(政府、企业、中介机构、科研院所等)和资源要素通过相互作用实现系统外部要素与内部要素结构从无序向有序转变,充分发挥研究型大学引导区域创新的持续动力的过程。

四 引导

引导,《现代汉语词典》(第6版)的解释是:(1)带领;(2)指引;(3)诱导。③ 就广义而言,引导指的是通过某种手段或方法带动某人前进或带动某事物发展。在这一过程中,有一方处于主动地位,被称为引导者,其余方处于被动地位,称为被引导者。引导者一般在思想上、行动上或技术上处于先进,发挥正面、积极的作用。尽管存在引导者和被引导者,但二者不是驾驭或控制关系。在本书中,主要指研究型大学在思想上、文化上、理论上、技术上具有先进性,在区域的思想创新、文化创新、知识创新、技术创新等方面处于主动地位,发挥着指引和导向性作用。

---

① 中国社会科学院语言研究所词典编辑室编:《现代汉语词典》(第6版),商务印书馆2012年版,第597页。

② 《辞海》编辑委员会:《辞海》(第2卷),上海辞书出版社2009年版,第1000页。

③ 中国社会科学院语言研究所词典编辑室编:《现代汉语词典》(第6版),商务印书馆2012年版,第1554页。

第二节 理论基础

一 区域创新理论

区域创新系统理论的发展过程可追溯到美籍奥地利经济学家熊彼特开创的创新理论。熊彼特首次将创新引入经济增长理论的研究中,指出创新是新技术、新发明在商业中的首次应用,是通过建立一种新的生产函数,实现生产要素的一种从未有过的新组合[1]。随后对这一概念加以运用和发挥,形成了以"创新理论"为基础的独特的理论体系[2]。德国经济学家门斯(G. Mensch,1975)提出的创新集群概念被认为是创新系统概念的较早形式。之后,英国经济学家弗里曼(C. Freeman,1987)首次提出了国家创新系统的概念。随着对国家创新系统研究的进一步深入,库克(Cooke,1992)提出了区域创新系统的概念,其后来者相继对区域创新系统进行了较为全面的理论与经验研究[3]。

库克(Cooke)认为,创新是成功地利用新知识并使其商业化的过程;区域创新则是区域成功地利用新知识并使其商业化的过程。国外学者聚焦区域创新能力评价及其指标构建,形成了不同观点。纳尔逊(Nelson,2002)在评价各国区域创新能力的综合指标体系中,构建了研发经费来源、大学的作用、研发经费配置、支持和影响创新的政府政策等主要指标[4]。福曼和海耶斯(Furman & Hayes,2004)构造的区域创新能力评价指标主要包括产业集聚的创新环境、科技与产业间的联系程度、创新的基础设施状况等[5]。欧盟与联合研究中心(Joint Research Centre,

---

[1] [美]约瑟夫·熊彼特:《经济分析史》(第一卷),朱泱、李宏译,上海印书馆2008年版,第641页。

[2] [美]约瑟夫·熊彼特:《经济发展理论(叶华译)》,中国社会科学出版社2009年版,第1—2页。

[3] Cooke P., "Regional Innovation Systems: Competitive Regulation in the New Europe", *Geoforum*, Vol. 23, No. 3, 1992, pp. 365 – 382.

[4] Nelson R. R., *National Innovation Systems: A Comparative Analysis*, Oxford: Oxford University Press, 1993, pp. 13 – 28.

[5] Furman J. L., and R. Hayes., "Catching Up or Standing Still? National Innovative Productivity among 'Follower' Countries, 1978 – 1999", *Research Policy*, Vol. 33, No. 9, 2004, pp. 1329 – 1354.

2005）开发了一套由创新驱动、企业创新、知识产权、知识创造与技术应用五大类、26个指标构成的欧盟创新能力的综合评价指标体系，旨在更加科学全面地把握区域创新的影响因素。国内学者对区域创新能力评估指标的构建也有丰富的研究。党文娟（2008）采用计数模型分析创新环境对区域创新能力具有重要影响，并认为，市场化程度越高的地区，其区域创新能力也越高[1]。朱海就（2004）构建了包括网络的创新能力、企业的创新能力和创新环境三大部分的指标体系，并指出了构建区域创新能力评价指标的依据与原则[2]。中国科技发展战略研究小组在《中国区域创新能力报告2005—2006》中将区域创新能力指标体系分为知识创造、知识获取、企业创新能力、创新环境与创新的经济效益五个方面的内容[3]。詹湘东（2008）从知识管理的角度分析了区域创新系统中存在的问题，并给出了区域创新能力的模糊综合评价模型[4]。肖智与吕世畅（2008）基于微粒群算法对我国八大经济区域的自主创新能力进行了评价分析[5]。上述成果为构建研究型大学引导区域创新的要素、协同动力机制模型提供了理论框架；也为明确区域创新的内涵以及确定区域创新能力评价的指标体系奠定了基础，基于区域创新理论，本书构建了我国研究型大学对区域创新贡献度的指标体系。

二 知识生产模式转型与四螺旋创新理论

知识生产模式是对进行知识生产的科研活动中长期持续出现的一些特征的总结和理论化，这些特征包括生产什么知识，如何生产知识、知识探索置身的情景、知识组织的方式、知识的奖励机制和知识的质量监控机制，等等。经济社会新动态和科学研究新趋势的不断积累以及相互

---

[1] 党文娟、张宗益、康继军：《创新环境对促进我国区域创新能力的影响》，《中国软科学》2008年第3期。

[2] 朱海就：《区域创新能力评估的指标体系研究》，《科研管理》2004年第3期。

[3] 中国科技发展战略研究小组：《中国区域创新能力报告2005—2006》，科学出版社2006年版。

[4] 詹湘东：《基于知识管理的区域创新能力评价研究》，《科技进步与对策》2008年第4期。

[5] 肖智、吕世畅：《基于微粒群算法的自主创新能力综合评价研究》，《科技进步与对策》2008年第4期。

作用导致了知识生产模式的转变，从模式1到模式2再到模式3，其动力机制相应地经历了"单/双螺旋、三螺旋和四/五螺旋"的转变，这些变化对研究型大学在区域创新中的作用以及区域创新模式提出了新的挑战。

英国学者迈克尔·吉本斯（Michael Gibbons）等将知识生产模式分为模式1和模式2。在他看来，模式1是"一种理念、方法、价值以及规范的综合体"，凡是符合牛顿规范的实践形式即被定义为"科学"的，反之是"非科学"的，这决定着什么样的知识才算得上是合法性知识，并能获得知识传播的权力。[①] 这种模式强调"为了知识而知识"的理念，知识生产由个人的好奇心引发，有严格的学术规范，由学术专家同行评议其成果。模式1中最为重要的一点是大学几乎充当了知识生产的唯一主体，是知识的"象牙塔"，与企业和市场界限分明。模式2则超越了模式1"大学基础研究—大学相关部门应用研究—企业试验与应用"的线性知识生产模式，呈现一种非线性/链型的知识创新模式，重点关注"大学—产业—政府"三螺旋知识创新生态系统，强调这三个主体组成的"三边网络和混合组织"的协同，基础研究、应用研究和实验研发可以同时进行，并及时连接大学、研究中心和企业等不同机构。在知识创新中，模式2遵循着"应用情景中产生知识""跨学科""异质性和组织多样性""社会问责和反思性""质量控制标准更加广泛"的原则。[②]

在当今全球本土化（gloCal）和高级知识社会（advanced knowledge society）背景下，知识创新表现出日益复杂、非线性和动态化等特点，对广域的创新模式的需求越来越强，创意成为当今经济发展的核心，知识生产模式需要重新概念化。卡拉雅尼斯（Elias G. Carayannis）等学者对知识生产模式1与2的螺旋结构重新概念化，强调基础研究、应用研究和实验开发之间更平行的耦合，是一种耦合非线性创新模式（Coupling

---

① ［英］吉本斯等：《知识生产的新模式：当代社会科学与研究的动力学》，陈洪捷、沈文钦等译，北京大学出版社2011年版，第3页。
② ［英］吉本斯等：《知识生产的新模式：当代社会科学与研究的动力学》，陈洪捷、沈文钦等译，北京大学出版社2011版，第4—9页。

"Non-linear Innovation Modes）即模式3[1]，增加了"第四螺旋（The Quadruple Helix）——基于媒体和文化的社会公众（Media-Based And Culture-Based Public）"和"第五螺旋（Quintuple Helix）——社会自然环境（natural environments of society）"，提出了"分形创新生态系统（Fractal Innovation Ecosystem）"，即适用于知识生产模式3的多层次、多模式、多节点、多主体的矩阵排列，由"创新网络"和"知识集群"构成的人力资本、智力资本、社会资本和金融资本以及文化协同共生的集合网络。它强调学术界、产业、政府、公民社会、自然环境等主体之间的相互补充与协同创新，实现在共同专长与竞争中的知识创造、扩散以及使用的多样化与异构配置，以更好地适应21世纪的知识经济与社会挑战[2]。从主体内涵来看，学术界包括大学与科研院所等学术共同体组织，具有知识探索、传播与培养满足产业群发展的人才的多元职能，与学术共同体共同推动科学的可持续发展，弱化知识经济化与市场化带来的弊端；企业通过与大学的合作实现生产研究与科技转化，发挥为区域发展提供商品与服务的功能；政府则服务与指导大学与产业的发展，为各参与主体提供政策引导、法律支持与资金扶持；社会公众则作为第三方组织（社区组织、专业协会、社会团体等）参与重要事务的决策；自然环境对社会可持续发展具有决定性作用，为人们提供必要"自然资本"。

知识生产模式转型使知识创新更加复杂，具有非线性和动态化等特点，创新以及创新带来的发展则越来越需要更广域的创新，即多边（多主体）、多层次融通的创新。因此，区域创新在此模式下向着更高层次发展：区域内应加快形成有效的知识集群和创新网络，在区域内，促进知识生产与应用的整合以及不同知识生产模式的整合应用，政府、企业、大学与研究机构，以及公民社会等不同层次的知识生产创新主体相互联系、及时沟通，形成机制健全而有活力的协同创新联盟；在区域外，促

---

[1] Carayannis E. G., Campbell D. F. J., "'Mode 3' and 'Quadruple Helix': Toward a 21st Century Fractal Innovation Ecosystem", *International Journal of Technology Management*, Vol. 46, No. 3-4, 2009, pp. 201-234.

[2] Carayannis E. G., Campbell D. F. J., "'Mode 3' and 'Quadruple Helix': Toward a 21st Century Fractal Innovation Ecosystem", *International Journal of Technology Management*, Vol. 46, No. 3-4, 2009, pp. 201-234.

进不同区域的相互交流,不同层次的知识生产创新系统和部门相互协调、保持特色、优势互补、共同发展。研究型大学作为区域创新体系中的重要主体,要主动融入区域创新并在知识生产、创新人才培养、观念创新等方面发挥积极的引导作用。因此,基于知识生产模式3和"四螺旋"创新模型,本书构建了由高校、政府、企业、中介机构(公民社会中的第三方机构)构成的区域创新四螺旋模型(见图2-1),以此作为研究型大学引导区域创新的外部动力机制理论框架。

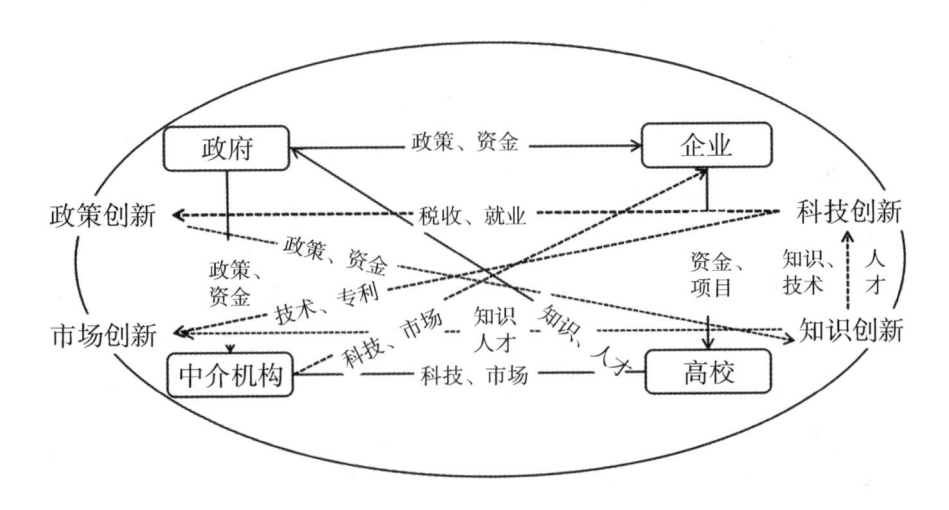

图2-1 区域创新四螺旋模型

三 大学职能论

大学职能指大学具有的功能或发挥的作用,包括人才培养、科学研究、社会服务以及文化传承与创新等。从大学职能演化历程来看,大学职能是伴随社会发展与思想文化进步不断拓展与深化的结果,同时也是大学自身发展的结果。

第一,人才培养职能。欧洲中世纪大学作为阶级统治与政治经济发展的产物,主要屈服于君主或教皇的控制。大学的职能也仅限于为政治、宗教等意识形态领域的人才做储备,例如官吏、法官、教师和医生等。中世纪的大学开设神学、哲学、文学、法律等课程,但都由大学规定或教皇规定,同时强调死记硬背,与社会生活实践严重脱离。"它们的职能仅仅是传授和保存已有文化,向社会提供受过博雅教育的法学、神学、医学人才,大学只是教与学的机构。"① 教学是大学的唯一职能,即为社会"培养训练有素的官吏、通晓教义的牧师、懂得法理的法官和律师以及精通医术的医生是其根本目的"。② 总体而言,法国大革命之前,大学的办学形式、培养模式以及教学方式始终局限于单一的传道授业解惑。作为古典传统教育的支持者,纽曼(Newman)就曾阐述过其大学职能观:"它以传播和推广知识为目的,如果大学是为了科学和哲学观,我不明白为什么大学应该拥有学生。"③ 他认为大学的首要职责就是教书育人,培养人才,对后来的大学产生了深远影响。

第二,科学研究职能。14 世纪至 18 世纪,大学教学仍受教条之风影响并冠以"象牙塔"之名,其主要职能局限于服务统治阶级的人才培养需求。19 世纪初,以洪堡等人为代表的新人文主义者主张"振兴文化以弥补物质方面的损失",强调将科学研究引入大学人才培养模式。与此同时,在洪堡理念的影响下,大学成立了研究所,在教学与研究相统一的原则下从事科学研究。④ 正如布鲁贝克所指出的那样,大学学问出于已知和未知之间的交界处,或者虽然已知,但由于它们过于神秘,常人的才智难以把握,需要大学的科学研究来探索这些问题。⑤ 可见,柏林大学"教学与科研相结合"思想是对传统大学模式的挑战与突破,同时也将科学研究由业余活动推入专业教育领域,并赋予大学科学研究之新职能。

第三,社会服务职能。第二次科技革命以及美国社会流行的功利主义、实用主义的影响,刺激了大学职能的进一步拓展。19 世纪中叶,即美国 1862 年颁布《莫雷尔法案》之后,随着一批赠地学院的建立,大学开始关注农业、实用知识和技术推广。至 20 世纪初,美国威斯康星大学校长范海斯"重视大学与州政府密切合作,以及大学在地方文化和经济

---

① 龚放:《在社会变革的大潮中把握自我——兼论我国大学职能的延伸》,《高等教育研究》1990 年第 1 期。
② 谢安邦:《高等教育学(修订版)》,高等教育出版社 1999 年版,第 21 页。
③ [英]约翰·亨利·纽曼:《大学的理想》,徐辉等译,浙江教育出版社 2001 年版,第 1 页。
④ 袁广林:《大学职能的界说依据》,《现代教育管理》2010 年第 5 期。
⑤ [英]布鲁贝克:《高等教育哲学》,王承绪等译,浙江教育出版社 2002 年版,第 2 页。

发展中的地位和作用"。"在这种观念的支配下，威斯康星大学通过传播知识和专家服务等手段，使教学、科研和服务都面向本州的文化和经济发展的需要，并促成教学、科研和服务一体化，形成了著名的'威斯康星思想'。"① 此后，美国大学的服务对象逐渐延伸，涵盖了社会生活的各行各业。大学有其他社会机构所不具备的专门知识和科研能力，因此应该利用其自身独特资源去满足重要的社会需求，就像公用事业单位有义务向所有顾客提供所需的社会服务那样。②

第四，文化传承与创新职能。2011 年，胡锦涛同志在清华大学百年校庆大会上发表重要讲话，③ 首次将"文化传承与创新"作为高校职能之一被正式提出来，这是对中国大学职能的丰富与发展。文化传承与创新既是大学生存与发展的内在需求，也是社会发展的外部需要。一方面，大学借助保存、研究与传播知识与文化之优势推动优秀文化、思想的传承与交流；另一方面，通过批判吸纳大众文化、抵制腐朽文化形成引领中国特色社会主义先进文化的主流文化。

第五，国际交流与合作。知识经济时代的到来，使得国际社会中政治、经济、文化、科技等领域全球化的趋势越来越明显，人类社会发展呈现相互依存、共同发展的局面。大学作为社会的"轴心机构"，在发挥原有职能的基础上，亦需要关注全球化的进程，正如《教育——财富蕴藏其中》一书所说："大学聚集了与知识的发展和传播相结合的所有传统职能：研究，革新，教学和培训，以及继续教育。最近几年变的越来越重要的另一项职能即国际合作，亦应增加到这些职能之中。"④ "高等教育机构可以拥有利用国际化来填补知识空白和丰富各国人民之间和各种文化之间对话的很大优势。同一学科的科学工作者之间的合作正在跨越国界，成为研究工作、技术、概念、态度和活动国际化的一个强有力

---

① 黄福涛：《外国高等教育史》，上海教育出版社 2008 年版，第 148 页。

② ［美］德里克·博克：《走出象牙塔》，徐小洲等译，浙江教育出版社 2001 年版，第 73 页。

③ 大力推进文化传承创新：五论学习胡锦涛总书记在庆祝清华大学建校一百周年大会上的重要讲话，http://old.moe.gov.cn//publicfiles/business/htmlfiles/moe/s5148/201105/119083.html，2020 年 11 月 1 日。

④ 联合国教科文组织：《教育——财富蕴藏其中》，教育科学出版社 1996 年版，第 124 页。

的工具。"① 因此，在 21 世纪，大学职能将从原来的通过传授知识、开发智力培养人才，通过科学研究、技术创新发展科学技术，通过智力输出、科技成果转化为社会服务拓展到通过国际间的文化交流、科技合作、国际理解教育担当起增进理解、促进和平、共同发展的使命。

  当前，高等教育领域正处于重构与变革之中。高等教育内部分化现象日益加剧，大学如何准确地进行战略定位，办出特色，形成各具特点的大学文化，成为大学举办者和教育者必须要思考的问题。研究型大学是观念、文化、制度和科技的创新中心，增强科技创新能力、服务区域发展是建设研究型大学的重要途径。研究型大学只有准确把握办学方向，才能在高等教育重构和变革中办出自己独特的风格，真正实现引领区域社会发展的宏伟目标。基于大学五大职能的分析和当前我国研究型大学实际，本书将大学的人才培养、科学研究、社会服务、文化传承与创新、国际交流与合作五大职能作为分析研究型大学引导区域创新的内部动力机制的要素框架，依此构建研究型大学引导区域创新的内部动力机制模型和研究型大学对区域创新贡献的指标维度。

---

① 联合国教科文组织：《教育——财富蕴藏其中》，教育科学出版社 1996 年版，第 127—128 页。

第 三 章

研究型大学引导区域创新的
外部诉求和内在逻辑

英国著名高等教育学家阿什比说:"任何一所大学都是遗传与环境的产物。"[①] 纵观大学理念与使命不断演进的过程,无论是从亨利·纽曼的"传授博雅知识"到威廉·冯·洪堡的"教学与科学研究相结合",还是从《莫雷尔法案》的颁布及"威斯康星思想"的提出到埃兹科维茨的三螺旋理论及伯顿·克拉克的"创业型大学",可以发现,大学一直努力适应并融入时代发展潮流,将自身遗传基因与所处环境结合,不断完善自身并向前发展。

自中世纪大学诞生开始,在手工业生产的经济背景下,大学作为"储存知识的仓库"脱离社会而存在。19世纪随着洪堡改革柏林大学、美国赠地学院兴起以及20世纪大规模工业化生产逐渐取代手工业生产,各国开始认识到高等教育对经济发展的重要作用,大学由"知识仓库"转变为"知识工厂",与政府、企业建立初步联系。随着科学技术进步与社会发展,人类已经步入知识经济时代。在后工业化及知识驱动的经济背景下,知识经济的根本性变化引起了产业结构的剧变,劳动力结构也随之调整,知识、技术和人才逐渐成为经济社会最重要的发展资本。随着全球一体化的持续推进,国家及地区间的发展竞争越来越依赖于知识的生产、传播及应用。科技和教育的地位发生了深刻变化,逐渐由社会的边缘走向中心。在这一过程中,大学这一角色的重要性进一步加强,由

---

① [英]阿什比:《科技发达时代的大学教育》,滕大春等译,人民教育出版社1983年版,第7页。

"知识工厂"转变为"知识中心"。大学，尤其是从事大量知识密集型活动的研究型大学通过发挥人才培养、科学研究、社会服务、文化传承与创新、国际交流与合作等职能，培养高素质的创新型人才，孕育新知识、新技术，推动创新型科研成果转化，辐射新思想、新文化，与世界各国大学开展大量项目及活动，以此建立良好的互动关系，逐渐成为推动国家及区域可持续创新发展的中坚力量。大学的角色转变过程如图3-1所示。本章将从外部环境与内在属性两个维度出发，深入分析研究型大学引导区域创新的外部诉求与内在逻辑，以明确"研究型大学为何需要并且能够引导区域创新"这一核心问题。

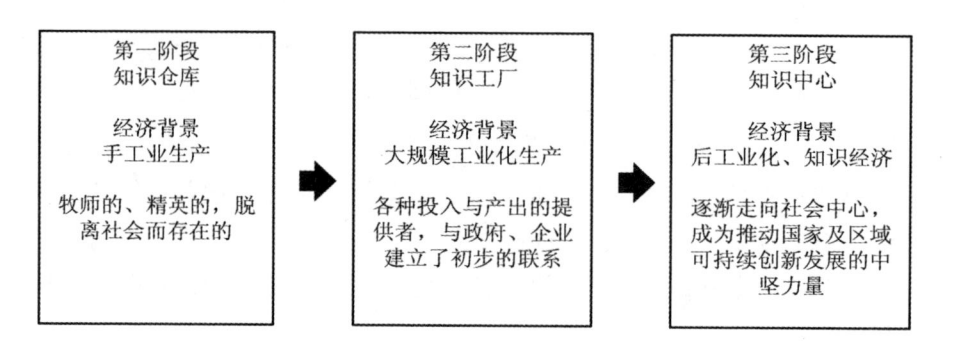

第一阶段 知识仓库	第二阶段 知识工厂	第三阶段 知识中心
经济背景 手工业生产	经济背景 大规模工业化生产	经济背景 后工业化、知识经济
牧师的、精英的，脱离社会而存在的	各种投入与产出的提供者，与政府、企业建立了初步的联系	逐渐走向社会中心，成为推动国家及区域可持续创新发展的中坚力量

图 3-1　大学的角色转变过程

第一节　研究型大学引导区域创新的外部诉求

大学与社会之间互动关系的演变，均有其历史缘由和逻辑上的必然性，是随着社会变迁和时代赋予的不同使命而不断演进的，能够清晰地反映出大学发展与社会发展之间的紧密联系。更确切地说，是社会发展需求的不断变化和大学不断适应这种需求变化的结果。进入知识经济时代，知识、技术、人才等逐渐成为最重要的发展要素。大学，尤其是承担着知识生产、传播、应用与创新任务的研究型大学的重要性越发突出。当前，在创新驱动发展战略推动下，国家发展战略需要研究型大学提高贡献度、区域社会发展需要研究型大学扩大支撑度、区域创新体系建设需要研究型大学增强引领度，因而研究型大学更应该及时顺应社会及时代的发展方向,在遵循自身发展逻辑的基础上不断调整并适应外界的环境局势变化,更好地服务于国家及区域的发展。

一 国家发展战略需要研究型大学提高贡献度

进入21世纪以来,随着经济全球化的持续深入,知识经济蓬勃发展,知识资本正在逐渐取代传统的金融资本,使得经济增长的驱动力和要素支撑发生了根本性变化,传统生产要素对经济增长的贡献份额呈现递减的趋势,而科技进步与创新日益成为经济社会发展的主导力量。为此,各个国家纷纷出台相应的政策、制定相应的战略,以此来加强对于国家及区域创新的重视。

欧盟于2010年3月3日公布未来十年欧盟经济发展计划,并提出三大发展重点、五大量化目标和七大配套计划,在发展重点中强调实现发展以知识和创新为主的智能型增长,据此制定"增加研发收入,把研发经费在欧盟国内生产总值所占比例由目前的1.9%提高到3%"的量化目标,并开展面向创新的"创新联盟"(Innovative Union)计划、面向教育的"青年人流动计划"(Youth on the move)和面向数字社会的"欧洲数字化议程"(A digital agenda for Europe)3个项目的配套计划以促进目标的达成[1]。此外,欧盟于2021年1月开始实施"欧洲地平线"(Horizon Europe)计划(2021—2027),旨在提升欧洲科技创新的竞争优势和全球领先地位,进而帮助欧盟迈向可持续繁荣发展的未来,主要包括三大支柱"卓越科学"(Excellent Science)"全球挑战与欧洲工业竞争力"(Global Challenges and European Industrial Competitiveness)"创新欧洲"(Innovation Europe)和一个基础支撑"加强欧洲研究区建设"(strengthen the European Research Area)[2]。澳大利亚政府在2016年设立澳大利亚创

---

[1] Publications Office of the EU, "EUROPE 2020 A Strategy for Smart, Sustainable and Inclusive Growth", (2010 – 3 – 3) [2021 – 3 – 16], https://op.europa.eu/en/publication – detail/ – /publication/6a915e39 – 0aab – 491c – 8881 – 147ec91fe88a/language – en/format – PDF/source – 195129169.

[2] Publications Office of the EU, "Horizon Europe", (2018 – 10 – 02) [2021 – 03 – 16], https://op.europa.eu/en/publication – detail/ – /publication/4b25054e – d018 – 11e8 – 9424 – 01aa75ed71a1/language – en/format – HTML/source – 195129666.

新和科学理事会（Innovation and Science Australia，ISA），专门为澳大利亚政府提供有关创新、科学和研究的战略性建议。2017年3月，澳大利亚联邦政府提出到2030年跻身世界创新型国家顶尖行列的发展目标。2018年年初，ISA制定并发布《澳大利亚2030——创新促进繁荣》（Australia 2030：Prosperity through Innovation，简称《澳大利亚创新2030》）创新战略，基于2030年澳大利亚创新和科学表现的愿景，确定5个亟须政府推进的紧迫任务：教育层面，培训2030年所需要的技能，应对未来工作性质的变化；产业层面，刺激高增长企业，提高生产率，确保澳大利亚持续繁荣；政府层面，成为创新的催化剂和提供创新服务的全球领导者；研发层面，提高科研成果的转化和商业化能力，改善研究与开发效率；文化和雄心层面，培育国家创新文化，建立国家使命雄心，并据此提出实施的行动路线图，并制定一套涉及18项度量指标的评估检测体系[1]。2016年，新加坡政府发布《研究、创新与创业计划2020》（Research, Innovation and Enterprise 2020 Plan），根据不同的领域设置了与之对应的战略目标、重点资助产业和核心资助计划[2]。2015年10月底，美国国家经济委员会和科技政策办公室联合发布《美国国家创新战略》（A Strategy for American Innovation），公布了维持创新生态系统的关键要素[3]。为落实第五期科技基本计划，日本政府发布《综合创新战略2019》（Integrated Innovation Strategy 2019），提出从知识来源、知识创造、知识的社会应用和知识的全球部署四大方面一体化推动创新[4]。瑞士政府高度重视科技创新战略规划制定，出台《知识与技术转移新战略》（*New KTT strategy*）[5]、

---

[1] Australia Government Department of Industry, Science, Energy and Resources, "Australia 2030：Prosperity through Innovation", [2021-03-16], https://www.industry.gov.au/data-and-publications/australia-2030-prosperity-through-innovation.

[2] National Research Foundation, "Research, Innovation and Enterprise 2020 Plan", (2018-01-08) [2021-03-16], https://www.nrf.gov.sg/docs/default-source/modules/pressrelease/201601082039441690-20160108_RIE2020-Press-Release-(Final).pdf.

[3] The White House, "A Strategy for American Innovation", [2021-03-16], https://obamawhitehouse.archives.gov/sites/default/files/strategy_for_american_innovation_october_2015.pdf.

[4] Cabinet Office, "Integrated Innovation Strategy", [2021-03-16], https://www8.cao.go.jp/cstp/english/doc/integrated_main.pdf.

[5] Commission for Technology and Innovation, "CTI Launches New KTT Strategy", (2012-12-18) [2021-03-16], https://www.newsd.admin.ch/newsd/message/attachments/29094.pdf.

《2012—2016 年科学研究战略规划》(*Multi – Year Programme 2012 – 2016*)①，及"瑞士工业 4.0"（Industry 4.0）② 等战略规划，对提升瑞士科技创新持续性发展起到至关重要的作用。

在大力推动创新的国际背景下，我国也不例外。党的十八大提出实施创新驱动发展战略；全国科技创新大会发布《国家创新驱动发展规划纲要》，开启建设世界科技强国的新征程；党的十九大提出创新是引领发展的第一动力，是建设现代化经济体系的战略支撑。2020 年 11 月发布的《中共中央关于制定国民经济和社会发展第十四个五年规划和二〇三五年远景目标的建议》阐述了"十四五"时期经济社会发展和改革开放的重点任务，提出"强化国家战略科技力量、提升企业技术创新能力、激发人才创新活力、完善科技创新体制机制、构建国土空间开发保护新格局、推动区域协调发展、推进以人为核心的新型城镇化"战略。③

通过以上列举的文件可以看出，世界各国都以发展建设成为创新型国家作为战略目标。要实现这一远大目标，亟须研究型大学提高其贡献度，努力增强其解决国家和区域创新中面临的现实问题和"卡脖子"技术的能力和水平。《国家中长期科学和技术发展规划纲要（2006—2020）》明确指出"大学是我国培养高层次创新人才的重要基地，是我国培养基础研究和高技术领域原始创新的主力军之一，是解决国民经济重大科技问题、实现技术转移、成果转化的生力军"④。研究型大学作为普遍意义上的大学，与其他大学一样具有高深专门知识属性；但作为大学的一个子类型，研究型大学具有"知识生产的密集性"这一独特之处。科学研究职能虽然从洪堡对柏林大学进行改革时就已经确定为大学的基本职能之一并享有较高的地位，但实际上，科学研究职能并非均匀地分布在所有大学之中。就知识生产与创新而言，研究型大学具有其他高校不可

---

① Swiss National Science Foundation, "Multi – Year Programme 2012 – 2016", [2021 – 03 – 16], http：//www.snf.ch/SiteCollectionDocuments/snf_mehrjahresprogramm_12 – 16_summary_e.pdf.

② Switzerland Global Enterprise, "Industry 4.0", [2021 – 03 – 16], https：//www.s – ge.com/en/overview/tomorrows – health – how – innovate – switzerland.

③ 《中共中央关于制定国民经济和社会发展第十四个五年规划和二〇三五年远景目标的建议》，《人民日报》2020 年 11 月 4 日。

④ 中华人民共和国中央人民政府：《国家中长期科学和技术发展规划纲要（2006—2020年）》，http：//www.gov.cn/gongbao/content/2006/content_240244.htm, 2021 年 3 月 16 日。

比拟的地位与作用。因而，研究型大学通常被看作国家创新体系中的重要组成部分，提供人才、知识、技术、平台，一方面自身不断研究创造，另一方面与政府、企业、研究院所等其他学术机构、社会公众等进行螺旋互动，共同促进国家及区域的创新发展，因此研究型大学是开展自我创新的基础，是知识产权的主要诞生地。研究型大学对自主创新成果开发能力的强弱、对知识产权战略管理水平的高低、对技术转让活动支持程度的大小，将从根本上影响国家的科技、经济发展水平。在当前建设创新型国家战略的推动下，建设各具特色的区域创新体系是全面推进中国特色国家创新体系建设的基础。在此背景下，研究型大学必须提高服务国家发展战略的贡献度，在国家及区域发展中发挥核心的支撑作用。

二 区域社会发展需要研究型大学扩大支撑度

区域社会发展包括区域政治、经济、产业、文化、生态等全面的发展。全球经济、科技和信息技术的迅猛发展对区域社会发展提出了更高的要求，区域社会发展不仅需要有健康、高速的经济环境，还需要有合理的产业结构、稳定的政治环境、积极的文化环境、可持续的生态环境等全面进步。研究型大学对区域社会发展的支撑度体现在其支撑区域经济社会发展、满足产业结构调整需求、完善区域治理体系和提高区域治理能力、营造良好的文化环境，以及促进人与自然、社会的和谐发展等方面。

高等教育与社会之间的关系问题始终贯穿着高等教育的发展。依照社会的空间属性进行划分，高等教育的社会服务可分为区域、国家、国际三个层面。作为社会发展的产物，在提及高等教育的社会服务职能时，大多数时候是默认指向其对国家层面服务职能的。而在社会服务的三个层面中，高等教育与其所在的区域更为紧密与直接。一所大学首先是其所在区域的组成部分，区域为大学提供了基本的生存环境及各种发展所需的关键资源，其发展程度对大学发展的影响尤为重要。与此同时，大学通过培养人才、生产知识、创新技术、搭建平台等多种方式为区域社会发展做出贡献。研究型大学凭借其独特优势创造、传播、甚至垄断高新知识，拥有很大程度的决定国家前途命运的知识权力[①]，对于一个区域来说更是如此。一个区域，若是仅仅依托于产业而兴旺，最终会因为跟随产业的更迭而走向衰落，但若是依托于研究型大学而繁荣，这个区域将会跟随研究型大学走向更为广阔的舞台。在此过程中，区域社会通过研究型大学在政治、经济、科技、文化、生态等方面的贡献支撑其实现可持续的高质量发展。

在政治层面，一方面，研究型大学通过对学生进行思想政治教育，不断提高其政治素养，使其能够以良好的修养投入区域的发展建设中；另一方面，研究型大学自身可直接为当地政府相关部门及管理人员提供咨询建议，以保证制度的实施具有一定的理论依据。在经济层面，一方面，研究型大学通过培养大量优秀的创新型人才，通过这些人才投身于当地区域参与学习及工作，为当地的产业结构、劳动力结构、经济增长模式带来全新的改变；另一方面，研究型大学凭借自身成果转化、与外部创新平台及大学集群开展合作等多种方式，生产大量的创新型知识和科技成果。此外，大学还通过雇佣、自身及其附属机构的运转、旅游参观、采买购置等多种活动，直接或间接地对当地区域经济发展做出巨大贡献。在科技层面，研究型大学不仅可以通过人才培养、科学研究、社会服务三大职能进行知识生产、知识创新，产出新的知识与科技成果，还可以与当地区域的政府、相关企业建立密切的合作伙伴关系，承担各自的任务，共同促进区域科技水平的进步与发展。在文化层面，一方面，研究型大学凭借培养的人才所具备的科学文化素养，在整个区域内进行文化传播和扩散，以此提升区域整体的文化氛围；另一方面，研究型大学利用其学科优势，为区域解决亟待改善的重大实际问题，发挥好"区域智库"这一角色的作用。与此同时，研究型大学通过共享文化资源为当地社区的居民提供教育培训、技术培训、法律咨询、健康建议、志愿服务等，以此营造和谐向上的区域文化环境，丰富当地居民的文化生活，提高其文化素养及生活质量。在生态层面，研究型大学通过培养创新型人才、产出高科技成果、营造和谐的文化氛围、培育创新的发展理念，打破以往大规模工业化生产的产业发展模式，向绿色经济、绿色

[①] 王战军、蓝文婷：《世界一流大学与社会发展"双螺旋"模式》，《中国高教研究》2020年第8期。

产业的方向转型，注重生态文明建设，以维护区域的可持续发展。

我国幅员辽阔的地理特点促使了定位各异、主体功能不同的多样化区域的形成。研究型大学是区域高层次人才会聚的主体，是知识生产与交互创新的高地，是科学研究、成果转化、技术落地的重镇，是新思潮新文化兴起传播、推进精神文明建设的重要推动力。在国家区域发展总体战略规划和分类管理的区域政策指导下，各区域都在因地制宜谋求人类与自然的和谐相处，实施可持续发展战略政策，这就迫使研究型大学依托其人才资源和科研储备力量，凭借多元化的学术合作交流，着眼于区域经济社会发展过程中面临的重大理论和现实问题，为区域发展提供政策战略启发、科技产业支撑、知识人才助力、文化思潮引导等的全面支持，以促进其所在区域综合竞争力的提升[1]，成为区域创新体系中的核心主体，在区域经济社会发展中发挥引领和骨干作用。

三 区域创新体系建设需要研究型大学增强引领度

区域创新体系建设需要区域内政府、企业、大学和科研机构、社会公众等多个利益相关者协同合作，涉及区域内知识、技术、人才、资金、设备、场地、环境等多种要素的流动和共享，最终要实现区域创新生态网络构建和良好运行。随着区域创新过程中对知识、技术、人才的要求越来越高，大学在四螺旋创新生态体系中的地位和作用更加凸显，除传统的企业技术创新外，更需要研究型大学发挥原始创新和创新人才培养的功能，与其他创新主体建立良好的协作关系和协同机制，在区域创新体系建设中发挥引领作用。

首先，区域创新体系建设需要研究型大学提供知识、技术和人才引领。知识生产作为一种常见的活动，"虽然在任何地方都可以进行，但只有结合具体的某个地区才能使知识的应用具有创新性[2]"。并且，研究表明[3]，知

---

[1] 郭孝锋、吴志功：《论研究型大学与区域的战略融合》，《中国高教研究》2009 年第6 期。

[2] Scott P., *The Globalization of Higher Education*, Buckingham: SRHE and Open University Press, 1998, pp. 70 – 87.

[3] Charlie Karlsson, Wei – Bin Zhang, "The Role of Universities in Regional Development: Endogenous Human Capital and Growth in a Two – region Mode", *Regional Science*, No. 35, 2001, pp. 179 – 197.

识的外溢对知识生产源周边的辐射效果最强，随着主体与受体距离的增加，知识转化与扩散的成本也随之增大，进而导致知识转化效果随之减弱。通过这一规律可以看出，大学应优先服务当地区域，其知识转化的成本更低，效果更佳。在全球化竞争日益激烈的背景下，高等教育的终极使命是促进国家发展，使其能够在世界舞台上表现出强有力的竞争力，而实现这一目标最基础的着力点就是推动大学所在区域的发展，提升其创新能力。此外，从高等教育哲学角度来看，大学一直在政治论与认识论的哲学中不断调整，力求寻得二者的平衡。研究型大学一方面受政治论哲学影响，遵循大学发展的社会逻辑，利用自身的人力、物力、财力、技术等资源为区域生产生活中出现的实际问题提供解决方案；另一方面受认识论哲学指导，遵循大学发展的学术逻辑，按照自身发展规律探究高深学问。由于教育效果的滞后性，短期内研究型大学培养的创新人才、开展的创新研究的效益或许并不明显，但从长远来看，这正是研究型大学对区域创新体系所起到的引领性作用的最佳体现。例如，研究型大学根据未来社会需要和技术需求对人才培养目标和专业布局进行顶层设计，并根据区域经济发展、产业结构调整和社会需求的重点领域对专业进行动态调整，或设置新的专业，培养未来所需的创新型人才，开展瞄准国家和区域重大需求的前沿领域研究，这一工作可能不会取得立竿见影的效果，但却在多方面满足着区域经济、产业和社会发展的需求，为区域创新体系的建设与发展提供知识基础、技术支撑和人才储备。

其次，区域创新体系建设需要研究型大学提供思想和文化引领。随着区域创新的不断深入，区域经济已经不再是影响创新的唯一因素，思想和文化因素在区域创新中的作用越来越明显。一个区域是否能够培养大量具有创新精神和创业能力的高端人才，决定着这个区域的文化是否优秀，是否能够为区域科技创新和经济活动提供有利的软环境，从而影响区域经济的发展和区域创新的整体绩效。人才培养是大学的根本任务，在新时代背景下落实立德树人根本任务是我国研究型大学的根本使命。一方面，研究型大学通过第一课堂和第二课堂等多种形式对学生进行思想政治教育和创新创业教育，不断提高学生的政治素养和思想道德水平，培养其勇于创新和敢于尝试的精神，在实践中提高其创业能力，从而为区域创新提供具有坚定政治信仰、优秀道德品质和创新创业精神的人才；

另一方面，研究型大学作为一种文化机构，不仅直接参与社区服务、向社区开放各种文化资源和设施，而且是区域的文化符号和文化象征，带动着区域的整体文化氛围和文化形象，这对于创新而言是一种非常重要的无形资源。

最后，引导区域创新是研究型大学顺应时代要求的必然选择。在知识经济迅猛发展的时代，研究型大学若要成为社会的中心并获得社会的支持，首先要获得区域的支持，成为区域创新的中心，利用自身优势在区域创新体系中发挥引导作用。20世纪90年代以来，经济全球化不断深入，逐渐成为世界经济发展的重要趋势。如今，全球化已经席卷了政治、经济、文化、教育等多个领域，人类社会稳步迈入知识经济时代，而所谓知识经济，指的是建立在知识和信息的生产、分配和使用基础上的经济，与农业经济、工业经济相对应。在现代社会创造价值的诸多要素中，知识的作用与功效远超传统的人、财、物等要素，转变为最关键的要素。基于这一时代背景，知识生产和创造发生了极大的改变，作为知识机构的大学逐渐由社会的边缘走向社会的中心，与政府、企业、市场、公民社会建立了有机互动的密切联系。在此时代背景下，大学在遵循其遗传基因的基础上，不断根据外在环境的改变对自身进行调整，功能和结构由一元向多元发展。大学更加积极地参与到社会生产生活中，一方面提供社会所需要的人力资源、知识资源、技术资源、信息资源，另一方面直接拉动区域消费、营造创新文化氛围等，为区域创新的发展贡献力量。研究型大学作为高等教育体系中最为重要的一部分，要勇于承担引导区域创新的责任与使命，不断加强其引领度。

我国目前正在开展的"双一流"建设的总体目标是："到2020年，若干所大学进入世界一流大学前列，一批学科进入世界一流学科前列；到2030年，更多的大学和学科进入世界一流行列，若干所大学进入世界一流大学前列，一批学科进入世界一流学科前列，高等教育整体实力显著提升；到21世纪中叶，一流大学和一流学科的数量和实力进入世界前列，基本建成高等教育强国。"[①] 就我国的研究型大学而言，在全球化浪

---

① 中华人民共和国国务院：《统筹推进世界一流大学和一流学科建设总体方案》，《光明日报》2015年11月6日第5版。

潮的裹挟之下，通过开展广泛的国际交流与合作，走国际化的发展道路，在参与全球竞争与合作中生存与发展，是其不懈努力的必然追求，而要想在世界高等教育体系中始终保持强大的竞争力、在世界舞台上占据有利地位，首先必须在与区域的互动中不断提升塑造自身的水平及能力。新时代中国特色一流大学应该更加明确自身的办学定位和方向，在遵循自身发展逻辑基础上，顺应时代发展趋势，紧密对接国家及区域需求，将高水平大学建设和科技创新与区域经济社会的发展紧密结合，主动寻求与区域经济社会发展的深入融合，最终使得二者凭借协同互动而各自获得长远的发展。

第二节 研究型大学引导区域创新的内在逻辑

研究型大学之所以能够在区域创新中发挥引导作用，是基于其知识生产及基本职能的内在逻辑。在知识经济迅猛发展和全球化竞争不断加快的时代背景下，创新逐渐成为国家可持续繁荣发展的核心要素。作为实施创新型国家战略的重要组成部分，区域创新日益成为衡量一个区域竞争力的关键因素。在此趋势的推动下，全国几乎所有省市及自治区的地方政府均陆续发布了构建创新型区域的相关文件，并且根据不同的发展目标和要求、条件和能力差异，确定了多元化的创新型区域建设的发展模式、具体架构和建设重点[1]。

在引导区域创新发展的过程中，研究型大学内部各种要素协同发挥作用，其中最为突出的五个要素为人才、知识、技术集成及成果转化平台、文化环境氛围以及国际间的合作交流。首先，人才是促进区域创新的第一资源。实现区域创新发展的根本在于是否拥有大量高素质创新型人才。其次，一个区域若要实现创新发展，就必须坚持追寻科学知识技术发展的前沿，不断地进行知识创新、开展核心关键技术的研发等，引领前沿科技，推动区域的技术和产业更新变革，促进区域经济结构调整和产业转型升级，面向未来，发展战略性新兴产业，引导区域创新的可持续发展。再次，为了实现区域的创新发展，除了需要人才以及知识技

---

[1] 曾冬梅：《地方大学服务创新型区域建设的路径》，《高校教育管理》2011年第1期。

术优势，还需要能够将新知识、新技术、新成果进行实践转化的平台，如联合实验室、公司、创业园、科技园等。只有通过实际的操作转化，才能将理论融于现实之中，真正解决区域发展过程中所面临的一系列问题，并将应用过程中的意见进行反馈，从而进一步改善提升接下来的知识技术生产与创新。此外，文化软实力是国家或区域的价值观念、社会制度、发展模式等的国际影响力与感召力。相对于具体的国民生产总值、科研成果及其转化率、国防力量等硬实力而言，以文化为主要内容的软实力竞争正在成为国际竞争的重要形式[①]。区域文化环境是区域创新系统的有机组成部分，决定着这个区域的总体氛围。尊重知识、鼓励创新与创造文化的营造，是知识经济时代一个国家或区域经济社会发展的营养源。最后，在全球经济一体化迅猛发展的今天，全球化趋势已经席卷政治、经济、文化、教育等多个领域，各个领域若想获得进一步的发展，必须顺应并融入这一时代趋势。因而，区域的创新发展建设不应该仅仅局限于当地区域，而是应该将眼光放至全国乃至全世界，与国内其他区域、世界各国、各个地区建立密切的合作伙伴关系并开展大量优质的合作项目，学习借鉴别国别区域的卓越经验，在跨国的合作交流中促进自身水平的不断提升。

当前国际学术界普遍认可大学有三大基本职能：人才培养、科学研究和社会服务。三者之间尽管具有一定的差异，但在本质上却是一脉相通的，均归根于知识属性。知识的传播即为人才培养，知识的生产创新即为科学研究，知识的应用即为社会服务。此外，大学本身作为一种文化教育机构，自建立开始就承担着文化保存与传递的任务。随着优秀文化重要性的日益突出，许多大学纷纷将文化传承与创新作为大学的第四大职能。胡锦涛同志在清华大学百年校庆大会上提出，"不断提高质量，是高等教育的生命线，必须始终贯穿高等学校人才培养、科学研究、社会服务、文化传承创新各项工作之中"[②]，将文化传承与创新和大学三大基本职能并列，作为大学的第四大基本职能。由于知识与文化之间的密

---

① 赵哲、姜华、杨慧等：《责任与使命：大学服务社会的历史渊源与现实诉求》，《现代教育管理》2011 年第 5 期。

② 胡锦涛：《在庆祝清华建校 100 周年大会上讲话》，《中国高等教育》2011 年第 9 期。

切联系，文化是在大量知识的基础上凝练升华而形成的，因而文化传承与创新这一职能的本质也可归根于知识属性，知识的保存、弘扬与更新、创造经过时间的锤炼积淀，即可带来相应的文化传承与创新。2017年2月，《关于加强和改进新形势下高校思想政治工作的意见》，[①] 将"国际交流与合作"作为大学的第五大职能。与前面四大基本职能一样，国际交流与合作也可归结为知识属性，知识的国际流动、沟通、共享即为国际交流与合作。综上所述，可以发现，大学的五大基本职能均是以知识为基础开展的知识密集型活动。研究型大学作为大学其中的一个子类型，其知识的密集型表现得最为明显。基于此，本节以大学的五大职能为出发点，深入分析研究型大学引导区域创新的内在逻辑。

一 研究型大学是创新型人才培养及会聚的高地

被誉为"人力资本之父"的舒尔茨（Theodore W. Schultz）系统全面地阐述了人力资本理论。根据人力资本理论，人力资本在经济增长中的作用大于物质资本的作用，其核心是提高人口质量，教育投资是人力投资的重要组成部分。通过教育可以提高劳动力的质量、劳动者的工作能力和技术水平，从而提高劳动生产率。其增长，特别是教育支出的增长是经济增长的源泉之一。[②] 作为新增长理论的重要代表，卢卡斯（Robert Lucas）也强调人力资本的重要性，认为人力资本投资具有内部效应和外部效应，内部效应是人力资本对投资者自身的贡献，而外部效应则是通过人力资本水平在人们之间的传递，不仅导致自身生产率的提高，而且增加了劳动和物质资本的生产率，形成产出的递增收益。[③] 不难看出，人力资本是促进经济增长的关键性因素。一个区域若要实现稳步创新，必须拥有可持续创新能力。区域可持续创新能力的获得需要具有创新知识和创新能力的人力资本来支持，研究型大学在汇聚和培养创新型人才方

---

① 《中共中央 国务院印发〈关于加强和改进新形势下高校思想政治工作的意见〉》，《社会主义论坛》2017年第3期。

② Schultz T. W., "Investment in Human Capital", *The American Economic Review*, Vol. 51, No. 1, 1961, pp. 1–17.

③ 石金叶、范旭、陆剑宝：《美国高校在区域发展中的作用及其启示》，《科技管理研究》2007年第5期。

面具有独特的优势。

　　研究型大学聚集了大批著名学者与科学家，他们是实现原始创新和培养创新型人才的关键群体，对区域创新具有突出的带动和引领作用。剑桥大学的卡文迪什实验室从 1904 年至 1989 年一共产生了 29 位诺贝尔奖得主[1]。据统计，截至 2020 年 3 月，共有 83 位斯坦福大学的校友、教授及研究人员曾获得诺贝尔奖（世界第七）[2]、28 位曾获得图灵奖（世界第一）、8 位曾获得菲尔兹奖（世界第八）[3]。截至 2019 年 10 月，哈佛大学的校友、教授及研究人员中共产生了 160 位诺贝尔奖得主（世界第一）[4]、18 位菲尔兹奖得主（世界第一）[5]、14 位图灵奖得主（世界第四）[6]。截至 2019 年 10 月，麻省理工学院的校友、教职工及研究人员中，共产生了 97 位诺贝尔奖得主（世界第五）、8 位菲尔兹奖得主（世界第八）以及 26 位图灵奖得主（世界第二）[7]。我国研究型大学也人才荟萃，截至 2017 年 12 月，北京大学拥有中国科学院院士 76 人，中国工程院院士 19 人，发展中国家科学院院士 25 人，哲学社会科学资深教授 13 人，"万人计划"入选者 28 人，"青年拔尖人才计划"入选者 35 人，国家杰出青年基金获得者 237 人，国家基金委创新群体 40 个，国家基金委优秀青年基金获得者 130 人[8]。截至 2018 年 12 月底，清华大学的教师中有诺贝尔奖获得者 1 名，图灵奖获得者 1 名，中国科学院院士 51 名，中国工

---

[1] The Cavendish Laboratory，"Nobel Laureates"，[2021 – 03 – 16]，https：//www. phy. cam. ac. uk/history/nobel.

[2] Stanford University，"Stanford Nobel Laureates"，[2021 – 03 – 16]，https：//news. stanford. edu/nobel/.

[3] Stanford University，"Stanford Faculty"，[2021 – 03 – 16]，https：//facts. stanford. edu/academics/faculty/.

[4] Harvard University，"Harvard's Nobel Laureates"，[2021 – 03 – 16]，https：//www. harvard. edu/about – harvard/harvard – history/nobel – laureates/.

[5] Association for Computing Machinery，"Chronological Listing of A. M. Turing Award Winners"，[2021 – 03 – 16]，https：//amturing. acm. org/byyear. cfm.

[6] International Mathematical Union，"Fields Medal"，[2021 – 03 – 16]，https：//www. mathunion. org/imu – awards/fields – medal.

[7] Institutional Research Office of the Provost，"Honors and Awards Database"，[2021 – 03 – 16]，https：//ir. mit. edu/awards – honors.

[8] 北京大学信息公开网：《统计数据》，https：//xxgk. pku. edu. cn/gksx/jbxx/tjsj/index. htm，2021 年 3 月 16 日。

程院院士39名，167人入选教育部长江学者奖励计划特聘教授，52人入选青年学者，239人获得国家杰出青年科学基金，152人获得优秀青年科学基金①。

人才培养是大学最基本的职能。高等教育对区域及国家所作出的最重要的贡献是培养经济社会发展所需要的高质量人才。研究型大学在区域创新发展所需的创新型人才培养方面发挥着举足轻重的作用。纵观世界一流研究型大学的培养目标，无一例外地包含了与"创新"相关的内容，如：加州理工学院主张"在跨学科的氛围下，通过科学与技术的学习，将学生培养成社会上有创造性的成员"②；斯坦福大学强调将自身建设成为"一个培养促进学生发现、学习、质疑、想象和创造能力的地方"③；西北大学致力于"优秀的教学、创新研究以及学生在多元化学术团体中的个人和智力成长"。④ 此外，一些世界一流研究型大学还通过项目来培养学生的创新能力。麻省理工学院开创了一系列本科生创新能力培养项目，如本科生学术研究机会计划（Undergraduate Research Opportunities Program，简称UROP）为在校本科生提供大量参与尖端学术研究的机会；独立活动期项目（The Independent Activities Period，简称IAP）以其多样性、创新精神、融合趣味性和学习性而著称，参与这一项目的学生既可以通过预先设置的系列课程与教师共同完成个人研究，也可以以自己的兴趣为出发点，开展原创性研究；新生咨询研讨会（First-Year Advising Seminars，简称FAS）是MIT专门针对一年级本科生而设立的项目，涉及的范围和主题较广，有的贴近大学生活需求，有的促进本科生创新创业能力的发展，还有的紧密结合当下最尖端科技，对学生未来研究兴趣有一定的引领作用，如"创始人之旅：创业与创新""创新的秘诀"等。⑤

---

① 清华大学：《师资队伍》，https://www.tsinghua.edu.cn/jyjx.htm#szmd，2021年3月16日。
② Caltech, "Mission", [2021-03-16], https://www.caltech.edu/about/at-a-glance.
③ Stanford, "A History of Sandford", [2021-03-16], https://www.stanford.edu/about/history/.
④ Northwestern, "Our Mission", [2021-03-16], https://www.northwestern.edu/about/index.html#mission.
⑤ 龚雪、余景丽、余秀兰：《麻省理工学院本科生创新研究能力培养实践经验及启示》，《高教探索》2020年第1期。

硅谷是世界微电子和计算机研究与制造中心，是世界高科技产业和尖端技术的集中地。100 年间，这里由一片小小的果园发展成为庞大的电子帝国，每年创造数以亿计的财富。硅谷之所以能够迅速成为高科技创新发展的高地，并带来区域经济和城市的繁荣，与西海岸地区研究型大学雄厚的科研实力及人才支持密切相关。硅谷是美国高科技创新人才的聚集地，会聚了来自世界各地的大量科技人员、科学院院士和诺奖得主。研究型大学在硅谷创新系统中的主要作用就是为系统输送人才和科学知识，实现知识、信息等资源在创新网络内外部的传递与流动[1]。硅谷附近拥有包含斯坦福大学、加州大学伯克利分校、加州大学洛杉矶分校等在内的顶尖世界一流大学集群，每年能够汇集并培养出大量的高科技人才，为硅谷带来一波又一波的新鲜血液。科技和创新带来更为庞大的生产力，同样，技术的改革创新一定程度上反哺大学的教育教学，形成硅谷与研究型大学集群之间的良性循环。强大的科技创新能力和崇尚创新的校园文化使这些研究型大学更加充满活力地向前迈进，源源不断地为区域创新提供一流的创新型人才。

研究型大学所会聚、培养的大量创新型人才，一方面提升了研究型大学自身创新能力，即内部效应；另一方面，这些创新型人才不断创造新知识与新技术，并用于解决区域实际问题，提升区域整体创新能力，带动所在区域的可持续发展，即外部效应。当区域获得持续的创新能力之后，反过来也为研究型大学的进一步发展提供资金、土地、政策等支持，为大学的人才会聚及培养提供坚实的基础，从而实现研究型大学与区域创新的良性互动。

二　研究型大学是知识生产以及创新的活力源泉

大学本质上是一个知识机构[2]，并且这种知识并非是一般普通的知识，而是布鲁贝克认识论哲学中所提出的"高深学问"。"高深学问"需要超出一般的、复杂的甚至是神秘的知识[3]。高深性与专门性即为大学知

---

[1] 许长青：《美国大学与区域创新互动发展研究》，《中国高校科技》2017 年第 11 期。
[2] 王建华：《知识社会视野中的大学》，《教育发展研究》2012 年第 3 期。
[3] ［美］约翰·S. 布鲁贝克：《高等教育哲学》，王承绪、郑继伟、张维平等译，浙江教育出版社 2001 年版，第 13 页。

识属性的鲜明特征。自洪堡对柏林大学进行改革以来，科学研究成为大学第二大基本职能。经过几百年的演化，形成了研究型大学最突出的"研究密集性"特点，即教学与科研相统一。如布鲁贝克所说，"每一个规模较大的现代社会，无论它的政治、经济或宗教制度是什么类型的，都需要建立一个机构来传递深奥的知识，分析、批判现存的知识，并探索新的学问领域[①]"。可以看出，研究型大学坚持继承性与创造性的统一，不仅仅局限于储存、传递、思考目前已被认可的知识，更加注重对前沿知识的探索以及探究未知的问题，从而进行知识创新。知识创新是指通过科学研究获得新的基础科学知识和技术科学知识的过程，主要包括三大类：第一类是发现了新的科学事实，探索到新的科学规律，建立了新的科学理论；第二类是发明了新技术，创造了新产品；第三类是提出了新方法、新手段，开拓了新领域[②]。总而言之，只要能够为科学领域增添新的东西就属于知识创新，但知识创新的源头主要在于基础研究。因而，之所以说研究型大学是知识生产与知识创新的活力源泉，是因为研究型大学具备知识生产与知识创新的要素和条件，在基础研究和应用基础研究中发挥着基础性和决定性的作用。

首先，从知识生产与创新主体来看，研究型大学拥有数量庞大的教师、研究人员以及研究生，他们承担着"知识生产者"与"准知识生产者"的重要角色，凭借其科研力量极大地促进了大学的知识生产。有学者对美国部分大学研究机构的人员分布情况进行大规模调查，粗略计算了这些大学的实验室研究人员占比，其中78.1%是博士后（16.5%）、研究生（51.4%）、本科生（10.2%），剩下的21.9%才是全职教师[③]。多元化的知识生产者能够为大学的知识生产带来更多的生机与活力。研究生作为科研人员的关键后备力量，在大学的知识生产与创新活动中发挥着显著优势，具体表现为以下三点：一是从教学层面上来看，参与研究

[①] [美]约翰·S. 布鲁贝克：《高等教育哲学》，王承绪、郑继伟、张维平等译，浙江教育出版社2001年版，第13页。

[②] 王永杰、陈家宏、陈光等：《研究型大学在知识创新中的地位和作用》，《科学学研究》2000年第2期。

[③] Gurmu S., Black G. C., Stephan P. E., "The Knowledge Production Function for University Patenting", *Economic Inquiry*, Vol. 48, No. 1, 2010, pp. 192–213.

是培养学生的有效模式，学生可以在参与研究的过程中获得更好的学习经历与体验；二是研究生参与研究可以在一定程度上降低研究成本，节约大学经费资源；三是研究生和博士后与教师相比更为年轻，通常能够提供更多的新思想和新观点[1]。

其次，从知识生产与创新的作用机制来看，知识的所有分叉是相互联系的，构成知识的各学科之间有着千丝万缕的联系。[2] 进入知识经济时代，社会发展面临更加复杂的问题与困境，因而其应对与解决愈发依赖于创新驱动，在此背景下，单一学科知识已经无法适应当前的发展趋势，与其他学科知识或技术交叉融合的跨学科方法在全球可持续问题解决中发挥着日益显著的作用。"在大学内部，创新性的科研已超越自然科学、社会科学及人文学科的知识探寻，超越了院系科的边界，增强了不同类型的知识在大学内部的流动。"[3] 研究型大学通过对组织形式进行创新调整改革，打破传统的学科院系壁垒，构建多元化的跨学科组织结构，如独立建制式、项目合作式、学院内嵌式、全校矩阵式、跨校整合式等，摒弃学科孤立及组织割据的思维局限，重视学科间的整合及整体利益，[4] 从而促进跨学科、多学科的知识生产与创新。

最后，从知识生产与创新的支撑条件来看，研究型大学为更好地开展知识生产与创新，汇集并创设了包含研发经费、重点实验室设备等在内的多种优势条件。就研发投入而言，研发创新活动主体大致有四个：政府、高校、科研机构、工业企业界。其中，政府是经费的投入方，为科研机构、产业界和高校提供研发经费；产业界除得到政府的研发支持外，还与科研机构和高校开展广泛合作，并对高校和科研机构投入资金；科研机构可以从政府和产业界获得经费，同时他又与高校开展合作研究。因此，只有高校对研发经费具有明显的集结性，可以得到所有其他创新

---

[1] Gurmu S., Black G. C., Stephan P. E., "The Knowledge Production Function for University Patenting", *Economic Inquiry*, Vol. 48, No. 1, 2010, pp. 192–213.

[2] ［英］亨利·纽曼：《大学的理想（节本）》，徐辉等译，浙江教育出版社2002年版，第20—43页。

[3] 王志强：《研究型大学与美国国家创新系统的演进》，中国社会科学出版社2014年版，第188页。

[4] 李鹏虎：《论我国研究型大学中"巴尔干化"式的组织割据》，《国家教育行政学院学报》2019年第5期。

主体的投入，形成了一个以高校为中心，与其他部门相互联系，具有知识配置力和创新能力的系统结构①。研究型大学属于高校中的特殊群体，无疑具有这种集结性。不仅如此，由于其知识生产的密集性，研究型大学所具有的研究经费与研究活动的集结性相对于一般高校来说更为明显。就科学研究而言，原始创新孕育着科学技术质的发展与进步，是当今世界科技竞争的制高点，是综合国力竞争的有效保障。研究型大学具备大量国家重点实验室作为原始创新基地，是进行重大技术项目研发、聚集和培养科学家、开展高水平学术交流的重要场所，是国家及区域知识创新体系的重要组成部分，在国家及区域基础研究、技术开发和科技攻关中承担着重要使命。通过梳理可以发现，美国一批顶尖一流大学的崛起均与国家实验室在此建立和发展息息相关。加州大学伯克利分校凭借劳伦斯实验室（Lawrence Berkeley National Laboratory，LBNL 或 LBL）利用回旋加速器促进理论物理、辐射监测、生命科学、医学物理等领域的发展，在"二战"后成为美国乃至世界核物理学的卓越机构，并逐渐跃居世界一流大学之列。劳伦斯实验室通过会聚多学科研究人员团队，以"为世界带来科学解决方案"为愿景，致力于解决人类面临的最紧迫、最深刻的科学问题；为安全的能源未来进行基础研究；了解生命系统以改善环境、健康和能源供应；了解宇宙中的物质和能量；为国家发展建设并安全运行先进的科学设施；培养下一代的科学家和工程师。② 截至 2020 财年，劳伦斯实验室共计产生了 14 位诺贝尔奖获得者，主要集中在物理和化学领域。③

在知识经济时代，知识正在成为经济增长的最重要源泉，知识生产和创新成为经济发展的基础，对于任何国家和地区的创新都有着非常重要的作用。大学作为探索和传播高深学问的场所，是以发明、创造和传播新知识为基础的机构，它在促进国家和地区的经济发展和社会进步方面肩负着特殊的使命④，作为知识生产与创新的领头羊的研究型大学更是

---

① 王永杰、陈家宏、陈光等：《研究型大学在知识创新中的地位和作用》，《科学学研究》2000 年第 2 期。

② Berkeley Lab, "About the Lab", [2022 - 06 - 26], https://www.lbl.gov/about/.

③ Berkeley Lab, "Nobelists", [2022 - 06 - 26], https://www.lbl.gov/nobelists/.

④ 刘宝存：《大学对地方社会经济发展的贡献——加州大学伯克利分校的个案研究》，《清华大学教育研究》2005 年第 6 期。

如此。加州大学伯克利分校的卡斯特斯教授把研究型大学称为知识经济发展的动力源——"如果说知识信息是新世界经济中的电流，那么研究型大学就是产生这种电流的'发电机'"。[①]

三　研究型大学是高新技术集成创新转化的平台

为实现区域创新发展，除需要研究型大学提供人才和技术支持外，还需要拥有会聚人才和转化新知识、新技术、新成果的平台。只有将大学的知识生产和创新成果应用于解决区域发展中面临的实际问题，才能真正实现区域的创新和发展。研究型大学拥有得天独厚的条件，一方面其本身开展高端人才培养，以及前沿知识和技术的研究与创新，另一方面能够将创新人才、前沿研究、高新技术创新等功能融合起来，推动多学科、多领域、多部门之间协同创新和成果转化，与区域内部其他创新主体，如政府、企业、科研机构和其他高校等形成有机螺旋，共同开展高新技术的集成创新与成果转化。

首先，研究型大学会聚了世界一流的人才和创新机构，并直接进行成果转化。研究型大学会聚了大量的优秀人才，拥有一批重点实验室、研究机构中心、一流学科及许多国家级和区域性的科技创新平台基地，科研实力雄厚，重点开展基础研究和关键技术研究，并可在此基础上直接进行成果转化、技术转让。一流研究型大学之所以在世界范围内享有较高的声誉，在于其作为基础研究的基地，能够提供对社会发展产生深远影响的创新性科研成果，在知识创新中发挥源头作用。纵观各个拥有发达高等教育体系的国家，其在基础研究领域均与研究型大学建立了密切联系：成立于1939年的法国国家科研中心（Centre national de la recherche scientifique，CNRS）是研究技术部领导之下的、规模最大的基础研究机构，它与190所高等学校及大学保持着非常密切的对口协作关系，其四分之三的实验室设在这些大学和高校内，约有70%的人员在大学工作，利用高等院校的许多大型设备进行研究。美国更是将大型联邦实验室直接设立在研究型大学中，如麻省理工学院与林肯实验室，加州大学伯克利分校与劳伦斯实验室，加州理工学院与喷气推进实验室、

[①] 闵维方：《发展知识经济的关键与大学的使命》，《教育研究》1998年第9期。

斯坦福大学与直线加速器中心等。研究型大学凭借自身所具备的各种资源优势，加快开展自身成果转化活动，成为科技创新的生力军，引领未来科技的发展方向，发挥着技术转移的作用，成为高新技术集成创新的核心场所。

其次，研究型大学与当地政府、企业、科研机构和其他大学有机互动，形成了四螺旋创新平台。英国前首相撒切尔夫人曾说，大学除发挥传播知识，提出新思想两个作用以外，"建立科学园是大学承担的第三个作用，就是把大学里的新发现和新思想推广到社会上、商业上，使之成为整个社会的财富"。[①] 研究型大学利用学校科研资源和条件，"产学研用"紧密结合，加强科技研发，提高科研成果的转化率，与当地政府、企业等建立密切联系，构建联合实验室、公司、创业园、科技园等，形成产学研共同体，推动协同创新。美国的"硅谷""128号公路"北卡"研究三角园"等产学研创新基地成为世界各地研究型大学引导区域创新的典范。北卡"研究三角园"主要通过以下方式开展协同创新：合理构建研究园区，实现政、校、企联合管理；发挥高校学科优势，协同开展科研项目；完善创新平台，促进科技成果转换；创建多元文化氛围，提升高校创业能力；多渠道筹集资金，提供创新动力支撑。[②] 麻省理工学院通过建立大学、政府和企业之间的密切合作，对128号公路园区的建设发展起到了十分关键的推动作用。工业联络网是MIT创建的一种松散的联合组织，为学界、政界、业界的信息交流提供接触平台。工业联络网通过组成联合体、合同研究和专利转让三种形式为企业提供了来自MIT的大量技术支持。[③] 此外，研究型大学还通过与区域内邻近的其他研究型大学形成研究型大学集群作为一个整体为区域创新发展做出贡献。与一所大学为区域创新发展所作出的贡献相比，大学集群作为同时拥有多所研究型大学的整体，对所在区域经济社会的发展具有更加强劲的推动作用。

[①] 魏心镇、王缉慈：《新的产业空间：高技术产业开发区的发展与布局》，北京大学出版社1993年版，第17—18页。

[②] 牛司凤、郄海霞：《高校与区域协同创新的路径选择——以美国北卡罗来纳州"研究三角园"为例》，《高教探索》2014年第6期。

[③] 马永斌、刘帆、王孙禺：《美国大学、政府和企业合作的角色定位、特征与不足分析》，《科学管理研究》2009年第6期。

以美国波士顿地区为例，该区域所拥有的 8 所研究型大学是推动其经济社会发展的主要力量。"八校"以共同汇集科研经费、与工业界开展合作研究、实施技术转让等多种方式拉动波士顿地区经济增长并推动波新产业的发展。[1]

随着政府越来越寄希望于高校技术及成果转化在促进区域与国家经济社会发展中的重要促进作用，研究型大学应自觉肩负这一使命，凭借自身卓越的学术研究成果和广泛的学术影响力，与多方利益相关者建立密切联系，大力开展产学研合作，助推高新技术继承与科研成果转化，致力于促进人才链、技术链、产业链、服务链的有机耦合，打造立体化的产学合作生态，为区域及国家的创新发展提供重大技术支撑以实现持续赋能。

四 研究型大学是新思想与新文化的主要辐射源

创新型区域建设既包括物质文明，更蕴含精神文明。在区域创新体系建设中，研究型大学作为所在区域的科学及文化中心，不仅可以为区域创新发展提供智力支持，还可以在丰富区域文化内涵、浓郁文化氛围、塑造人文精神、促进区域创新文化环境建设等方面发挥引领作用[2]。

文化传承与创新作为大学的重要职能，主要体现在三方面：首先，作为人才培养的高地和知识传播的主要阵地，继承并弘扬优秀传统文化是大学的重要职责。通过汲取优秀传统文化精华，可以对当今文化建设起到良好的指导作用。其次，文化的交流是双向的，即"引进来"与"走出去"相结合，大学既应该注重学习借鉴优秀的外来文化并根据所处的校情、国情进行改造创新，又要致力于传播自身的优秀文化，形成具有本国特色的文化模式。最后，大学，尤其是研究型大学，作为知识生产的重要基地，聚集了大量科技、文化精英，肩负着对传统文化进行创新的重要使命。通过开展认真研究、深入阐释传统文化的历史渊源、发

---

[1] 李茂林：《大学群落的地域性经济贡献探究——以美国波士顿地区的 8 所研究型大学为例》，《比较教育研究》2009 年第 1 期。

[2] 曾冬梅：《地方大学服务创新型区域建设的路径》，《高校教育管理》2011 年第 1 期。

展脉络、基本走向,以推动国民对中华优秀传统文化的深入理解[①]并不断创造适合时代和社会发展的创新文化。继承弘扬、借鉴传播、创新培育三者之间是相互依存、相互联系、相辅相成的。对优秀传统文化的传播弘扬与借鉴学习为新型文化的培育和创新提供了动力,与此同时,对新型文化的发展又为继承和传播传统文化带来了活力。

研究型大学对区域创新文化的引领与辐射作用主要体现在以下三方面。

首先,研究型大学通过培养创新型人才以及自身先进文化、思想、理念等在区域的传播和辐射,塑造整个区域的创新文化,为区域创新带来新思想、新理念和新模式。一方面,从学术氛围上来看,著名教育家怀特海曾说"大学之所以存在,不在于传授给学生的知识,也不在于提供给教师的研究机会,而在于'富于想象'地探讨学问中把年轻人和老一辈联合起来[②]"。研究型大学兼具教学和科研双重优势,因此具有启发灵感、活跃思维、增强创新活力的条件。除此之外,研究型大学倡导百花齐放、百家争鸣、支持创新、宽容失败、鼓励敢为天下先的创新文化,弘扬追求真理、培养人才、繁荣科技、服务社会的大学精神,继续加强学术道德建设,努力营造民主、宽容、开放、和谐的学术环境[③]。在这种文化的熏陶下,各种创新思想、创新行为和创新成果不断涌现。这些创新的思想、行为和成果等被广泛应用于当地区域,师生在区域中工作学习、参与日常社会生活,无形之中也会将自身的创新思想和创造思维传递到区域,从而为区域创新发展奠定良好的基础。另一方面,研究型大学是社会文明进步与发展的风向标,通过将前瞻性、先进性的观念直接辐射、输送给社会公众,为社会进步提供正确的文化价值引导和科学人文精神力量。此外,研究型大学在自身优秀历史积淀的基础上,追求在实践中创新文化理论与艺术思维模式,以此不断满足群众的精神需要,

---

[①] 秦惠民、吕萍:《创新大学教育传播机制 推动中华传统文化传承》,《中国高等教育》2018年第7期。

[②] [美] 约翰·S.布鲁贝克:《高等教育哲学》,王承绪、郑继伟、张维平译,浙江教育出版社2001年版,第13页。

[③] 周济:《创新与高水平大学建设——在第三届中外大学校长论坛上的演讲》,第三届中外大学校长论坛,2006年。

最终为区域带来创新的文化氛围。胡锦涛同志认为，高等教育是优秀文化传承的重要载体和思想文化创新的重要源泉。大学是靠思想去引领社会，靠思想去推动文化走向社会①。在新时代，研究型大学不能够仅仅局限于单一的培养人才和科学研究，还应努力成为社会的主要服务者和变革的重要力量，通过大力开展文化传承与创新，把中华民族传统文化的有益思想、艺术价值与时代特点相结合，消除价值冲突、塑造正确的社会价值，创造出具有中国特色的，满足广大人民群众需要的文化精品，培养出更多能够引领时代发展潮流的创新型人才，为区域创新的繁荣发展注入源源不断的精神动力。

其次，研究型大学作为所在区域的智库，凭借丰富卓越的人文社会科学与自然科学学科知识、技术、项目、课题等为区域的创新发展解决了许多重大的实际问题。人文社会科学与自然科学共同构成了研究型大学的学科体系，并通过各自发挥不同的作用，共同促进区域创新发展这一目标的实现。自然科学大多对应理工科领域的学科，能够针对区域发展过程中面临的亟待解决的重大实际问题开展创新性研究和实践，从而保证区域创新的实现。人文社会科学并不像自然科学那样通过解决某一具体问题对区域创新带来直接的效果，而是通过潜移默化的正向影响，引导区域创新的理念、政策和方向。

人文社会科学是世界一流大学履行文化传承与创新职能的重要体现，如果无法给予其足够的重视，文化创新将无从谈起②，区域创新更将是缺乏精神内涵。纵观世界一流大学的建设，无一例外的是高度繁荣发展的人文社会科学研究促成了大学浓郁深厚的文化积淀。哈佛大学校长萨默斯曾经指出，哈佛大学的成功在于"能让最佳的思想家聚在一起，给他们思考的机会，并能传播自己的观念，从而产生最佳的思想"③。研究型大学通过把握一些重点人文社科领域，以重大理论及现实问题为主攻方向，同等重视基础研究与应用研究，坚持传统学科和新兴学科、跨学科

---

① 徐显明：《文化传承创新：大学第四大功能的确立》，《中国高等教育》2011年第10期。
② 向波涛、马宁：《建设世界一流大学视域下的文化传承创新》，《高校理论战线》2012年第1期。
③ 郭永刚、罗新宇：《哈佛校长萨默斯：让最佳思想家聚在一起》，《中国青年报》2001年。

与超学科共同发展，在考虑国家、大学实际情况以及所处时代背景基础上，建设具有鲜明特色的人文社会科学，并不断加快哲学社会科学成果转化，从而更好的服务经济社会发展。研究型大学通过重点建设一批一流的文化研究基地和研究中心，会聚一流的学者和文化大师，深入开展文化前沿课题或特色课题的研究，创造一流的文化研究成果[1]，为政府部门政策、战略等文件的制定提供精准先进的咨询建议，为区域的创新发展提供不竭的精神支撑。

最后，研究型大学除了文化传播、智库支持，还通过其拥有的大量文化资源提供支持服务，进而营造区域文化环境。例如，图书馆、体育馆等文娱设施向当地居民免费开放；相关专业的师生面向当地举办戏剧、舞蹈等艺术演出展览；联合当地共同举办各类休闲比赛；开办电台和电视台以制作地方广播和电视节目；大学教职人员为社区提供免费的教育培训、法律咨询、技术服务；学生深入社区开展义务支教、医疗和志愿服务等[2]。

提高自主创新能力、建设创新型区域和国家是我国新时期的战略选择，是自立于世界强国之林的必由之路。为实现这一战略目标，研究型大学必须承担好文化传承与创新的重要职能。在建设创新型区域和国家的伟大历史进程中，研究型大学除了要提供人才支持、知识贡献，更要为培育和发展创新文化做出特有的贡献[3]，坚持继承传播优秀民族文化、开展文明交流借鉴、孕育创造新知识、新思想、新理论。因此，研究型大学应充分认识到自身在引领区域创新文化建设发展过程中的重要导向作用，以社会主义核心价值体系为核心，以尊重科学、崇尚真理、开放创新等为主要内容，以历史传统、大学理念为特色，发挥其对于人才培养、科学研究等方面的隐性功能，推进校园文化建设和校办文化产业发展，与区域一同构建文化发展战略中心，为政府制定区域创新政策提供

---

[1] 向波涛、马宁：《建设世界一流大学视域下的文化传承创新》，《高校理论战线》2012年第1期。

[2] 石金叶、范旭、陆剑宝：《美国高校在区域发展中的作用及其启示》，《科技管理研究》2007年第5期。

[3] 赵沁平：《发挥大学第四功能作用 引领社会创新文化发展》，《中国高等教育》2006年第Z3期。

咨询服务，不断提高自身服务区域文化软实力的能力，从而实现引领区域创新发展的最终目标。

五 研究型大学是国际交流与合作的桥梁与纽带

大学自产生之日起就具有国际化特征，国际交流与合作是当前高等教育进入新阶段对全球化趋势和高校治理结构改革的回应。大学的国际交流与合作正在激发高等教育大力发展并带动区域及国家创新繁荣的新活力，也成为衡量国际化社会中教育现代化程度的一个重要标志。[①]

随着知识经济的发展与科学技术的进步，全球化步伐不断加快，并迅速席卷了政治、经济、文化等多个领域，渗透到高等教育领域则表现为高等教育国际化。《国家中长期教育改革和发展规划纲要（2010—2020年）》提出高等教育要"培养大批具有国际视野、通晓国际规则、能够参与国际事务和国际竞争的国际化人才"，[②] 明确将国际化的发展置于各高校发展的中心位置。高等教育国际化是在尊重本土特色的基础上，面对全球化所采取的一种应对措施，以丰富多样的高等教育国际交流与合作为载体，借鉴、学习并吸收世界各国高等教育的办学理念、发展模式、文化传统，与此同时将本国优秀的教育方法、教育实践、教育成果等传递分享给其他国家，实现"引进来"与"走出去"的双向互动，进一步促进本国和世界的共同发展，最终实现人类的相互理解与尊重。国际交流与合作是为促进高等教育国际化所开展的一系列活动。知识本身是不分国界、全球共享的，大学的国际交流与合作作为其内生机制，伴随着社会对发展的需求变化而不断得到强化。在当今时代，大学的发展处于更为紧密的与所在区域、国家乃至全球的联系中，国际交流与合作的领域也随之不断拓宽，通过多种形式与内容的国际交流与合作，大学对其所在区域、国家乃至全球的创新发展做出了巨大的贡献。

2015年我国提出建设一批高水平大学和学科进入世界一流行列或前

---

① 赵旻、陈海燕：《国际交流合作在大学的职能定位研究》，《中国高等教育》2017年第17期。

② 中华人民共和国教育部：《国家中长期教育改革和发展规划纲要（2010—2020年）》，《人民日报》2010年7月30日第15版。

列的目标（即"双一流"建设），实现"双一流"建设目标，是对大学办学理念、办学质量、内部治理的综合要求，是在一个开放的体系中检视大学的特色和比较优势。加强国际交流与合作，把大学建设发展放在更大范围、更高层次来衡量，对于"一流"才能找准参照系。[①] 从建设目标看，瞄准世界一流就是要向世界一流大学的学科建设水平、人才培养成就、科研成果产出、资源汇聚能力等看齐，而国际交流合作是实现这些目标的助推力量。[②] 世界高等教育不同地区的发展路径表明，高等教育的发展并不存在单一的发展模式，每个国家和地区都有其独特的优势特色，只有认清自身的优势，找准自身的定位，保持自身的个性，才能实现持续的繁荣发展。研究型大学作为高等教育体系中的最高层次，在汇聚国际合作伙伴资源、开展联合培养项目、从事跨国/跨境科研合作等方面拥有其他高校所不具备的优势。通过开展大量的国际交流合作，研究型大学能够吸收来自世界不同国家和区域的优秀经验和模式，吸收当代世界文明的丰硕成果，优化本国、本地区的高等教育发展环境，为区域创新带来国际化资源和合作机会，培养国际化人才，提高本区域国际知名度和影响力，以更加丰富多彩、充满活力的方式承担起促进区域持续创新的重任。

在当今时代政治多极化、经济全球化的背景下，随着"一带一路"倡议的提出，在人类命运共同体理念的指导下，中国积极发展与沿线国家的合作关系，在国际舞台上发挥着越发重要的作用，在全球高等教育治理体系中也逐渐以大国的姿态承担起应有的责任。为了更好地肩负起时代赋予的使命，研究型大学应在立足本土国情的基础上，开展丰富的国际交流与合作，学习借鉴其他国家的有益经验，同时输出本土模式，加强国际交流与文明对话，为区域创新发展提供更好的国际环境和机会。

综合本章内容，研究型大学引导区域创新的外部诉求与内在逻辑如

[①] 赵旻、陈海燕：《国际交流合作在大学的职能定位研究》，《中国高等教育》2017年第17期。

[②] 赵旻、陈海燕：《国际交流合作在大学的职能定位研究》，《中国高等教育》2017年第17期。

图 3-2 所示。

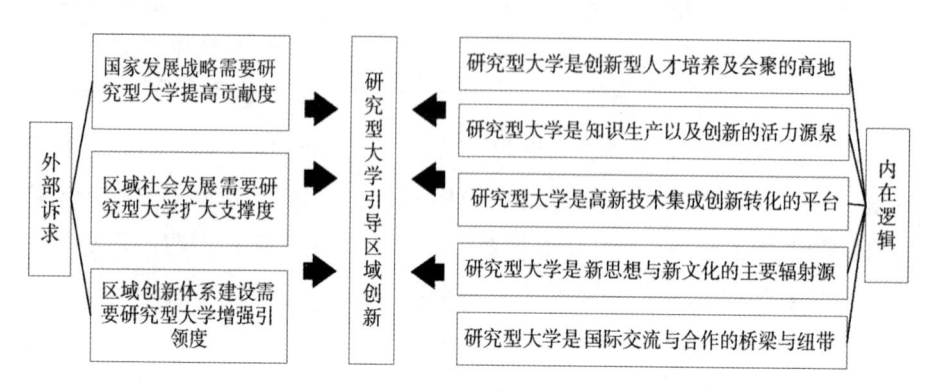

图 3-2　研究型大学引导区域创新的外部诉求与内在逻辑

"大学是第二个千年中意义最为重大的创造，九百多年前她平淡地出现，而如今却成为现代社会有效运行的关键因素。"[①] 在知识经济时代，大学在社会舞台中的轴心位置源于其知识生产、传播、应用、创新等多重职能的发挥。研究型大学作为高等教育体系中培养创新型人才、从事顶尖科学研究、不断开展自我创新、传承发展优秀文化、开展国际交流与合作的引领者，在促进区域创新发展方面发挥着越来越重要的作用，其辐射性将得到进一步强化。新时代建设中国特色世界一流大学应更加明确学校办学定位和方向，紧密对接国家和地方需求，融入区域发展，与社会高质量可持续发展深入融合，聚合产业链、供应链、创新链、要素链，创新、开放、特色办学，提升服务经济建设、政治建设、文化建设、社会建设、生态文明建设"五位一体"总体布局的贡献度和显示度[②]。

---

①　[美] 弗兰克·罗德斯，《创造未来：美国大学的作用》，王晓阳、蓝劲松等译，清华大学出版社 2007 年版，第 29 页。
②　王战军、蓝文婷：《世界一流大学与社会发展"双螺旋"模式》，《中国高教研究》2020 年第 8 期。

第 四 章

研究型大学引导区域创新的动力机制

在知识经济时代，大学对于区域发展的推动作用愈加凸显。研究型大学有着丰富的知识资源、人才资源、技术资源等天然优势，决定了其在区域创新中的独特作用。本章通过分析研究型大学引导区域创新的内外部要素及其作用关系，致力于构建研究型大学引导区域创新的内外协同动力机制，揭示研究型大学在区域创新中的引导作用。

第一节　研究型大学引导区域创新的外部动力机制

党的十九大报告中强调"创新"在现代化经济体系建设中的战略支撑作用，提出要"加强国家创新体系建设，强化战略科技力量；培养一批具有国际水平的战略科技人才、科技领军人才、青年科技人才和高水平创新团队"。[①] 可见，国家创新体系离不开创新人才与创新科学技术的支持。在技术变革与学科交叉背景下，国家创新体系成为提升国家创新水平，推动新知识与新技术生产、扩散与应用的重要引擎。"国家创新体系"（NIS，National Innovation System）是"由参与创新技术发展和扩散的企业、大学、研究机构及中介组成，为创造、储备及转让知识、技能和新产品的相互作用的网络系统"。[②] 区域创新体系是指在一定地理范围内由创新主体要素、功能要素和环境要素构成的稳定且相互作用的创新

[①] 习近平：《决胜全面建成小康社会 夺取新时代中国特色社会主义伟大胜利——在中国共产党第十九次全国代表大会上的报告》，《理论学习》2017年第12期。

[②] 贾华强：《发展经济学教程》，中共中央党校出版社2010年版，第79—80页。

网络和制度安排。其中，主体要素是由企业、政府、高校、研究机构和中介机构等组成的以"大学—产业—政府"为核心的三螺旋网络①。因此，从国家创新体系和区域创新体系的关系来看，作为国家创新系统的一个层次，区域创新体系应充分发挥区域内部的自主创新与跨区域整合创新作用，高效统筹区域内部与区域间的政治经济要素和教育组织机构的创新资源，构建更加有效的创新网络，以此强化区域创新体系在国家创新体系中的核心驱动作用。2020 年 9 月，习近平总书记在北京召开的科学家座谈会上提出"要加强高校基础研究，布局建设前沿科学中心，发展新型研究型大学"。② 此次讲话不仅强调了研究型大学在国家和区域战略发展中的服务功能，同时为研究型大学的模式变革提供了新的发展路向。研究型大学与区域创新的相互作用关系主要表现为以下几方面：一是研究型大学是区域创新的重要主体之一。作为知识生产核心的研究型大学聚集了多种创新资源，形成了与其他部门相联系的知识创新与知识整合的系统结构。研究型大学学科门类的广泛性与交叉性为知识的传播、应用与转化提供动力基础，也为开拓新的研究领域和实现科技创新提供了有效的智力支持。二是研究型大学是创新型精英人才的供给者。创新型精英人才是落实创新驱动战略的关键要素，创新型精英人才是在进行精英教育基础上培养出来的能够将知识的创新、应用与转化融为一体的人才。从根本上看，区域创新体系的效果最终取决于人的创造思维与创新素养。三是研究型大学对区域创新具有辐射带动作用。研究型大学在高等教育体系中处于"金字塔"顶端，在治校理念、办学特色、师资队伍与生源结构等方面呈现追求一流的特点。因此，研究型大学在知识创新转化与创新人才外溢等方面具有天然的扩散效应与示范效应。作为区域文化体系中的重要组分，研究型大学呈现社会性与开放性表征，通过师生学习效应、文化辐射以及知识溢出拉动区域创新活动③。

从国内外研究型大学与区域创新互动关系来看，美国硅谷作为科技

---

① 许长青：《美国大学与区域创新互动发展研究》，《中国高校科技》2017 年第 11 期。
② 习近平：《在科学家座谈会上的讲话》，《文化报》2020 年 9 月 12 日第 2 版。
③ 方维慰：《研究型大学的区域创新功能与实现途径》，《江苏高教》2013 年第 5 期。

创新人才的聚集地，研究型大学在其中扮演了人才输送与知识供给的重要角色。斯坦福大学通过建立专门组织机构为当地企业提供人才支持、教育合作以及技术服务；加州大学伯克利分校与加州大学旧金山分校、加州理工学院以及加州大学圣克拉拉分校等均为硅谷地区企业输送创新科研成果与技术成果，极大地促进了大学与产业之间的互动与联系。此外，诸多新兴大学，如南洋理工大学、阿卜杜拉国王科技大学以及我国的南方科技大学、西湖大学等均凭借其卓越绩效与优势学科为区域产业发展与经济建设提供整合资源与高端创新人才。从区域创新体系结构来看，包括研究型大学在内的创新利益相关者呈现相互依赖、相互合作的社会化互动过程，在此过程中区域创新需求与企业技术变革促使研究型大学内部学科和专业的动态调整，以知识创新和人才培养为核心的研究型大学则通过知识溢出和转移推动区域创新体系的构建。换言之，研究型大学引导区域创新发展需要外部驱动力和内生发展力的双重作用，以此形成协同增效的共赢循环过程。

一 研究型大学引导区域创新的外部要素

区域创新体系是在特定地理环境与社会经济文化背景下，由创新主体要素（大学、企业、科研机构、政府与中介机构）和非主体要素（创新支撑环境、科技创新资源等）以及各协调要素之间关系的制度安排和政策等因素在协同创新过程中形成的互动网络。[1] 研究型大学作为区域创新的中坚力量在互动合作中与其他创新主体之间呈现"竞合"关系。在与政府互动中，研究型大学通过政策激励及制度安排与企业和科研机构开展商业合作、技术成果转化等合作。在与企业的互动中，研究型大学具备知识生产与技术创新的优势，同时也面临科研资金短缺、投资风险较高以及转化能力薄弱等困囿，产学合作能够为研究型大学与企业的技术创新合作搭建技术服务平台，使双方在创新生产与转化过程中实现整体利益的最大化。在与科研机构互动中，研究型大学与科研机构在知识生产与技术创新方面具有相似性与公共性，但科研机构的研发经费与人员投入比例较高，与之相较的研究型大学不仅承载科学研究之功用，同

---

[1] 乔章凤：《研究型大学与城市科技创新发展研究》，博士学位论文，天津大学，2011年。

时也要培养创新人才,在科技创新投入中的资金与资源要素相对较低,因此科研机构在区域创新中的知识创新与技术开发处于较为基础和重要的地位。在区域协同创新的互动网络中,科研机构与研究型大学亟须构建合作创新机制,有效整合双方创新资源,弥补单方资源的缺失与不足进而实现整体大于部分之和的效果。总体而言,区域创新体系的构建与协调运转需要包括研究型大学、政府以及相关创新主体的互动与合作才能提升区域创新水平,在这一过程中,研究型大学作为知识创新、技术创新的主体之一,在整个区域创新体系中发挥着重要的引导作用。

(一) 政府主体要素

美国学者彼得·葛洛 (Peter A. Gloor) 认为,"协同创新 (Collaborative Innovation)"是由自我激励的人员所组成的网络小组形成集体愿景,借助网络交流思路、信息及工作状况,合作实现共同的目标。[①] 其核心特质强调多个异质性创新主体为了一个或多个共同的目标而相互配合形成的高效创新系统。在区域创新体系中,政府作为区域创新顶层设计者和政策供给者,为区域创新发展营造了良好的政策环境。

具体来看,政府在区域创新发展规划中是关键发动者与投资者,通过战略部署、政策规划以及重大创新计划引导区域研究型大学、科研机构与企业的组织建设与变革转型,同时研究型大学、科研机构等知识生产与技术转化机构也为政府决策提供咨询服务。例如,在德国慕尼黑区域协同创新网络中,联邦政府采取了一系列促进区域创新发展的措施,包括卓越计划、财政扶持以及科技战略 2050 等,激励一流大学、科研院所以及产业的协同合作,推动前沿技术转化与应用[②]。截至 2018 年,德国联邦政府的科研投资总额超过 158 亿欧元[③]。可见,政府为研究型大学引导的区域协同创新网络提供了良好的政策环境与财政支持。此外,美国大学联合会 (Association of American Universities,AAU) 和公立与赠地

[①] 教育部科技委《中国未来与高校创新》战略研究课题组:《中国未来与高校创新》,中国人民大学出版社 2011 年版,第 38 页。

[②] 郄海霞、姚嘉玉:《一流大学引导的区域协同创新网络——德国慕尼黑地区的经验与特色》,《外国教育研究》2021 年第 4 期。

[③] Anja, K., "The High - Tech Strategy 2025 Progress Report", [2022 - 06 - 18], https://www.hightech - strategie.de/hightech/de/hightech - strategie - 2025/hightech - strategie - 2025.

大学协会（the Association of Public & Land – grant Universities，APLU）联合推出的《经济参与框架：经济影响指南》（*Economic Engagement Framework: Economic Impact guidelines*）为区域内大学尤其是研究型大学参与区域创新提供指导方针，充分发挥公立研究型大学人才培养与科学研究对区域创新的贡献[①]。总体来看，宏观调控是政府机构的核心功能，对区域创新体系具有组织调控能力与风险调控能力，通过税收优惠、资金扶持以及人才流动政策与信息网络等政策环境营造与供给，最终也会获得资源、社会知识与技术的溢出效应等成果收益。

（二）企业主体要素

企业作为区域协同创新系统中的外部主体要素，在技术研发与技术成果商品化及产业化方面具有得天独厚的优势。在区域创新过程中，企业的技术创新渗透并贯穿成果研发与市场推广的全过程，具有将知识生产与技术成果转化的扩散功能。研究型大学在科技成果的知识生产中处于基础性地位，企业则更擅长技术生产过程与生产工艺的创新与运作，同时也能够根据市场需求调整成果设计方案，对研究型大学与科研机构在知识生产与技术研发方面提供实践支持。有研究显示，企业技术能力在由研究型大学与科研机构构成的学术研究集群中获得有效提升[②]。具体来看，研究型大学通过知识创新和培养创新人才为企业的技术创新提供人才和智力支持，并在基础性原始创新和科技前沿领域发挥引领作用；企业作为区域协同创新系统中的重要主体，尤其是产业集群或高新企业作为区域创新网络的有效载体，具有高增长率、高附加值与强出口特征，为研究型大学的知识创新和人才培养提供市场反馈与技术支持。企业技术创新进一步影响着整个区域创新体系的建设与运行。企业的技术研发能力与产品技术含量影响着区域创新体系的环境与物质基础，企业掌握的信息资源不仅能够为中小企业提供信息技术支持，还对区域科技与信息资源的合理配置与共享起到了关键作用。

[①] 朱蕾：《美国公立研究型大学参与区域发展的路径与机制研究》，硕士学位论文，浙江大学，2019 年。

[②] 江育恒、赵文华：《研究型大学在区域创新集群中的作用研究：以美国五大生物医药集聚区为例》，《高等工程教育研究》2017 年第 5 期。

总体而言，知识生产与创新作为一项系统工程需要政府、大学、企业等多主体的协同互动与共同努力。对于研究型大学而言，大学与企业的合作创新即是产学合作的过程，双方通过发挥自身优势，通过自持的各类资源分工协作共同完成技术创新活动。其中，研究型大学可发挥知识与技术的基础性优势；企业则在资金与生产力转化方面弥补协同创新中研发活动带来的周期、技术与经济的不确定性与竞争性等。

（三）科研机构主体要素

区域创新体系是一个地区内促进创新的制度网络。区域内的科研机构主要包括地方科学研究院、工业技术研究院等。与研究型大学类似，科研机构与研究型大学同样具有知识创新的功能，其中占 R&D 经费和人员比例大体相当。作为知识创新的另一主体机构，科研机构表现出在知识创新、技术开发与技术应用研究中的专门化功能，在协同创新的多主体互动中，通过技术创新与开发等合作平台，整合优化科研创新人员能力、技术创新能力以及技术开发能力等核心能力。总体而言，产学研协同创新是区域协同创新的主要形式，科研机构在其中的核心工作是基础研究与科技创新，与研究型大学既有区别又有联系，与研究型大学在原始创新和技术创新方面达成合作，并通过研究型大学培养创新人才为其提供创新团队支持。研究型大学与科研机构的合作目标与知识生产需求主要围绕企业需求和市场需求进行，以此作为科研成果产出经济效益的关键参考指标。

（四）中介机构主体要素

在区域创新体系中，中介机构主要包括各种行业协会、商会、律师事务所、会计事务所、资产评估事务所、项目评估公司、咨询公司、商业银行等。中介机构是依照一定规则（法律法规及政策与行业管理规定），按照独立公正的原则，以其特有的功能为全社会提供有偿服务的一种社会自律性组织[1]。从中介机构的功能来看，一方面，中介机构可以帮助陷入技术瓶颈的企业对接给相关大学和科研机构；另一方面，中介机构也为大学、科研机构与企业的技术合作搭建桥梁。技术生产与转移的持续性与协作性特点使中介机构尤其是技术中介机构充分发挥其"链式"

---

[1] 温新民：《区域技术创新体系中的政府职能研究》，博士学位论文，大连理工大学，2003 年。

服务功能，为技术转移各个环节提供序列对接。作为区域创新的重要主体，中介机构为政府、企业、大学与科研机构之间营造了系统的信息环境，为政产学研各创新主体提供无障碍沟通渠道，为区域协同创新发展提供技术信息支持。

(五) 创新资源与环境要素

在关于区域创新要素分类的研究中，有学者提出广义的创新要素包括创新主体、创新资源以及创新环境。其中，创新资源指区域创新中受到主体要素支配的客体，包括人才、资本、知识信息等；创新环境要素指有利于区域创新活动的实施政策、制度环境以及文化氛围[1]。在创新资源方面，对于研究型大学引导的区域创新体系而言，技术与智力资源是承载创新主体协同合作的外部动力，其涵盖了信息、科技、知识、管理以及人力资本等要素，形成以技术工业园为主的创新平台或创新区域，为区域创新体系的构建提供了组织载体与资源环境。在物质资源层面，区域创新体系的形成与发展必然需要成熟区域经济圈的支持，区域经济为技术发展提供了物质基础，为创新主体提供了重要的资金来源。在通信网络层面，区域经济发展带来的交通道路、通信网络等方面的硬件支持为区域协同创新活动提供了配套资源的保障。改革开放以来，我国高等教育经历了规模扩张与调整阶段，为国家与区域发展提供了大量的人力与智力资源。因此，在高等教育层面，大学人才培养、科学研究以及社会服务的形式与功能伴随着经济发展与社会需求而调整和变革，区域经济发展带来的产业结构转型与技术需求变化催生新型研究型大学的人才结构、学科结构以及管理制度等内部自我变革，使其更好地服务于区域创新体系。

创新是充分配置人力、物力、财力与信息、技术等资源，从而达到效益目标最大化的动态互动过程，是一个由知识化、技术化、制度化、管理化以及市场化多个过程相互交织形成的多维度、非线性共生网络[2]。因此，创新环境是区域创新网络形成的前提与重要条件，创新环境的

---

[1] 肖兴志：《徐信龙·区域创新要素的配置和结构失衡：研究进展、分析框架与优化策略》，《科研管理》2019年第10期。

[2] 孟浩、王立杰、刘祥：《论企业创新集成》，《中国煤炭》2003年第10期。

营造为各要素之间的联系、制约以及依存提供了生存空间。创新支撑环境吸引各行为主体在特定空间范围内参与不同社会资源、技术资源与自然资源重组整合，使得优越资源与创新资源在区域聚集。例如美国《莫雷尔法案》的颁布推动了大学教学、科研与社会服务的融合发展，为美国研究型大学参与区域创新服务提供了有效的制度安排与政策支持。

二 研究型大学引导区域创新的外部动力

外部要素为研究型大学引导区域创新提供支撑条件和驱动力量。首先，国家战略与政策支持为推动研究型大学开展创新行动给予有力支持。其次，企业进行技术研发的理论诉求使得研究型大学的引导作用更加突出。最后，区域发展的外部驱动表明研究型大学承担的引导区域发展的社会责任愈加重要。

（一）国家与区域创新政策的外部驱动

大学通过人才培养与科学研究为社会经济发展提供科技服务与人才供给，通过知识基础、科研支持、专家咨询服务等强化了与区域产业与高新企业之间的合作。然而与国外发达国家相比，我国在科研与技术转化等方面仍存在较大差距，科技创新缺乏明显竞争力，在国家分工中处于"世界工厂"的角色[1]。从创新驱动政策来看，2011年，国务院提出了"高等学校创新能力提升计划"（简称"2011计划"），要求高等学校，尤其是科研基础较好的研究型大学，按照"面向科学前沿""面向文化传承创新""面向行业产业""面向区域发展"四个方向，发挥高校多学科、多功能的综合优势，联合国内外各类创新力量，以"多元、融合、动态、持续"的协同创新模式，建设具有国际重大影响力的学术高地、行业产业技术研发基地和区域创新发展的引领阵地，以实现更高的科技创新效益，推动整个国家自主创新能力的提升。2012年，党的十八大明确提出"实施创新驱动发展战略，把科技创新摆在国家发展全局的核心位置"。2018年8月，教育部、财政部和国家发展改革委联合印发的《关于高等学校加快"双一流"建设的指导意见》进一步

---

[1] 邓草心：《高校促进经济发展的创新系统路径》，《中国高校科技》2012年第12期。

强调要将"双一流"建设纳入区域重大战略，形成"双一流"建设与其他重大工程互相支撑、协同推进的格局，更好地服务区域经济社会发展。可见，研究型大学作为国家创新体系的重要组成部分，在区域创新体系中充分发挥其知识基础与人才基础的优势，从而影响区域经济社会发展质量及水平。

从高校对区域创新的作用来看，2017年，高等学校R&D人员全时当量为38.2万人年，比上年增长6.1%，占全国R&D人员全时当量的比重为9.5%，与上年基本持平。全国科学研究（包括基础研究和应用研究）人员全时当量中，高等学校占46.6%。高等学校R&D经费1266.0亿元，比上年增长18.1%；基础研究经费531.1亿元，占全国基础研究经费的54.4%。高等学校发表SCI论文27.3万篇，占全国SCI论文的比重为84.4%。高等学校的发明专利申请数为18.0万件，比上年增加了3.9%；发明专利授权7.6万件，比上年增长21.5%。高等学校作为卖方在技术市场签订技术合同7.0万项，占全国技术合同的比重为19.0%；技术合同成交金额为355.8亿元，占全国技术合同成交金额的比重为2.7%。[①] 可见，高等教育机构在推动国家与区域创新中占有重要地位，国家战略与区域政策是推动研究型大学开展创新活动的强大外部动力。

（二）区域经济社会发展的外部驱动

研究型大学引导区域创新是指借助区域创新载体的联合力量与自身优势资源实现区域科教资源与创新资源的流动与共享。其中，区域经济发展成为拉动区域社会发展，推动以研究型大学为中心的协同创新联盟的重要外部驱动力。我国供给侧改革的主要支撑在于创新驱动发展战略驱动下产业结构的转型升级，这预示着以"数量型增长"为主的经济增长方式逐步向以创新驱动的"质量型增长"转变。对区域经济发展而言，经济增长方式与技术革新对产业转型升级提出了更高要求，也增强了对高水平大学科技创新理念与创新复合型人才供给的需求。因此，围绕区域发展重点支持产业，在地方政府的政策支持和研究型大学引导以及多元创新主体的科技创新推动下开展行业重大计划与企业重点研发项目的

---

① 中华人民共和国教育部：《2017年高等学校科技统计资料汇编》，http://www.moe.gov.cn/s78/A16/A16_tjdc/201805/W020180522573775990138.pdf，2022年3月29日。

合作，实现研究型大学引导区域协同创新体系的构建[①]。

（三）创新驱动下企业转型升级的技术需求

当前，我国经济创新活力不足，尚未形成"创造性毁灭"的市场环境与创新发展环境。研究型大学与企业在区域创新系统中呈现双向互动的供需关系。作为技术创新的核心主体，创新驱动下的企业深受市场需求与自身利益的驱动，企业的技术创新效率与收益受到产品研发工艺与技术壁垒的限制性影响。因此，企业在创新驱动下的技术转型升级形成了研究型大学引导区域协同创新的外部动力。有学者认为，企业技术创新成果与市场需求不匹配是现阶段我国区域创新体系多元主体协同创新中面临的最为严重的资源势差结构失衡[②]。换言之，企业创新能力并不能有效应对市场技术创新需求。对于研究型大学而言，科学研究是一项超越象牙塔的跨界交往，科研项目定位与成果开发需要与市场建立较高的关联度[③]。因此，企业与研究型大学的科技项目合作应当是一个开放的循环系统，企业将技术创新与市场化能力流转于研究型大学的科研项目设计与成果开发，相应地研究型大学则通过基础理论研究与创新人才供给服务于企业的技术创新需求。

三 研究型大学引导区域创新的外部动力机制

动力驱动机制（Dynamics Driving Mechanism）是指促进系统发展演进的推动力及其作用原理。动力驱动机制是区域内的创新主体进行知识技术创新和成果转化应用的基本原理。外部动力驱动机制主要源于外部环境刺激，包括科技创新需求引发的市场竞争力、各主体科技创新实践需要以及国家和区域政策的引导与支持等；内部动力驱动机制在于各创新主体互动合作谋求自身利益与整体利益的最大化。基于以上对研究型大学引导区域协同创新的外部要素与外部动力的分析与阐述，研究型大学

---

① 王方、何秀：《高校面向区域发展协同创新的困境与突破》，《高校教育管理》2019 年第 1 期。

② 臧欣昱：《区域创新系统多元主体协同创新机制研究》，博士学位论文，哈尔滨工程大学，2018 年。

③ 何红媛、郑小莉、何涛：《高校科研项目与企业研发有效结合机制研究》，《科学管理研究》2014 年第 3 期。

引导区域创新的外部动力机制主要包括系统协同机制、政策支持机制、利益分配机制以及知识产权保障机制。

（一）系统协同机制是外部动力机制的核心表征

系统协同机制是外部动力机制的宏观描述与核心表征，区域创新体系包括创新主体的参与、创新资源与要素的配置整合以及创新空间的营造。因此，围绕研究型大学形成的区域创新体系需要构建知识、技术以及制度的多要素系统协同机制。区域协同创新机制是研究型大学（科研机构）、政府、企业、中介机构等相关创新主体为实现区域创新发展这一共同目标而形成的合作策略，其中需要政策流、知识流、技术流以及信息流的交换与协调。从政策制度层面来看，政府作为组织管理者，能够在政策法规制定与资金扶持中彰显其职能，激发市场进行资源配置的固有优势并鼓励大学、企业等多方主体在教育、科研以及公司治理等方面进行制度创新。此外，政府为研究型大学、企业以及科研机构等主体给予一定的科技财政扶持，通过人才引进政策、社会保障政策以及利益分配政策协调主体内部的自我发展与主体之间的互动合作。当然，研究型大学（科研机构）与企业双方也应制定符合共同利益与自身利益的合作制度与激励制度，实现大学（科研机构）—企业在知识、技术与信息层面的互惠共赢。从知识技术层面看，区域创新需要知识生产、转移、应用与共享等多个阶段。因此大学与科研机构作为知识生产与供给的主要源头需要在知识生产到转化中构建知识流动机制，维护大学—科研机构—企业之间的知识流动；技术协同则是区域内创新主体对各自创新的技术进行共享与整合的过程，技术创新的生成则需要构建大学与企业在技术资源的共享机制，鼓励师生参与企业、技术产业基地进行实践学习与考察，实现与企业技术资源的沟通共享。

（二）政策支持机制是外部动力机制的首要条件

研究型大学引导区域创新不仅需要国家及地方政府完善和规范相关政策法规，而且需要加强研究型大学引导下的企业参与、技术服务组织协同创新规划与引导，为创新提供良好的外部动力环境。政策支持的核心主体在于政府，政策支持机制指政府根据区域创新发展面临的问题与现实需要，引导与协调实力高校与企业瞄准前瞻性技术研发领域或方向，进行创新主体资源的协同互动而制定的政策、制度与推进策略。在国家层面，相关行政部门通过制定区域协同创新规划及其指导性文件，以《国家中长期科学和技术发展规划纲要》《国家技术创新工程总体实施方案》《关于推动产业技术创新战略联盟构建的指导意见》等形式，从国家层面为区域创新发展战略的规划、调整以及政策制定提供战略性、前瞻性与方向性指导。在区域层面，政策支持不仅需要地方政府的政策服务与监管，主要体现在政府对大学与高新企业的财政投入、贴息贷款以及科技成果奖励政策等，同时也需要大学、企业内部的教师流动制度、产学合作制度、现代企业制度等制度安排。对于区域创新体系而言，科学合理的政策支持机制能够强化区域创新主体自身发展与互动合作的动力，进而推动区域经济的快速和健康发展。

（三）利益分配机制是外部动力机制的关键环节

研究型大学引导的区域创新是一个复杂系统，涉及不同利益主体的协调与博弈，因此，需明确利益分配机制在促进相关利益主体协调运转中的重要作用。利益分配机制运行在于决策主体权力与话语的分配，无论是区域创新体系的整体效益还是相关创新主体的个体效益均会受到利益分配机制的影响。有学者提出，区域创新体系中产学研合作缺乏长期有效的引导机制与利益分配机制，一方面在于技术研发兼具的不确定性与技术风险对大学与科研机构研发动机的打击；另一方面在于企业在技术成果产出的利润分配方式中对生产信息与创新产品收益的经验优势，使其在利润分配中占有话语权与投机风险[①]。换言之，企业具有学研机构的投资经验与生产运作经验，学研机构只有在智力资源和技术资源上占有优势。因此，创新成果的利益分配话语权与控制权更在于企业而非大学或科研机构。区域协同创新体系的利益分配机制需要以各创新主体广泛协商为前提，在相关法规与条例的规约下，明确企业、研究型大学、科研机构等主体以科技成果折股、收益分成、股权出售（机理、期权）等方式对科技人员与经营管理者进行股权与分红激励；要注重保护创新过程中智力要素拥有者的权益，以"抓大放小"的管理理念调动与激发

---

① 李恩极、李群：《政府主导的产学研协同创新的利益分配机制研究》，《研究与发展管理》2018 年第 6 期。

创新内在动力。

（四）知识产权保障机制是外部动力机制的重要支持

授予知识产权是一种公共政策工具，全球范围内的国家都应当把知识产权看作发展工具[1]。完善知识产权保障机制，是推进区域协同创新的核心内容，也是利益分配中的关键环节。首先，围绕知识产权咨询、评估、法律服务以及专利与品牌构建专有技术保密与转化服务机制有利于引导研究型大学、企业、科研机构等各方运用专利、版权、商标、商业秘密等各种知识产权保护手段，保护创新各方自身的利益。此外，作为国家知识产权战略的重要参与者与发力者，研究型大学既要坚守高端人才供给、科技研发以及为区域创新发展服务，也需要知识产权转化与运用的政策与相关措施，优化服务中心管理体制，完善知识产权价值评估机制、成果转化利益分配机制等，确保知识产权供需对接、价值评估、法律支持等知识产权转化全流程保障，提高知识产权转化运用，增强研究型大学知识产权服务经济社会高质量发展的能力[2]。

总体来看，协同创新是以实现区域创新效应为目标，以提升创新系统知识技术水平与整合能力为核心，通过开放创新主体组织边界，进而形成以政府、企业、大学和科研机构、中介机构为主体的资源贡献与优势互补的共生组织模式。从研究型大学引导的区域创新体系来看，创新活动不仅存在于区域的政治、经济与社会技术环境中，同时也需要研究型大学发挥积极作用，促进多元主体与各类资源的规范化组织与整合。换言之，区域协同创新的外部动力机制是在国家与区域政策支持下，结合区域经济社会发展需求与企业转型升级的技术需求，通过研究型大学积极与其他创新主体互动合作，并与各种创新资源合力构成包括系统协同机制、政策支持机制、利益分配机制和知识产权保障机制在内的复杂性外部动力机制网络系统（见图4-1）。

---

[1] Commission on Intellectual Property Rights, *Integrating Intellectual Property Right and Development Policy*, Report of the Commission on Intellectual Property Rights, London, September, 2002.

[2] 牛士华：《加快推进高校知识产权转化运用》，《中国高校科技》2018年第10期。

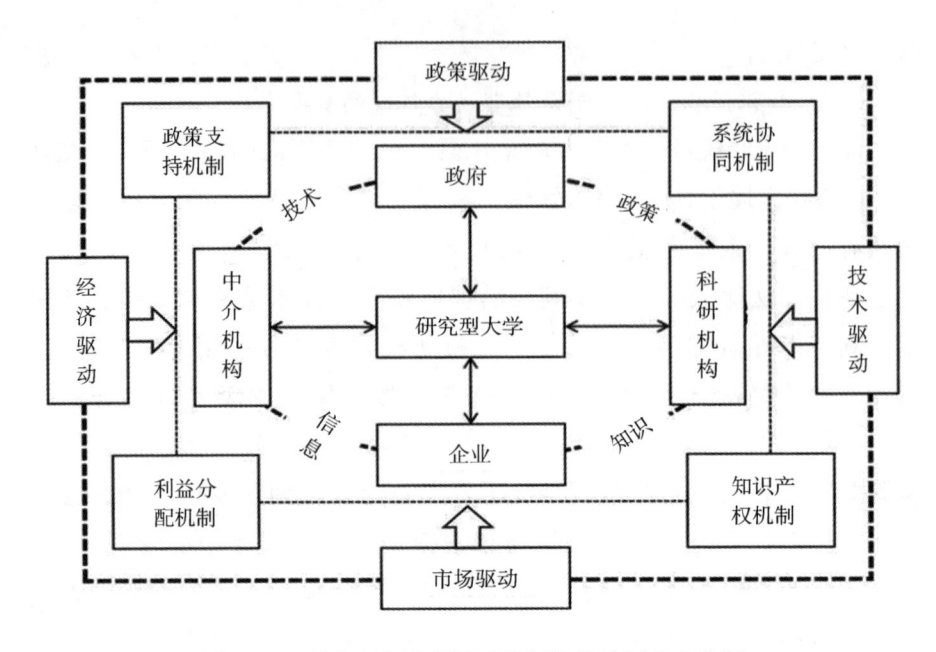

图 4-1 研究型大学引导区域创新的外部动力机制

第二节 研究型大学引导区域创新的内部动力机制

研究型大学作为知识生产与应用、人才培养、技术创新的重地,在区域创新系统中的重要作用无可争辩。一个地区的影响力与竞争力是该区域经济实力、科技实力、文化实力的象征。研究型大学通过为地方输送创新型人才、直接为企业提供科技服务等方式,引领并促进区域发展。大学的知识流动,包括学术知识与专业知识对区域创新的影响日益加强。[1] 反之,区域也为研究型大学的创新和发展提供了多种支持。目前,面对知识经济扑面而来和科学技术突飞猛进的挑战,大到增强一个国家的核心竞争力与提高国际地位,小至高新技术产业的崛起、企业管理水平的提高、人力资本素质的提升乃至整个区域系统的发展,研究型大学有着主动参与到区域发展中来的责任与动力。高校的知识溢出与创新型

---

[1] Robin Cowan, Nztalia Zinovyeva, "University Effects on Regional Innovation", *Research Policy*, Vol. 42, No. 3, 2013, pp. 788-800.

产业的生产力是呈正相关的,尤其是人力资本对于企业的区位决策具有重要作用。① 唯有如此,才能保证研究型大学有效引导区域经济发展,达到"整体大于局部之和"的效果。

一 研究型大学引导区域创新的内部要素

研究型大学作为区域创新系统中知识创造的主体,正逐步成为引导区域发展的主导性力量。其在长期与企业等知识应用主体的合作发展中,实现了自身知识生产、人才培养、技术创新和创新创业教育等功能的有效发挥,从根本上带动了区域社会经济的发展。

(一) 知识生产

大学是研究高深知识的场所。"凡是需要进行思考、分析、鉴别、阐述的地方,那里就会有大学。"② "从文艺复兴时代起,经院哲学的兴起成为大学诞生的导火索,重新点燃了人们对古典文化的认识与反思,大学成了制度上的庇护所。"③ 而柏林大学的诞生则从根本上改变了大学的知识生产方式,"教学—科研—学习"相联结的研究方式大大提高了知识生产能力。再到美国赠地学院的兴起更使得大学成为知识生产主体中的重要组成部分,知识开始走向金字塔之外,大学逐步从社会边缘走向社会中心。大学源源不断的知识生产不仅能够提升大学自身地位,更对整个社会乃至人类的命运产生深远的影响。在今天,虽然大学的角色与中世纪大学已经不同,但如何更好地促进大学知识产出一直是亘古不变的主题,"通过学术研究产生新知识就是大学的生命所在"。④

大学作为众多知识生产组织中的一环,与其他组织相比具有自身的独特之处。在现代社会,企业、政府、中介机构等都是知识生产主体。

---

① Calcagnini G., Favaretto I., Giombini G., Rombaldoni R., "The Role of Universities in the Location of Innovative Start‐ups", *Journal of Technology Transfer*, Vol. 41, No. 4, 2016, pp. 670–693.

② [美] 约翰·S. 布鲁贝克:《高等教育哲学》,王承绪译,浙江教育出版社1998年版,第13页。

③ [美] 戴维·林德博格:《西方科学的起源》,王珺译,中国对外翻译公司2001年版,第220页。

④ [美] 詹姆斯·杜德斯达:《21世纪的大学》,刘彤、屈书杰、刘向东译,北京大学出版社2005年版,第9页。

但大学之所以成为"高深知识"的专属代表,是因为大学所谓的知识是各门知识中最为基础、最为前沿、最为先进的部分,大学产出的知识类型重点在于解释事件为什么会发生和其发生原理,致力于寻找事物的规律与本质。需要注意的是,研究机构的知识生产活动是以具有一定应用背景、特定问题为目标展开的,更多解决的是国家和社会的战略规划问题,主要是弥补大学基础研究的不足。① 因此,大学作为知识生产与创新的主体具有其自身特殊性,在引导区域创新的过程中有着不可替代性。

(二) 人才培养

当前,在创新驱动发展大背景下,人才作为第一资源愈加被认可,尤其是区域中心城市人才集聚的"虹吸效应"更加明显。现代大学的核心功能,即培养国家和社会急需的各类专业创新人才也比以往任何时候都要更加坚定无比。尤其是研究型大学,处于高等教育系统金字塔顶端,其目标是培养紧缺的高层次研究型和复合型人才,致力于研究基础理论和开发尖端技术,其培养创新型人才的重要性和核心地位毋庸置疑。世界各地的研究型大学培养了各个领域的引领者,在为社会建设作出贡献的同时,也引领了科技进步,提高了人民的生活水平。坐拥高水平研究型大学的区域与城市可以从中获得巨大的文化、社会和经济利益。

当今世界各国国力的竞争,实质上已表现为对知识的竞争。知识创新型人才是实现驱动创新的关键要素和主导力量。人类的创造力与想象力远比获得知识来得更为珍贵,创造力是推动科学进步的源泉,人类正因为拥有主观意识,能够对事物进行思考与分析,才能不断从事创造与创新工作。当前,我国正在全面建设创新型国家,但仍然存在知识产权意识淡薄、自主创新能力不强等问题。研究型大学作为创新型人才培养的前沿阵地,应积极主动培养知识产权人才,不仅要建立完备的知识产权促进与保护体系,也要通过培训、课程教学等方式提高研究人员和学生的知识产权意识。这一方面可以满足建设创新型国家和强大的知识产权国家的需要,另一方面也可以解决高层次知识产权人才短缺的问题。但是,研究型大学通常会遇到诸如科研成果保护不足和转化质量差等问题,而且由于各种原因也未能实施相关专利项目。因此,加强对创新型知识人才的培养,不仅是增强区

---

① 王骥:《大学知识生产方式:概念及特征》,《自然辩证法研究》2010 年第 10 期。

域创新的主心骨，更是研究型大学在发展中的应有之义。

当然，研究型大学的人才培养不仅仅关注知识产权人才，更重要的是培养个体的创新能力与世界公民精神。研究型大学通过高水平科研和教学培养具有创新能力和国际视野的个体，以富有创新精神的个体推进科技创新和管理创新，这种双重作用是其他组织所无法比拟的。招聘到具有高潜力和创造力的人才是现代企业的追求，一个企业的成功很大程度上取决于高新技术和产品的开发与应用，[1] 而关键就在于创新型人才的培养。区域创新体系在为创新型人才创造良好的外部环境的同时，研究型大学内部的人才培养同样重要，重学、勤思、好钻是人才发展的强力保障。科学领域变化莫测，只有紧跟新时代步伐，在重点领域、关键节点上下功夫，不断开拓我国科技视野格局，才能实现真正快速的科学进步和技术进步，从而引领区域经济发展。

(三) 技术创新

研究型大学进行技术创新的前提首先是知识创新。或者说，有了知识创新，才会有技术上的新突破。以科研院校和高等院校的科学研究为主构成的知识创新系统，是技术创新的源泉。[2] 知识创新在于发现新知识，探索新规律，建立新理论；发明新技术、新产品、新方法、新手段，开拓新领域等，尤其是研究型大学肩负着成为知识创新基地的任务，成为区域系统之中的知识传播源和技术创新转移源更是时代所趋。[3]

知识和信息已经成为新的经济资源和消费基础。企业技术创新需要新产品的发明、先进的技术生产条件、新产品的市场需求和价格、同行业竞争对手情况、相关替代性技术等多方面的实时信息。实际上，在区域系统之中，中小企业占据数量较多，其在广泛地得到外部环境信息和向外部传播自身信息等方面受到自身规模的影响和实力不足的限制，不可能像一些大型跨国公司一样有着高效实时的信息网络，更难以委托到

---

[1] Martin G., Gollan P. J. and Grigg K., "Is There a Bigger and Better Future for Employer Branding? Facing Up to Innovation, Corporate Reputations and Wicked Problems In SHRM", *International Journal of Human Resource Management*, Vol. 22, No. 17, 2011, pp. 3618 – 3637.

[2] 潘德均：《西部大开发战略与区域创新系统建设》，《决策咨询通讯》2002年第1期。

[3] 黄鲁成：《研究型大学在中小企业技术创新中的作用》，《研究与发展管理》2002年第3期。

像麦肯锡等专业调查咨询公司做调查分析或顾问。这就造成了有关技术创新的信息在绝大多数的情况下偏向大企业，使得作为需求者的中小企业处于信息不足或缺乏的劣势地位。研究型大学则可以通过高新技术的注入和高素质管理人员进入中小企业，调整中小企业结构，提高经济效益。同时，高校又可以利用这些企业的资金、设备、市场等促进科技成果转化，在此基础上实现共赢。

总之，科技创新是创新的核心，研究型大学始终应该在科技创新中发挥主体作用。一直以来，创新始终是一个国家和民族发展的重要力量。其中，科技创新是核心，抓住了科技创新，就抓住了牵动我国发展全局的牛鼻子。研究型大学作为科技创新的重要制高点，在创新型国家建设中发挥着越来越重要的作用。据统计，自 2003 年以来，我国一半以上的国家自然科学奖、技术发明奖、科技进步奖都出自高校，三分之二的国家哲学社会科学研究成果出自高校。[①] 同时研究发现，全球创新活力强的地区，往往是研究型大学聚集的区域，例如美国以斯坦福大学、加州大学系统为核心的硅谷，以麻省理工学院和哈佛大学为核心的波士顿高科技产业集聚区。可见，高水平研究型大学已经成为国家竞争力的核心体现，也是区域竞争力与影响力的重要表现。[②]

（四）创新创业教育和实践

创新创业教育从未像今天一样被放到如此之高的地位上来讨论。从中央到地方无不把"创新创业教育"看作未来发展的基础。当前，创新力越来越成为国家间竞争的核心要素，创新创业是一种全新的生产力，能有效地推动国家和区域创新体系的建设。创新创业教育不仅能解决大学生的就业问题，还能解决区域内其他人员的就业问题，增加就业岗位，从而为区域经济发展注入活力，如此一来，创新创业教育就可以发挥出其对区域内人口就业与区域发展的倍增效应。目前，创新创业教育已经作为新的教育发展理念在我国高校全面开展，其重在培养大学生的创新精神，增强创业意识，提升创新创业能力，为地方经济发展输送

[①] 薛岩松、卢福强：《高等学校在国家创新体系中的作用》，《科技进步与对策》2011 年第 20 期。

[②] 杨贤金：《研究型大学要成为科技创新的主要基础》，《中国高等教育》2016 年第 12 期。

优秀人才。① 德国政府通过实现权力转移与下放，建立新的激励机制，鼓励研究人员致力于技术创新并激发其创业精神，有效引领了区域发展。②

一方面，研究型大学创业教育为区域经济增长提供了人才保障。对劳动者进行知识和技能的培训可以提高个体生产效率，其所具备的特定知识和能力又是促进地区经济增长的关键要素。这些高素质创新型人才能够发挥自身智慧促进生产技术领域的快速创新，由此推动区域经济创新驱动发展。可以说，研究型大学创新创业教育与实践提供了"创新驱动"的人力资本积累，由此促进区域经济创新发展。

另一方面，研究型大学创新创业教育对区域内产业结构转型升级具有重要推动作用。作为以研究和创新为重要使命的研究型大学，其创新创业教育培养了学生的创新意识和创业能力，为传统产业升级提供智力支撑。新产业、新业态、新模式不仅能够促进本地区的产业结构转型升级，而且能够为所在区域研究型大学的创业教育提供实践场所。研究型大学的创新创业教育通过不断优化人才的知识结构和培养创新思维来增强学生将科技成果转化为现实生产力的能力。创新创业教育在知识和信息的创新、加工、传播和应用中，发挥着尤为重要的作用。

（五）国际交流与合作

教育的国际交流与合作是指一个国家将本国教育置身于世界教育发展的系统之中来确定发展方向，通过教育交流与合作使得本国教育成为世界教育的有机组成部分。国际教育交流与合作并不是一个单纯输入或输出的过程，而是要将跨文化、跨国界的理念与个体的具体实践相结合，这就要求在学习国外先进的高等教育发展理念、制度、模式的同时，将之与本国本地区的高等教育传统相结合并融会贯通，以形成更先进、高效、与社会环境相适应的发展路径。③ 研究型大学不仅承担着为国家培养

---

① 张蓉：《推进高校创新创业教育与区域经济协同发展》，《中国高等教育》2017 年第 23 期。

② Cunningham J. A., Lehmann E. E., Menter M., Seitz N., "The Impact of University Focused Technology Transfer Policies on Regional Innovation and Entrepreneurship", *The Journal of Technology Transfer*, Vol. 44, No. 5, 2019, pp. 1451–1475.

③ 冯惠玲、胡娟、惠新宇：《高等教育国际化：内涵、挑战与取向》，《中国高等教育》2011 年第 11 期。

高层次人才的重要使命，而且作为区域城市对外交流的窗口，还起着重要文化引领的作用。因此，研究型大学要明确引导区域经济及社会发展的责任和使命，围绕区域发展需求确定办学目标和人才培养目标，突出区域优势和特色。只有将区域创新和经济发展与教育对外开放结合起来，才能更好地实现研究型大学通过国际交流与合作引领区域发展的目标。

国际化人才对于引领区域经济发展具有强劲的智力支撑。经济的技术含量和产业结构的提升，都必须有充足的人力资源储备，而国际化人才可以通过借鉴吸收国外先进做法与经验，为区域化经济发展出谋划策。比如，区域内大学可以在政府的主导下举办各种形式的国内外合作办学，或建设由国际著名实验室、研究中心参与的科技创新和产业园区，为区域社会的政府和企业输送国际化人才。总之，研究型大学应该加大与国外合作单位在科学技术领域的合作；同时积极培训具备国际先进产学研能力的人才，掌握科技发展最新动向。区域内研究型大学可以利用这些优势，加强与地方产业的合作，针对区域社会面临的主要难题进行重点攻关和协同创新，提高科技成果转化率，为区域创新和经济发展提供有力支撑。

二　研究型大学引导区域创新的内部动力

研究型大学引导区域创新的内部动力是研究型大学在自身需求的基础上产生的内部推动力，驱使研究型大学采取一系列措施达到满足自身需求的内部力量，以此参与到区域创新发展之中。研究型大学作为区域创新活动的行为主体，在知识和技术的流动过程所产生的作用不言而喻，在参与区域创新的过程中也有自身的原发性动力。

（一）知识生产的异质性与溢出性

研究型大学知识生产倾向知识的科学性与普遍解释力，它是认识外部世界的性质和规律的结果，注重解释"是什么"和"为什么"的问题；而企业注重面向市场，重点解决企业在发展过程中所面对的实际问题，涉及的是"局部性"的知识，是关于"做什么""怎么做""何时做""何处做""何人做"的知识。所以研究型大学和企业的知识指向是有所不同的。① 21 世纪的研究型大学是在面对企业需求压力和高校之间竞争压力的共同作用下不断前进，知识生产观的内涵发生了重大变化。首先，知识在实际应用的背景下产生。知识是通过不断协商所有相关参与者的兴趣、需要和专业而产生的。其次，知识具有跨学科性。知识经济时代的知识是在更广阔的、跨学科的社会大背景中产生的。再次，知识的异质性和组织的多样性。许多非大学场所，如研究机构、企业、中介机构等都被看作知识的生产者，大学只是众多知识生产者的主体之一，其生产的知识理论性、前沿性一定程度上都是其他知识生产主体无法代替的。最后，知识生产具有责任性和反思性。一是利益相关者互相协调与影响，整个生产过程更具有社会责任感。二是研究者的研究动机也不再局限于科学与技术的范围，对研究影响更加敏感。② 因此，大学必须与其他知识生产机构构建起良好的伙伴关系，才能更好地发挥大学知识生产与服务的职能。

具体来说，研究型大学产出的知识可分为显性知识和隐性知识。显性知识主要表现为语言、文字、图表等符号形式。其知识溢出则通过专利、技术转让、出版物等途径实现。相比而言，大学知识更为隐形化，不易通过语言和文字进行表达与传播，常常隐含于我们交流的过程和行为之中。隐性知识的传播处于大学知识传播的中心地位。③ 知识的溢出不仅仅通过人与人当面的交流与沟通，最为重要的是，这种溢出效应还体现在地理、技术和组织的邻近性上。某一区域的知识交流可以减少知识传播和转移的空间成本，更加容易产生知识溢出。技术邻近性是指大学与创新系统中其他参与者在知识基础上的接近程度。在同一个或相邻学科领域生产和经营的企业更有可能吸收研究型大学在这一领域产生的知识。而组织邻近性则能够降低大学与其他创新主体之间的交易成本，是大学知识溢出的重要制度保证。

（二）既得利益的驱动

面临知识生产与知识传播等方式途径发生的根本性变化，加之知识

---

① 陈天荣：《区域创新系统动力论》，社会科学文献出版社 2009 年版，第 161 页。
② 盛冰：《知识的新生产及其对大学的影响》，《清华大学教育研究》2003 年第 1 期。
③ Cowan R., David P. A., Foray D., "The Explicit Economics of Knowledge Codification and Tacitness", *Industrial and Corporate Change*, Vol. 9, No. 2, 2000, pp. 211–253.

的跨学科性质使得知识创新往往发生于学科与学科之间的交汇处,许多问题的解决需要多学科研究者们的共同努力,其间所涉及的知识包含各种各样的知识类型,如可编码知识与不可编码知识、显性知识与隐性知识、程序性知识和陈述性知识,等等。而且其中一部分技术能力还是从实验、试验中多次试误获得,大学的知识生产越来越需要面对更加复杂的现实情境问题和技术难题。

与此同时,科学研究和工业生产不断呈现复杂性和紧迫性等特点,由此催生了诸多新的认知范式和组织范式。尤其进入19世纪以后,职业分工愈加细化与复杂化,这不仅出现在产业界,科学研究中也同样如此,大学知识生产的任务愈加艰巨。尤其是几次工业革命带来的社会巨变,使得研究者们需要将各种想法、方法、研究成果等知识转化为商品,从而有助于资本交换与赢利。尤其进入21世纪后,学术资本主义化取向愈加明显,知识的资本化越来越成为许多研究型大学的行动目标。知识生产所面临的情境变化所导致的知识生产模式的变化,最大的特征就在于大学与产业界之间的关系开始互相渗透,互相影响。

无论是当下还是未来,可以说应用知识在一定程度上是为了出售而被"生产",在新的生产过程中增值而被"消费"。或者说,产学研合作的本质就是以知识流动为特征的交易活动。知识成为片段化的细胞,不再单单存在于特权机构的控制和分割之下。越来越多非大学知识生产者涌现,如公司企业、非政府组织、智库等,他们不断与研究型大学进行着竞争与博弈,研究型大学的知识生产方式也随之改变。具体来说,研究型大学就是以知识为核心,人才为重要载体构成的"活性化"知识系统,通过出售优质的"知识",例如专利、成果等,输送优秀的研究型人才,与区域其他创新主体优势互补,从而形成更大的区域发展优势,具备更强的生存与发展能力,在与其他创新主体的合作过程中实现自我发展。由此,研究型大学在引导区域创新的过程中获得了奖励、声誉和名望等一系列资本,获得自身的既得利益与可持续发展的能力。

(三) 自我发展的原动力

提升原始创新能力是世界一流大学提升自身实力和影响力的原动力。大学之所以有如此顽强的生命力,就在于其不断进行创新,支撑并引领社会的发展和进步。因此,创新驱动发展是大学发展的应有之义。一方面，大学文化是在创新驱动下发展的。例如，当科学技术取得重大突破时，原有的规范和秩序也在一定程度上被破坏，原有的价值取向也会发生改变。这时大学文化的作用就是在社会原有规范和秩序的基础上，建立起新的规范和秩序，实现社会平衡，引领社会稳定发展。作为支撑和引领的社会发展和进步的机构，大学有责任走在社会发展的前列，发挥文化创新和引领作用。另一方面，大学本身所具备的强大的自我发展能力使大学在应对社会巨变时能够通过自我变革不断向前发展。大学的发展与国家和社会的发展息息相关，这已是一个世界性现象，大学已俨然成为一个高度开放的社会机构。大学也越来越重视适应经济和区域社会发展的需要，在参与和引导区域创新的过程中，大学获得了自身的发展动力，在互动中追求紧密契合的理想状态。高校服务国家经济建设和社会发展的程度已经成为大学发展的重要现实依据。大学走向社会中心的同时，已经不再是一所纯粹意义上的象牙塔，它无时无刻不在与所处的社会实时进行着物质、能量、人才和信息的交换。在科技、信息、知识高速发展的今天，走入区域、社会、企业，有助于促成研究型大学迈入更加广阔的舞台和空间，也将有力推动和带动大学人才培养与技术创新不断催生、引发与形成新格局、新模式。此外，随着我国不断推进实施"科教兴国""人才强国"战略，研究型大学参与区域发展的动力更有了政策引领与制度保障。

在服务国家和区域中获取大学发展的强大动力，不仅是研究型大学的立足之本，也是新时期研究型大学不断向前发展的题中之义。目前，我国许多教育政策中都不断强调教育和科技在我国经济社会发展中的优先地位，这也说明研究型大学发展的原动力与社会需求是紧密结合在一起的，通过社会不断加大对大学的各方面投入，从而使大学发展的资本越来越稳固，进而形成强大的发展合力。

三 研究型大学引导区域创新的内部动力机制

人们已经认识到知识具有重要的经济价值，知识创新是经济和社会发展的原动力。而研究型大学自古以来就是知识生产与创新的前沿阵地。随着知识生产主体的不断增加，研究型大学虽然不再是唯一的知识生产机构，但仍然具有强大的知识原始创新能力，这种能力使得研究型大学在知识经济时代仍然能够引领区域系统的发展，为区域创新系统提供源源不断的智力支持与技术支持。

（一）知识生产机制是内部动力机制形成的首要前提

毋庸置疑，大学的核心承载力是知识，是控制高深知识的社会机构。[①] 大学与知识生产相辅相依。换言之，知识生产就是科学研究。[②] 当前，随着知识生产的愈加情境化，科学研究也越来越依赖于特定的情境才能顺利开展，更强调知识的效用，这恰恰体现出研究型大学在引领与参与区域创新中的技术转化与应用，也是当代大学自我发展的形塑力。当前，随着科学研究地位的凸显，越来越多的高校依靠科研项目参与区域活动。由于科技政策的引导和高校获取资源的强大原发力量，面向国家和行业需求的研究正成为研究者关注的焦点与重心，强调知识的应用已成为不可扭转的趋势。鼓励科学基础知识应用于实际问题当中，科学成了国家研发体系的动力和整个经济创造财富的动力引擎。[③] 可见，基于应用情境的知识生产一开始就被期望能对工业、政府等有用。

在知识生产机制中，首先知识要被研究型大学"生产"出来，通过研究型人才对知识进行"吸收与消化"，知识进一步发生"变革"，即知识的生产、转化与应用，此时知识就以技术的形式进入区域创新系统中，最后，随着技术的广泛应用，知识就产生了"衍生"的功能，完全融入整个区域创新系统当中。可见，在知识生产形成机制中，知识的生产与创新是研究型大学的核心内生动力与生存条件之一。研究型大须在与社会保持联系的同时，也引领区域创新的发展。[④] 因而，研究型大学要想更好地引导区域创新，一方面，仍要保持其独立、自由探索之精神，坚持大学本真；另一方面，研究型大学要与社会保持紧密联系，培养国家和区域需要的人才，开展满足区域社会需要的科学研究，引领区域创新

---

① ［美］伯顿·克拉克：《高等教育系统——学术组织的跨国研究》，杭州大学出版社1994年版，第13页。

② 李志峰、高慧、张忠家：《知识生产模式的现代转型与大学科学研究的模式创新》，《教育研究》2014年第3期。

③ ［英］齐曼：《真科学：它是什么，它指什么》，曾国屏、匡辉、张成岗译，上海科技教育出版社2008年版，第88页。

④ Eric Ashby, *Universities: British, Indian, African – A Study in the Ecology of Higher Education*, London: The Weidenfeld and Nicolson Press, 1966, p.1.

发展。

(二) 创新人才团队产生机制是内部动力机制形成的核心载体

培养适应区域经济发展的科技创新人才既是区域经济发展的需求，也是地方高校可持续发展的基础和动力，换句话说，创新人才团队一定程度上决定了区域创新能力的高低。正是由于知识生产的耦合性与异质性，不同知识生产机构承担着不同类型的知识生产功能。研究型大学对培养科技创新人才起着至关重要的作用，他们通过加强师资队伍建设、科研经费投入、科研成果转移、科研成果发表等途径直接或间接推动或引领着区域经济的发展。研究表明，大学所扮演的角色不只是知识生产，在准备熟练的人力资本方面贡献也很大，尤其是在引领当地经济发展的同时会出现溢出效应并增强区域竞争力。[1] 值得一提的是，研究型大学培养的创新人才团队分为两类：原始性创新人才团队和渐进性创新人才团队。原始性创新人才指能够提出新理论、新方法的人才，其成果被运用到企业中，便为某些重点领域的研究和成果转化打开了大门，极大地促进区域经济发展，提升区域创新能力，而且促使研究型大学科学研究向更高水平和更深层次迈进。渐进性创新人才则是扩展现有技术产品或者工艺水平的人才。渐进性创新与原有的技术创新联系紧密，在应用之前就已经被企业所知晓或者应用。这种创新虽然只是对现有技术的点滴改进，但具有累积性的效果，对于区域经济和区域创新的长远发展有着潜移默化的影响。

总之，研究型大学通过对原始性创新人才和渐进性创新人才的培养，再由企业引进，实现对区域系统内要素的影响，引领区域创新发展。值得一提的是，人才的价值往往体现在智力流通和价值创造的过程中，只有在不断流动与循环中才能产生更多的灵感和效益。因此，研究型大学在引导区域创新的过程中，要与外部主体共同协商，逐步消除体制性障碍从而达到与其他社会资源的合理配置，促进创新人才合理流动，真正引导区域经济走向健康发展之路。

---

[1] Barra C., Zotti R., "The Contribution of University, Private and Public Sector Resources to Italian Regional Innovation System (in) Efficiency", *The Journal of Technology Transfer*, Vol. 43, No. 2, 2018, pp. 432–457.

（三）技术转移运行机制是内部动力机制形成的目标导向

技术转移通过技术许可、转让、咨询、服务、合作研究开发、人员流动等方式实现。[①] 而研究型大学可以根据合作企业的技术需求，输出较成熟的技术助力企业发展。具体来说，首先通过技术的生产完成知识的转化，进而技术转移标志着研究型大学正式进入区域创新系统之中，最终通过技术分解机制，实现技术落地与企业应用，创造利益。在此过程中，不但可以实现知识的价值，为企业获得竞争优势，反过来研究型大学也在技术转移过程中获得利润与声望，从而激励自身创造更先进的科技成果。服务地方经济与区域发展本是当代大学的三大职能之一，技术转移作为高校引导区域创新的关键手段，是经济社会发展的必然要求，也是衡量研究型大学社会服务能力的重要指标。尤其是研究型大学所致力的应用研究能够解决区域发展中的诸多难题，促使区域产生良好的经济与社会效益。因此，基于研究型大学自我发展的原动力，拥有完善的技术转移运行机制是研究型大学引导区域创新的目标导向。

完整的技术转移运行机制成为研究型大学引导区域创新的目标与动力，能够有效推动研究型大学的科技成果转化，推动实现科学技术产业化，保证研究型大学的长远发展。目前，研究型大学与区域政府、企业等机构合作开展成果转移、技术服务和政策咨询已经成为高校科技成果转移和产业孵化的重要形式，同时，技术转移也是研究型大学将来实现社会服务功能的核心所在。[②] 尤其是在区域系统之中，大多数中小公司只能依赖于技术转移保证企业发展。这种社会特征和市场需要为研究型大学的技术转移提供了广阔的区域性潜在市场，将有助于扩大学校的办学效益和影响力，并为学校及研究人员带来一定的经济效益，持续为自身发展提供源源不断的经济利益与社会声望。

正是研究型大学知识生产所具有的异质性与溢出性，加之其自身发展的原动力与获取利益的内在动力共同作用下，使得研究型大学的原始创新能力正在不断得到增强。正是因为研究型大学具有原始知识创新的

[①] 王兵：《技术转移中的知识产权保护》，《中国高校科技与产业化》2008 年第 3 期。

[②] 杨慧玉、王会斌、张平平：《高校技术转移的机制研究》，《研究与发展管理》2005 年第 5 期。

独特优势，才能通过培养创新型人才，将这些创新的知识和技术应用到区域创新系统之中，从而保证并促进区域发展。与此同时，随着知识生产机制、创新人才团队产生机制与技术转移机制的运行，研究型大学引导区域创新的内部动力机制将不断得到完善，区域创新系统将在研究型大学引导下迸发出新的活力与生机，促使整个区域生态系统实现高效发展（如图 4-2 所示）。

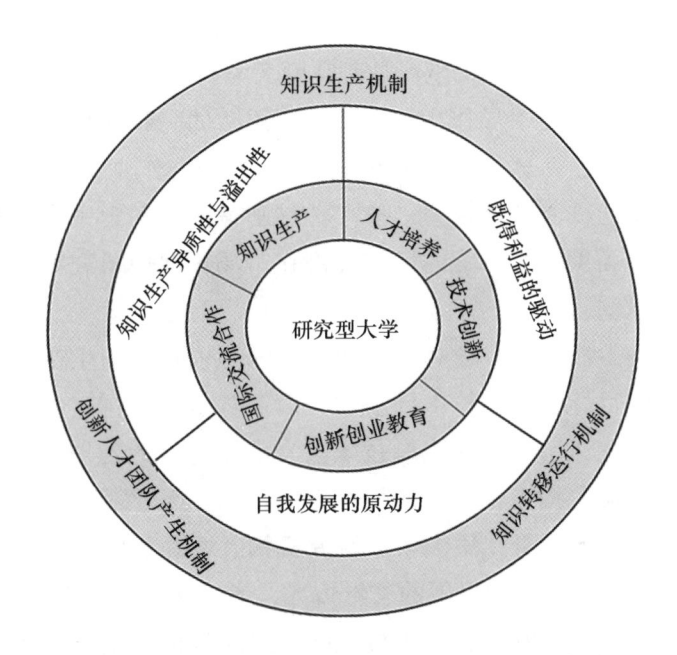

图 4-2　研究型大学引导区域创新的内部动力机制

第三节　研究型大学引导区域创新的协同动力机制

研究型大学引导区域创新包括内部创新与外部创新，两者在各自有序发展的基础上不断实现创新资源和要素的整合、优化，在相互促进、相互融合的过程中逐渐形成一个统一整体共同促进研究型大学有效引导区域协同创新的实现。[1] 在传统科层制的线性逻辑下，研究型大学多为封

---

[1] 罗占收、邵莹、吴勉华：《高校内部科技资源整合与开放共享探析——基于"政产学研"协同创新视角》，《中国高校科技》2016 年第 6 期。

闭式的创新模式。这是由于一方面研究型大学内部各学科、各专业之间缺乏交叉融合，大多为单兵作战；另一方面，研究型大学引导区域创新的外部动力欠缺，与其他外部创新主体间的合作联系不够紧密。因此，从学理上分析研究型大学内部动力机制与外部动力机制的协同作用机理与协同效果以及如何有效提高两者协同发展水平具有重要意义。

一 内部动力机制和外部动力机制之间的关系

在内部动力方面，知识生产是研究型大学引导区域创新的根本动力，在所有内部动力中起主导作用。创新人才团队的一致性使合作主体间易形成长期、稳定、互惠、共生的协作关系，推动合作真正走向协同创新，是内部动力中的核心载体动力。技术转移则是内部动力中的目标导向动力，期待能够提供一个广阔的区域性潜在市场，促使研究型大学更好地引导区域技术创新。

就外部动力而言，市场对知识和技术的需求是知识生产的起点和知识转移的最终目标。随着技术创新成为商业竞争的关键，越来越多的公司开始追求工业通用技术或尖端技术。当市场竞争达到一定水平时，产品升级和创新动力将为企业形成强有力的机制，因此对新知识和新技术的追求将更加强烈。研究型大学、研究机构、中介组织、政府和各类企业将突破原有学科和产业发展的逻辑边界，形成交叉点以满足市场需求。当然，这其中政府的政策引导不可或缺，主要包括制定资金政策和颁布协同创新等相关政策法规予以支持。例如，当社会支持系统（如中介组织和银行机构）稳定存在时，研究型大学只有在引导区域系统的协同创新时才能从市场获得更多支持。

研究型大学引导的区域创新是一个复合系统，由内部协同创新子系统和外部协同创新子系统构成，具有互动关系和不同属性。研究型大学内部协同创新机制以大学自身为主体，通过大学内部人才、学科、科研、管理等创新要素和资源的互动实现跨学科合作、创新创业教育，国际交流与合作等目标；研究型大学的外部协同创新是研究型大学与外部相关主体（大学、企业、研究机构、政府、技术中介组织等）通过各要素深度融合共同实现。通过建立和完善高校内部协同创新动力机制，有利于提高高校内部和外部协同的协同程度。① 研究型大学引导区域创新的过程是内部协同与外部协同相互作用、相互融合的过程，两者的关联程度受创新资源和要素融合程度的影响，融合程度越高，整体协同效应越好。② 由此表明，研究型大学的内部和外部创新子系统之间存在复杂的非线性相互作用。研究型大学内部通过创新资源和要素的整合优化，尤其在跨学科、跨专业交叉融合的基础上，形成的新理论、新技术可以为企业、科研院所等创新主体在解决实际问题时提供新思路和方法，③ 而且研究型大学拥有进行前瞻性基础研究和技术开发的优越环境，能够为新技术、新产品的研发提供源源不断的智力支持和技术保障，从而降低其自主研究和创新的成本和风险。总之，研究型大学内部创新和外部创新是相互作用、相互促进的过程，二者是一个动态关联的整体，通过非线性作用产生 1＋1＞2 的效果来提升研究型大学引导区域创新的整体能力。

二　协同动力机制的模型构建

研究型大学内外部动力要素的双向参与和互动使得区域内各创新主体间打破了原有壁垒，实现了各种资源和要素的有效整合，从而提升了研究型大学引导区域知识生产、传播和转移方面的能力，使区域内各创新主体都能获得竞争优势。

如果将研究型大学引导区域创新看作一个知识创新系统，那么该系统内外部的创新要素共同对区域创新产生影响。当然，这些内外部要素之间并非孤立存在，而是直接或间接地相互作用，通过协同机制推动或拉动区域创新。基于此，在对研究型大学引导区域创新内外部机制形成和因素分析的基础上，构建了研究型大学引导区域创新的协同动力机制模型（见图 4－3）。在区域系统内，研究型大学引导区域创新是内部动力机制和外部动力机制共同作用的结果，内部动力推动研究型大学主动引导区域创新，外部动力通过对系统内部产生作用，有效拉动研究型大学

---

① 罗占收、邵莹、吴勉华：《高校内部协同创新的动力机制研究——基于"2011 计划"背景》，《中国科技论坛》2016 年第 10 期。
② 李丽：《协同创新背景下科技资源的整合与共享》，《中国高校科技》2017 年第 Z1 期。
③ 游士兵、惠源、崔娅雯：《高校协同创新中交叉学科发展路径探索》，《教育研究》2014 年第 4 期。

引导区域协同创新。

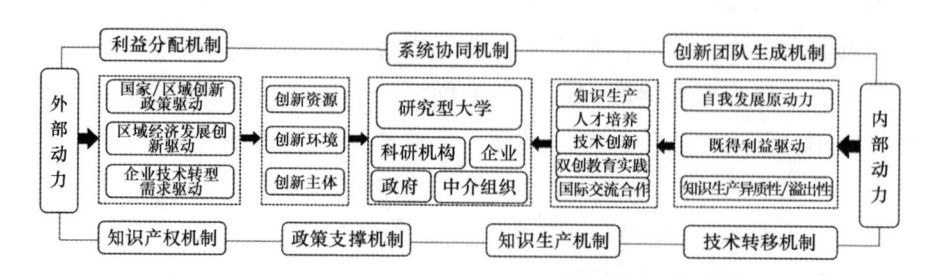

图 4-3　研究型大学引导区域创新的协同动力机制模型

根据上述分析，研究型大学处于整个区域创新体系的中心地位。研究型大学基于人才配置、研究经费、管理制度、研究方法及考评方式，促进、保障、支持其他内部要素与外部要素的交流互动。事实上，研究型大学作为引导区域创新体系发展的桥头堡，掌握着区域创新体系中最核心的资源要素——智力资源，这些资源包括知识、信息、技术、思想以及人力资本等，它们是区域创新的基础和核心。伴随着我国高等教育质量的不断提升，研究型大学在区域创新体系中聚集了大量智力资源，成为区域创新发展的关键。其他创新主体，包括政府、企业、科研机构、中介组织等，在研究型大学引导作用下，立足自身发展需求和区域要求，充分利用各种创新资源和要素，在系统协同机制、政策支撑机制、利益分配机制、知识产权机制、知识生产机制、技术转移机制、创新人才团队生产机制的协同作用下，为区域创新提供政策制度、成果转化、联合科技攻关和人才培养、创新支持和服务等方面的支持。

政府致力于营造优良的政策和制度环境。在区域创新活动中，国家和地方政府主要从宏观上为区域创新提供政策支持和制度条件。地方政府对区域创新进行顶层设计和制度安排，规划本区域的创新目标，制定针对不同创新主体的相关政策，并提供一定的资金支持。例如，地方政府通过项目引导和产业政策将学术界与产业界进行有效对接，形成区域创新网络。此外，政府通过实施更加优惠的税收制度、更充足的发展资金为高新技术产业提供必要的制度和资金支持，为区域内各创新主体参与创新提供良好的政策和制度环境。

企业是科技成果转化的基地。区域创新的关键是将创新成果产品化、市场化。研究型大学科研成果较多，但成果转化率较低，与企业实际需求存在较大差距，企业自身也存在"重引进轻消化"现象，因此需要在研究型大学和企业之间建立成果转化和应用的桥梁。国内外很多区域建立了以一所或多所研究型大学为载体的科技园，以大学为载体启动、孵化和发展高新技术企业，鼓励师生进入科技园区，实现大学与企业共享资源，联合建立科技成果转化基地。值得一提的是，研究型大学衍生企业（Spin-out）、新创企业（Start-up）也是进行知识转移和科技创新的重要途径。研究型大学衍生企业一种新兴企业，依赖于技术许可或大学知识产权的初始分配建立起来；新创企业则是大学在企业成立时以某种形式进行参与，但与企业创始人没有任何正式的知识产权协议。20世纪50年代以来，以麻省理工学院、斯坦福大学为基础快速发展起来的大学衍生企业和新创企业带来了128号公路、硅谷等区域的创新发展。目前，研究型大学衍生企业和新创企业已经成为知识转移的重要抓手。衍生企业通过生产创新性产品、为高层次人才提供就业岗位等形式促进本地经济发展，因而创建本地衍生企业成为大学为区域经济发展做出贡献的最直接方式[①]。

科研机构与研究型大学联合培养技术创新型人才。若要高效引导区域创新发展，研究型大学需要紧跟市场和社会的需求制定人才培养目标，根据区域经济和产业需求优化专业设置和课程体系，与科研机构协同合作创新人才培养模式。此外，在研究型大学引导区域创新的过程中，区域研究院和大学科技园整合创新资源，凝聚创新人才，孵化科技企业、营造创新环境等方面发挥了重要作用，成为推动区域创新、提升区域创新能力的重要支撑和平台。

中介组织为区域内创新活动主体，尤其是研究型大学提供创新所需的支撑性资源与服务活动，包括创新资源的技术扩散、成果转化、科技评估、创新决策与管理咨询等专业化服务，这是区域创新系统平台的重要组成部分。在这个平台中，中介组织与区域内各创新主体和要素建立密切联系，为创新活动提供支撑性服务，降低创新风险、加速科技成果

---

① Beanitz S., Feldman M. P., "The Engaged University", *Journal of Technology Transfer*, Vol. 37, No. 2, 2012, pp. 139–157.

转化进程。总体而言，中介组织是面向技术扩散和成果转化的专业服务机构，是联系政府、企业和大学的重要纽带，在区域创新活动中发挥着重要作用。因此，中介组织应充分发挥其桥梁和缓冲作用，确保创新资源和信息在各创新主体之间自由流动，为区域创新提供帮助和支持。

综上所述，五大创新主体在发挥自身特殊作用的同时，形成了一系列有序的良性运行系统。在该系统之中，研究型大学作为区域创新体系的关键主体，不仅是高素质创新人才培养的摇篮，而且是创新知识生产、传播和转化的重要力量。归根结底，研究型大学引导区域创新的核心在于拔尖创新人才的培养。这类人才具备广博的文化基础、跨学科的知识积淀、开阔的学术视野、批判的学术精神、综合的创新能力，因此，需要区域内各主体协同合作才能培养。研究型大学要加强与其他科研机构、企业的协同合作，在人才培养目标、组织管理制度、培养方案、课程体系、教学模式和方法等方面进行全面改革和创新，为科研机构和企业参与协同育人制定灵活的政策和制度，构建大学与科研机构和企业联合育人机制，建立灵活、开放、个性化的人才培养体系，为区域创新体系建设提供高水平创新型人才。

对区域创新来说，不论是原始性创新还是渐进性创新，都必须通过跨学科合作才能实现。研究型大学要实时瞄准科学前沿和社会发展的重大需求，以重点学科为依托，通过体制创新和项目引导，与区域内其他知识生产主体通力合作，建立协同创新战略联盟，联合开展科学研究。更为重要的是，研究型大学应紧跟国家的重大战略要求、企业的重大需求和地方政府的发展模式，从产业发展的痛点问题着手，突破并引领科研成果的产业化应用。

三 研究型大学引导区域创新协同动力机制的内在机理

（一）动力形成

无论是内部动力还是外部动力，归根结底，创新动力是区域发展的关键因素。内外部协同动力机制是研究型大学依托区域创新网络，以创新研究型大学与区域内相关合作主体交互关系为纽带，通过协同合作，以提高研究型大学全方位创新能力为目标，从而带动区域创新发展的各种动力因素及其交互作用的过程。

首先，多主体的相互依赖关系是研究型大学引导区域创新的前提。高度的相互依赖是协同的先决条件。① 相互依赖普遍存在，研究型大学引导区域创新的过程是多主体协作的过程，各主体为了实现各自目标需要进行知识共享、资源交换和信息互动，形成相互依赖关系，实现研究型大学引导区域协同创新发展。具体包括政策上的相互依赖、资源上的相互依赖和信息上的相互依赖等。在各主体相互依赖、协同发展过程中，冲突不可避免，但冲突的存在正是形成新的依赖关系的基础。

其次，实现各利益相关者的目标是研究型大学引导区域创新的契机。研究型大学引导区域创新过程中涉及政府、大学、企业和中介机构等多个主体的利益，各主体既有自己的利益诉求，又是相互依赖的利益共同体，是个体利益和群体利益博弈与重组的过程，最终实现研究型大学引导区域创新发展。因此，利益共同体建设是维系研究型大学引导区域创新的直接动力。

最后，需求导向是实现研究型大学对区域主动引导的核心动力。研究型大学、政府、企业和中介机构等主体需要通过广泛调研了解在区域系统中的定位，思考能够为区域创新做出什么贡献，如何将自身利益诉求与区域创新目标结合起来，尤其是研究型大学作为知识生产和原始创新的领头雁，要能够为区域创新体系中各主体提供能够满足其实际需求的产品或服务，才能真正发挥引导作用。

（二）相互作用机理

研究型大学引导区域创新协同动力机制是指从各协同主体，特别是从研究型大学的重要联盟意向到合作利益分配的结束，每个环节的运作原则、相关制度和行动模式都贯穿于整个过程。研究型大学引导区域创新的协同机制具有一定的结构性、动态性和功能性，即引导创新的各主体和要素按照一定的组织结构存在，诸要素之间的关系是不断变化发展的，在特定的结构和关系中各要素相互作用带来特定的结果。研究型大学引导区域创新协同动力机制是该过程中相关要素实现相互联系的动力、规则和程序的总和。它由若干内外部动力机制共同组成，包括知识产权

---

① Logsdon J. M., "Interests and Interdependence in the Formation of Social Problem – Solving Collaborations", *Journal of Applied Behavioral Science*, Vol. 27, No. 1, 1991, pp. 23 – 37.

保障机制、利益分配机制、政策支撑机制、创新人才团队生产机制、知识生产机制和技术转移运行机制等。

具体来说，研究型大学既培养高层次创新人才，又开展基础研究和高新技术领域的创新，在区域创新体系中发挥着基础性作用。通过建立协同创新联盟，发挥研究型大学在人才培养、学科建设、科技创新方面的综合优势，提升研究型大学自主创新能力和服务经济社会发展的能力。此外，通过与政府、企业、科研机构和中介组织合作，建立起适应区域经济社会发展和产业发展需求的创新体系，也是提升区域创新能力的重要举措，对研究型大学和其他利益相关者而言是实现多方共赢、共荣共生的必由之路。以柏林大学为代表的"创新型""研究型"大学为19世纪德国经济的快速崛起做出了巨大贡献。麻省理工学院（Massachusetts Institute of Technology）和斯坦福大学（Stanford University）等众多世界一流大学以"产学研"合作的形式服务于美国的先进制造业和信息产业，在所在地区乃至美国成为世界经济和技术中心方面发挥了关键作用。毋庸置疑，研究型大学是推进乃至引领区域协同创新的重要力量。因此，研究型大学以区域需求为导向，关注区域经济社会发展的重大前沿问题，完成一流创新人才的培养，致力于产生一流创新成果，从而为加快转变区域经济发展方式、建设创新型国家做出积极贡献。

总之，研究型大学若要有效引领区域创新，一方面应积极与区域企业、科研机构等共同组建实验室和研发基地，开展有组织的跨学科研究，开展联合攻关，从而充分发挥研究型大学在高层次创新型人才培养和重大原始创新中的作用；另一方面要通过消化、吸收和再创新引进的技术或知识产权，形成自主知识产权或技术标准，对接国民经济支柱产业、优势产业和新兴战略产业，实现技术创新要素的优化重组，实现研究型大学和区域其他创新主体的有效合作。

实质上，作为区域知识创新的主体，研究型大学日益成为区域创新体系中的主导性力量。研究型大学在长期发展过程中形成一系列知识转移机制，推动着区域的知识生产，尤其是通过与企业之间的知识共享与转移从根本上带动区域社会经济的发展。目前，研究型大学引导区域创新面临着诸多困难，在很大程度上归因于协同动力机制不足。在区域创新体系中，研究型大学、企业、科研机构、中介组织等利益相关者通过权衡内部依赖关系、构建利益共同体和满足各自实际需求等前提条件，激发彼此合作活力，协同提供个性化的支持与服务①。研究型大学引导区域创新发展是内部驱动力与外部拉动力交互、协同作用的过程，内外部相互作用共同构成了研究型大学引导区域创新发展的动力组合。研究型大学引导区域创新发展正是引发各主体间实现知识互联互通和资源共享流转的关键，通过要素间的协同激发内部驱动力和外部拉动力之间的相互作用。在内外部动力的双重作用下，在组织管理、人才培养、科学研究等方面实现多主体协同，最终达到研究型大学引导区域创新的协同效应。

研究型大学引导的区域创新是一个需求个性化、资源协同化和角色多样化的复杂生态系统，其复杂性既表现为区域创新体系中各要素之间的复杂关系，也表现为参与主体之间关系的复杂性，②更体现在研究型大学如何发挥引导作用上。客观上，研究型大学要主动与外界环境不断进行物质、信息和能量的交换才能保持系统的良性运转。具体来说，研究型大学要主动以知识生产与技术创新的深度融合为依据，以区域创新所涉及的关键主体、要素及组织部分的协同互动为保障，以整合各方资源实现优势互补为主线，形成要素的整合、环节的统筹和主体的协同。研究型大学引导区域创新发展既是当务之急，也是长远之策，它是区域创新系统内研究型大学以自愿、协商等方式开展协作，以提高区域创新能力和绩效为目标，促使各主体之间相互依赖、关联互动，进而促使诸多子系统或要素之间相互协调、合作而形成有序的、可持续的和系统化的过程，是新时代知识生产模式的转变对研究型大学与区域发展提出的新要求。因此，在区域创新过程中要积极倡导研究型大学引导区域创新的理念，形成协同意识与思维；制定多主体协同的引导政策，鼓励不同主体之间的合作，为协同创新提供条件和环境；构建以研究型大学为核心，政府、企业、科研机构、中介组织等多方联动机制，明确分工，形成各主体协同发展的新模式。

---

① Perri 6, "Joined – Up Government in the Western World in Comparative Perspective: Preliminary Literature Review and Exploration", *Journal of Public Administration Research and Theory*, Vol. 14, No. 1, 2004, pp. 103–138.

② 徐晶晶、黄荣怀、王永忠等：《区域教育信息化协同发展：挑战、实践模式与动力机制》，《电化教育研究》2019 年第 6 期。

第 五 章

国外研究型大学引导区域创新的协同动力机制分析

"它山之石,可以攻玉。"国外研究型大学在区域创新过程中已经形成独特的模式和机制。本章重点分析美国、德国以及英国的研究型大学在引导区域创新中的动力机制及典型案例,并进一步总结国外研究型大学引导区域创新的共性和特色,以探索国外大学引导区域创新的经验,为我国研究型大学引导区域创新提供借鉴。

第一节 美国研究型大学引导区域创新的协同动力机制分析

美国是当今世界上最具竞争力的经济体之一。据世界经济论坛《2019 年全球竞争力报告》(Global Competitiveness Report 2019)显示,美国综合排名与创新能力排名均位于世界第二。在世界知识产权组织(WIPO)发布的《2020 全球创新指数》(Global Innovation Index 2020)中,美国以 25 的数量成为拥有创新活动集群最多的国家,并以强劲的发展势头跻身世界前三,是其科技创新大国地位强有力的佐证。经济的发展离不开科技和教育的驱动,研发投入、大学经费、早期融资和人才是支撑美国创新的四大支柱[①]。作为一个成熟的知识产业,美国高等教育的发达

---

① National Research Council of The National Academies, "Rising to the Challenge: U. S. Innovation Policy for the Global Economy", Comparative Innovation Policy, 2012, https://www.ncbi.nlm.nih.gov/books/NBK100312/.

程度首屈一指。在 2020 年软科世界大学学术排名（ARWU）、《美国新闻与世界报道》全球大学排名（US News）和泰晤士世界大学排名（TIMES）百强榜单中，美国大学的数量占到 40% 以上，其质量和数量均呈现压倒性优势。

一 美国研究型大学引导区域创新的概况

（一）美国研究型大学：引导区域创新的主力军

研究型大学被视为推动区域创新经济发展的必要条件，区域内是否拥有高质量的研究型大学也成为衡量区域创新实力的关键因素。一个地区引入一所新大学之后，该地区的产业专利申请量便会增加，一所新大学能使五年后该地区公司申请的专利数量增加 7%。在区域创新的初始阶段，大学的存在可以弥补创新条件的匮乏；当地区具备必要的创新条件时，大学则将扮演有力推手，进一步推动区域创新能力的提升。[1] 研究型大学在其中发挥的作用尤为突出，是推动区域经济发展和技术创新的主力军。美国研究型大学承担了全美 50% 以上的基础科学和工程研究项目，在引导区域创新方面展现出强大的创新引领性。同时，美国研究型大学重视夯实学生的科学、技术和专业基础，培养了其开展创新研究的能力。

全球领先的商业、金融和财经资讯提供商彭博社（Bloomberg）依据研发强度（research and development intensity）、生产力（productivity）、科技企业集群（clusters of companies in technology）、STEM 工作岗位（STEM jobs）、拥有理工科学位的居民数量（residents with degrees in science and engineering disciplines）以及专利活跃度（patent activity）六项指标，[2] 对美国各州的创新指数进行排名。根据《彭博社 2020 年美国各州创新指数》（*Bloomberg 2020 U. S. State Innovation Index*）显示，排名前五的州分别为加利福尼亚州、马萨诸塞州、华盛顿州、康涅狄格州和俄勒冈州

---

[1] Robin Cowan, Natalia Zinovyeva, "University Effects on Regional Innovation", *Research Policy*, Vol. 42, No. 3, 2013, pp. 788 – 800.

[2] Bloomberg Quint, "California, Massachusetts Rank as Most Innovative U. S. States", (2020 – 06 – 22), https://www.bloombergquint.com/global – economics/california – massachusetts – rank – as – most – innovative – u – s – states.

（见表5-1），①且加利福尼亚州、马萨诸塞州和华盛顿州连续三年夺得排行榜三甲位置。

表5-1　　　　彭博社2020年美国各州创新指数

排名	州	总体得分	研发强度	生产力	科技企业集群	STEM工作岗位	拥有理工科学位的居民	专利活跃度
1	加利福尼亚州	95.32	3	3	2	6	2	1
2	马萨诸塞州	94.00	2	5	1	3	5	5
3	华盛顿州	92.89	5	4	4	2	1	4
4	康涅狄格州	82.18	8	8	11	12	12	2
5	俄勒冈州	76.13	7	23	21	11	6	3
6	马里兰州	75.93	4	15	6	1	3	41
7	新泽西州	72.47	11	11	18	14	11	16
8	特拉华州	71.28	10	9	3	13	15	34
9	新罕布什尔州	71.27	17	31	12	7	10	7
10	科罗拉多州	70.88	26	17	7	5	7	23

资料来源：BloombergQuint. California, Massachusetts Rank as Most Innovative U.S. States，（2020-06-22）[2020-10-21]，https://www.bloombergquint.com/global-economics/california-massachusetts-rank-as-most-innovative-u-s-states.

另外，由路透社（Reuters）与科睿唯安（Clarivate Analytics）合作编制的全球最具创新实力的大学年度排名（The World's Most Innovative Universities）以大学产出为基础制定评价标准，例如大学专利申请数、原创研究成果发表量、作为对经济的驱动力对商业产生的影响等指标。据2019年的数据显示，美国共有46所大学进入该排名前100名，有8所研究型大学进入前10名；其中，斯坦福大学、麻省理工学院、哈佛大学、

---

① Bloomberg Quint, "California, Massachusetts Rank as Most Innovative U.S. States",（2020-06-22），https://www.bloombergquint.com/global-economics/california-massachusetts-rank-as-most-innovative-u-s-states.

宾夕法尼亚大学、华盛顿大学包揽全球前五。[①] 对于所在区域来说，这些研究型大学在推动科学进步、催生新兴市场、推动产业发展和技术创新等方面贡献巨大。

据路透社排名数据，本书整理出 2019 年美国最具创新实力的 10 所大学，进行分析后得出：加利福尼亚州拥有"最具创新实力的大学数量"最多，其次是马萨诸塞州（见表 5-2），其余位于前 10 名的大学所在州的创新指数也均在前 50% 的行列。

表 5-2　　2019 年全美最具创新力的大学排名及其所在州的创新指数排名（前 10 名）

全美排名	全球排名	大学	大学所在州	所在州的创新指数排名
1	1	斯坦福大学	加利福尼亚州	1/50
2	2	麻省理工学院	马萨诸塞州	2/50
3	3	哈佛大学	马萨诸塞州	2/50
4	4	宾夕法尼亚大学	宾夕法尼亚州	18/50
5	5	华盛顿大学	华盛顿州	3/50
6	6	北卡罗来纳大学教堂山分校	北卡罗来纳州	22/50
7	8	南加州大学	加利福尼亚州	1/50
8	9	康奈尔大学	纽约州	14/50
9	11	德克萨斯大学系统	得克萨斯州	15/50
10	13	加州大学系统	加利福尼亚州	1/50

资料来源：Reuters, "The World's Most Innovative Universities 2019", (2019-10-23) [2020-10-20], https://www.reuters.com/innovative-universities-2019.

（二）美国研究型大学：从参与区域发展到引导区域创新

经过长期的历史积淀，美国高等教育俨然成为美国在创新、科学和商业领域彰显全球显赫地位的旗帜，加上研究型大学对于提高区域竞争能力、推动社会经济长远发展的作用得到普遍验证，联邦政府更加积极

[①] Reuters, "The World's Most Innovative Universities 2019", (2019-10-23) [2020-10-20], https://www.reuters.com/innovative-universities-2019.

地支持并参与到研究型大学引导的区域创新系统中。然而,私营部门贡献了 2/3 的研发支出,政府要想从产学合作研究成果的经济价值中受益,政策制定者们就有必要寻求最有效的机制以促进大学与私营部门的合作有效性,发挥研究型大学和公共研究机构作为区域经济发展引擎和技术创新驱动力的关键作用①。正因如此,与世界上大多数高等教育体系相比,美国高等教育体系很大程度上享有高度的学术自由。政府权力的相对有限一方面导致了政府领导真空地带的出现;另一方面,研究型大学开拓了众多与区域产业部门密切合作的形式:(1)建立全国性技术转让服务网络,为企业提供咨询服务,促进科研成果和技术在产学之间的流动;(2)以大学为中心建立高新技术区;(3)与企业签订科研合同;(4)建立产业—大学合作研究中心。② 政府逐渐从产学合作的资助者转变为促进者,鼓励大学向私营部门寻求资金、开辟多样化的筹资渠道和发展方式。

  研究型大学的理念源自德国,最先实现在美国,并在经历长期发展之后逐渐形成独特的模式。1876 年,美国第一所研究型大学约翰·霍普金斯大学成立,致力于发展科学研究和培养卓越人才,以期推动科学研究服务于社会的发展,③ 该模式引得以耶鲁大学、哈佛大学和普林斯顿大学为首的高校纷纷效仿。美国研究型大学开展与社会实际和公众生活密切相关的应用研究,柏林大学学术自由的精神与教学科研相统一的原则在美国的土地上被加以改造。曾任威斯康星大学校长的查尔斯·范海斯在 1904 年提出教学、科研和社会服务都是大学的主要职能,大学要服务于所在区域的实际需求,由此形成了大学服务于社会发展的"威斯康星思想"。作为高等教育长期发展的产物,社会服务职能的内涵也随着大学的自身演变和外部社会的变迁而不断丰富。

---

  ① Branscomb L. M., Kodama F., Florida R. L., *Industrializing Knowledge: University – Industry Linkages in Japan and the United States*, Cambridge: The MIT Press, 1999, pp. 589 – 610.
  ② 石留:《美国研究型大学产学研合作模式研究及对我国的启示》,硕士学位论文,湖南师范大学,2017 年。
  ③ Feldman M., Desrochers P., "Research Universities and Local Economic Development: Lessons from the History of the Johns Hopkins University", *Industry and Innovation*, Vol. 10, No. 1, 2003, pp. 5 – 24.

在第二次世界大战即将结束的 1944 年，罗斯福总统在致麻省理工学院时任工程系主任万尼瓦尔·布什（Vannevar Bush）的信中提出"罗斯福之问"。"罗斯福之问"强调把战时保密性研究转化为辐射整个国家的创新科研成果，这无疑为战后美国在计算机与生物医学等前沿领域获得的科技"制空权"及商业发展提供了先决条件。[①] 对此，1945 年 7 月，布什在《科学：无尽的前沿》（Science – the Endless Frontier）报告中，明确阐释了政府为什么和怎么样履行支持科学的责任，推进了政府与大学机构间的合作。有研究表明，20 世纪上半叶，美国高达 85% 的生产力增长可能要归因于技术进步，并且"二战"以来研发投入所产生的技术创新要占到技术创新总量的五成以上。[②] 可见，在"二战"以前，研究型大学在知识传播和科学研究方面发挥的作用并不突出。所幸在当时认识到研发投入带来的巨大回报，寄予厚望的联邦政府从 20 世纪 50 年代到 70 年代对高等教育的经费投入由 22 亿美元增加至 234 亿美元，[③] 并先后成立了国家科学基金会（NSF）和国家卫生研究所（NIH），对基础研究的资助也急剧增加。在美国，近 200 所公立研究型大学承担了 60% 以上由联邦政府资助的基础研究工作。在充足的资金保障下，研究型大学的数量和规模有了质的飞跃，在绝大部分科研领域远远领先于其他国家，进一步产出了大批实用的高科技成果。

20 世纪 80 年代，美国经济陷入持续低迷的僵局，政府将目光聚焦于能够通过知识创新带动区域经济发展的大学。为了解决由于联邦专利政策缺失而导致的创新成果转化低效困难、工商业对大学创新成果和技术的利用十分有限等一系列现实问题，联邦政府相继出台了《拜杜法案》（1980）、《史蒂文森——威德勒技术创新法》（1980）、《小企业创新发展法》（1982）、《国家合作研究法案》（1984）、《联邦技术转移法案》

[①] 杨九斌、王咏梅：《大学与城市：二战后美国研究型大学科研在城市创新中的角色研究》，《教育学术月刊》2020 年第 7 期。

[②] President's Council of Advisors on Science and Technology, "Transformation and Opportunity: The Future of the U. S. Research Enterprise", (2012 – 11 – 30), https://obamawhitehouse.archives.gov/sites/default/files/microsites/ostp/pcast_future_research_enterprise_20121130.pdf.

[③] Bender T., Schorske C., *American Academic Culture in Transformation: Fifty Years, Four Disciplines*, Princeton: Princeton University Press, 1998, p. 17.

(1986) 等法案，以立法形式加强以研究型大学为代表的学术创新与产业技术之间的合作，《拜杜法案》在其中最具代表性。《拜杜法案》允许大学、非营利机构和小企业保留受到联邦资助而取得的发明成果所有权，并且可以申请专利。《拜杜法案》是政府层面促进产学合作的重要体现，为研究型大学顺利开展技术转移工作、参与区域创新发展清扫了体制障碍。科技产业的发展与学术研究的进程密切相关，这一时期，接受巨额资助的研究型大学产生的科技成果促成了大量该类型中小企业的创办，新增就业岗位数量也迅速上升，激发了区域经济的发展活力、创造力和竞争力，中小企业因此被誉为"伟大的美国工作机器"。

美国国家科学院在 2020 年 12 月出版的《无尽的前沿——科学的未来 75 年》(The Endless Frontier: The Next 75 Years in Science) 报告中明确指出，在注重创新的同时，要加强研究转化应用的能力并加速技术的市场转化率，将科技创新成果以最快速度推向市场。① 研究型大学依靠技术成果转移，不仅获取了用于自身建设的可观收益，也推动着区域创新实力的增强，成为美国国家创新体系的主要驱动力量。

二 美国研究型大学引导区域创新的实践案例

美国早期的区域创新生态系统以加利福尼亚州的硅谷和马萨诸塞州的 128 号公路为代表，其卓有成效的运作引起了全美各地加入建设区域创新系统的大军。本书根据大学创新力排名和大学所在州的创新指数排名，选取加利福尼亚州、马萨诸塞州和华盛顿州的研究型大学作为案例，分析其引导区域创新的内外部协同动力机制。

（一）加利福尼亚州：研究型大学引导硅谷创新的实践

硅谷位于加利福尼亚州太平洋沿岸的中部、旧金山湾区的南部，这片在 1940 年以前以农牧业为主的地区在几十年间发展成为全球高科技产业和尖端技术的聚集地，从一个新技术和新产业的本地制造者扩展为驱动美国经济发展的创新引擎。作为区域协同创新的标志性存在，硅谷的巨大成功离不开该

---

① National Academies of Sciences, Engineering, and Medicine, "The Endless Frontier: The Next 75 Years in Science", (2020 - 12 - 17), https://nap.nationalacademies.org/catalog/25990/the - endless - frontier - the - next - 75 - years - in - science.

地区研究型大学的创新驱动作用。如今，包括斯坦福大学、加州大学伯克利分校、加州大学旧金山分校在内的多所世界知名研究型大学在硅谷形成了卓有成效的研究型大学创新集群，推动了硅谷的创新可持续发展。

1. 基于内部动力机制的探索

（1）培养创新型人才以驱动创新

研究型大学强调对学生创新意识、批判性思维、独立探索精神以及合作能力的培养。硅谷的诞生，离不开两所研究型大学的创新探索，更离不开其以创新发展为核心的人才培养理念。[①] 斯坦福大学和加州大学伯克利分校通过跨学科平台构建和跨学科教育实施，鼓励师生开展打破学科边界的合作研究，充分肯定学科交叉对于创新研究的促进作用。创新能力同样是人才培养目标之一，如斯坦福大学工程学院将跨学科发展融入培养目标中，致力于培养拥有突出的技术优势，集创造力、文化意识和创业技能于一身的工程师。[②] 坐拥顶级专家学者、国家重点实验室和数家尖端技术公司的加州大学伯克利分校成立80余个跨学科研究机构，聚集不同专业的师生，为他们提供了跨学科学习氛围。在该地区创新创业氛围的熏陶下，88%的伯克利校友和85%的斯坦福校友毕业后选择在加州创办公司，[③] 这些公司为当地创造了大量就业机会。虽然伯克利分校在硅谷创业中的显著作用不及斯坦福大学，但是它输送的高质量科技人才也为硅谷的可持续发展提供了不竭动力。据《商业内幕》报道，在硅谷从事科技行业的伯克利分校毕业生人数超过了常春藤盟校和湾区竞争对手斯坦福大学。[④]

---

① Piqué Josep M., Berbegal – Mirabent J., Etzkowitz H., "The Role of Universities in Shaping the Evolution of Silicon Valley's Ecosystem of Innovation", *Triple Helix Journal*, Vol. 7, No. 2 – 3, 2020, pp. 1 – 45.

② Stanford University, "Stanford Facts 2021", (2021 – 02 – 20), https://facts.stanford.edu/wp – content/uploads/sites/20/2021/02/Stanford – FactBook – 2021 – v7. 6 – FINAL. pdf.

③ Piqué Josep M., Berbegal – Mirabent J., Etzkowitz H., "The Role of Universities in Shaping the Evolution of Silicon Valley's Ecosystem of Innovation", *Triple Helix Journal*, Vol. 7, No. 2 – 3, 2020, pp. 1 – 45.

④ Berkeley News, "Berkeley Sends More Grads to Silicon Valley Careers than Any Other College", (2017 – 05 – 02), https://news.berkeley.edu/story_jump/berkeley – sends – more – grads – to – silicon – valley – careers – than – any – other – college/? utm_content = buffer76eea&utm_medium = social&utm_source = twitter.com&utm_campaign = buffer.

（2）打造一流学术高地，以知识引领创新

"打铁还需自身硬"，研究型大学引导区域创新需要不断提升自身科研实力。强大的原始创新能力为研究型大学奠定了知识生产的主体地位。作为世界顶级的综合性研究型大学，斯坦福大学和加州大学伯克利分校始终走在创新前沿，推动信息技术、通信、医疗、能源、商业等领域的革新，为硅谷崛起奠定了坚实的科技基础。加州大学旧金山分校是加州大学系统里唯一一所专注于生命科学及医学研究的高校。在2020年软科世界一流学科排名中，该校的临床医学、药学、口腔医学和护理学均进入全球前10名，其中临床医学和药学分别位于全球第二和全球第三。旧金山分校充分发掘自身的学科优势，设置探索研究员项目（Discovery Fellows Program），通过跨学科研究和行业合作增进基础科学知识，追求基础科研卓越，还推行了"健康创新战略"（Innovative Strategies for Health）来促进创新成果转化和精密医学研究。生命健康领域的突破性进展往往源于实验室，但对于制定治疗疾病策略等产业发展策略而言，实验室研究则心有余而力不足。为了提高医疗发明市场化效率、推动全球重大健康难题的解决，该校与基因泰克（Genentech）、辉瑞（Pfizer Inc.）等领先的生物技术公司开展合作，同时还寻求来自通用电气、三星等科技巨头的合作。除此以外，硅谷地区成立了高校学术创新团队以发挥学术创新的合力，更好地引领区域创新。受美国国家科学基金会（National Science Foundation）的资助，斯坦福大学、加州大学伯克利分校和加州大学旧金山分校共同成立"湾区创新团队"（Innovation Corps），在教学和研发两方面双管齐下，既提高了自身科研竞争力，又推动了硅谷创新生态系统的深入发展。

（3）完善创新创业服务，以创业带动创新

硅谷普遍存在的创业精神（entrepreneurship）、包容风险和充满活力的创业文化激励着创造力丰富的学生不断尝试创业。据硅谷权威数据机构Pitchbook发布的报告显示，2018年全球大学本科创业项目诞生"独角兽企业（Unicorns）"[①]的排名中，斯坦福大学和加州大学伯

---

① "独角兽企业"，一般指估值超过10亿美元且具有巨大发展潜力的未上市企业。

克利分校分别位于第一和第四，伯克利在美国公立研究型大学中排名第一；[①] 此外，湾区经济研究所（Bay Area Council Economic Institute）曾调查统计了2009—2017年世界范围内大学本科毕业生成为企业家的人数以及毕业生创办公司的数量，其中斯坦福大学和加州大学伯克利分校位列前二。[②] 加州大学旧金山分校历年来孕育了超过185家初创企业，包括目前世界第二大生物技术公司基因泰克等，这些公司提高了硅谷地区的生物技术研究水平。[③] 生物技术公司数量和就业岗位的提供成为衡量旧金山分校对硅谷经济影响的重要指标（见表5-3），这些成果的取得与学校卓有成效的创新创业服务密不可分。

表5-3　　　　　　　　硅谷生物技术公司的变化

	2010年	2015年	增幅（%）
就业岗位（个）	333	1448	3334.83
公司数量（个）	23	89	286.96
平均薪资（美元）	9477	13464	42.07

资料来源：UCSF,"A Study of the Economic and Fiscal Impact of the University of California, San Francisco",(2016-10-04)[2021-01-10], https://www.ucsf.edu/sites/default/files/economic-and-fiscal-impact-of-ucsf-2016.pdf.

第一，提供创业教育。创业教育在提升学生创新意识和高校服务区域社会经济发展方面发挥着不可忽视的作用。斯坦福大学和加州大学伯克利分校依托工程学院和商学院下设的创业项目和创业中心，根据人才培养目标和学生实际需求，实施兼具专业性和普适性的创业教育：专业性创业教育针对特定学院学生，以专业化创业人才为培养目标；普适性创业教育面向全校学生，以培养创新精神和增进创业意识为目标。旧金

[①] Garrett James Black, Henry Apfel, *The Top 50 Universities Producing VC – backed Entrepreneurs 2018 - 2019*, PitchBook Data, 2018, p.10.

[②] Bay Area Council Economic Institute, "Continuing Growth and Unparalleled Innovation", [2021-01-10], http://www.bayareaeconomy.org/files/pdf/BayAreaEconomicProfile2018Web.pdf.

[③] Bay Area Council Economic Institute, "Entrepreneurs, Startups, and Innovation at the University of California", (2016-08-01), http://www.bayareaeconomy.org/report/entrepreneurs-startups-innovation-at-uc/.

山分校实施创业教育的主阵地是创业中心,该中心在商业化校园发明的同时,尝试构建包括硅谷商业社区、伯克利分校和斯坦福大学在内的创业生态系统,同时鼓励学生结合社会现状进行大胆思考,提高学生通过创新解决实际问题的能力。值得注意的是,旧金山分校将创业教育视为探索医疗解决方案的手段,因此,其创业教育的课程学习充分彰显专业设置特色。

第二,支持多样化创业活动的开展。斯坦福大学和加州大学伯克利分校积极支持多样化创业活动的开展,一方面是鼓励俱乐部和学生团体的创办,俱乐部和学生团体为学生提供一种自我组织活动、项目和倡议的渠道,以满足对创业抱有浓厚兴趣的学生;另一方面,两所高校充分发挥位于硅谷中心地带的地理位置优势,与硅谷创业家和企业高管开展密切交往,为学生接触当地商界人士和社区创业领袖提供大量机会。如斯坦福创业网络(Stanford Entrepreneurship Network)会在创业周(Entrepreneurship Week)组织研讨会、讲座、竞赛等创业活动,这些项目和活动为学生提供与硅谷高管进行面对面交流的宝贵机会。此外,伯克利聘用一批在硅谷有实际工作经历的人参与学校创新创业活动。如伯克利催化剂基金(Berkeley Catalyst Fund)的核心领导人物之一劳拉·斯莫利亚尔(Laura Smoliar)便曾在硅谷工作数年并拥有丰富风险投资经验。

第三,设立专业部门,推动技术转让。斯坦福大学被形象地称为"硅谷孵化器",该校1970年成立的技术许可办公室(The Office of Technology Licensing)促进了校园技术转让,在造福社会的同时也将所获得巨额收益用于进一步提升教学与科研。加州大学旧金山分校的创新、技术与联盟办公室(Office of Innovation, Technology & Alliances)在2016年改组为创新创业公司(Innovation Ventures),发挥着营造校园创业精神、推动市场化,以及促进生物技术发明成果转化的作用。该公司还聘用一流的科学家和硅谷著名投资家组成顾问委员会进行指导与评估,有效缩短了项目孵化周期。加州大学旧金山分校十分重视发挥管理层的统筹领导作用,该校设置了负责商业发展、创新与合作的副校长。首位担任此职务的哈罗德·塞里克(Harold Selick)曾是一家大型制药公司的首席执行官,拥有丰富的生物技术行业经验。

（4）构建和谐的"大学—社会"关系以保障创新

公共服务深刻影响着教学和研究活动，是大学得以立足的传统和必要条件之一。斯坦福大学哈斯公共服务中心（Haas Center for Public Service）通过鼓励教师在课堂教学中融入社区突出问题，而学生利用所学知识为社区发展出谋划策等方式，[①] 激励斯坦福大学通过学术服务和社区合作来为世界可持续发展贡献力量。加州大学伯克利分校公共服务中心（UC Berkeley Public Service Center）在 2018 年超过 6000 名研究生和本科生为社区组织、政府机构和当地学校提供了公共服务。[②] 加州大学旧金山分校设立联络办公室（Office of Communications）支持研究型大学推动全球卫生事业的社会使命。围绕提升学校对公共生活的影响力，联络办公室还开展宣传校属企业品牌、遴选官方网站与社交媒体运营内容、传播学校战略等具体工作。加州大学伯克利分校哈斯商学院（Haas School of Business）也高度关注社会发展过程中的公共需求，其多名教师积极担任包括总统经济顾问、美联储主席、国家经济委员会主席等在内的职位，[③] 这些官居政府要职的教师极大提升了学院的社会声誉；此外，哈斯商学院成立社会创新中心（Center for Social Innovation），该部门每年会专门划拨经费资助学生开展社会创新实践。加州大学旧金山分校医学院（UCSF School of Medicine）坚守改善人类健康的承诺，与众多领域的研究者、医疗保健机构、公共卫生官员以及州政府展开合作，积极推行多社区参与计划，建立教学科研系统与当地医疗系统的协同机制，体现在将教学与科研的实践场所拓展到当地的医院和诊所，为患者提供更加专业的护理服务。

（5）以文化传播为手段引领思想变革

加利福尼亚州庞大的人口基数和多样的族裔来源促成该地区多元交

[①] Haas Center for Public Service, "Resources for Faculty", [2020 - 12 - 18], https://haas.stanford.edu/resources/faculty.

[②] UC Berkeley, "Cal Facts", [2020 - 12 - 18], https://admissions.berkeley.edu/sites/default/files/pdf/H14031 - cal - facts - 2020 - final.pdf.

[③] Berkeley Haas, "Prof. Janet Yellen, Trailblazing Former Fed Chair, Is Biden's Treasury Pick", (2020 - 11 - 24) [2020 - 12 - 21], https://newsroom.haas.berkeley.edu/research/janet - yellen - former - fed - chair - bidens - expected - treasury - pick/?_ga = 2.105666311.58758379.1608537498 - 1096923074.1605403283.

融的文化特质,并对研究型大学校园文化产生了深刻影响。斯坦福大学慈善与公民社会中心(The Stanford Center on Philanthropy and Civil Society)会定期出版载有产生于斯坦福校园里的创意想法和创新研究成果的《斯坦福社会创新评论》(*Stanford Social Innovation Review*)期刊。作为传播创新理念进而推动社会思想变革的有效媒介,斯坦福大学与社区的紧密合作使得公众可以参加世界一流的艺术表演、公共讲座、音乐会、体育赛事等活动。① 加州大学伯克利分校是引领社会思想变革的先锋。20世纪60年代,伯克利分校爆发了"言论自由运动(Free Speech Movement)",学生们对诸多限制言论自由的校园规定提出挑战,这场抗议得到了教职员工的多数投票支持,而后其影响力蔓延至整个美国。② 伯克利分校因此成为引发全美对学生议政参政之思考的先行者。此外,伯克利分校致力于传播优质文化,其校园博物馆和档案馆不仅供师生开展教学和研究所用,还面向公众开放,③ 为公众提供深入了解多元文化的新途径。加州大学旧金山分校以种族平等为重心,同时关注女性和残疾人等群体,致力于推进校园文化的多样性、公平性和包容性,还会通过教学活动和社区建设,增强社会影响并带动社会文化变革。为此,旧金山分校设立多元文化资源中心(Multicultural Resource Center),为促进地区文化的多元化发展不懈努力。

2. 基于外部动力机制的探索

(1)政府的经费保障与政策引导

在研究型大学促进硅谷崛起的过程中,政府首先积极承担研究经费。美国大学研究经费的划拨引入了以科学研究价值导向的竞争性遴选机制,形成了稳定的保障性资金和大部分竞争性预算相结合的划拨方式。斯坦福大学、加州大学伯克利分校和加州大学旧金山分校拥有多所国家级实验室,以强大的研究实力进行着国家重点研究项目,因此也得到了大量的政府经费。其中,加州大学伯克利分校和加州大学旧金山分校作为公

---

① Stanford University, "Community", [2021-01-10], https://community.stanford.edu/.
② Middle Tennessee State University, "Berkeley Free Speech Movement", [2021-01-03], https://www.mtsu.edu/first-amendment/article/1042/berkeley-free-speech-movement.
③ University of California, Berkeley, "Museums and Collections", [2020-01-18], https://www.berkeley.edu/research/museumscollections.

立研究型大学，与联邦机构和州政府开展广泛合作以履行其在教育、研究和公共服务方面的使命，如加州大学旧金山分校联邦政府关系部门（UCSF Federal Government Relations）作为校方代表，时刻与联邦政府保持联系，倡导强有力的研究资助和医疗政策以确保能够为患者提供高质量的护理。[①] 其次是政策引导与支持。加州政府在沟通各个层次和不同类型的高等教育机构方面起到促进作用，制定了保障高等教育机构灵活发展的加州高等教育总体规划。1995—2005 年，硅谷 52% 以上的初创公司由移民参与创办，这很大程度上是由于加州这一"移民天堂"制定了优厚的联邦移民政策，积极接纳拥有高等学位或是在科学、商业等方面能力突出的优秀人才，使得硅谷成为一个注重企业家精神培养的智慧之谷。

（2）产业界的积极参与

产学合作有助于平衡大学与产业的共同利益，为研究搭建相匹配的产业资源以保障研究顺利开展。硅谷的产业界以计算机科学的技术研发方向为主，形成了具有自身特色的支柱型产业。信息技术相关专业和高端研发在周边研究型大学中占有相当大的比重，高校主动将研究成果投放到市场中，引领产业的技术创新、必要的结构优化与升级。因此，知识生产的日渐市场化使得企业出于某种特定需求，以资金投入、设备提供、人员合作为主要方式，推动研究型大学的知识生产。斯坦福大学的产学合作历史由来已久，其主要形式包括三种：一是研究合作，如企业直接参与或委托研发、企业协助大学的技术转让，目的是使研究成果的未来价值最大化并帮助研究寻求外部合作。二是就业合作，如为企业输送优秀毕业生；企业通过加入联盟计划，可以直接参与校内相关学术活动，为近距离考查学生延揽合适的人才打基础。三是人才培养合作，如学院针对在职高管开设运营与管理方面的课程。同时，企业也为学院的人才培养提供实习场地。[②] 加州大学伯克利分校成立知识产权和产业研究联盟办公室（The Office of Intellectual Property and Industry Research Alli-

---

① UC San Francisco, "UCSF Government Relations", [2020 - 01 - 18], https://www.ucsf.edu/cgr/government - relations.
② Campus Administrative Policies, "UCSF Industry Relations Policy", [2021 - 01 - 28], https://policies.ucsf.edu/policy/150 - 30.

ances，简称 IPIRA），负责伯克利知识产权的专利许可、与企业进行合同与捐赠洽谈。作为促进产学合作的平台，IPIRA 为产业研究合作伙伴提供"一站式服务"，有力保证了研究成果得到最大限度利用。[①] 出于发展需要，加州大学旧金山分校不断改善与产业界的伙伴关系，与企业签订合作协议，积极参与企业发起的技术项目，与企业研究人员共同攻克疑难问题。[②] 此外，依托自身优势，旧金山分校与生命医学行业有着长期合作，通过加州大学旧金山分校关于医疗保健产业关系政策（UCSF Policy on Health Care Industry Relations），正式将开展产业合作规定为师生在教学、研究和临床活动过程中的一项责任。[③]

（二）马萨诸塞州：麻省理工学院引导波士顿地区创新的实践

麻省理工学院（Massachusetts Institute of Technology，MIT）位于美国马萨诸塞州波士顿都市区。截至 2020 年，MIT 拥有 6 个学院、60 多个跨学科研究中心和实验室。在 2021 年 QS 世界大学排行榜中，MIT 居于首位，在创新创业方面的表现尤为突出，为马萨诸塞州的创新发展做出了巨大贡献。

1. 基于内部动力机制的探索

（1）培养创新型人才，扩充创新队伍

创新能力是创新型人才培养的关键衡量标准。为了培养创新型人才，MIT 进行了诸多探索实践。首先，MIT 实施了本科生研究项目（Undergraduate Research Opportunities Program），使得超过 85% 的本科生有机会参与前沿学术研究。其次，MIT 将创新和创业视为一体"两翼"，通过提供创业课程和创业项目，培养学生的创新思维。MIT 拥有 200 多种致力于培养创新精神与创业技能的资源，其中 MIT 创新计划（MIT Innovation Initiative）集合了大量创新创业资源，将创新实践与创业教育有机结合；MIT 沙盒创新基金项目（MIT Sandbox Innovation Fund Program）为学生创

---

① Research UC Berkeley，"University/Industry Relations"，[2020 - 01 - 28]，https：//vcresearch. berkeley. edu/tech – transfer/universityindustry – relations.

② UC San Francisco，"Research Partnerships"，[2020 - 01 - 28]，https：//www. ucsf. edu/research/partnerships#tabs – 1.

③ Campus Administrative Policies，"UCSF Industry Relations Policy"，[2020 - 01 - 28]，https：//policies. ucsf. edu/policy/150 – 30.

新团队提供了高达 25000 美元的种子资金、量身定制的教育机会和丰富的创客空间等资源。MIT 还尝试构建"创新驱动创业生态系统"(Innovation-Driven Entrepreneurial ecosystems),推行区域创业加速项目(MIT REAP),将研究中出现的创意想法转化为可操作的框架。该项目召集"创新驱动创业"的利益相关者,通过基于团队的互动提升区域领导者的创新素养,从而推动该地区的社会进步。① 除此以外,MIT 开设了区域创新生态系统专题课程,帮助学生全面认识区域创新生态系统。②

(2) 探索高新技术领域,积极建立学术合作

科学研究是 MIT 的灵魂。2019 年,MIT 的科研支出高达 4.4 亿美元,③ 其经费来源如表 5-4 所示。在 2019—2020 学年,约有 3820 名研究人员 (包括约 1530 名博士后学者和 475 名访问教师和科学家) 与 MIT 师生合作,并约有 2660 名研究生担任研究助理。④ 大量科研人员的参与拓宽了研究视野,促进了 MIT 创新研究水平的整体提升。

表 5-4　　　　麻省理工学院 2019 财年研发支出

资金来源	支出 (百万美元)	百分比
产业界	169.61	22
国防部	136.74	18
卫生与人类服务部	134.77	17
基金会和其他非营利性组织	104.47	13
国家科学基金会	79.62	10
能源部	66.97	9
国家航空航天局	32.43	4
州政府、地方和外国政府	21.05	3

---

① Massachusetts Institute of Technology, "MIT REAP", [2020-01-28], https://reap.mit.edu/wp-content/cache/page_enhanced/reap.mit.edu/about/_index.html_gzip.

② Massachusetts Institute of Technology, "Regional Innovation Ecosystems", [2020-01-28], https://dusp.mit.edu/subject/fall-2017-11s944.

③ Massachusetts Institute of Technology, "MIT Facts 2020: Research Facts", [2020-01-26], https://facts.mit.edu/research-highlights/.

④ Massachusetts Institute of Technology, "MIT Facts 2020: Research at MIT", [2020-01-26], https://facts.mit.edu/research-highlights/.

续表

资金来源	支出（百万美元）	百分比
联邦政府及附属机构	14.18	2
麻省理工学院内部	14.05	2
总计	773.90	100

资料来源：Massachusetts Institute of Technology，"MIT Facts 2020：Research Expenditures by Primary Sponsor"，（2020－09－11）［2021－08－26］，http：//web. mit. edu/facts/research－expend. html.

MIT 的科学研究集中于高新科技领域，并将国家发展需求作为优先事项融进创新性基础研究和应用研究，积极顺应国家的前进方向。例如，2020 年年初，美国能源部宣布将建立融合多学科的国家量子信息科学（Quantum Information Science）研究中心，而 MIT 作为合作伙伴，为该研究中心提供专业知识、基础设施等相关资源，帮助量子研究实现技术突破，同时也利用合作伙伴的优势身份来提高学术创新能力。MIT 的科研团队具有多元、开放、包容、异质性强的特点，团队成员具有不同的专业背景。哈佛－MIT 健康科学与技术项目（Harvard－MIT Program in Health Sciences and Technology）是 MIT 积极寻求与其他科研团队建立合作的成果。该项目集剑桥市两所顶尖研究型大学与当地医院于一身，致力于培养学术卓越、临床知识专业的学生。在这种良性的创新生态环境中，研究型大学的创新活力被大大激发。

（3）完善产学研合作机制，激发区域创新动力

MIT 设立专业部门推动创新想法落地。德什潘德技术创新中心（Deshpande Center for Technological Innovation）的核心发展理念在于把创新想法转化为创新成果，并将其投入市场中。创新中心的成果涵盖领域广泛，包括健康、信息技术、能源等方面。加入德什潘德技术创新中心的企业在与中心的合作过程中，首先要提供基金支持来保障中心的运行，与此同时，参与企业也能在第一时间获得 MIT 实验室中的一手研发资料，并与研究人员进行合作研发，融入 MIT 创新生态系统中。待到实验室的创新技术和发明足够成熟之时，MIT 技术许可办公室（Technology Licensing Office，简称 TLO）作为助推器将产业合作成果推向市场，创造价值。

TLO 在 2019 年有 789 项公开发明，申请了 439 项专利，获得 3480 万美元的许可收入，基于 MIT 知识产权而成立的公司有 25 家。[①] 该办公室为参与者创造了学术创业环境，并通过战略评估、保护和技术许可，架起了 MIT 研究团队、行业以及初创企业三点之间的桥梁。

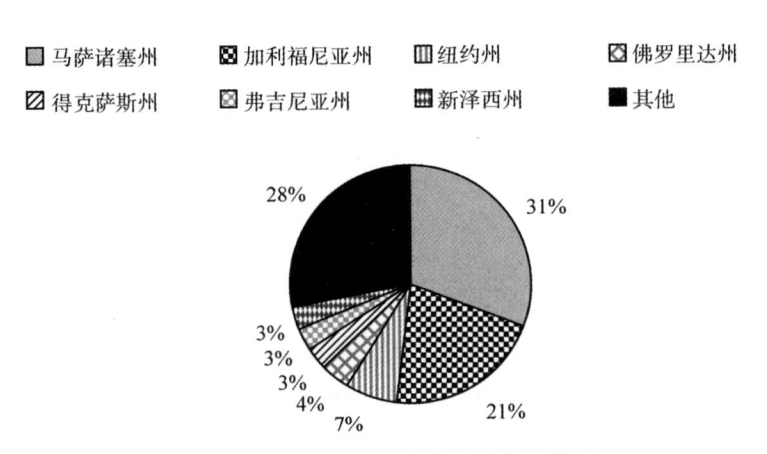

图 5 - 1　MIT 校友创办公司的地理位置

资料来源：MIT, "Entrepreneurship and Innovation at MIT: Continuing Global Growth and Impact", (2015 - 12 - 09) [2021 - 08 - 26], http://web.mit.edu/innovate/entrepreneurship2015.pdf.

MIT 注重对学生企业家精神的培养，该校毕业生中诞生了 3000 多企业家，这些校友创办的企业至少雇佣 460 万人，创造了约 1.9 万亿美元的年收入，大致相当于 2014 年全球第十大经济体的 GDP。此外，美国初创企业的 5 年生存率大约为 50%，10 年生存率为 35%；而 MIT 校友创办的企业中大约 80% 可以生存 5 年以上，生存 10 年的企业占比更是高达 70%。[②] MIT 的创新创业精神激发了马萨诸塞州的创新创业活力。在 MIT 创新的引导下，马萨诸塞州高质量劳动力所占的比重不断上升。虽然来自马萨诸塞州的生源数量仅占 MIT 录取总人数的 8%，但其毕业生所创办的企业有将近 1/3 位于马萨诸塞州（见图 5 - 1）。同时，MIT 的创新引导

---

① Massachusetts Institute of Technology, "MIT Facts 2020: MIT and Industry", [2020 - 01 - 28], https://facts.mit.edu/mit-industry/.
② Massachusetts Institute of Technology, "Entrepreneurship and Innovation at MIT", [2020 - 01 - 27], http://web.mit.edu/innovate/entrepreneurship2015.pdf.

激发了马萨诸塞州的创新动力。从创立的企业类型来看,比起"自给自足式"或以贷款为资金来源的中小企业(medium – sized enterprises),MIT 校友更倾向于创立创新驱动型企业(innovation – driven enterprises),相比较而言,这类企业更具活力,发展也更长久。

(4)引领并传播创新文化,培育创新氛围

在传播创新文化、培育创新氛围方面,MIT 在 2001 年率先建设了可公开访问的免费教学资源平台——开放课件(Open Course Ware)。该平台提供优质教学材料,并通过智能化的平台建设为访问者提供便利,[①] 加速了 MIT 的知识传播与创新,推动了该地区的终身学习建设以及在线教育的迅猛发展。另外,MIT 还通过邀请社区参与不定期举办的公共活动,以推动创新研究成果的社区传播,这些活动包括讲习班、座谈会以及开放太阳能光伏系统和绿色建筑等,MIT 向公众分享了能源、环境等方面的可持续发展、绿色环保生态理念。每年春季,MIT 还与哈佛大学、坎布里奇市的公立学校和公共图书馆共同举办坎布里奇科学节,旨在向公众介绍科学、工程以及数学领域的重大突破。这些活动每年吸引超过 10 万游客参观,充分发挥了 MIT 的文化创新引领作用。[②]

(5)通过国际交流与合作引进创新人才

MIT 在跨学科创新和卓越发展方面享誉全球,这与 MIT 建设的全球"动态人才库"密不可分。大多数国际活动由教师及其研究团队发起并实施,学校的职责仅限于提供支持,但 MIT 则建立了更深层次的合作交流形式。2018 年,MIT 在中国举行了峰会,以谋求建立合作关系,吸引更多优秀人才进入 MIT 求学或就职。如今,MIT 国际本科生在全体本科生中占比近 10%,国际研究生在全体研究生中占比高达 41%。[③] MIT 校内有许多颇具国际色彩的学生组织,如新加坡学生会、孟加拉学生会、亚洲舞蹈队等。除学生自发组织的国际团体之外,MIT 还与三星和西门子等国

[①] MIT Open Course Ware,"Massachusetts Institute of Technology",[2021 – 08 – 08],https: //ocw. mit. edu/index. htm.

[②] "Cambridge Science Festival",2021 – 09 – 08],https: //cambridgesciencefestival. org/about – us/.

[③] Massachusetts Institute of Technology,"MIT Facts 2020",[2021 – 02 – 18],https: //facts. mit. edu/.

际知名公司展开密切合作，这些享誉全球的公司与 MIT 实验室共同研发新技术，将科技创新成果投入市场生产中，并为 MIT 学生提供丰富的实习与就业机会。

2. 基于外部动力机制的探索

（1）大学寻求与政府的合作

MIT 善于利用合作伙伴的内在优势实现创新研发的价值。在 MIT 与政府等公共部门的互动方面，政府在不同领域以不同方式给予 MIT 资金支持或政策扶持，还会利用 MIT 卓越的科研能力来实现自身发展。MIT 的电子研究实验室（Research Laboratory of Electronics，简称 RLE）的主要发起者为联邦政府，其 70% 的资金来源于联邦政府（见表 5-5），主要研究领域聚焦在原子、信息科学和系统、生物医学科学与工程等多个高精尖领域，旨在开发创新的技术工具，满足政府在国防、医疗、信息安全上的需求。[①] 除电子研究实验室之外，著名的林肯实验室（MIT Lincoln Laboratory）也是由国防部直接资助的实验室，林肯实验室为国防部提供技术解决方案，推动了美国联邦政府的国防科技建设。

表 5-5　　　　　　　　MIT 电子研究实验室的资金来源

资金来源	百分比
国防部	33
国家卫生研究院	20
美国国家科学基金会	15
多个应用领域的实验室	10
其他机构与大学	20

资料来源：RLE at MIT, "Major Themes", [2021-02-17], https://www.rle.mit.edu/research/major-themes/.

MIT 还通过成立政府与社区关系办公室（Office of Government and Community Relations）来加强与政府的联系。MIT 与坎布里奇市、马萨诸

[①] Research Laboratory of Electronlcs, "RLE News Articles", [2021-02-17], https://www.rle.mit.edu/mit-partners-with-national-labs-on-two-new-quantum-research-centers/.

塞州和联邦政府机构保持信息的持续流动，并与所处的坎布里奇市在土地利用、可持续发展、城市规划、交通运输等与区域创新经济相关的方面展开合作。① 就推动可持续发展而言，MIT 与坎布里奇市展开深度的科研合作，共同研发了柴油污染控制装置和电动汽车充电站，这些成果有益于坎布里奇市节能减排工作的开展。

（2）产学合作

自 1861 年创校以来，科学发现和技术应用一直是 MIT 创新引擎的一部分，并且 MIT 开创了教研工作与产业创新相结合的模式。② 如今，有超过 800 家行业领先的公司与 MIT 建立了广泛合作，MIT 实验室也积极与产业界建立伙伴关系，包括将实验室产出的先进技术转让给企业，共同开发国家当前最需要的技术等。2019 财年，MIT 接收了 1.8 亿美元行业赞助研究总额，占 MIT 研究支出总额的 23%，在未设医学院的高校中，MIT 的产业资助研发支出常年位居第一。MIT 设立了产业联络项目（MIT Industrial Liaison Program）和初创企业交流项目（MIT Startup Exchange），旨在指导企业与 MIT 通过人员合作达成联盟，使双方受益。产业联络项目有助于企业沟通包括教师、院系、实验室和研究中心等校内资源，其主要服务对象是全球各地的企业合作伙伴。该项目还服务于一些区域政府组织，帮助他们从 MIT 和坎布里奇市独特的创业环境中汲取经验，来推动所在区域创新生态系统的建设。初创企业交流项目积极促进 MIT 初创企业与产业联络项目的企业成员之间的伙伴关系，便利了 MIT 初创企业与企业高管的交流。③ 除此之外，MIT 强大的企业联系也体现在教育和培训上。为了帮助企业实现创新，MIT 面向以企业管理层为主的在职人士开设了领导力和管理方面的项目。在为期一年的企业创新项目（Corporate Innovation Program）中，企业能够系统地利用 MIT 的创新资源，员工的创新水平得到提升，企业自身的创新潜力也随之增强。

---

① MIT Community, "Office of Government and Community Relations", [2020 – 01 – 28], https://ogcr.mit.edu/MIT.

② [美] 亨利·埃兹科维茨：《麻省理工学院与创业科学的兴起》，王孙禺、袁本涛译，清华大学出版社 2007 年版，第 1 页。

③ Industrial Liaison Program, "About", [2021 – 01 – 28], https://ilp.mit.edu/about.

（三）华盛顿州：华盛顿大学引导西雅图创新的实践

华盛顿州近年来经济发展迅速，在2019年，华盛顿州GDP增速在所有参评州中排名第二。其中，科技行业对该州GDP增长的贡献最为突出。① 西雅图市是华盛顿州的科技行业枢纽，是亚马逊和微软两家科技巨头，以及波音和星巴克等世界500强企业的总部所在地。此外，谷歌、苹果、脸书等高科技公司在西雅图的业务版图也不断扩张。正因如此，西雅图在"2019年最具吸引力的STEM工作大都市区排名"（2019 Ranking of Most Attractive Metro Areas for STEM Jobs）中力压马萨诸塞州的波士顿，在所有主要的大都市地区中排名第一。② 该地区科技公司的创新支持、行业协会的鼎力配合和政府部门的城市规划都为西雅图带来了稳定的风投环境，其充足的资金支持使得西雅图市的医学研究蓬勃发展。西雅图创新成果的取得也离不开华盛顿大学、华盛顿州立大学、弗雷德·哈钦森癌症研究中心和西北太平洋国家实验室等高校和研究机构强大的创新实力的支撑。

华盛顿大学创办于1861年，是美国西部历史最悠久、综合实力最强的研究型大学之一。通过科技创新和优秀的人才培养体系，该大学成为华盛顿州经济繁荣和创新的主要推动力。华盛顿大学为华盛顿州提供了100520个工作岗位，平均37个工作岗位中就有1个与华盛顿大学相关；2018年华盛顿大学对华盛顿州的年度经济贡献高达157亿美元；该校363288名校友（约占该校友数量的67.4%）定居华盛顿州，对该州经济贡献约为136亿美元。③ 路透社连续3年将华盛顿大学评为全球最具创新精神的公立研究型大学。④

---

① U. S. Bureau of Economic Analysis, "Gross Domestic Product by State: 4th Quarter and Annual 2019", (2020 - 04 - 07) [2021 - 01 - 28], https://www.bea.gov/news/2020/gross - domestic - product - state - 4th - quarter - and - annual - 2019.

② Stacker, "50 Best Cities for STEM Workers", (2019 - 08 - 12) [2021 - 01 - 28], https://stacker.com/stories/3399/50 - best - cities - stem - workers.

③ University of Washington, "The Economic Impact of the University of Washington", [2020 - 10 - 21], https://s3 - us - west - 2.amazonaws.com/uw - s3 - cdn/wp - content/uploads/sites/18/2019/12/06212818/FINAL - UW - Micro - Report - COMPRESSED.pdf.

④ University of Washington, "Rankings & Metrics", [2020 - 10 - 21], https://comotion.uw.edu/our - impact/rankings - metrics/.

表5-6　　华盛顿大学创新创业实力的外部评价

	获评头衔	排名	获评时间
路透社	全球最具创新精神的公立研究型大学	1	2020
大学技术管理协会	许可证授予数量最多的美国大学	2	2019
米尔肯研究中心	技术转让方面年度最佳的美国大学	7	2017
大学技术管理协会	国内初创公司创办数量最多的美国大学	9	2017

资料来源：University of Washington，"Rankings & Metrics"，[2020-10-21]，https://comotion.uw.edu/our-impact/rankings-metrics/.

1. 基于内部动力机制的探索

（1）以创业教育为手段，培养创新型人才

华盛顿大学将创新与创业技能的培养融入专业教育活动中，各学院利用自身的专业优势，将学生培养成为积极参与知识和科技创新成果转化的领导者。亚瑟·布尔克创业中心（Arthur W. Buerk Center for Entrepreneurship）成立于1991年，致力于激发学生的创新创业热情。在课程设置层面，布尔克中心的核心课程侧重于创业战略、金融和市场营销，注重华盛顿大学与西雅图市的优势对接，课程涵盖了风险投资、软件创业、生物医药创业等领域。[1] 在实践活动层面，该校举办各类创业赛事为学生提供实践机会，这些赛事包括邓普西创业大赛（DEMPSEY Startup Competition）、专注于解决全球环境问题的阿拉斯加航空公司环境创新挑战赛（Alaska Airlines Environmental Innovation Challenge）、关注健康和医疗保健问题的霍洛蒙健康创新挑战赛（HOLLOMON Health Innovation Challenge）等。此外，该校还面向全校学生设立了将创新创业技能培养贯穿于本硕各阶段的项目——包括面向全校本科生的莱文创业项目（Lavin Entrepreneurship Program）、面向研究生的创业证书（Entrepreneurship Certificate）项目以及为期12个月的创业硕士（Master of Science in Entrepreneurship）学位项目等。

除布尔克创业中心之外，华盛顿大学的创新创业教育还注重工程、

---

[1] Foster School of Business，"Arthur W. Buerk Center for Entrepreneurship"，[2020-10-21]，https://foster.uw.edu/centers/buerk-ctr-entrepreneurship/.

环境、商业、计算机科学、艺术、医学、法律等学院、研究所和实验室的协同参与。此外，华盛顿大学汇聚优势资源并与清华大学强强联合，在西雅图地区设立了全球创新学院（Global Innovation Exchange，GIX）。全球创新学院侧重于创新创业技能的培养，注重激发创新思维以应对全球挑战，关注于培养具有创新热情和设计思维的新一代全球领军人才。[①]全球创新学院通过跨学科的培养计划、创新项目驱动与团队合作的培养模式，组建了设计思维、科技创新与创业教育"三位一体"的课程体系，注重从创意到创造的理念及追求项目的落地相结合的培养模式，注重让学生在整体培养环节中树立创新思维，提升创新能力。

（2）注入大量资金，增强科研创新实力

大量的资金涌入为华盛顿大学的科研创新提供了雄厚物质基础。2019年，华盛顿大学总计获得了15.8亿美元的研究经费，这得益于公私部门的双重支持。一方面，华盛顿大学是获得联邦研究经费最多的美国公立研究型大学[②]；另一方面，华盛顿大学开辟了包括基金会、校友捐助和专利许可等营收途径。例如，作为美国最成功的技术转让组织之一，华盛顿研究基金会（Washington Research Foundation）以生命科学和生物技术作为资助的重点，全力支持华盛顿州的学术研究。截至2020年，该基金会协助华盛顿大学创造了4.45亿美元的营收，并提供超过1.11亿美元的捐助基金用于加速科技产品的研发进程。[③] 再如，华盛顿大学在2014年专门设立"创新奖"（The Innovation Awards）用于奖励在科学研究领域取得创新突破的教师，获奖项目最高可获得50万美元资助。[④] 雄厚的资金支持不仅加速了华盛顿大学科研创新的过程，也为创新成果的转化和应用提供了条件，有力地推动了区域科技创新。

---

① Global Innovation Exchange, "UW Master of Science in Technology Innovation," [2020 - 10 - 25], https://gixnetwork.org/.

② Office of Planning & Budgeting, "UW Fast Facts," [2020 - 12 - 30], https://s3 - us - west - 2.amazonaws.com/uw - s3 - cdn/wp - content/uploads/sites/162/2019/01/28161828/2020_Fast_Facts.pdf.

③ Washington Research Foundation, "Intellectual Property Management", [2020 - 12 - 25], https://www.wrfseattle.org/.

④ UW Research, "The University of Washington Innovation Awards", [2020 - 12 - 25], https://www.washington.edu/research/resources/funding - opportunities/the - university - of - washington - innovation - awards/.

(3) 将服务于区域实际需求作为研究导向之一

华盛顿大学设立了专门机构以构建大学与社区沟通交流机制，并且不断提升其自身的社区服务水平以实现提升区域创新能力的发展目标。华盛顿大学设立区域与社区关系办公室（Office of Regional & Community Relations）作为信息共享平台，建立华盛顿大学与周边社区居民和地方政府之间的合作关系，使该校的学术研究导向与区域发展需求相匹配。[1] 同时，该校设立了城市、大学与社区咨询委员会（City/University Community Advisory Committee）参与管理。该委员会每月定期召开会议，就推动大学积极发挥作用、为社区提供优质服务等内容进行研讨。[2] 华盛顿大学的领导层对师生积极投身于创新服务社会建设的行为予以激励。为了追求更高的经济效益和更大的社会影响力，华盛顿大学高层牵头，定期举办创新圆桌会议（Innovation Roundtable），有效提高了学校的技术转让成功率，为区域创新生态系统添能赋力。[3] 此外，对退休教职员工而言，退休并不意味着社会服务的终止，他们将其视为一种循环和开始，通过接任新的社会职务、参与社区工作等途径，继续维持自身与社会之间的联系。[4]

(4) 开放优质教育资源，引领区域文化建设

华盛顿大学的使命为保存、发展和传播知识，这一系列的过程体现在校园文化的输出。华盛顿大学强调探索与发现（Discovery），将创新作为价值观的重要组成部分，深刻影响着校园创新文化的塑造。[5] 在营造区域文化环境方面，华盛顿大学视其为具有独特文化和信念的社会组织，发挥着发展和维护社区环境、城市环境和商业环境的重要使命。[6] 为此，

---

[1] Regional & Community Relations, "About the Office of Regional & Community Relations", [2020-12-25], https://www.washington.edu/community/about/.

[2] Regional & Community Relations, "City/University Community Advisory Committee (CUCAC)", [2020-12-25], https://www.washington.edu/community/cucac/.

[3] "The Innovation Imperative, Innovation Roundtable", [2020-12-25], https://www.washington.edu/innovation/about/#innovation-roundtable.

[4] UW Magazine, "For Many UW Retirees, Service Never Stops", [2021-1-4], https://magazine.washington.edu/feature/for-many-uw-retirees-service-never-stops/.

[5] About the UW, "Vision & Values", [2021-01-08], https://www.washington.edu/about/visionvalues/.

[6] University of Washington College of Built Environments, "Library", [2021-01-08], https://be.uw.edu/spaces/be-library/.

华盛顿大学面向公众开放了部分优质教育资源。如华盛顿大学建筑环境图书馆（UW Built Environments Library）积极向公众开放，为公众举办各式各样的研讨会，① 以及众多与华盛顿大学师生深入交流的机会。

（5）开展全球性教研合作，提升自身创新力

近些年来，我国有学者在人才培养、科学研究和社会服务的基础上，提出大学还应具有文化传承创新和国际交流合作的职能。②③ 长期以来，华盛顿大学积极接待国际学者，为国际学者提供了完善的社会保障服务机制和科研创新保障机制，④ 其社会价值在长期发展过程中出现外溢，推动了华盛顿大学持续不断地为所在区域乃至全球贡献创新力量。

首先，华盛顿大学建立了全球性创新合作伙伴关系。在科研合作方面，全球事务办公室设立的全球创新基金（Global Innovation Fund）提供了高达2万美元的种子基金拨款，以支持研究合作并为杰出学者提供交流学习的机会。⑤ 在教学合作方面，全球创新基金资助联合教学、课程开发等方面的国际交流，将全球性议题嵌入课堂教学中，培养学生的创新意识、问题意识与全球意识。其次，为了维持其在全球范围内的创新影响力，华盛顿大学成立全球事务办公室（Office of Global Affairs）作为大学联系全球以及外界接触华盛顿大学的窗口。该部门充当着大学教学、科研和国际化服务的催化剂，统筹华盛顿大学参与海外学习交流、开展国际学术合作以及建立伙伴关系等各类创新活动。⑥ 此外，华盛顿大学还与国外一流大学、政府机构和非营利组织通过签订"国际协议（International agreements）"的形式建立正式合作伙伴关系。这些举措促进了华盛

---

① Historic Seattle, "UW Built Environments Library", (2015-04-04) [2021-01-08], https://historicseattle.org/event/built-environments-library/.
② 赵旻、陈海燕：《国际交流合作在大学的职能定位研究》，《中国高等教育》2017年第17期。
③ 徐显明：《文化传承创新：大学第四大功能的确立》，《中国高等教育》2011年第10期。
④ Study Abroad, "Faculty & Staff", [2021-02-08], https://www.washington.edu/studyabroad/faculty-staff/.
⑤ Office of Global Affairs, "Research Awards", [2021-01-04], https://www.washington.edu/globalaffairs/gif/research/.
⑥ University of Washington, "Office of Global Affairs", [2021-01-04], https://www.washington.edu/globalaffairs/.

顿大学教学与科研的国际协同，进一步增强了全球创新影响力。

2. 基于外部动力机制的探索

（1）政府与大学之间互惠共生

政府与华盛顿大学形成了互利互惠的共生关系。联邦、州和地方各级政府都与华盛顿大学建立了合作关系。对于政府而言，华盛顿大学在提供立法建议和决策信息等方面像风向标一样引领着公共舆论。除此之外，华盛顿大学打造信息共享和传播平台，成立专门机构将政府和大学两个端口紧密联系起来，具体体现在学校对外事务办公室（Office of External Affairs）发挥纽带作用，通过外联活动密切了政府官员与华盛顿大学之间的联系。华盛顿大学在公共参与中不断巩固政学合作关系，促进大学学术研究与地区发展之间的匹配，为区域经济发展贡献了"华盛顿智慧"。与政府部门的合作还有助于推进华盛顿大学的学术优先发展事项、进一步保障华盛顿大学的权益、通过政府官方宣传渠道提升学术竞争力和国际影响力、打通政学沟通壁垒，从而培养学生的政治使命感和参与感。

（2）紧密的产学联系

华盛顿大学在多个学科领域设立对接产业的"产业联盟计划"（Industry Affiliate Programs），并为参与计划的企业提供以下服务：获取研究前沿信息，把握领域的最新进展和长期方向；与教师建立合作关系；发掘合作研究机会；开发并共享研究设施；许可知识产权使用；招收在职员工开展继续教育；建立商业网络联系。相应地，华盛顿大学加强与西雅图当地企业在技术交流、科研资助、设备支持、学生就业、教学反馈几方面的合作，尤其是与大型企业的合作项目和暑期实习，为学生洞悉行业现存问题和发展需求提供支持。[1] 产业联盟计划是当前学术机构与产业界携手实现共赢的一个缩影，呈现知识流动和相互作用的显著特征。华盛顿大学将知识创新的影响扩散到企业，为企业的技术创新提供思路。而企业通过员工出席学术活动等形式将知识带入大学，有利于师生与行业前沿领域保持紧密联系。由此，知识在大学与企业之间双向传播，流动效率得到提高，成为构建区域人力与智力创新网络的必要条件。

---

[1] Paul G. Allen School of Computer Science & Engineering, "Industry Affiliates", [2021 - 02 - 09], https://www.cs.washington.edu/industrial_affiliates.

三 美国研究型大学引导区域创新的经验

满足内在发展需要和回应外部发展诉求形成了研究型大学引导区域创新的内外部动力机制。内外部动力机制之间相互协同，体现在两个层面：一是表层协同。由于各主体拥有的优势资源和专业领域不尽相同，它们各司其职，在实际工作中会有职能交叉的情况。二是深层协同。由研究型大学引导的区域创新协同恰似一个系统，参与主体是其中的主体要素，它们之间彼此依赖，相辅相成，以实现各自的利益诉求为目标，而这一过程驱动着系统整体的螺旋式发展。如前文案例中，积极开展人才国际交流也是大学输出知识文化的一种方式，一定程度上能够提升该大学的全球影响力，而全球影响力的提升会帮助大学在世界范围内吸引到更加多元、更加优质的人才，形成良性循环。可以看出，区域顶尖研究型大学的影响力和辐射力既深刻又广泛。硅谷、波士顿地区和西雅图市享用了一流研究型大学在专业人才培养、知识创新、创新创业服务、文化引领和国际交流等方面所带来的红利，反过来也为研究型大学的创新发展提供了和谐的外部环境。总体而言，美国研究型大学引导区域创新的案例形成了以下经验。

（一）明确自身发展定位，彰显学术优势互补

硅谷、波士顿地区和西雅图市普遍具有世界领先的高等教育机构，它们都拥有可供学习和开展前沿研究之用的卓越资源、较强的科技实力和原始创新能力，并且各地区高等教育结构呈现异质性、多样化的特征，高校围绕各自的愿景与使命探索出独具特色、优势明显的发展方向。作为研究型大学的斯坦福大学和加州大学伯克利分校的各学科齐头并进，在工程技术、工商管理等领域形成突出优势，硅谷的高科技公司几乎都有斯坦福或伯克利的影子。在几近"碾压式"的发展环境中，加州大学旧金山分校没有一味地追求或企图复制斯坦福模式，而是明确自身发展定位、需求、资源与局限，侧重于生命医学方向的教学、科研和实践工作，将专业性推向极致，并且加强优势学科和当地支柱型产业的对接，为硅谷的生物科学领域创新注入活力，在国际上取得广泛认可。可见，区域创新发展需要大学集群共同引导、协同合作；更重要的是，大学要坚守学术特色，保持自身优势，同一地区内不同高校之间优势互补，形

成既竞争又合作的局面。

（二）兼顾学术创新与服务社会，实现互利共赢

以斯坦福大学为代表的研究型大学出于自身的研究需要，推动了地区产业发展和高科技公司的创建，而这些依托学术研究壮大起来的公司对于获取学术资源的需求反过来又刺激着大学的创新发展，学术界与产业界的双边渗透促成了科技高地的崛起。由此看出，不仅区域创新和社会发展需要一流大学，一流大学的发展也要融入所在地区和社会，"关起门来搞建设"是行不通的。毗邻硅谷、波士顿地区和西雅图市的研究型大学把引导区域创新、提供社区服务摆在重要的战略位置，积极寻求与所在城市的合作，并不断丰富合作形式，包括推进地区的学术进步、创新发展和社区建设，打造适应大学生存与发展的良好社区生态。学术服务外延的不断扩展引导着区域协同创新，这也为我国研究型大学提供了启示：增强学术创新能力，通过内部知识创新增强引导区域创新的能力；多渠道加强与社区的融合，建立大学与公众之间的双向交流机制，将社区公民需求纳入社会服务范畴，开辟多种渠道为大学和公众的双向接触创造条件，以便及时了解公众的想法和需求、赢得公众信任，形成社会、公众与大学相互交织、互相促进的文化。

（三）完善创业服务，重视学生与企业高管的联系

创新和创业相辅相成，创新是创业的必要前提，创业是创新的重要手段。在创新驱动发展的新时代，创新创业是一种新的发展范式。[1] 换句话说，创新创业既是当前社会经济背景下对研究型大学提出的新要求，也是研究型大学内涵式发展、职能延伸、自我实现发展的契机。因此，高校开展创业相关服务，是实现引领区域创新的重要路径。除了提供创业教育、支持多样化创业活动的开展、设立专业的技术转让部门等服务，在不断提高创新创业服务水平的道路上，顶尖研究型大学还十分重视学生与企业高管的联系，表现为聘用经验丰富的风险投资者和企业高管担任学生的创新创业导师。这些导师拥有强大的专业背景，能够敏锐把握市场需求动向，他们在担任资助项目顾问时，能够为受资助者提供专业

---

[1] 王建华：《大学创新创业生态系统的构建——基于硅谷的分析》，《江苏高教》2019 年第 12 期。

知识指导和实际经验上的帮助,深刻影响了学生创新成果转化的过程。

(四)做创新文化的传播者,营造社会创新氛围

美国总统科技顾问委员会(PCAST)在 2012 年的《转型与机遇:美国研究事业的未来》(*Transformation and Opportunity*: *The Future of The U. S. Research Enterprise*)报告中指出,研究型大学正在成为创新生态系统的中心,[①] 而发挥创新生态系统的中心效用不仅要掌握文化创新的本领,还要精于传播创新文化,进而营造社会创新氛围。研究型大学是具有独特文化和信念的社会组织,是区域对外宣传的文化名片,体现着区域的文化底蕴,实现知识创新和提升知识创新能力是研究型大学自我发展的应有之义。美国公众和美国研究型大学关注到了知识溢出的社会价值,开始注重研究知识的非经济利益产出。作为先进思想的策源地,研究型大学自然而然地被赋予了引领社会思潮、勇立社会发展潮头的使命。自由、包容、开放的校园氛围反哺着研究型大学在追求创新的道路上不断突破,同时,通过向公众开放优质教育资源、邀请公众参与聚焦社会性问题解决的学术讲座、向公众普及与社会生活密切相关的前沿发现等,研究型大学传播了追求科学、勇于探索、鼓励创新的精神,推动着区域文化的繁荣,实现以文化传播来引领思维的变革。

第二节　德国研究型大学引导区域创新的协同动力机制

德国是世界上第四大经济体,在 2019 年《全球竞争力报告》中德国排名第七,虽相对上一年排名第三有所下降,但仍然是欧洲排名第二、全球竞争力领先国家。[②] 德国经济的增长主要依靠其强大的制造业以及进

[①] President's Council of Advisors on Science and Technology, "Transformation and Opportunity: The Future of the U. S. Research Enterprise", (2012 – 11 – 30)[2021 – 12 – 10], https://obamawhitehouse. archives. gov/sites/default/files/microsites/ostp/pcast_future_research_enterprise_20121130. pdf.

[②] World Economic Forum, "Global Competitiveness Report 2019", [2020 – 10 – 10], http://reports. weforum. org/global – competitiveness – report – 2019/competitiveness – rankings/? doing_wp_cron = 1601136663. 0261640548706054687500.

出口贸易，这些部分占国内生产总值的 2/3 以上。但近年来创新驱动发展成为各国提升竞争力的主要途径，引导研究型大学参与区域创新发展越来越受到重视。21 世纪以来，德国的 GDP 增速始终高于欧盟平均水平，明显高于法国、意大利等欧洲传统发达国家。其快速发展的经济在其一贯优秀的工业、制造业基础上通过技术创新驱动经济发展。[①] 自 20 世纪 80 年代起，德国政府发布了一系列促进科技创新的法律与政策，形成了系统的创新战略规划和制度保障体系，推动了核心技术研发、高新技术产业发展，提升了德国的国际竞争力。尤其是近十年来，德国通过产业集群政策、卓越战略等促进区域创新，从区域层面实现创新突破，增强了区域竞争力，实现了国家创新实力的提升。此外，德国具有与区域内研究型大学与产业存在竞争与合作关系的校外科研机构系统，在发展过程中，校外科研机构已经建立了完善的科研体制与科研系统，实现了与不同机构之间的统筹互补、高效运作，为增强德国科技创新能力奠定了基础。[②]

一 德国研究型大学引导区域创新的概况

（一）德国研究型大学引导区域创新的发展过程

1. 19 世纪：世界学术中心——基础研究创新卓越

人们普遍认为近现代意义上的德国高等教育始于洪堡 1810 年创立的柏林大学。洪堡的理念包括教学与研究统一、学术自由与独立，以此形成的柏林大学模式风靡世界使大学成为研究者的共同体。在柏林大学模式影响下，德国涌现出一批具有世界影响力的大学，如哥廷根大学、慕尼黑大学、莱比锡大学等，19 世纪末德国的大学成为世界的学术中心。德国这一时期形成的大学被称为早期的"研究型大学"，其突出特点为学术研究成为大学的一项重要职能，甚至超越了传统大学的教学职能。与此同时，德国的大学与政府建立了相互尊重的新型合作关系，普鲁士国王每年拨出 15 万塔勒经费资助柏林大学的改革与调整，并在学术研究方面给予其充分自由，使其不受政治的影响。在与企业合作方面，自 1809

---

① 何晶彦：《京津冀创新驱动发展研究》，硕士学位论文，首都经济贸易大学，2017 年。
② 陈强、霍丹：《德国创新驱动发展的路径及特征分析》，《德国研究》2013 年第 4 期。

年洪堡创办柏林大学以来，德国高等教育界就开始了与企业之间的协作。大学教师会开展面向企业的科研，企业在大学建立实验室，或者为大学提供科研项目及经费。① 但由于德国古典大学的性质，大多数大学以研究高深学问为主，其与产业界的合作规模有限。不置可否，德国大学的崛起促进了德国科教事业的发展与国家的进步。② 虽然此时的德国大学未从社会发展的角度促进区域创新，但事实证明，德国大学吸引全世界优秀教师、汇集优秀人才、创造出的丰富研究成果等创新实践客观上推动了德国以大学为核心的区域创新，间接地提升了区域创新质量，创造了崇尚创新的社会氛围。

2. "一战"至"二战"期间：大学衰落人才流失——科教服务军备武装

埃尔文（Ellwein）认为，从1871年帝国建立到"一战"前是德国大学的黄金时代。"一战"严重摧残了德国的学术环境。德国大学日渐贫困，大批年轻人进入"象牙塔"，德国高等教育缺乏生机与活力。"一战"后德国高等教育迅速恢复，建立了汉堡大学、科隆大学等著名研究型大学。然而，德国大学所面临的隐患也逐渐显现。民族主义、反犹情绪以及国家活动充斥德国大学，国家社会主义在大学的野蛮生产在一定程度上导致了纳粹主义的兴起。"二战"期间，纳粹意识形态直接控制德国高等教育生态，大学成为法西斯力量的傀儡，专制制度加速了人才的流亡，德国大学至此衰落。③ 这一时期德国大学以研究军备武装为主，研究型大学与区域发展进程脱节，由于纳粹政府对德国的全面控制，使德国背离了世界发展大势，严重摧残了民主、平等与创新的国内生态。

3. "二战"后：大学分化与均质化——政府支持产学结合

"二战"后，德国大学呈现集体平庸的状态，世界科学中心转移至美国。"二战"后的德国确立联邦制政体，《基本法》规定教育机构由各联邦州管理负责，联邦政府不承担管理、资助、控制高等教育的责任。这

---

① 周小丁、黄群：《德国高校与企业协同创新模式及其借鉴》，《德国研究》2013年第2期。
② 姜维：《19世纪走向强盛的德国高等教育研究》，硕士学位论文，浙江师范大学，2015年。
③ 张帆：《德国高等学校的兴衰与等级形成》，北京师范大学出版社2012年版，第23—54页。

个时期各州高等教育的联系与协调主要是通过"各州文化部长会议"与"大学校长联席会议"而展开。这一时期,伴随着高等教育大众化的发展,高等教育展现出了多样化的发展特征。20世纪50年代后德国经历了高等教育的分化,综合高等学校(GH)和应用科学大学(FH)涌现,其中综合高等学校仅在短短几年就被综合大学所代替。"综合大学"位于德国高等学校体系顶层,仍然体现了德国研究型大学的传统:提供传统学术科目、具有授予博士学位的资格、强调科学研究。随着高等教育在社会中的地位愈发显著以及高等教育大众化的进一步发展,联邦州逐渐无法支撑区域内大学发展的需要,而联邦政府也意识到管理和发展高等教育的必要性,因此联邦政府通过立法增加对高等教育的干预和支持(具体参见表5-7)。

至此,联邦政府从提供经费入手,进而在法律上、组织上为德国高等教育的发展提供了保证。高等教育的大众化与多样化加强了高等教育机构与社会之间的联系,19世纪下半叶德国各类技术学院和专业学院成立,使大学的科学研究与工业部门的生产实际之间联系更加密切,促进了科学技术向生产力的转化。[1] 联邦政府也着力于支持高校与企业和区域发展之间的联系,其政策制定更加倾向于推动产学合作,政策内容侧重工业领域,注重科技转化机构的建设以及区域网络的建设。[2]

表5-7　　　　　　　　德国政府干预高等教育实践与法案

年份	文件/组织	内容
1957	成立科学委员会(WR)	承担联系联邦政府及各州高等教育的责任
1969	联邦议会修改《基本法》	规定高等教育由联邦政府和州政府共同负责,建立联邦教育与科研部(BMBF),负责全国教育与科研事业
1976	修改《高等教育基准法》	承担高校基本建设费50%,获得对高等教育的教育规划参与权、资助权、任免权等,各州在此法律基础上另立规则

---

[1] 韩儒博:《创新模式研究及其国际比较》,博士学位论文,中共中央党校,2013年。
[2] 隋唐:《德国高等教育产学合作运行机制研究》,硕士学位论文,沈阳师范大学,2018年。

续表

年份	文件/组织	内容
1998	修改《高等教育基准法》	进一步强调了联邦政府逐步扩大和加强对高等教育事业发展的权限与职能

资料来源：杜卫华著：《德国和奥地利高等教育管理模式改革研究》，南开大学出版社 2018 年版，第 10 页。

4. 21 世纪以来：培养优秀大学——尖端研究服务区域创新

在高速发展的知识经济社会中，建设创新型国家是世界各国创新发展的战略重点，各国政府都着眼于制定区域创新政策，以此作为提高国家竞争力的关键途径。在德国，以科研、学术为导向的综合大学和以实践为导向的应用科学大学是德国高等教育系统引导区域创新中最主要的两个主体。21 世纪初，德国为了实现一流大学建设的发展目标推出了卓越战略，包括制定研究生院、卓越集群以及未来构想（精英大学）三个模块。德国大学卓越战略是德国在高等教育国际化背景下，为参与世界高等教育国际竞争而制定的重点发展政策。[①] 2016 年联邦政府和州政府通过了包括卓越大学和卓越集群两部分的新资助计划——"卓越战略"，该计划突出了区域创新的合作网络建设。此外，为了应对全球挑战，联邦政府先后推出 Inno 系列计划、前沿集群计划、建设研究园区等计划与政策以促进高校与区域的协同发展。此外，高校建设创业型大学的实践过程中也进一步加深了与区域的互动，德国高校注重课程设置、教师聘任以及为学生提供实习与创业培训机会，与其所在区域建立了深厚的合作伙伴关系。联邦政府也积极支持创新型初创企业的发展，提供创业资金，并联合相关组织提供创业计划，包括 EXIST 计划、高科技基金、INVEST 风险投资赠款等措施。[②] 联邦政府及州政府大力支持一流研究型大学的发

[①] 王乾坤：《变革中的德国大学发展理念与范式——德国大学卓越战略政策研究》，硕士学位论文，北京大学，2008 年。

[②] Federal Ministry of Education and Research, "R&D Policy Framework", [2020 - 10 - 15], https：//www. research - in - germany. org/en/research - landscape/why - germany/r - d - policy - framework. html.

展及其与企业、科研院所的网络创新协作,以增强德国区域创新和国际竞争力。

(二) 德国研究型大学引导区域创新的现状

1. 外部动力:政府支持、发挥研究优势及企业参与

为了加强研发和创新,德国政府出台了国家主导的研究和创新政策,其支持系统范围广泛,包括对企业和研究机构的研发和创新活动的财政援助,对合作、网络和集群形成的支持,对以技术为导向的初创企业提供资金以及对研究机构和知识转移设施的机构支持。创新政策发布与实施的主要参与者是欧盟、联邦政府以及联邦各州。在联邦政府一级,联邦教育和研究部(BMBF)、联邦经济和技术部(BMWi),以及联邦环境、自然保护和核安全部(BMU)等部门参与创新政策的制定。此外,科学委员会、德国研究基金会(DFG)在政策协调和创新研究资源传输渠道方面占据关键位置。一般而言,联邦层面的研发与创新政策有两种情况,要么提供政策体系的概述,要么对项目进行评估。联邦州是区域层面创新政策的主要制定者,各州将自身的技术方案聚焦在区域需求上,作为对联邦计划的响应及补充,各州的创新方案在很大程度上反映了其自身的经济和创新潜力。[①] 自 1980 年以来,德国将创新驱动发展作为国家经济发展的核心动力,逐渐出台了一系列引领科技创新的战略规划,内容如表 5-8 所示。

表 5-8　　　　　　1980 年以来德国科技创新战略规划

年份	名称	主要内容
1982	《促进创建新技术企业的计划》	建立更多高技术公司作为国家战略
1996	《德国科研重组指导方针》	明确德国科研改革方向
1998	《INFO2000:通往信息社会的德国之路》白皮书	推动德国信息产业发展
2000	《高校框架法第 5 修正法》草案	为大学建立青年教授制度提供法律依据

---

① Alexander Eickelpasch, "Innovation Policy in Germany: Strategies and Programmes at the Federal and the Regional Level", Incontri di Artimino sullo Sviluppo Locale, XXII edition, Artimino (Prato, Italy), 8-10 October, 2012.

续表

年份	名称	主要内容
2004	《研究与创新协议》	规定四大校外科研机构研究经费每年增幅至少3%
2006	《科技人员定期聘任合同法》	规定将公立科研机构研究人员的定期聘任合同的最长期限放宽至12年或15年，以留住青年科技人才
2006	《德国高科技战略》报告	继续加大特别是17个创新领域的投入，以确保德国未来在世界上的竞争力和技术领先地位
2010	《德国2020高科技战略》	基于德国高科技战略的成功模式，强调聚焦于全球挑战，着眼未来和面向欧洲等战略新重点
2012	《高科技战略行动计划》	计划从2012—2015年投资约84亿欧元，以推动在《德国2020高科技战略》框架下10项未来研究项目的开展
2012	《科学自由法》	促进非大学研究机构财政预算框架灵活性
2013	《德国工业4.0战略计划实施建议》	支持德国工业领域新一代革命性技术的研发与创新，确保德国强有力的国际竞争地位
2018	《高科技战略2025》	加大促进科研和创新，加强德国核心竞争力，保证可持续发展，到2025年，实现科研支出占比国民生产总值3.5%的目标

资料来源：张海娜、曾刚、朱贻文：《德国创新政策及其对区域发展的影响研究》，《世界地理研究》2019年第3期，第104—112页；陈强、霍丹：《德国创新驱动发展的路径及特征分析》，《德国研究》2013年第4期，第15页；Federal Ministry of Education and Research, "The Science System", [2020-11-15], https://www.bmbf.de/bmbf/de/forschung/das-wissenschaftssystem/das-wissenschaftssystem_node.html.

从20世纪末开始，德国政府重视发挥创新的驱动作用以及宏观引导作用，德国政府为产业发展提出新要求，推动高技术公司的广泛建立，支持企业的创新活动，并加强对高校和其他科研机构的支持，促进了德国人才发展。德国政府还聚焦于全球挑战与国内前沿发展，颁布高科技战略，通过科研与创新提升了竞争力，支持多元主体的合作研发，建立了区域协同创新网络。此外，德国政府还结合欧盟《里斯本战略规划》和"欧洲2020发展计划"促进高科技战略发展，提高了德国的国际创新力和竞争力。

德国完备的公共科研机构体系是推动德国区域创新的重要外部动力之一。"二战"时期,联邦德国基本没有扩建高水平的学术性大学,而是建立了大量的校外科研机构,这一系列举措客观上推动了德国科研体系结构的完善。科研机构有着不同的功能定位,是联系区域研究型大学与产业界的桥梁。马克斯·普朗克学会（Max – Planck – Gesellschaft, 1948）是德国最早建立的一流科学研究机构,该机构拥有80多个分支研究机构,涵盖所有的基础科学研究领域。弗劳恩霍夫应用研究促进协会（Fraunhofer – Gesellschaft, 1949）是德国以及欧洲最大的应用科学研究机构,协会下设80多个研究所,总部位于慕尼黑。这两个研究机构参与的合作范围广泛,与慕尼黑的大学联系紧密。亥姆霍兹联合会（Helmholtz – Gemeinschaft, 1958）是德国最大的科研组织,由18个独立的科学研究中心组成,主要围绕国家战略科研目标和社会长期研究目标,在能源、地球与环境、生命科学、关键技术、物质结构以及航空航天与交通六大领域开展跨学科、前瞻性应用基础研究。莱布尼兹科学联合会（Leibniz – Gesellschaft）是德国各专业研究机构的联合组织,面向知识和应用展开研究,提供了基于研究的服务并致力于知识转移,以莱布尼茨科学园的形式与大学和产业界保持密切合作。以上述四大研究机构为代表的德国校外科研机构为促进德国区域创新发挥了决定性作用。此外,如史太白基金会等科技中介服务机构性质的组织也有力地促进了区域创新资源的合理整合,增强了区域创新网络的联结度。

德国企业在历史上承担着区域创新的主要责任,德国经济的快速恢复与发展离不开企业在政府引导下进行的一系列创新活动。随着科学与产业的联系越来越紧密,企业和高等教育机构间的合作日益增进,如何促进创新、创业与企业发展,企业扮演着十分重要的角色。首先,企业与德国研究型大学合作促进德国就业与技学技术转化。慕尼黑和巴伐利亚作为工业制造业的基地具有强大的产业基因,除西门子、宝马等大型跨国企业外,该地区云集了各类中小企业,这些企业与大学展开深入合作,提高了德国人才流动与技术转化速率。其次,企业促进了大学的创业教育开展。德国是职业教育强国,校企合作十分普遍。随着研究型大学作为创新主要发源地的角色不断突出,产学研合作不断深入,研究型大学与社会的联系越来越密切，研究型大学的毕业设计指导、实习机会以及创业活动等方面获得了全方位的支持。最后，企业积极参与构建区域创新网络，促进了合作交流。如各地工商会、企业家创业网络、峰会等以线上线下等各类形式为企业家以及区域创新主体提供了联络平台。

2. 内部动力：科研创新、跨学科合作与创业教育

德国高校在积极发挥其三大职能的基础上拓宽范围，创新形式，尤其是领先的研究型大学勇于承担促进区域创新的社会使命，将自身发展融入区域与国家发展中。首先，德国研究型大学注重科学研究，将科学研究作为创新的重要基础。德国研究型大学积极参与联邦和区政府各项创新政策，以社会重要课题甚至国际重大挑战作为自身发展的使命和责任。此外，德国研究型大学与形式多样的跨学科研究机构开展合作，通过有效合作提高资源配置效率。大学应当成为研究资助研发合作网络中的核心参与者，大学能够弥补科研机构在协作方面的不足之处，将企业、科研机构以及其他组织统统摄入区域协同创新网络中。最后，德国研究型大学也积极开展创业教育，推动大学向创业型大学转变。德国研究型大学在校内设立了创业教育计划促进学生建立初创企业，其活动面向在校学生、校友，为其提供课程指导、团队联络、融资以及创业保障服务。根据德国政府部门的数据统计，大学生创业已经成为德国高校毕业生就业的重要渠道，而德国的失业率之所以一直处于欧洲各国的较低水平，一个重要原因就是德国创业型大学的兴起以及创业教育生态系统的稳步推进。[1]

德国的区域创新已取得了较好的成绩。从全球来看，由康奈尔大学、欧洲工商管理学院和联合国专门机构世界知识产权组织（WIPO）共同发布的2020年全球创新指数（GII）排名中德国位列全球第九，欧盟第七名。该报告指出德国拥有大量理工科毕业生、顶尖的研发密集型全球公司以及强大的大学体系。德国创新生态系统建设水平较高，其在大学与行业合作排名第八，集群发展排名第三，此外德国的10个产业

---

[1] 何郁冰、周子琰：《慕尼黑工业大学创业教育生态系统建设及启示》，《科学学与科学技术管理》2015年第10期。

集群还跻身世界100强科技集群行列。① 从欧洲地区来看，成立于1877年的德国知识产权中心（Das Deutsche Patent – und Markenamt，简称DPMA）是欧洲规模最大的国家知识产权机构，其主要职责是保护研究机构和发明者的知识产权。据DPMA2019年的数据显示，德国领先于欧洲大部分国家，共产生46323件有效专利，其中分别有15230和14064件来自德国南部的巴登—符腾堡州和巴伐利亚州，占整个德国的63%。② 德国区域创新取得的标志性成果为德国研究型大学引导区域创新提供了创新环境支持。

二 德国研究型大学引导区域创新的实践案例

德国研究型大学引导区域创新的案例选取主要依据欧盟2019年欧洲区域创新记分牌（European Innovation Scoreboard）的统计数据。欧洲创新记分牌每年对欧洲国家和地区邻国的研究和创新绩效进行比较评估，为欧洲各国决策者评估国家研究和创新系统的相对优势和劣势，对于跟踪国家创新活动进展并确定优先领域以提高创新绩效等方面发挥了重要作用。③ 根据数据分析可以得出，德国创新绩效水平高于欧盟平均水平。

表5–9　　　　　　　　德国部分区域创新能力地域分布

地区	表现	排名	组别	改变
斯图加特	129.5	23	领先	-7.5
卡尔斯鲁厄	136.9	14	领先	-8.9
弗莱堡	123.5	29	领先 -	-10.9
图宾根	132.9	19	领先	-9.2

---

① Cornell University, INSEAD and WIPO, "The Global Innovation Index 2020: Who Will Finance Innovation?" Ithaca, Fontainebleau and Geneva, [2020 – 10 – 15], https://www.wipo.int/global_innovation_index/en/2020/.

② Deutsches Patent – und Markeamt, "Jahresbericht 2019", [2021 – 06 – 15], https://www.dpma.de/docs/dpma/veroeffentlichungen/jahresberichte/jahresbericht2019.pdf.

③ European Commission, "European Innovation Scoreboard 2020", [2020 – 10 – 16], https://ec.europa.eu/docsroom/documents/42981.

续表

地区	表现	排名	组别	改变
上巴伐利亚行政区	140.4	11	领先+	-6.5
上普法尔茨行政区	105.3	73	强	-18.2
中弗兰肯行政区	127.5	25	领先	-5.2
柏林	145.4	9	领先+	15.7
汉堡	122.4	33	领先-	4.3
不伦瑞克	130.8	21	领先	9.6
德累斯顿	121.9	34	领先-	-1.3

注：欧盟对创新实力划分为4类，12个等级，这4类从强到弱分别为领先（Leader）、强（Strong）、中等（Moderate）、弱（Modest），其中每个层级从高到低依次划分为三个等级（以领先类为例，三个等级依次是领先+、领先、领先-）。

资料来源：European Commission, "European Innovation Scoreboard 2020", [2020-10-16], https://ec.europa.eu/commission/presscorner/detail/en/QANDA_20_1150.

德国区域创新实力呈现南部比西部、北部及东部更具创新性。根据表5-9可知，首都柏林与上巴伐利亚行政区最具创新性，其次便是卡尔斯鲁厄地区、图宾根、不伦瑞克、斯图加特和中弗兰肯行政区。因此，本书最终案例选取为巴登—符腾堡的卡尔斯鲁厄地区以及上巴伐利亚的慕尼黑两个地区。基于德国大学的特殊情况，区域内大学往往以互补的形式展现学科的均衡性。因此，在选择巴登—符腾堡和巴伐利亚内代表性研究型大学时将以一所大学为主，同时兼顾区域内其他学校进行分析。本书依据四大世界大学排名以及路透社大学创新性排名（参见表5-10）以慕尼黑工业大学和海德堡大学为主要案例进行研究。

表5-10　　　　　德国大学各大世界排名情况

地区	大学	泰晤士	US News	QS	ARWU	路透社
上巴伐利亚行政区（慕尼黑）	慕尼黑工业大学	41	76	50	54	45
	慕尼黑大学	34	46	63	51	56

续表

地区	大学	泰晤士	US News	QS	ARWU	路透社
卡尔斯鲁厄地区（海德堡、卡尔斯鲁厄）	海德堡大学	45	54	64	57	82
	卡尔斯鲁厄理工学院	133	197	131	100+	92

资料来源：

（1）Word University Ranking, "World University Rankings 2020", [2022-03-20], https://www.timeshighereducation.com/world-university-rankings/2020/world-ranking#!/page/0/length/25/sort_by/rank/sort_order/asc/cols/stats.

（2）青塔：《US News2020 世界大学排行榜出炉，223 所中国高校上榜!》，2019 年 10 月 22 日，https://www.cingta.com/detail/14963，2022 年 3 月 20 日。

（3）QS Top University,《QS 世界大学排名 2020》, https://www.qschina.cn/university-rankings/world-university-rankings/2019，2020 年 12 月 19 日。

（4）软科：《2020 世界大学学术排名》, https://www.shanghairanking.cn/rankings/arwu/2020，2020 年 12 月 19 日。

（5）Reuters, "The World's Most Innovative Universities 2019", (2019-10-23) [2020-10-20], https://www.reuters.com/innovative-universities-2019.

（一）慕尼黑地区研究型大学引导区域创新的实践

知识生产在后工业社会中的核心作用推动了研究型大学成为区域创新系统的核心，成为区域创新的引领者。[①] 研究型大学在区域创新中的优势体现在研究型大学的知识创造者角色以及科学引领者角色。根据汤森路透 SCIE 收集的同行评审研究文章结果显示：研究型大学和研究机构的贡献占总体贡献的五分之四。[②]

1. 慕尼黑概况

慕尼黑是德国巴伐利亚州的首府，德国南部第一大城，也是上巴伐利亚行政区内最具创新力的地区。慕尼黑地区密集分布着各类大学、企

[①] Sybille R., "The Role of Universities in Regional Innovation Ecosystems", [2020-06-13], https://www.uw.edu.pl/wp-content/uploads/2019/03/eua-innovation-ecosystem-report-2019v1.1_final_digital.pdf.

[②] Baker D. P., Bao W., Crist J. T., et al, *The Century of Science: The Global Triumph of the Research University*, Britain: Emerald Pulishing Limited, 2017, p. 26.

业和研究所，这些组织联合慕尼黑政府以及中介机构共同形成了慕尼黑区域创新网络。慕尼黑科教创新资源丰富，具体表现在：（1）该区域是德国的高科技研究中心，拥有成熟的中介服务体系。慕尼黑地区被誉为"欧洲硅谷"，致力于促进科技园创新和科技成果转化，并且专注于孵化新兴企业以促进创新创业。（2）慕尼黑地区科研机构丰富，共有16所大学、70多家研究机构，研究领域涵盖自然科学、社会科学以及生命科学等各个领域。（3）慕尼黑地区拥有广泛的技术和研究密集型主导产业，为研究与创新提供重要场所。[1]（4）慕尼黑地区拥有独特的地域文化，提供全面的文化服务，吸引了大量的优秀人才驻留。慕尼黑工业大学是德国一流的研究型大学，与区域内慕尼黑大学建立了广泛联系，共同引导着慕尼黑地区的协同创新活动。

2. 慕尼黑工业大学引导的区域创新

慕尼黑工业大学将追求学术卓越、创新精神和国际影响作为重要的发展原则，以更好地响应慕尼黑工业大学追求科学性、创新性与国际性的发展目标。[2]慕尼黑工业大学是德国第一所卓越大学，同时也是德国久负盛名的创业型大学，其所在的巴伐利亚地区建立了现代化工业体系，科教实力处于德国领先水平。慕尼黑工业大学在引导巴伐利亚地区创新活动中发挥了重要作用。慕尼黑工业大学通过制定科学的创新发展战略，既突出了大学内在的发展规律，也展现出了大学与外界的协作关系。慕尼黑工业大学通过一系列的举措推动巴伐利亚地区创新活动的协同运转，充分展现了该校在创新活动中的引导作用。

（1）慕尼黑工业大学引导区域创新的内部动力

在内部动力方面，慕尼黑工业大学主要通过人才培养、知识生产、技术创新、创新创业四个方面与区域内的大学共同完成创新"输入—输出"环节，实现引导区域创新的目标。

在人才培养层面，随着知识社会对人才需求的变化，研究型大学培

---

[1] Georg K., Myrna S., et al, "Innovations – und Wissenschaftsstandort München", (2019 – 06 – 25) [2020 – 06 – 13], https：//www.wirtschaft – muenchen.de/produkt/innovations – und – wissenschaftsstandort – muenchen – 2019/.

[2] Wolfgang A. H., Tina H. *Technical University of Munich – The Entrepreneurial University*. Munich：Druckerei Joh Walch GmbH, 2011, p. 5.

养人才的战略目标与定位都有一定的调整。慕尼黑工业大学的使命和愿景中提到要培养具有追求卓越、创业、诚信、合作、坚韧价值观以及能够胜任欧洲范围内领导能力的人才。使命和愿景还强调慕尼黑工业大学要与社会对话，调整研究重点，充分突出跨学科研究、解决实际问题以及与其他社会创新主体对话的必要性。慕尼黑工业大学不断强化其创业型大学的角色，推动了慕尼黑大学与社会群体之间的深入合作。[1] 为提高自身创新绩效与大学形象，慕尼黑工业大学设立专门的质量管理工具——"PDCA方案"，即计划（Plan）—执行（Do）—检查（Check）—处理（Act），以确保慕尼黑工业大学持续提供高质量的教学活动。该程序是根据跨校（cross-university）概念在学院以及科学和非科学机构中持续进行的，方案的成功离不开TUM所建立的合作关系网络。[2]

在知识生产和技术创新层面，慕尼黑工业大学主要以工程科学和自然科学，以及医学学科、体育科学、经济学、营养科学中心、土地规划和环境科学系为基础。这些科系的结合使慕尼黑工业大学享有独特的优势，为其知识与技术创新奠定了良好的基础。慕尼黑工业大学内还设有综合研究中心、中央科研院所等跨学科研究机构以进一步提升该校的知识生产能力。其中TUM综合研究中心是由各个系所的科学家和国际顶尖研究人员针对特定科学领域而合作的中心，诸如慕尼黑高等研究院、慕尼黑社会技术中心等。慕尼黑工业大学的中央科学研究所是直接由大学董事会任命，从事独立于学院的基础研究以及和行业合作伙伴所展开的面向应用的各类研究工作。[3] 此外，慕尼黑工业大学还设置了有关放射化学的跨学科研究机构，这些机构体现了慕尼黑工业大学面向知识创新，携手社会主体积极应对社会挑战的特征。

在创新创业方面，慕尼黑工业大学对创新、创业投入大量精力和资本，致力于将基础科学引入面向市场的创新过程中。慕尼黑工业大学提

---

[1] Technical University of Munich, "Our Mission Statement", [2021-08-02], https://www.tum.de/en/about-tum/our-university/mission-statement.

[2] Technical University of Munich, "Quality Management at TUM", [2020-12-09], https://www.tum.de/en/studies/teaching/quality-management.

[3] Technical University of Munich, "Research Centres", [2021-08-01], https://www.tum.de/en/research/research-centers.

供全面的创业教育以及"TUM 创业计划"（TUMentrepreneurship）以促进初创企业发展，该计划联合其附属机构"TUM 企业家创业网络"（Unternehmer TUM GmbH）共同为企业家提供全面的计划启动建议、培训以及关系网络。慕尼黑工业大学举办"StarTUM"综合性创业教育项目，包含每个启动阶段的内容，为学生创业者在创办企业中提供全过程指导，该项目以整合型教育模式激励创新创业者积极面对挑战，通过实战训练创业者的全方位创业技能，打破了学科之间的壁垒，其感知、接触、评估、识别、实践、理解 6 个部分对应了创业活动的不同阶段，力图协助学生了解整个创业过程所需的知识。[1] 此外，TUM 还设立"TUMForTe"技术转让部门以促进该校的技术转让和创新引导活动。

（2）慕尼黑工业大学引导区域创新的外部动力

慕尼黑工业大学引导区域创新的外部动力主要指该校与区域内其他创新主体如政府、企业、中介机构、科研院所等建立的交互式纽带关系，TUM 通过发挥其引导作用并与其他部门协同合作以促进区域创新。

在政府保障层面，德国联邦教育与研究部（BMBF）和欧洲研究理事会（ERC）与欧洲科学与人文委员会（WR）、德国科学基金会（DFG）等政府机构分别通过不同的措施促进区域经济创新与发展，激励研究型大学、科研院所及产业协同合作，加速前沿技术研发向社会转移。近年来，德国"卓越计划""卓越战略""工业 4.0""德国高科技战略 2025"等政策的颁布为 TUM 创新活动提供了政策支持与保障。另外，政府部门与 TUM 展开多方位合作，政府还对项目进行积极跟进与考察，并为 TUM 创新引导活动提供资金支持，营造了重视研究与开发的创新氛围。慕尼黑工业大学积极申请联邦研发项目，主动寻求与其他大学、研究院所、企业进行跨学科合作。

从企业参与来看，慕尼黑地区坐落着众多大中小企业，涵盖了医疗技术和生物技术、信息技术与电信、汽车等众多行业，这些企业与当地大学存在着密切的合作关系。首先，最直接的互动形式是人力资本的输出与输入。慕尼黑地区有超过 30% 的学生就读于慕尼黑工业大学，学生

---

[1] 李琳璐：《慕尼黑工业大学创新创业教育探析》，《中国高校科技》2018 年第 12 期。

在实习和就业方面与企业进行广泛合作，学校与企业联合进行创新创业型人才培养。① 其次，企业与大学存在技术研发合作，企业通过发挥不同主体优势促进产品研发与创新。慕尼黑工业大学每年与企业约有 1000 份合作合同，与宝马、奥迪、安联、西门子等大企业长期合作，加速了技术向社会的转移。② 除与已有企业进行合作创新外，慕尼黑工业大学对支持学生创业以及支持初创企业发展投入极大的精力。大学设立的"TUM 创业计划"和"TUM 企业家创业网络"通过开展创业教育为感兴趣的学生提供理论和方法上的指导。

就大学的校际合作而言，以工程学科为主的慕尼黑工业大学与人文社科实力强劲的慕尼黑大学（LMU）通过学科互补进行广泛而深入的合作，依托"卓越集群"计划进行协同创新。"卓越集群"计划旨在通过政府大力资助大学和大学联盟的科研项目方式，加强德国顶级科学研究，吸引和培养大批科研精英团队，增强德国大学的国际竞争力和知名度。自德国卓越计划（German Excellence Initiative）发起以来，从 2006 年到 2017 年，TUM 和 LUM 以及其他研究所在六个集群中进行了跨学科研究，如慕尼黑综合蛋白质科学中心、技术系统认知、慕尼黑系统神经病学集群等，为慕尼黑科技发展做出巨大贡献，极大地提高了 TUM 和 LMU 的创新能力与知名度。作为 DFG 卓越计划的一部分，从 2019 年起慕尼黑地区建立和推广了四个卓越集群，主题包括可持续能源供应（与纳米科学结合）、量子科学、天体物理学、生物物理学和神经学等学科领域。卓越集群对联合申请者、大学联盟的合作尤为重视，四个集群专注于跨学科问题的解决以及研究方法的创新，每个集群都得到了 LMU 和 TUM 两所卓越大学的支持，巩固了两所大学在卓越战略方面的合作关系。此外，慕尼黑的两所大学还在巴伐利亚州科学和艺术部的支持下，建立了以可再生能源和气候为重点的研究联盟。高校之间的合作联盟使得区域内合作研究成为趋势，基于空间临近的地方高校从竞争走向合作在区域协同创新

---

① Technical University of Munich, "Study", [2021 - 08 - 02], https：//www.tum.de/en/about-tum/our-university/facts-and-figures/students-studies.

② Georg K., Myrna S., et al, "Munich As a Location for Innovation and Science", [2021 - 08 - 03], http：//www.wirtschaft-muenchen.de/publikationen/pdfs/Innovations-und-Wissenschaftsstandort19-kurz.pdf.

中具有重要意义。

从中介机构合作机制来看：首先，该地区科研机构发挥了重要的推动作用。慕尼黑工业大学在其跨学科研究中心将学院的创新与外部合作伙伴的参与融合在一起。TUM与马克斯·普朗克学会、亥姆霍兹协会，莱布尼兹协会和弗劳恩霍夫研究协会等10多个研究机构有长期合作研究项目，着眼于医疗、能源、AI等前沿研究领域。[1] 这些举措有力地推动了TUM交叉学科的发展，为解决医学以及自然科学和社会科学领域中的科学难题提供了新方法。其次，信息中介机构起到了联络研究型大学与区域其他创新主体的黏合作用。如慕尼黑网络（Munich Network）是一家独立非营利组织，旨在促进创新主体间的协作创新。其成员大多来自国内外领先的公司以及研究机构、投资者、非政府组织、咨询公司以及企业家群体等，慕尼黑网络的作用是将网络内的创新"消费者""提供者""推动者"不同群体联系起来，发挥"创新催化剂"的作用。[2] 此外，巴伐利亚研究联盟（IHK）[3]、巴伐利亚行政区工商会[4]、拜仁创新等区域创新网络通过建设不同主题的集群平台，加强了公司与研究机构之间的联系，为慕尼黑创新和知识网络提供了平台。最后，慕尼黑地区的科技中介机构促进了该地区的科技转移，加速了TUM的协同创新扩散效应，为区域内中小企业提供了有利的生长环境。如德国史太白基金会和弗劳恩霍夫协会对德国南部的巴登—符腾堡州和巴伐利亚州的技术研发、经济发展起到催化作用，有效促进了该地区的创新资源整合。[5]

---

[1] Technical University of Munich, "Associated Organizations", [2020-06-17], https://portal.mytum.de/tum/einrichtungen/pe.

[2] Technical University of Munich, "About Munich Network", [2020-06-18], https://www.munichnetwork.com/about-us/.

[3] Bavarian Research Alliance, "Comprehensive Advisory Services on EU Funding Programmes", [2020-06-14], https://www.bayfor.org/en/eu-funding/our-services/advisory-services-on-eu-funding-programmes.html.

[4] IHK Munich and Upper Bavaria, "The Chamber of Industry and Commerce for Munich and Upper Bavaria Introduces Itself", [2020-06-14], https://www.ihk-muenchen.de/de/%C3%9Cber-uns/.

[5] 张海娜、曾刚、朱贻文：《德国创新政策及其对区域发展的影响研究》，《世界地理研究》2019年第3期。

(3) 慕尼黑工业大学引导区域协同创新的协同动力机制分析

慕尼黑工业大学作为德国顶尖大学，为引导与构建慕尼黑地区的创新发展网络产生巨大影响力。作为知识生产的主阵地，大学是引导区域创新的根本动力。从人才培养、科学研究再到技术转移，慕尼黑工业大学引导区域创新的内部动力机制以创新创业为主线，通过高校内部的跨学科人才培养、交叉研究、系统的创新创业教育以及独立的技术转化系统实现了创新要素的培育和整合。慕尼黑工业大学针对人才培养设立专门的质量管理工具 PDCA 方案，作为创业型大学，为师生、企业提供完备的创新创业教育以及创业服务支持。在科研层面，慕尼黑工业大学设有类型多样的研究中心，开展专门面向现实应用以及未来社会挑战的各类工作。系统的知识生产、人才培养形成了稳固的内部动力协同机制，为高校吸收和开展外部协同奠定良好的基础与保障。

在外部动力层面，多样化的外部市场需求建立起密切的非线性联系，是促进高校与社会协同创新的重要外部动力。一方面政府作为资金和政策的主要提供者，承担着营造良好创新环境的责任。尤其是以"卓越计划"为代表的一系列战略规划，以资金激励大学与其他高等教育机构开展跨学科研究合作。慕尼黑工业大学与慕尼黑大学依托学科互补，加强顶级科学研究。慕尼黑还是德国多个著名研究所的总部所在地，从 2006 年到 2017 年已开展了六个集群的跨学科研究。另一方面慕尼黑的商业基础好，坐落着数量庞大的大中小企业。企业与大学建立长久的人力资本以及科研资本互动关系，既加快了大学向社会的技术转移，也促进了个人就业以及企业创新。此外，种类多样数量繁多的中介机构也起到了外部推动作用，将不同创新主体联系起来，发挥着创新催化剂的作用，与其他外部机构共同促进了区域创新，形成了系统的外部动力机制。

慕尼黑工业大学引导区域创新的内外部动力机制的有效衔接与运转在于各利益主体为实现区域创新这个战略目标所达成的机制协同。首先，在引导区域创新的过程中，大学作为内部动力机制的出发点和纽带带动外部动力机制运行。慕尼黑工业大学利用自身知识生产以及区域商业基础强的优势，实现了从科研创新、人才培养到技术转化再到扩大合作范围，实现创新成果外溢，进一步加强学校内部的创新。在这个内外部动力机制协同运转的过程中，慕尼黑地区的高校、研究院所、中介组织、政府等创新主体都融入其中，将自身利益与共同利益相整合，并由大学为其他主体提供并创造机会，引领区域创新的发展方向。

（二）卡尔斯鲁厄地区研究型大学引导区域创新的实践

海德堡和卡尔斯鲁厄构成卡尔斯鲁厄创新区，该地区是巴登—符腾堡州最具创新力的地区。

1. 海德堡与卡尔斯鲁厄地区概况

海德堡既是科学与艺术中心，也是一座以"知识型城市发展"为战略目标的城市，该地区科研力量十分雄厚，城市内和城市附近建立了众多研究中心，并拥有海德堡大学。海德堡大学仅次于慕尼黑的两所大学，排名居德国第3位、世界第64位，是一所综合性研究型大学。16世纪的下半叶，海德堡大学就已经成为欧洲科学文化的中心，如今该校入选德国精英大学行列，是欧洲研究型大学联盟、科英布拉集团、U15大学联盟及欧洲大学协会创始成员。海德堡以南的卡尔斯鲁厄曾是巴登州的首府，在德国互联网经济发展中扮演着重要角色。该地区的卡尔斯鲁厄理工学院（KIT）是世界顶尖研究型大学，在理工界具有极高的声誉，被誉为"德国的麻省理工"。学校同时是首批三所德国精英大学成员（Elite-Uni）、亥姆霍兹联合会成员、九所卓越理工大学联盟（TU9）成员、欧洲航天局（CLUSTER）成员等。在2020年QS德国最具企业竞争力排名上，KIT居世界第36位、德国第1位。综合各项指标，本书将主要围绕海德堡大学展开，并对卡尔斯鲁厄理工学院作为重要参与者进行分析。

2. 海德堡大学引导的区域创新

海德堡大学致力于成为拥有卓越研究实力的综合大学，注重基础研究和变革性研究，将培养下一代的顶级科学家和决策者、在教育行动领域塑造未来作为使命。海德堡大学注重跨学科研究，并与莱布尼兹研究所保持密切合作关系，与卡尔斯鲁厄理工学院建立战略协作伙伴关系——"HEIKA"，表明海德堡大学将个体的研究优势转化为长期且密切的集团合作优势。此外，海德堡大学将海德堡市政府、莱茵内卡都会区、各个基金会组织以及工商业组织作为利益共生体，加强与各创新主体的互动。

（1）海德堡大学引导区域创新的内部动力

海德堡大学引导区域创新的内部动力主要通过人才培养、知识生产、技术创新、创新创业以及国际化五方面实现。

在人才培养方面，海德堡大学是一所典型的综合性研究型大学，具有卓越的研究实力，在跨学科对话的基础上，利用自身的优势进行教学、研究和科技成果转让创新。其人才培养重点体现在培养学生国际化视野和打通教师职业成长路径。海德堡大学约有29000名学生，留学生比例达五分之一，学校为学生提供了多元的学习计划、交流计划，并与世界27所大学合作，参与欧盟600多项ERAMUS项目，开设了近200门国际课程，有效地培养了学生的国际视野与综合能力。① 另外，该校致力于系统地促进年轻学者和科学家的职业发展，为知名学者提供充足资源以支持其独立研究。这种知识联盟为探索新研究问题提供了良好基础，保证了大学的学术独立性，推动其灵活应对未来各项挑战。海德堡大学还凭借"海—质量"（heiQUALITY）系统，设计了质量管理体系（QMS）以实现人才培养质量监管流程的系统化与科学化。该管理体系涵盖了大学管理的主要领域：学生事务和教学、年轻研究人员的研究与晋升以及学校服务和行政管理。该质量管理体系牢牢扎根于大学的未来理念，使其在卓越计划中脱颖而出。②

在知识生产与技术创新方面，海德堡大学一方面大力发展已有学科，另一方面推动学科融合，创建新学科和开拓新研究领域。为了使生命科学、自然科学、人文科学、社会和行为科学形成相互关联的重点领域（FoFs），海德堡大学通过工程分子系统（FI-EMS）和文化遗产的改造（FI-TCH）计划建立起跨学科桥梁，此外还设立了三个跨学科机构——马西留斯学院、海德堡环境中心和科学计算跨学科中心发挥孵化器职能。海德堡大学在联邦和州卓越计划的框架下开展多项研究，在最新的卓越计划框架内（2019—2025）获得"卓越大学"称号，并确立了重点发展领域，同时还建立了两个卓越集群项目：卓越结构集群以及卓越3D物质。

---

① Heidelberg University, "International Profile", [2021-08-05], https://www.uni-heidelberg.de/en/university/facts-figures/international-profile.

② Heidelberg University, "Quality Assurance and Development", [2020-12-15], https://www.uni-heidelberg.de/en/university/quality-assurance-and-development.

在创新创业方面，作为海德堡大学的技术转移机构，"海—创新"（hei-INNOVATION）承担了该校的技术转移工作。该机构的中心目标是协调整个大学的创新活动，与非大学机构的专门部门和产业合作伙伴建立联系。同时，海德堡大学为促进学生创新创业推出了以"海—创新"为主题的系列讲座和创业学校（STARTUP-SCHOOL）项目。创新讲座以宣传企业家精神和创新为主，每周一举行一次，由来自莱茵—内卡地区的企业家以及商界知名演讲者承办，鼓励学生自由参加。此外，"海—创新"开办的创业学校为参与者提供六周的创新活动。参与者将在跨学科团队中针对现实问题进行探索，并有机会使用最先进的创新方法（如设计思维、快速原型设计、业务模型创新）提升自身的创新能力以及学习能力。在长达六周的实践活动中，专业教练和指导员指导参与者完成创新周期，从入职团队、学习方法、探讨解决方案、研究数字技术再到生成业务产品、介绍产品及表达想法等各个方面提升了参与者的创新创业素养。[1] 此外，海德堡校友国际网络对于海德堡大学创新创业活动具有十分重要的意义。海德堡校友国际（HAI）定期组织的国内外校友活动有效推进了海德堡大学与产业界的联系，为海德堡大学开展创新创业教育活动提供了优质的校友资源。

在国际化方面，海德堡大学与全球研究机构和教学合作网络紧密相连，与全球约450所大学签订了800多项交流计划协议。截至2019—2020学年冬季学期，海德堡大学国际学生总数占在校生18.4%，博士学位毕业国际生占28.4%。[2] 学校通过留学、研究、交流工作等形式加速了国际化进程，为引导区域创新创造了更大的机遇。海德堡大学旨在通过在世界各地建立国外分支机构以增强其国际知名度，如海德堡大学拉丁美洲中心、海德堡大学京都办公室、海德堡南亚中心等。这些机构推动了海德堡大学创新成果的跨区域流动，进一步增强了海德堡大学的创新国际影响力。学校利用卓越计划的部分资金加强跨学科国际合作，为南

---

[1] Heidelberg University, "Startup School: Healthcare in a Digital World", [2020-12-16], https://www.uni-heidelberg.de/en/node/24224/startup-school-healthcare-in-a-digital-world.

[2] Heidelberg University, "International Profile", [2020-12-17], https://www.uni-heidelberg.de/en/university/facts-figures/international-profile.

亚、东亚、美洲和欧洲提供教学与研究资源。此外，海德堡大学还加入众多国际组织，如欧洲大学联盟（4EU+）、欧洲研究型大学联盟（LERU）、欧洲大学协会（EUA）和德日大学联盟等，积极发挥作为国际组织成员的作用。[1] 4EU+、德日大学联盟为海德堡大学提供了一个自由的学术空间，为年教师和学生提供了基于共同研究、交流思想、生产知识和创新实践的文化场所，推动了科学合作以及项目发展的可持续性。[2][3] LERU、EUA 更多地发挥了政治家、政策制定者和意见领袖对推动研究型大学创新引导的作用。[4][5] 海德堡大学通过形式多样的国际化交流为师生提供新颖的学习与实践机会，极大地促进研究创新，凸显了海德堡大学的创新引领作用。

（2）海德堡大学引导区域创新的外部动力

海德堡大学引导区域创新的外部动力体现在海德堡大学与区域内其他创新主体，诸如政府、企业、中介机构以及科研院所等建立的交互式纽带关系中。海德堡大学通过发挥引导作用与其他创新部门协同合作以促进区域创新，推动形成了以海德堡大学为中心的海德堡和莱茵—内卡河区域创新网络。

在政府保障层面，海德堡作为可靠的合作伙伴，对初创企业提供快速且"去官僚主义"的支持。大学毕业生是初创企业的主力军，大学充分利用政府相关政策支持促进大学创业与企业发展。政府部门从财务建议、员工招聘再到网络建设等方面为企业提供帮助。2009 年，海德堡市建立"中小企业协会"（Mittelstandsoffensive），为中小企业提供建议和支

---

[1] Heidelberg University, "International Profile", [2021 - 08 - 07], https：//www.uni-heidelberg.de/en/international-affairs/international-profile.

[2] DAAD, "4EU+: A Space for Academic Freedom", [2021 - 08 - 09], https：//www.daad.de/de/infos-services-fuer-hochschulen/weiterfuehrende-infos-zu-daad-foerderprogrammen/eun-podcasts/campus-europa-4eu/.

[3] Heidelberg University, "German-Japanese University Consortium HeKKSaGOn", [2021 - 08 - 11], https：//www.uni-heidelberg.de/international/hekksagon_en.html.

[4] League of European Research Universities, "The LERU Network", [2021 - 08 - 08], https：//www.leru.org/.

[5] European University Association, "Who We Are", [2021 - 08 - 10], https：//eua.eu/about/who-we-are.html.

持,为海德堡地区营造了良好的产业发展环境。在招聘方面,由于中小企业很难吸引到合适的毕业生和年轻员工,海德堡市的业务支持部门在大学、企业与年轻人才之间搭建桥梁,帮助中小企业找到训练有素的员工。①

从与企业和研究机构的互动来看,海德堡大学一方面创建了基于政府支持的海德堡科技园平台,另一方面区域内的商业网络为海德堡大学引导区域创新提供了支持。自1984年以来,海德堡科技园已成为该地区经济发展的重要推动力。海德堡科技园与众多德国和国际研究机构合作,推动了海德堡大学与外部研究机构和企业建立广泛的合作关系。科技园促进企业界与学术界之间的对话,为海德堡大学引导区域创新提供了条件。海德堡大学还利用协同创新网络的作用发挥引导作用。例如,莱茵—内卡都会区地理信息网络(GeoNet. MRN)由莱茵—内卡都会区的公司、协会、大学、研究机构和市政当局组成,为海德堡大学提供引导区域创新的信息源;海德堡图像处理论坛等为大学与企业以及其他机构提供了平等交流与合作的平台。② 此外,海德堡大学和卡尔斯鲁厄理工学院除在海卡(HEIKA)的领导下开展双边合作外,还以集群的形式与科学界和工业界的其他合作伙伴在诸多方面建立了长期合作关系。

从大学间的互动来看,海德堡大学和卡尔斯鲁厄理工学院组成了海卡战略伙伴关系。海卡的战略框架突出体现了两所大学的双边活动,体现了以战略合作为重点的发展愿景,将创建具有国家独特地位和国际知名度的研发领域作为发展目标。为推动协同合作,两所大学建立了战略委员会并确立了以研究项目、青年科学家的发展和创新为重点的研究领域。自2011年以来,两所大学通过海卡研究桥(HEiKA Research Bridges)将研究优势相融合,以发挥协同作用并提高两者的国际知名度,海卡研究桥在促进基础研究向创新"无障碍"过渡中发挥了巨大作用。作为卓越计划的一部分,两所学校还共同申请了新的卓越3D定制集群和结构

---

① Heidelberg University, "Business", [2020-12-10], https://www.heidelberg.de/english/Business.html.
② Heidelberg University, "Netzwerke und Austausch", [2020-12-19], https://www.uni-heidelberg.de/de/netzwerke-und-austausch.

集群，并获得了联邦和州政府的大力支持。

在与科研院所的合作方面，海德堡大学拥有由德国研究基金会（German Research Foundation，简称 DFG）资助的 17 个合作研究中心（Collaborative Research Centres，简称 CRC）和 7 个研究培训小组。合作研究中心为研究人员提供了进行跨学科创新研究的场所。CRC 还为大学合作提供了——"CRC/Transregio"研究合作项目，作为 CRC 项目的分支，该项目进一步将合作对象缩小到三所研究型大学内，有效地推动了研究合作的深度。[1] 此外，海德堡大学生物学中心（ZMBH）与德国癌症研究中心（DKFZ）围绕细胞生物学和肿瘤生物学建立了研究合作关系，400 多位科学家参与其中，为肿瘤研究做出了重要贡献，并巩固了海德堡大学在生命科学领域国际舞台上的领导地位。此外，海德堡大学还与莱布尼茨研究所以及马克斯普朗克多个研究所保持着密切的科研合作关系。

（3）海德堡大学引导区域协同创新的内外部协同机制分析

海德堡大学始终以基础研究、跨学科研究作为学校发展的重点，这也意味着海德堡大学对于开展合作研究以及争取外部支持的内生动力需求。首先，海德堡大学作为一所典型的综合性研究型大学，知识生产与创新是其核心，卓越的研究实力是推动海德堡大学引导区域创新的根本动力。海德堡大学致力于融合不同学科，开创新的研究领域，建立起跨学科桥梁，并设立三所跨学科机构充当孵化器。其次，海德堡大学的人才培养颇具特色，严格的质量管理体系、多样化的学科组合、完善的教师职业成长路径、多元学习交流和合作计划培养了综合性跨学科人才，推动海德堡大学增强与外部的沟通及资源互动。最后，海德堡大学不仅为学生提供一条龙的创业教育、独立的技术转移服务，还支持青年学者进行独立研究。浓厚的科研创新氛围及完备的人才培养、技术转化体系促成了海德堡大学引导区域创新的内部动力机制。

从外部动力来看：首先，政府积极发挥能动性，通过资助和法规等引导大学在教育和科研方面实现制度创新，鼓励大学与企业、其他高等教育机构、中介机构建立互惠的合作机制。其次，大学和企业的合作不

---

[1] Heidelberg University，"Collaborative Research Centres"，［2021 - 10 - 11］，https：//www.uni－heidelberg.de/en/institutions/research－institutions/collaborative－research－centres.

仅创建了海德堡科技园平台，推动企业界与学术界的对话，而且形成了以海德堡大学为中心的海德堡—莱茵内卡河区域创新网络。依托区域创新网络，信息、资金、机遇等各类资源得以互动，引领区域内相关创新主体密切交互，协同合作。最后，海德堡大学与卡尔斯鲁厄理工学院的海卡战略伙伴关系，结合了二者的研究优势，促进基础研究向创新转化过渡。同时作为卓越计划的一部分，两所大学申请了新的集群研究，获得了政府大力支持。可以看出，政府的政策引导机制、大学与企业间的融合创新机制以及大学之间的战略合作机制形成了海德堡大学引导区域创新的外部动力机制。

海德堡大学作为传统的综合性研究型强校，带动了区域创新发展的各种动力因素，具体体现在它不仅强化内部动力机制，提升科学创新水平和培养创新型人才以创造新的需求导向，而且联通外部动力要素，主动参与区域创新网络建设，促进不同利益主体进入系统的协同创新场域。在内部动力机制中，海德堡大学以跨学科研究、跨学科人才培养为核心，促进基础研究创新转化，形成了完善的内部创新动力机制。在外部动力机制中，联合政府、其他主体构建区域网络和交流平台，让内部创新要素与外部创新要素融会贯通，与外部利益方合作共赢，提升各主体参与积极性，形成外部动力机制。海德堡大学通过利益共同体将区域创新各主体联合起来，实现战略、组织、知识层面的协同，做到资源高效配置，创新要素充分流动，内外部动力机制协调运转，共同提升区域创新水平。

三 德国研究型大学引导区域创新的经验

科学生产力的中心是研究型大学，研究型大学是所有国家未来发展科学能力的关键。[①] 德国慕尼黑地区和卡尔斯鲁厄地区是德国强大的创新区，慕尼黑工业大学和海德堡大学作为区域研究型大学的代表在区域创新中发挥引领作用。两所大学在引导区域创新中呈现一些共性以及独特之处。

---

① Baker D. P., Bao W., Crist J. T., et al, *The Century of Science: The Global Triumph of the Research University*, Britain: Emerald Publishing Limited, 2017, p. 13.

第一，重视创新创业教育，培养具有创新意识、跨学科能力和冒险精神的人才。两所研究型大学通过与外界深度合作为有创业意愿的学生提供较为完整的课程体系，从理论和实践两方面提升了学生的能力素养。在人才培养方面，两所学校都将拥有创新创业意识、协作开放、挑战精神、批判性思维、好奇心、批判与质疑作为创新者需要具备的核心素养，同时也通过一系列创新创业项目、额外的模块或指导为学生提供实践机会，提升了学生的创新创业能力，并为毕业生创办初创企业提供充分的支持。毕业生是积极参与区域创新发展的重要群体，而创业则是主要途径之一。持正确的态度、好奇心、求知欲、创业精神，毕业生将适应未来，并对创造未来产生强大的影响。[1]

第二，以跨学科合作为载体，为创新提供无限可能。两所研究型大学在教学与科研中制定了一系列战略以促进跨学科协同创新。随着专业化、数字化的不断发展，跨学科协同研究与开发成为必然，研究型大学与科研院所等重要创新主体是提升竞争力的关键。研究型大学在创新中的重要作用体现在其"孵化跨学科研究"的能力以及在深入掌握学科方法的基础上培养具有跨学科思维和能力的人才。大学的跨学科研究合作还体现在其与企业和其他外部利益相关者的紧密合作中。[2] 两所高校的跨学科实践为研究型大学引导区域创新提供了新的发展视角。

第三，充分发挥创新集群的优势。集群式创新指创新主体以集群合作形式开展研究项目，围绕某一重大问题组建研究团队，而不是按照传统学科逻辑集合成一个团队。在政府政策引导方面，如德国科学基金会（DFG）发布"卓越计划"，号召卓越研究型大学以组团的形式参与项目竞选，DFG为其提供资金与政策支持。在大学的合作方面，创新集群体现在研究型大学之间的协作、研究型大学与研究院所和企业之间的协同以及多元主体间集群式合作的创新项目中。此外，研究型大学还引领着

---

[1] European University Association, "The Role of Universities in Regional Innovation Ecosystems", [2020-06-13], https://www.uw.edu.pl/wp-content/uploads/2019/03/eua-innovation-ecosystem-report-2019v1.1_final_digital.pdf.

[2] European University Association, "The Role of Universities in Regional Innovation Ecosystems", [2020-06-13], https://www.uw.edu.pl/wp-content/uploads/2019/03/eua-innovation-ecosystem-report-2019v1.1_final_digital.pdf.

应用技术大学的合作，弥补了研究型大学直接参与产学研合作的不足。集群式创新基于创新的邻近效应，充分发挥知识聚集的作用，有效推动大学资源分配方式的改革，激发了德国科研领域的创新潜力。区域创新集群有效地应对未来区域创新需求，研究型大学集群在区域创新网络之中各有所长，优势互补，增强了其抵御创新风险的能力，区域创新集群将主导全球科技创新的发展。[①]

第四，重视协同创新网络的构建。德国研究型大学引导区域创新的特色还体现在研究型大学与区域内一所或几所大学保持深度密切的合作关系，通过建立大学、科研院所、企业、政府在地理层面和信息层面的创新网络以促进大学引导区域协同创新。德国校外研究机构蓬勃发展，对知识的发展有着杰出贡献，这对国家的整体科学生产力提升至关重要。同时德国历史上同一地区存在不同类型大学的传统也要求大学间开展必要的合作。在日益相互联系、协作、全球化的世界中，大学的知识生产方式发生了变化，越来越多的部门间合作、学术参与和职业流动以及将大学和行业联系在一起的混合组织形式促进了不同形式的科学交流和产出。[②] 研究型大学作为知识生产和创新的中心，参与并构建区域创新网络成为必然选择。因此，构建以研究型大学为引领的区域创新网络，推动区域创新可持续发展成为研究型大学引导区域创新的新思路。

以上四个方面展示了德国研究型大学引导区域创新的共性，突出体现了德国研究型大学重视科研、鼓励创新、在知识创新和创新型人才培养中发挥着引领作用。此外，不同研究型大学在引导区域创新中也有独特之处。如慕尼黑工业大学强调与企业的长期密切合作，依托慕尼黑地区丰富的产业基础与企业在人才输送和合作研发等方面保持密切合作，有效推动价值共创，提升学术成果的转化效率，架起了学术界与产业界之间的桥梁。因此，创新导向的研究型大学与合作伙伴积极寻找共同感兴趣的领域并建立联合关系是研究型大学引领区域创新的重要渠道。而

[①] 江育恒、赵文华：《研究型大学在区域创新集群中的作用研究：以美国五大生物医药集聚区为例》，《高等工程教育研究》2017年第5期，第102—108页。

[②] Baker D. P., Bao W., Crist J. T., et al, *The Century of Science: The Global Triumph of the Research University*, Britain: Emerald Publishing Limited, 2017, p.12.

海德堡大学更强调科学文化的传承，在引导区域创新的过程中，更多的是通过与其他大学以及海德堡数十个科研院所的紧密合作以推动科研创新。贝克（Baker）在 2014 年提出"受教育的社会"，认为教育的发展不仅改变了整个生命过程中的学习和知识生产，也改变了整个职业和职业群体，对经济和社会产生了相当大的影响。[①] 教育推动经济的发展，为科学研究提供必要的资源，间接地促进了经济的进一步增长。两所研究型大学在引导区域创新中各有侧重，这些独特之处往往与所在区域的文化历史紧密相关，一所大学的发展无法离开她生存的土壤，只有根植于所在区域，才能与区域发展相得益彰，共存共荣。

第三节　英国研究型大学引导区域创新的协同动力机制

英国具有历史悠久的精英教育传统，历来强调绅士教育。随着第一次工业革命兴起，英国成为世界工厂，迅速走向世界发展的中心地位。但英国高等教育并没有为之贡献太多力量，尤其是 19 世纪初期，牛津大学与剑桥大学人才培养模式与社会发展严重脱节，大量研究人员将古希腊哲学经典奉为圭臬，并主动疏离与产业界间的联系。以牛津大学与剑桥大学为代表的英国大学严重影响了英国创新发展进程。在 20 世纪后期，随着新公共管理运动兴起，英国政府体制改革，高等教育开启大众化与市场化进程，成功引入新的管理模式，激发了英国高等教育机构的活力。尤其是在市场化进程中，以研究型大学为代表的高等教育系统开始不断加强与产业界、社会与政府之间的联系，逐渐打破以培养人文社科人才为主的人才培养模式。虽然英国高校参与创新发展的过程相对坎坷与曲折，但英国高校积极反思，通过借鉴美国与德国的经验摆脱藩篱，尤其是以牛津大学和剑桥大学为代表的研究型大学走出了一条独具特色的引导区域创新发展之路。

---

① Baker D. P., Bao W., Crist J. T., et al. *The Century of Science: The Global Triumph of the Research University*, Britain: Emerald Publishing Limited, 2017, p. 20.

一 英国研究型大学引导区域创新的概况

（一）英国创新实力概述

如今，英国具有雄厚的创新基础和突出的创新能力。在联合国世界知识产权组织、美国康奈尔大学、欧洲工商管理学院等教育机构主办的《全球创新指数报告2020：谁将为创新投资？》(*The Global Innovation Index (GII) 2020: Who Will Finance Innovation?*) 中，英国位于高收入经济体第4位（参见表5-11），并且伦敦地区位于各经济体或跨境地区的顶尖科技集群第15位。在全球创新指数排行榜中，英国居第4位，仅次于瑞士、瑞典与美国（参见表5-12）。在创新投入排名方面英国居第6位，创新产出方面居第3位。[1] 在路透社与Clarivate Analytics等机构编制的全球最具创新的大学排名中，英国高校上榜6位，位居所有参与排行国家的第4位。[2] 由此可见，英国创新水平依旧走在世界前列。

从区域创新水平上看，英国研究密集区域集中在英格兰东南部和英格兰东部，该地区云集了英国最具生产力的产业集群（参见表5-13）。其中伦敦地区以及包含牛津大学和剑桥大学在内的次区域占公共研究支出总额的46%。这些地区拥有众多创新实力强劲的研究型大学以及该国最具创新的企业集团。相比之下，英格兰东北部、约克郡以及亨伯，威尔士和北爱尔兰的表现不佳，公共和私人参与绝对创新支出水平较低。[3] 虽然创新能力存在地域差异，但区域间依旧存在创新互补性，共同支撑着英国创新体系的协同运转。例如制造业在英国东北部发挥着重要的作用，这些产业部门突出表现在汽车制造、化学品制造（包括散装化学品、特种化学品、聚合物和塑料以及材料）、制药等领域。伦敦地区是英国知识核心区域，该地区云集了大量的高技术企业，成为英国地区的重要知

---

[1] Dutta S., Lanvin B. and Wunsch-Vincent S., eds., *The Global Innovation Index* 2020: *Who Will Finance Innovation*? Cornell University, INSEAD and the World Intellectual Property Organization, 2020.

[2] REUTERS, "The World's Most Innovative Universities 2019", (2019-10-23) [2020-11-02], https://www.reuters.com/innovative-universities-2019.

[3] Nesta, "Design the Future Location of UK Public R&D Investment", [2020-10-21], https://www.nesta.org.uk/data-visualisation-and-interactive/design-future/.

识中心，形成了以牛津—剑桥—伦敦为中心的黄金走廊核心地带。[①] 区域间的创新资源交换与转化推动了区域创新的协同运转。

表 5–11　　各类收入组合经济体前 10 名

排名	高收入经济体（共 49 位）	排名	中间向上的经济体（共 37 位）	排名	中间向下的经济体（共 29 位）	排名	低收入经济体（共 16 位）
1	瑞士（1）	1	中国（14）	1	越南（42）	1	坦桑尼亚（88）
2	瑞典（2）	2	马来西亚（33）	2	乌克兰（45）	2	卢旺达（91）
3	美国（3）	3	保加利亚（37）	3	印度（48）	3	尼泊尔（95）
4	英国（4）	4	泰国（44）	4	菲律宾（50）	4	塔吉克斯坦（109）
5	荷兰（5）	5	罗马尼亚（46）	5	蒙古（58）	5	马拉维（111）
6	丹麦（6）	6	俄罗斯（47）	6	摩尔多瓦（59）	6	乌干达（114）
7	芬兰（7）	7	黑山（49）	7	突尼斯（65）	7	马达加斯加（115）
8	新加坡（8）	8	土耳其（51）	8	摩洛哥（75）	8	布基纳法索（118）
9	德国（9）	9	毛里求斯（52）	9	印度尼西亚（85）	9	马里（123）
10	韩国（10）	10	塞尔维亚（53）	10	肯尼亚（86）	10	莫桑比克（124）

资料来源：Dutta S., Lanvin B. and Wunsch-Vincent S., eds., *The Global Innovation Index 2020: Who Will Finance Innovation?* Cornell University, INSEAD and the World Intellectual Property Organization, 2020.

[①] Department for Business, Energy & Industrial Strategy, "Science & Innovation Auddits Wave 3 Summary Reports", (2019-03-08) [2020-12-31], https://assets.publishing.service.gov.uk/government/uploads/system/uploads/attachment_data/file/784350/beis-sia-summary-report-wave-3.pdf.

表 5-12　　　　　　　全球创新指数 2020 排名（部分）

国家经济	分数（1—100）	排名	收入	收入经济体内排名	区域	区域内排名
瑞士	66.08	1	高	1	欧洲	1
瑞典	62.47	2	高	2	欧洲	2
美国	60.56	3	高	3	美洲	1
英国	59.78	4	高	4	欧洲	3
荷兰	58.76	5	高	5	欧洲	4
丹麦	57.53	6	高	6	欧洲	5
芬兰	57.02	7	高	7	欧洲	6
新加坡	56.61	8	高	8	亚洲	1
德国	56.55	9	高	9	欧洲	7
韩国	56.11	10	高	10	亚洲	2

资料来源：Dutta S., Lanvin B. and Wunsch-Vincent S., eds., *The Global Innovation Index 2020: Who Will Finance Innovation?* Cornell University, INSEAD and the World Intellectual Property Organization, 2020.

表 5-13　　　　　　　英国区域创新能力地域分布[①]

地区	表现	排名	组别	改变
英格兰东北部	103.6	78	强	11.5
英格兰西北部	105.8	72	强	5.8
英格兰约克-亨伯	107.5	67	强	16.4
英格兰东密德兰	112.2	57	强+	7.8
英格兰西密德兰	115.6	49	强+	22.5
英格兰东部	123.2	30	领先-	3.7
伦敦	121.6	36	领先-	10.6

① Hugo Hollanders, Nordine Es-Sadki, Iris Merkelbach, Regional Innovation Scoreboard 2019, European Union, 2019.

续表

地区	表现	排名	组别	改变
英格兰东南部	129.9	22	领先	14.0
英格兰西南部	119.1	41	强+	10.6
威尔士	106.3	69	强	16.6
苏格兰	113.0	56	强+	10.8
北爱尔兰	92.3	104	强-	16.1

注：欧盟对创新实力划分为4类，12个等级，这4类从强到弱分别为领先（Leader）、强（Strong）、中等（Moderate）、弱（Modest），其中每个层级从高到低依次划分为三个等级（以领先类为例，三个等级依次是领先+、领先、领先-）。

（二）宏观调控：政策支持与优化管理程序齐头并进

21世纪初，受金融危机影响，英国经济发展增速放缓，针对这一问题，英国政府制定了一系列科技创新政策以激发创新活力和科技成果转化能力。2008年《创新国家》（Innovation Nation）白皮书为英国创新体系和创新政策的形成奠定了基础，明确了英国产业、创新与技能部（The Department for Business, Innovation & Skill，简称BIS）下属的英国研究与创新办公室（UK Research & Innovation，简称UKRI）的"英国创新"（Innovate UK）负责英国创新政策的制定和创新活动的开展。[1] 2010年英国颁布《英国国家基础设施规划2010》（The UK National Infrastructure Plan 2010）凸显了英国科技进步创新的总体发展思路，该规划每年修订，深耕科技创新领域，以推动科技创新与经济发展。[2] 2014年英国政府颁布《我们的增长计划：科技和创新》（Our Plan For Growth: Science And Innovation），进一步明确了新时期英国创新发展的总体路径。随后英国政府还制定了诸如《建设我们的产业战略》（Building our Industrial Strategy）绿皮书，以及《下一代移动技术：英国5G战略》（Next Generation Mobile

---

[1] 韩小腾、严会超、郑鹏等：《中英高校科技成果转移转化比较研究及经验借鉴》，《科技管理研究》2019年第7期。

[2] 驻英国经商参处：《英国基础设施发展规划》，2016年9月13日，http://gb.mofcom.gov.cn/article/k/201609/20160901392397.shtml，2021年1月20日。

Technologies： A 5G strategy for the UK）等创新子政策，从纵深层次加快创新发展的进程。从 2018 年颁布的《建设我们的产业战略》绿皮书来看，英国政府科技发展的重点集中在以下领域：增加量子技术研发投入以及推动企业参与早期研发、增加对新技术的投资、改善法律规章制度以及监管体系。[①] 创新政策的不断完善为英国创新发展营造了良好的政治环境，为创新活动的开展提供了政策支持与制度保障。

与此同时，在具体的管理实践过程中 UKRI 作为国家科研投资的主要资助机构在全英范围内运营，其总预算超过 60 亿英镑，并与 7 个研究委员会、英格兰研究部（Research England）联合制定区域创新发展战略以推动区域创新。[②] UKRI 与大学、研究机构、企业、慈善机构和其他政府机构展开密切合作，为研究和创新的蓬勃发展创造良好环境。[③] 作为 UKRI 的分支机构，"英国创新"支持国家产业发展并深度挖掘其潜在的经济要素，例如筹建世界级研究基地等。该部门通过为产业与研究合作提供资金加速创新，其设立的产业战略挑战基金（ISCF）加强学术界和产业界的联系，明确英国产业发展的关键挑战，提出了推动英国成为未来产业发展的领导者的远景目标。[④] 商业、能源与产业战略部联合相关部门确定科学和创新审计项目（Science & Innovation Audits，简称 SIA），以协助各地区明确研究和创新发展的重点领域，对区域创新发展提供战略引导，并促进大学、地方企业和其他区域组织之间的合作。该项目的合作者包括：商业组织、大学、研究与创新组织、本地企业与合作伙伴（LEP）等来自私营和公共部门的其他合作者。[⑤] SIA 调查报告不仅揭示了英国区域创新发展状况，而且还对未来区域创新发展提供了一系列政策

[①] 李宏、惠仲阳、陈晓怡等：《美国、英国等国家科技创新政策要点分析》，《北京教育（高教）》2020 年第 9 期。

[②] UK Research and Innovation, "Funding", [2020 – 09 – 29], https：//www.ukri.org/?_ga = 2.89435154.862795748.1648436068 – 106857607.1648436068.

[③] UK Research and Innovation, "About Us", [2020 – 09 – 29], https：//www.ukri.org/?_ga = 2.27920444.1885217363.1601359397 – 653919053.1601207682.

[④] 袁永、陈丽佳、王子丹：《英国 2017 产业振兴战略主要科技创新政策研究》，《科技管理研究》2018 年第 13 期。

[⑤] GOV. UK, "Science and Innovation Audits", [2020 – 10 – 20], https：//www.gov.uk/government/collections/science – and – innovation – audits.

援助。

（三）研究型大学的创新引领作用

英国研究型大学在长期实践过程中不断审视自身的办学定位，更新大学发展理念，培养了大批拔尖创新人才，成为英国引导区域协同创新的核心主体，对英国政治、经济、文化以及社会等领域发挥了重要的引领作用。① 从总体来看，英国研究型大学是推动英国协同创新的主力军。英国拥有一批具有世界影响的研究型大学，在 QS 世界大学 2021 年排行榜前 500 位中英国高校占据 49 位，占比 9.8%。② 世界大学学术（ARWU）排名中，英国高校前 500 位占据 37 位，占比 7.4%。③ 2021 年泰晤士大学（THE）前 500 名中英国高校占据 60 位，占比 12%。④ 在 US News 最新世界大学排行中，英国高校前 500 名占据 41 位，占比 8.2%。⑤ 英国研究型大学为区域创新提供了人力资本。2011 年英国企业研发中心的研究人员约 66% 来自大学及其附属机构，这其中包括了引导英国区域创新的众多研究型大学。⑥ 另外，英国研究型大学具有雄厚的科研实力，2018 年研究型大学及其他科研机构等出版了全世界 7% 的研究论著，占世界最高引用出版物总量的 14%，有 2% 的出版物位居世界被引用次数最多排行榜之首。⑦ 此外，以研究型大学驱动的罗素大学集团集中展示出了其

---

① 靳玉乐、李红梅：《英国研究型大学拔尖创新人才培养的经验及启示》，《高等教育研究》2017 年第 6 期。

② QS, "QS World University Rankings 2021", [2021 - 01 - 20], https://www.topuniversities.com/university-rankings/world-university-rankings/2021.

③ ARWU, "Academic Ranking of World Universities 2020", [2021 - 01 - 25], http://www.shanghairanking.com/rankings/arwu/2020.

④ THE, "World University Rankings 2021", [2021 - 01 - 26], https://www.timeshighereducation.com/world-university-rankings/2021/world-ranking#!/page/2/length/25/sort_by/rank/sort_order/asc/cols/stats.

⑤ US News, "Best Global Universities in the United Kingdom", [2021 - 01 - 25], https://www.usnews.com/education/best-global-universities/united-kingdom.

⑥ Elsevier, "International Comparative Performance of the UK Research Base - 2011", (2011 - 10 - 18) [2021 - 01 - 23], https://assets.publishing.service.gov.uk/government/uploads/system/uploads/attachment_data/file/32489/11-p123-international-comparative-performance-uk-research-base-2011.pdf.

⑦ Department for Business, Energy & Industrial Strategy (BEIS), Corp Creator, *International Comparison of the UK Research Base*, London: BEIS, 2019.

突出的科研创新能力,该集团成员每年为英国带来近870亿英镑的收益,占据了68%的英国世界领先研究成果(每年价值340亿英镑)。① 英国研究型大学十分注重产学研合作,世界经济论坛在2020年竞争力排名中再次将英国列为欧洲企业与大学合作的第1名。② 因此,英国研究型大学具有强大的创新引领性,能够有效地组合区域内的各类创新资源,其所产生的知识流与人才流将推动英国协同创新进程。

二 英国研究型大学引导区域创新的实践案例

本书基于2019年欧洲区域创新得分表(Regional Innovation Scoreboard 2019)、路透社与Clarivate Analytics编制的全球最具创新的大学排名(The Word's Most Innovative Universities 2019)以及2020年四大大学排名(QS、US News、ARWU、THE)选取案例。根据欧洲区域创新得分表可以看出,英国创新能力分布呈现地域均势,并且在伦敦地区、东南部地区以及牛津郡等地区表现出较强的创新水平。根据英国研究型大学在各大高校排名中的表现(参见表5-14),可以看出牛津大学与剑桥大学表现突出,因此结合地域优势以及大学影响力以及创新实力,本书选择牛津大学与剑桥大学两所研究型大学作为英国研究型大学引导区域创新的典型案例进行研究。

(一)剑桥大学引导区域创新的案例分析

剑桥大学自办学以来将"卓越教育"放在首位,在扎根英国实践的基础之上追求高层次人才培养和科学研究,其核心价值在于追求自由和平等。剑桥大学与剑桥地区的政府机构、产业组织、慈善基金会和医疗保健等公共和非公共组织机构建立了深层次的合作伙伴关系。

在剑桥大学的引导下,剑桥地区创新水平突出、创新实力强劲、创新领域宽广,成为继"硅谷"之后最为成功的区域创新生态系统之一,出现了辉煌的"剑桥现象"。剑桥地区聚集了超过5300家知识密集型企业,集中了大约800家高科技制造公司,在剑桥地区每10万人中就有

---

① Russell Group, "About", [2021-01-19], https://russellgroup.ac.uk/about/.
② Russell Group, "Economy", [2021-01-20], https://russellgroup.ac.uk/policy/policy-areas/economy/.

表 5–14　　各大排名中英国前五名高校

项目	THE 排名	US News 排名	QS 排名	ARWU 排名	创新大学排名
1	牛津大学	牛津大学	牛津大学	剑桥大学	帝国理工学院
2	剑桥大学	剑桥大学	剑桥大学	牛津大学	剑桥大学
3	帝国理工学院	伦敦大学学院	帝国理工学院	伦敦大学学院	伦敦大学学院
4	伦敦大学学院	帝国理工学院	伦敦大学学院	帝国理工学院	牛津大学
5	伦敦政治经济学院	爱丁堡大学	爱丁堡大学	曼彻斯特大学	曼彻斯特大学

资料来源：(1) Word University Ranking, "World University Rankings 2020", [2022–03–20], https：//www.timeshighereducation.com/world–university–rankings/2020/world–ranking#!/page/0/length/25/sort_by/rank/sort_order/asc/cols/stats.

(2) 青塔:《US News2020 世界大学排行榜出炉, 223 所中国高校上榜!》, 2019 年 10 月 22 日, https：//www.cingta.com/detail/14963, 2022 年 3 月 20 日。

(3) QS Top University,《QS 世界大学排名 2020》, https：//www.qschina.cn/university–rankings/world–university–rankings/2019, 2020 年 12 月 19 日。

(4) 软科:《2020 世界大学学术排名》, https：//www.shanghairanking.cn/rankings/arwu/2020, 2020 年 12 月 19 日。

(5) PR Newswire, "Stanford, MIT and Harvard Top the Fifth Annual Reuters Top 100 Ranking of the Most Innovative Universities", (2019–10–23) [2020–11–02], https：//www.prnewswire.com/news–releases/stanford–mit–and–harvard–top–the–fifth–annual–reuters–top–100–ranking–of–the–most–innovative–universities–300943569.html.

308.7 份专利申请。自 1904 年以来, 剑桥大学已有 121 个附属机构获得了诺贝尔奖。在此基础上, 剑桥地区形成了高端制造业产业集群, 剑桥大学不断地发挥其知识生产中心地位, 向外界输出智力资本, 开始引导剑桥地区乃至全英的协同创新活动。[①] 剑桥地区超过 46% 的人接受过学位教育（全国范围内为 26%）, 该区域是英国所有城市中创新率最高的地区, 该因创新和对高科技初创企业的支持而被授予两项欧洲"卓越奖"。[②]

[①] University of Cambridge, "Cambridge Innovation in Numbers", (2021–12–22) [2022–03–29], https：//www.cam.ac.uk/sites/www.cam.ac.uk/files/innovation_in_numbers_december_2021_2.pdf.

[②] Cambridgeshire County Council, "Relocating Your Business to Cambridgeshire", [2021–03–09], https：//www.cambridgeshire.gov.uk/business/support–for–business/relocating–your–business–to–cambridgeshire.

剑桥及其周边地区有33000个工作岗位，拥有剑桥科学园和圣约翰创新中心等科研中介机构，同时还汇集了亚当斯布鲁克医院——肾脏服务、骨髓移植、罕见癌症治疗、医学遗传学和儿科的卓越医疗中心。该地区还搭建了诸如剑桥网络、圣约翰创新中心、豪泽论坛、One Nucleus 和剑桥无线等创新中心以支持区域创新活动的开展。[①]

1. 剑桥大学引导区域创新的外部动力机制

（1）地方政府的保障机制

首先，政府为剑桥大学创建创新网络，提供创新参与环境。剑桥郡于2012年3月成立的公共服务网络（Cambridgeshire Public Services Network，简称 CPSN）涵盖400多个公共服务站点，包括学校、图书馆等公共部门，为区域产业发展提供灵活和安全的数据信息服务，有效降低了剑桥大学引导区域创新的交易成本。[②]

其次，剑桥地方政府还着力于信息置换平台的建设为剑桥大学提供信息保障服务。剑桥郡商务和知识产权中心为超过1.44亿英镑公司提供数据入门书和企业目录服务，为大学和企业提供超过6000万项专利服务。[③] 与此同时，剑桥地方政府牵头的智能场所项目（Smart Places Program）将智能剑桥作为重点发展目标，积极与剑桥大学互利合作，将剑桥地区与现代产业联系起来，共同推进剑桥地区智能化发展。[④]

最后，在资金保障层面，政府等公共部门扩大了剑桥大学的资金来源，为剑桥大学引导区域创新奠定基础。由剑桥郡委员会创办的创新与培育基金（Innovate and Cultivate Fund）为剑桥大学提供"培育基金"与"创新基金"，其中基金会投资2000—19000英镑的"培育"基金以鼓励

---

① Cambridgeshire County Council, "Welcome to the City of Cambridge", [2021-03-30], https://www.cambridgeshire.gov.uk/asset-library/imported-assets/Cambridge_City_leaflet.pdf.

② Cambridgeshire County Council, "Cambridgeshire Public Services Network", [2021-03-05], https://www.cambridgeshire.gov.uk/business/economic-development/cambridgeshire-public-services-network.

③ Cambridgeshire County Council, "Business Resources", [2021-03-15], https://www.cambridgeshire.gov.uk/residents/libraries-leisure-culture/libraries/business-intellectual-property-centre-cambridgeshire/business-resources.

④ Connecting Cambridgeshire, "Smart Cambridge", [2021-03-08], https://www.connectingcambridgeshire.co.uk/smart-places/smart-cambridge/.

参与人员积极融入剑桥创新网络；投资50000英镑"创新"资金以资助区域内的重大项目，激发区域内的创新活力。① 英国政府还以教学、研究和其他活动资助的形式，向剑桥大学提供专项资金。例如：创新英国设立专项拨款为剑桥大学建立国家涡轮机械研究中心，并加强了剑桥大学作为"数字建设英国"项目枢纽的核心地位；由马克基金会和工程及物理科学研究委员会（EPSRC）提供的主要资助分别用于发展研究及综合癌症疗法和难以治疗的癌症。专项拨款从纵深层次为剑桥大学的创新活动提供保障。

（2）企业的参与机制

剑桥地区拥有全英最大规模的企业集群，为剑桥大学引导区域创新活动提供了产业基础。剑桥地区以高新科技产业闻名，该地区在半导体、无线电技术、显示技术、传感器、喷墨技术、移动通信和仪器仪表等领域颇有建树。剑桥建成了先进的生物技术集群，在药物研发输送、农业生物技术和生物保健等方面汇集众多的世界级研究公司。剑桥地区吸引了全球各个领域的优质企业入驻，具体情况如表5-15所示。

表5-15　　　　　　　　　剑桥地区企业集群

企业类型	企业名录
信息通信技术	ARM、CSR、诺基亚、高通、博通、东芝欧洲研究
软件	微软、思杰、红门、索尼电脑娱乐等
工程	马歇尔集团、剑桥大学劳斯莱斯联合技术公司、Aveva
电子	飞利浦研究、泰利斯英国、赛普拉、Enecsys、塑料逻辑
生命科学	Intercytex、Meldex LCEGS-Enval、Camfridge、呼吸建筑
农业科学	国家农业植物研究所、耕地集团、拜耳作物科学有限公司
财务会计	毕马威、普华永道、德勤、安永等

资料来源：Cambridgeshire County Council, "Welcome to the City of Cambridge", [2021-03-30], https://www.cambridgeshire.gov.uk/asset-library/imported-assets/Cambridge_City_leaflet.pdf.

除优渥的企业资源外，剑桥地区的成功还离不开企业与剑桥大学之

---

① Cambridgeshire County Council, "Innovate and Cultivate Fund", [2020-11-05], https://www.cambridgeshire.gov.uk/council/communities-localism/innovate-and-cultivate-fund.

间的互动合作。1985年剑桥大学开放教职员工科研转化权利,[①]科研人员开始筹办初创企业,为剑桥地区创办大量高科技产业,这些产业聚集直接拉动剑桥地区的就业,为剑桥小镇带来浓厚的商业氛围,形成了举世闻名的"剑桥现象"。"剑桥现象"的进一步发展也离不开剑桥地区浓厚的产业氛围,20世纪末,剑桥地区汇集众多的中小企业,这些中小企业的参与不仅化解了当地的就业危机,而且直接推动了剑桥地区产业转移,使得剑桥地区迅速成为英国的创新中心。随着产业的发展,该地区不断转型升级。这些企业纷纷加强与剑桥大学的联系,以不同的形式向剑桥大学出资,向剑桥大学委托科研任务,推动剑桥大学的科学研究向知识的应用性、创新性、科学性转变。

(3) 中介机构的转化机制

中介机构在剑桥大学与区域创新之间起到了桥梁作用,为剑桥大学引导区域创新提供了平台转化与推进机制。中介机构分为剑桥大学创办的科学园、孵化器、创新中心以及区域金融推介平台。科学园、孵化器以及创新中心等既独立于剑桥大学,又有利于推动剑桥大学参与区域创新集群的和谐共生。1978年圣约翰创新中心创办,旨在为初创企业、创业者等创新创业参与者提供商业服务,为企业的发展提供良好的孵化环境。该研究中心为剑桥大学的研究人员参与企业创新提供便利,为研究活动提供工作室、会议中心等基础设施,圣约翰创新中心还为企业提供各种海外外包服务活动的信息,大大减轻了创新创业活动的中间环节。[②]由三一学院创办的剑桥科学园为剑桥大学提供科研转化的"容器",不仅为剑桥大学提供科研转化的场所,而且为企业的参与提供平台,起到了"孵化器"与"加速器"的功能。

此外,外部的金融中介机构也为剑桥大学参与区域创新提供了支持,他们为剑桥创新提供风险资本,提高了剑桥大学抵御外部风险的能力。剑桥地区汇聚众多金融机构,为不同类型企业以及创新活动提供了不同级别的资金与支持,同时也为产业发展提供服务与支持。投资者包括3i

---

[①] 黄媛、孙曼丽:《剑桥大学创业教育的现状、特点及启示》,《职业教育研究》2020年第5期。

[②] 韩萌:《剑桥大学学术创业集群的构建及其启示》,《高等教育研究》2020年第1期。

集团、艾玛迪斯资本合伙人（Amadeus Capital Partners）、ET 资本、IQ 资本以及 TTP 风险经理等，与此同时形成的资金网络还包括：剑桥天使网络、粮食和农业事务部（DEFRA）、低碳创新基金、数字连接（Digital Connectivity）以及基金环（Funding Circle）等。① 这些基金会和风险资本的加入为剑桥大学创办的初创企业提供融资环境，为创新创业活动提供天使投资，并为初创企业提供企业管理咨询、定制经营计划等服务，为企业提供现代化经营管理体系，进一步提升中小企业的存活率，为剑桥大学营造了良好的金融生态。

（4）科研院所的合作机制

剑桥地区具备强大的人才虹吸能力与科研实力。该地区拥有众多研究型大学，为区域贡献了优质的人力资本。高校集群的形成推动了该地区创新知识网络的建立，例如 One Nucleus、东部健康科学学术网络（Eastern Academic Health Science Network）、剑桥网络（Cambridge Network）等。除此以外，该地区拥有桑格研究所、巴伯拉罕研究所、分子生物学实验室（LMB）、厄勒姆研究所、国家农业植物学研究所（NIAB）等地区级和国家级研究所。② 多样化的资本注入以及浓厚的产业氛围迅速形成了人才虹吸现象，不仅起到了"汇资"的作用，而且具有"汇智"的深刻意义。

剑桥大学还重视与其他大学之间的合作，作为 24 所罗素大学联盟成员之一，注重通过同产业、科研院所合作打造区域创新合作集群。③ 例如，剑桥大学与伯明翰大学、谢菲尔德大学和贝尔法斯特女王大学建立了合作研发项目——环境友好型发动机项目（The Environmentally‑friendly Engine，简称 EFE）。该项目汇集了代表性行业的研究型大学联盟，目

---

① Cambridgeshire County Council, "Business Investors and Funding Networks", [2021‑03‑20], https：//www.cambridgeshire.gov.uk/business/support‑for‑business/business‑investors‑and‑funding‑networks.

② Department for Business, Energy & Industrial Strategy, "Science & Innovation Audits Wave 2 Summary Reports", (2017‑09‑21) [2020‑10‑08], https：//assets.publishing.service.gov.uk/government/uploads/system/uploads/attachment_data/file/647784/BEIS_Document_Template_SIA.W2_Summary_Final.pdf.

③ 武学超：《英国罗素大学集团卓越科研能力提升的策略与启示》，《国家教育行政学院学报》2012 年第 11 期。

的在于提高航空旅行效率和环境影响。作为英国国家航空战略的一部分，该项目将实现欧洲航空研究咨询委员会（Advisory Council for Aeronautics Research in Europe，简称 ACARE）为英国 2020 年设定远景环境目标。①同时，剑桥大学还与海外一流大学加强创新合作。例如：2019 年，清华大学和剑桥大学成立清华大学—剑桥联合研究计划基金，该计划为期五年，旨在加强研究合作，并在应对气候变化、粮食安全、传染病等全球挑战中有所建树。②

2. 剑桥大学引导区域创新的内部动力机制

（1）创新创业人才培养机制

剑桥大学建立了完备的创新创业教育体系。在针对校内学生的课程设置层面，剑桥大学设立有额外学分的课程和无学分的辅修课程，此外还开设了创业星期二以及虚拟学习网络等补充课程。③ 与此同时，剑桥大学还向社会各界的创业者开放创新创业课程培训，为其提供指导、社交机会以及灵活的办公空间。剑桥大学开设了广泛的开放和定制课程，将剑桥思维嵌入企业组织中。此外，剑桥大学还注重培养学生的跨学科思维能力，设置众多跨学科课程，为理工科学生开设人文课程，并在招生过程中有意模糊学科之间的界限。

（2）科研创新机制

在卓越研究框架的影响下，剑桥大学创新知识生产形式，追求科学研究的卓越性和多样性，在注重基础科学研究的基础上组建战略研究计划以及跨学科研究中心。已建成 12 个跨学科研究中心，涵盖医学、生物学、人文社会科学以及工程等多个领域。剑桥大学战略研究计划可以根据自身的发展情况进行调整，该计划的审核周期为三年，通过审核并获奖的项目可以继续连做三年，直到通过六年期的培养形成正式的跨学科

---

① Russell Group, "The Economic Impact of Research Conducted in Russell Group Universities", (2010 – 06 – 10) [2021 – 03 – 29], https://www.russellgroup.ac.uk/media/5913/economic – impact – of – research.pdf.

② University of Cambridge, "Funding Calls and Exchange Programmes", [2022 – 03 – 20], https://www.strategic – partnerships.admin.cam.ac.uk/funding – calls – and – exchange – programmes.

③ 苗青：《剑桥大学创新创业教育对我国的启发》，《河北师范大学学报》（教育科学版）2018 年第 2 期。

研究中心。① 为进一步推进剑桥大学的科研共享，剑桥大学成立开放共享空间以供研究者访问研究出版物以及研究数据，以此扩大剑桥大学的学术研究影响力。此外剑桥大学还设立开放获取项目委员会以负责监督访问和研究数据管理团队的活动，以推动开放活动的有序进行。② 学校还为科研活动合作者提供加入大学研究、新技术研发、实验室和设备使用以及联合申请公共资金的机会。此外，剑桥大学还提供如下科研活动：开展个人研究合作项目；资助三到四年特定领域的博士项目；使参与者加入剑桥学术产业联盟，以解决复杂的商业挑战；推出针对研究人员或学生的短期、重点、有影响力的研究合作项目。③

在科研成果归属方面：剑桥大学在发明者、学院和学校三者中建立明确的利益分配机制，其中针对科研成果所产出的如果不超过10万英镑，发明者占90%，学院和学校各占5%；介于10万英镑和20万英镑之间，除10万英镑要遵守上述规则外，超过的部分学院和学校分别占20%，其余60%归发明者所有；超过20英镑，发明者拥有34%，则院系和学校各占33%。④ 清晰合理的产权制度激发了学者的创新积极性，提升了剑桥大学的科技成果转化效率。

（3）剑桥大学创新创业组织机制建设

剑桥大学设立一系列组织机构协助师生进行科技成果转化。首先，剑桥企业（Cambridge Enterprise）支持学术机构、研究者、员工和学生的创业活动以协助其参与成员的科研成果转化。在推动产学研合作的过程中，剑桥企业提供的服务包括：提供种子资金、科技创业服务、专利授权服务、对外咨询服务以及衍生公司的建立等。⑤ 其次，剑桥大学还设立

---

① University of Cambridge, "Strategic Research Initiatives & Networks", [2021-03-29], https://www.cam.ac.uk/research/research-at-cambridge/strategic-research-initiatives-networks.

② University of Cambridge, "Open Aaccess", [2021-03-28], https://www.cam.ac.uk/research/research-at-cambridge/open-access.

③ University of Cambridge, "For Business", [2020-11-18], https://www.cam.ac.uk/business-and-enterprise/for-business.

④ 蒋洪新、孙雄辉：《大学科技园视阈下高校科技成果转化路径探索——来自英国剑桥科技园的经验》，《现代大学教育》2018年第6期。

⑤ 蒋洪新、孙雄辉：《大学科技园视阈下高校科技成果转化路径探索——来自英国剑桥科技园的经验》，《现代大学教育》2018年第6期。

战略伙伴关系办公室（Strategic Partnerships Office，简称 SPO）为剑桥大学战略合作伙伴提供专业知识协助。① 最后，剑桥大学还成立创业学习中心以推动剑桥大学的科技成果转化。该中心依托贾奇商学院创建了一套完善的教育体制机制，为学生提供丰富的创新创业教育课程和实践项目，着力提升剑桥大学的创新创业精神。该中心摆脱传统的以"教学为中心"的教育模式，积极与产业发展对接，推动了学生参与科技成果转化的进程。

（4）剑桥大学创新内部资金保障机制

面临英国高等教育经费削减，仅依靠外部经费难以扩大研究型大学的创新活动，寻求新的资金增长方式，尤其是创新内部资金增长策略将成为加强剑桥大学创新引导性的根基。为了保障科学研究、教学以及其他创新活动的开展，剑桥大学设置"剑桥大学捐赠基金"（Cambridge University Endowment Fund），并支持 800 多项科学研究项目、教学和其他活动。② 该项目具有延续性，其投资用于包括剑桥生物医学园区、新博物馆、老阿登布鲁克基地和西剑桥基地等项目的建设，为剑桥大学发展带来长期效益。此外，剑桥大学内外部还设立多元化的资助委员会，委员会成员来自 UKRI 的众多分支机构，涵盖多个学科领域，他们既为剑桥大学创新活动带来靶向资金，同时也为剑桥大学引导区域创新提供平台支撑。③ 剑桥大学还建设了开放式资金体系，包括信托基金、基金会、公司和个人等资金支持系统（包括校友和非校友资源）。例如，在 2019 年剑桥大学接受来自戴维和克劳迪娅·哈丁基金会（David and Claudia Harding Foundation）的 1 亿英镑捐赠，以协助学校招揽优质生源。④

（5）社会服务机制

剑桥大学积极承担社会责任，将大学使命的焦点集中于人类福祉与

---

① University of Cambridge, *Annual Reports of the Council and the General Board 2019*, University of Cambridge Annual Reports, 2019.

② University of Cambridge, "Cambridge University Endowment Fund", [2020 - 12 - 07], https://www.cam.ac.uk/about - the - university/how - the - university - and - colleges - work/cambridge - university - endowment - fund.

③ University of Cambridge, *Reports and Financial Statements 2019*, University of Cambridge Annual Report, 2019.

④ University of Cambridge, *Reports and Financial Statements 2019*, University of Cambridge Annual Report, 2019.

社会发展。例如,剑桥大学开放伦理审查,加强对动物研究的管控,同时对动物研究与社会发展的关系进行严格论证。剑桥大学具有先进的、高标准的动物研究中心,在此基础上开展优质的生物医学研究。虽然学术界仍认为动物研究依旧在生物医学研究中发挥巨大的作用,但剑桥大学仍努力做到尽可能地减少动物的使用。研究人员正在积极寻找技术以减少(甚至最终取代)对动物的使用。① 此外,剑桥大学取得了个性化治疗肠炎方法的新突破。研究者在医学院与 NHS 信托(NHS Trust)协作开发一种新的测量方法,可以可靠地预测个人炎症性肠道疾病的未来病程,改变了针对患者的治疗方案,并为提供个性化医疗服务铺平了道路。该测试方法由剑桥大学的附属公司——预测免疫(PredictImmune)开发,受到剑桥企业的资助,研究团队拥有 420 万英镑的实验启动资金以支持日后的研发工作。②

剑桥大学还与政府合作,积极推动社会治理改革,为政府提供政策咨询服务和政策支持方案,承接政府的研究项目以及积极参与政府的社会治理活动。剑桥大学成立社会决策实验室,积极为当地政府以及英国政府建言献策,通过开发软件积极为新冠防治提供技术支持。在领先剑桥项目(Cambridge Ahead)中,剑桥大学还与地方政府、英国政府和其他利益相关者开展合作,通过生产数据、科学研究和促进政策的实施以引导区域创新发展的实践,另外该组织还长期关注社会发展的关键性问题,为政府决策提供了有效的支持。③

3. 剑桥大学引导区域创新的内外部协同动力机制

剑桥大学在引导区域创新的过程中充分发挥内外部要素的协同作用,在内外部协同动力机制作用下不断提高区域的创新水平。剑桥大学成立之初以追求自由教育为主,选择以农业为主的剑桥地区而远离城市的喧嚣。但随着剑桥大学的发展和工业化城市化的进行,大学逐渐意识到产

---

① University of Cambridge, "Animal Research", [2020-12-06], https://www.cam.ac.uk/research/research-at-cambridge/animal-research.

② University of Cambridge, *Annual Reports of the Council and the General Board 2019*, University of Cambridge Annual Reports, 2019.

③ Cambridge Ahead, "About Cambridge Ahead", [2020-11-18], https://www.cambridgeahead.co.uk/about-us/.

业发展和社会进步对其发展的重要意义，于是与所在区域建立起日益密切的联系，并逐渐成为引导区域创新的主导力量。剑桥大学的成功一方面离不开其强大的创新实力，另一方面也离不开其与外部创新主体间的协同合作。剑桥大学以知识生产为核心引导区域协同创新过程，剑桥郡政府、科研机构、企业、中介机构则分别从资金制度保障、学术合作与支持、资金与技术驱动以及各要素的组合与协同角度推动剑桥大学的内外部创新要素协同发挥作用。

（1）引导剑桥地区形成知识创新网络

研究型大学是区域知识生产的中心，研究型大学的知识赋能为区域协同创新发展提供了知识基础和创新要素。[①] 剑桥地区之所以能在短短40年间催生"剑桥现象"，得益于剑桥大学与其他高校和科研机构等参与主体所形成的区域创新网络。

在区域经济一体化背景下，区域内各种创新要素和主体的联系日益紧密，大学知识生产单一化难以为继，组团化、集约化、模块化发展思路成为剑桥大学引导区域知识生产机制的新思路。从剑桥大学内部来看，其通过建设跨学科中心的形式，打破了学科之间的壁垒，生成了跨学科发展的新模式。在具体的人才培养过程中，剑桥大学强调跨学科建设和学科交叉融合，各学院均已建成了跨学科人才培养体系，并在本科和研究生招生过程中保障招收跨学科专业的学生数量，为学生定制跨学科的人才培养方案。例如，部分工科学院会考虑招收法律、文学等专业的学生。剑桥大学詹姆斯教授说："即便是人文艺术学院，他们也很看重数学和物理的成绩。"[②] 内部知识的协同合作有效提升了大学内部的知识整合能力，提升了知识创新水平，为该校参与更大规模的知识创新奠定了基础。从外部知识合作来看，剑桥大学与科研机构和其他高校建立合作机制，通过与其他高校共建合作研究实验室、建立联合培养学位项目、加强国际合作等形式不断地扩大其知识生产的范围，推动"新"知识的不断生成。外部知识创新主体在剑桥大学的引导下有序参与合作，这种合作形式加强了剑桥大学的知识引

[①] 施孝忠：《大学与创新型城市协同发展研究》，《江苏高教》2018年第7期。

[②] 王晓红：《剑桥大学培养创新型人才之路：融合再融合》，《中国经济导报》2016年11月19日第B04版。

导作用，加速形成了以剑桥大学为中心的区域知识创新网络。例如，剑桥大学协助剑桥地区建立了包括剑桥郡公共服务网络（Cambridgeshire public）等创新网络在内的剑桥创新网络集群。剑桥网络总部位于剑桥地区，剑桥集群将产业界和学术界紧密联系在一起，包括与剑桥创新生态系统相关的初创企业、中小型企业、大型企业、跨国公司、大学和研究所等，剑桥网络有效促进了产学研融合与创新合作。剑桥网络采用会员活动日历促进企业、学术界和个人之间的深度沟通。该网络在实践过程中吸引了大量人才，成为剑桥地区创新网络创建的重要节点。[1] 剑桥网络还将卓越研究、创新创业以及专门技能训练、灵活的工作空间、良好的投资共同体基础和便捷的获取知识产权的渠道通过不同的组织形式联系在一起。

知识协同是剑桥大学引导区域创新的基础，也是研究型大学发挥其创新引领作用的基石。打破知识生产的线性模式，扩大知识生产的范围能够激发各主体创新的积极性。非线性创新模式下的每个主体都具备知识生产能力，创新知识协同网络促进创新知识的跨组织传播，有效提升了剑桥大学的创新知识生产能力和效率。

（2）引导剑桥地区形成创新型产业集群

研究型大学催生区域创新的知识要素，剑桥大学的创新科技成果一定程度上引领了剑桥地区的产业发展。

剑桥大学以一流的学术能力和科研创新能力将创新成果商业化，体现了学术发展和产业发展的和谐共生、科技创新与学术创业相辅相成的良好局面。[2] 剑桥大学十分注重学术界和产业界的对接，注重知识的商业转化和跨界合作。1881 年剑桥仪器公司的建立加强了剑桥大学和产业界的联系，1896 年卡文迪什实验室工作人员派伊创立自己的公司，随着剑桥大学衍生公司的创建越来越多的公司选择驻扎在剑桥大学附近。虽然在 20 世纪中叶这些公司受到了英国政府的压制，但《莫特报告》的提出进一步解放了思想的桎梏。[3] 伴随着剑桥科学院的入驻和巴克莱银行的资

---

[1] Cambridge Network, "About Us", [2020 - 12 - 04], https://www.cambridgenetwork.co.uk/about-us.

[2] 韩萌：《剑桥大学学术创业集群的构建及其启示》，《高等教育研究》2020 年第 1 期。

[3] 边静：《"剑桥现象"的形成过程对我国高校创新能力提升的启示》，《煤炭高等教育》2012 年第 5 期。

金支持，剑桥地区建立起高端产业集群。该地区很大一部分公司来源于剑桥大学的衍生公司或者与剑桥大学建立了良好且稳定的合作关系。正是在剑桥大学的引导下，剑桥地区才得以摆脱传统农业落后的现状。随着众多企业的纷纷加入，剑桥地区形成了现代化、高规格的企业集团，创建了包括生命科学、高端制造、信息科学等在内的高科技产业集群。

为进一步巩固产业集群的经济效益，剑桥大学通过建设科技园等产业孵化器来实现创新知识的转移；另一方面通过加强与政府、社会公民等群体的合作以促进区域创新发展。在产学合作的过程中，剑桥大学首先通过内部组织机构变革，建设产业合作办公室、联络办公室以及构建区域合作关系网等途径吸引公司的"入驻"，同时剑桥大学还通过创建独立的科技园等形式为企业提供低成本的办公空间、优渥的研究环境以及优质的人员配置等资源，通过科技园不断孵化衍生企业，推动区域经济创新发展。剑桥大学还利用政府和社会组织建立的一系列区域创新合作伙伴加强与剑桥地区的联系，合作伙伴关系的成立从纵深层次为剑桥大学引导区域产业发展营造了良好环境。剑桥大学还通过剑桥网络吸引公司参与，并打通大学和产业发展的双向通道，一方面为产业发展提供咨询等服务，另一方面，产业界通过招揽实习生、开办产业培训班等形式吸引剑桥大学师生参与。

（3）引导剑桥地区形成开放式的创新文化氛围

研究型大学的创新文化是引导区域创新的重要内容，是推动区域创新的重要动力。

剑桥大学形成了全员创新和宽松的文化氛围，建立了良好的学生成长路径和教师职业发展路径。学校通过创新教育教学理念，将创新教育与创业教育的理念进行融合，以创新带动创业，以创业反哺创新，实现二者的有机融合。同时，剑桥大学为培养具有创新创业精神的学生提供多样化的课程组合形式、创新创业挑战基金和各类创新创业项目支持，为学生打通多元化的创新创业发展路径。在教师职业发展的过程中，剑桥大学重视教师与产业界的合作，为教师从事商业活动提供充足的资金保障，其产权制度有效地加强了教师与产业之间的联系。学校还主动为教师提供各类研究资助以提升其科研能力与教学能力，在某种程度上，也为剑桥大学创新人才培养提供了新思路。剑桥大学为参与者提供接触世界顶尖创新实验室的机会，学生和教师可以自由地进行头脑风暴，积极参与各项跨学科研究。与此同时，剑桥大学鼓励全员创新创业，通过举办剑桥文化节等多种形式促进创新创业活动的开展，并与社区建立深层次的合作关系，通过项目合作、知识讲座、志愿服务等形式引导社区居民参与区域创新活动。

此外，剑桥大学还格外注重创新人文环境的构建，通过积极承担社会责任，将创新知识的扩散着眼于社会文化环境的提升以及政府的善治，将社会使命创新发展作为其战略发展的重要环节，通过科研伦理建设、以人为本的创新发展理念输出以及与政府等公共部门的公共治理合作等形式为剑桥地区创新发展提供新思路。

在剑桥大学的引领下，剑桥地区形成多个创新社区，并形成鼓励创业、追求创新的良好氛围。通过与剑桥大学共享文化基础设施、合作举办文化活动等形式，剑桥地区形成了鼓励试错的"软着陆"创新发展模式，为中小企业和高科技产业发展提供优质的文化资源，使得开放式创新理念深入人心，增强了剑桥地区的文化吸引力。

（4）引导剑桥地区形成良好的创新生态环境

在开放式创新理念的引领以及内外部动力机制的相互作用下，剑桥地区形成了以剑桥大学为中心的创新生态系统。基于邻近效应的影响，产业经济体、政府等与研究型大学之间存在密切的联系，协同创新能实现彼此的要素和资源交换，实现信息的交互传递，推动更大范围的协同创新。剑桥大学将区域内的创新要素聚集在大学周围，包括知识资本、资金、人力资本、信息资源、文化资源等，区域内的政府、企业、中介机构、社会公众等参与主体通过知识的传递和沟通实现了互联互通，并在剑桥大学的引导下向大学和其他参与主体辐射资源。区域创新的网络化和集群化为剑桥地区带来了更高效的合作形式，为剑桥大学引导创新活动提供了信息流、人才流和知识流。同时，剑桥大学不断增强协同创新网络的拟合度，发挥非线性创新的活力，在众多信息网络中建立节点，增强了各参与主体间的联系，进一步增强了剑桥大学的创新整合能力。

（二）牛津大学引导区域创新案例分析

牛津大学所在的牛津郡是英国高科技发展的高地，21世纪初牛津郡的高科技公司超过3500家，在计算机、生物技术以及制造业等方面异军突起，到2010年该地成为与剑桥郡齐名的欧洲创新中心。①牛津郡科研创新水平长期处于世界领先地位，众多科技前沿技术和优质产业汇集于此（包括云计算、云数据、数字健康、数据应用机构、自动驾驶以及量子计算等产业）。该地区容纳了牛津大学等世界一流研究型大学，在欧洲研究和商业化排名中位居榜首。牛津大学引导区域协同创新离不开牛津郡提供的优质科研环境，该地区拥有欧洲最大的太空产业集群、材料化学研究基地、医疗卫生研究所以及高性能认知计算方面的国际卓越研究中心。众多研究机构巩固了牛津大学引导区域创新活动的科研基础，形成了科研优势的叠加效应。牛津郡还是英国最强大的经济体之一，该地区是西欧科学研究设施最集中的地区，是欧洲的汽车创新行业和先进制造业中心，牛津郡专注于变革性技术，通过打造牛津剑桥整合片区促进两地经济增长并提出到2040年建设全球前三的创新生态系统。②

牛津大学是英国创新发展的重要推动者，该校具备强大的科研实力，重视跨学科研究，形成了文理交叉、自然与人文学科并重的跨学科人才培养格局。2014年"研究卓越框架"（REF）数据显示：牛津大学拥有该国数量最多的世界领先学科。该校拥有90多个皇家学会会员和大约100个英国学会会员，其中2020年6名牛津教授当选为英国皇家学会的院士。罗杰·彭罗斯（Roger Penrose）、莱因哈德·根泽尔（Reinhard Genzel）和安德里亚·盖兹（Andrea Ghez）在黑洞方面的研究成果共同获得了2020年诺贝尔物理学奖。来自人文社会科学部门的10名学者获得英国科学院奖学金。在2017年、2018年、2019年以及2020年和2021年的《泰晤士高等教育》（THE）世界大学排名中，牛津大学稳居世界第一。在2020年的THE主题排名中，牛津大学连续第九年在临床、临床前和健康领域排名世界第一。牛津大学在2020年QS世界大学排名中，在人文科学领域排名世界第一，生命科学和医学领域排名第二。牛津大学第二次获得《泰晤士报》《星期日泰晤士报》《2021年优秀大学指南》的年度大

---

① 叶林、赵旭铎：《科技创新中的政府与市场：来自英国牛津郡的经验》，《公共行政评论》2013年第5期。
② OxLEP：《欢迎来到英国牛津郡》，https：//www.oxfordshirelep.com/sites/default/files/uploads/Welcome%20to%20Oxfordshire%20brochure%202019%20%28Mandarin%29.pdf，2021年3月30日。

学奖。①

1. 牛津大学引导区域创新的外部动力机制

(1) 地方政府的保障机制

首先,牛津郡推动牛津大学引导区域创新的着力点在于组建牛津郡地方企业合作伙伴关系(Oxfordshire Local Enterprise Partnership,简称 OxLEP)。2012 年卡梅伦政府成立 39 个"地方企业伙伴关系"(Local Enterprise Partnership,简称 LEP),通过去行政化改革,牛津郡成立 OxLEP 组织。该组织的职责在于提升牛津郡的经济实力,推动牛津地区的经济可持续发展,加强学术界、产业界以及政界之间的联系。通过该组织牛津大学与企业和政府以及市场的关系更为密切,政府在高校拨款中也更加能够做到有的放矢,为牛津大学提供更加合理的资金配置,这其中包括了建筑获得资金、地方增长基金、城市治理基金、地方发展基金以及欧洲基金。② 与此同时为进一步解决牛津郡因产业提升而带来的城市问题,LEP 开始从优化环境、修建高速公路、调控房价等方面吸引更多科技企业落户,为牛津大学引导区域创新营造了良好的参与氛围。③

其次,政府的资金流为牛津大学开展创新活动提供了资金保障。研究拨款和合同收入构成该校最大的收入来源之一,在 2018—2019 年,牛津大学获得 6.248 亿英镑的外部研究资金。在英格兰研究(Research England)的资助下,牛津大学研究收入达到了 7.707 亿英镑。④

此外,政府提供的公共政策为牛津大学引导创新提供了有力的政策支持。牛津大学创新活动受到英国政府工业战略(Industrial Strategy)的支持,该战略是英国政府通过投资于世界领先研究和高度创新的业务来提高英国生产力和盈利能力的长期计划,产业战略还将全国各地的政府、企业和学者聚集在一起以共同应对产业发展的现实变化。英国政府在该

---

① University of Oxford, "Full Version Facts and Figures", [2020 – 12 – 29], https://www.ox.ac.uk/about/facts – and – figures/full – version – facts – and – figures.

② OxLEP, "Our Programmes", [2021 – 03 – 31], https://www.oxfordshirelep.com/about/our – programmes.

③ 叶林、赵旭铎:《科技创新中的政府与市场:来自英国牛津郡的经验》,《公共行政评论》2013 年第 5 期。

④ University of Oxford, "Full Version Facts and Figures", [2020 – 12 – 29], https://www.ox.ac.uk/about/facts – and – figures/full – version – facts – and – figures.

战略部署下设置产业战略挑战基金（The Industrial Strategy Challenge Fund，简称 ISCF）以支持研究型大学的创新工作。基于上述顶层战略，牛津郡成立地方工业战略（Oxfordshire Local Industrial Strategy，简称 LIS）以建设更为繁荣的牛津社区。① 这一系列战略举措为牛津大学引导区域创新巩固了发展方向。

（2）企业的参与机制

首先，该地区产业云集，为牛津大学引导区域创新提供了产业基础。牛津郡在泰晤士河谷地区布局成熟的医疗卫生企业集群，建立横跨工业界与学术界的联络组织机制，为该地区科技赋能提供组织基础，为高新技术产业发展创造增长极，为各类高新技术发展搭建了创新平台。此外，该地区的空间数据还包括地球观测、卫星定位和通信等领域，为了开发产品和服务，牛津郡建立 75 个以上的创新组织，建成了欧洲最大的空间集群。牛津郡领导了一个由 34 个组织组成的联盟，建立制造计算机的"量子谷"，将在整个供应链中为英国创造 1 万个就业机会。② 牛津郡拥有 3000 多家数字以及创意企业，每年为英国经济贡献 14 亿英镑。牛津地区还是赛车制造业的翘楚，出现了包括威廉姆斯 F1、雷诺跑车 F1 等世界品牌。牛津地区的完善产业链和高端产业集群为牛津大学创新活动提供便利，有效推动了牛津大学产学研活动的开展。

其次，企业与牛津大学之间形成了双向吸引机制。牛津大学在众多科学领域成就斐然，为区域发展源源不断地输送创新成果：一方面该地区吸引了公司参与牛津大学的科研成果转化；另一方面牛津大学内部催生了众多的创新创业机会。例如，成立于 2012 年的 Oxehealth 公司是基于牛津大学生物医学工程学院（IBME）创始人兼牛津健康学院创始人莱昂内尔·阿拉森科教授的专利技术而创办的；Sentimoto 是 2013 年由三位牛津大学的博士生创办的是一家专注于老年人生活

---

① University of Oxford, "The Industrial Strategy", [2020-12-29], https://www.ox.ac.uk/research/innovation-and-partnership/partnerships/industrial-strategy.

② Department for Business, Energy & Industrial Strategy, "Science & Innovation Audits Wave 2 Summary Reports", (2017-09-21) [2020-10-08], https://assets.publishing.service.gov.uk/government/uploads/system/uploads/attachment_data/file/647784/BEIS_Document_Template_SIA.W2_Summary_Final.pdf.

水平改善的初创公司; 2011 年,牛津大学医院国民保健服务信托利用内部信息技术资源以及牛津大学的科研成果开发了定制软件系统并已应用于临床领域。① 这些公司来源于牛津同时也在回馈牛津,企业与牛津大学实验室建立了深层次的合作关系,并为学生创新创业活动提供实训基地,与此同时牛津大学也能从这些企业获得一手市场信息,从而互相获利。

(3) 中介机构的转化机制

卡勒姆科学中心、哈维尔园区、贝格布鲁克科学园以及牛津大学创新等机构构成了牛津大学与产业界联系的中介组织机构,它们一方面激励大学创办衍生企业,另一方面为社会各界创新创业活动提供场所以激励其创新成果转化。本书以"牛津大学创新"(简称 OUI)为例进行分析,牛津大学通过"牛津大学创新"成为英国产生衍生公司的领导者,2018—2019 年创建了 19 家衍生公司。该机构的前身为牛津大学技术和研究商业化公司——Isis Innovation(简称 Isis)。Isis 于 2017 年 4 月更名为 Oxentia,并于 2017 年 8 月成为一个独立发展实体,OUI 则继承了 Isis 的主体功能。②③ OUI 提出建立以牛津大学为核心的世界领先创新生态系统的目标,将专营的公司制度转化为校企联合管理制度,该机构还是牛津大学的全资子公司,由校董事会领导并参与管理。④ OUI 2020 年总收入为 3080 万英镑,⑤ OUI 还与中小企业合作,为中小型企业提供各类支持计划。同时 OUI 还管理着牛津大学的知识产权信息,包括专利技术开发、软件、数据和设计等内容。这些机构的成立极大地推动了牛津大学科研

---

① Mark Edwards, "Digital Health in Oxford and the Wider Thames Valley Region", (2016 – 03 – 29) [2022 – 03 – 20], https://www.oxfordahsn.org/wp-content/uploads/2022/01/Digital-Health-in-Oxford-and-the-Thames-Valley.pdf.

② University of Oxford, "About Oxford University Innovation", [2021 – 01 – 23], https://innovation.ox.ac.uk/about/.

③ Oxford University Innovation, University of Oxford, "Oxford University Innovation – the New Name for Isis Innovation, (2016 – 06 – 07) [2022 – 03 – 23], https://innovation.ox.ac.uk/news/oxford-university-innovation-new-name-isis-innovation/.

④ University of Oxford, "Our Services", [2021 – 01 – 23], https://innovation.ox.ac.uk/about/services/.

⑤ University of Oxford, "About Oxford University Innovation", [2021 – 08 – 29], https://innovation.ox.ac.uk/about/.

转化的效率，有效地巩固了牛津大学的创新成果。[1]

2. 牛津大学引导区域创新的内部动力机制

（1）创新创业人才培养机制

牛津大学在学术自由的基础上建立了富有创新与合作精神的大学文化。[2] 在《牛津大学2018—2023战略规划》（*University of Oxford Strategic Plan 2018 - 2023*，以下简称《规划》）中，牛津大学通过本科生导师制激发本科生的学术创新潜能，在"学术自由"理念影响下，牛津大学为学生提供导师自由选择制，营造了宽松、民主的学术氛围。[3] 牛津大学通过改革教学方式为学生提供包容性学习方式以及包含数字技术的创新创业机会，为学生提供了多样化的创新课程体系。《规划》指出，牛津大学将在2023年为各级学生提供额外的2000个资助实习机会，与私营部门合作，增建1000个研究生室，包括建立帕克斯学院等一批新兴交叉科学研究院。[4] 牛津大学赛德商学院为牛津大学创新创业教育提供了核心课程、选修课程（包括国际选修课程）、创业项目、集成模块等内容。[5] 该学院为牛津大学学生打造沉浸式教学模式，采用虚实结合与虚拟教学等现代化教学手段，为学生提供诸如牛津蜂巢、牛津国际虚拟教育中心（Oxford Hub for International Virtual Education）、战略咨询项目等创业训练项目，以及牛津大学创业中心、种子资金和灵感碰撞计划以逐步提升学生的创新创业能力。[6] 赛德商学院（The Saïd Business School）还提供了结合世界领先的研究、实践知识和同辈群体之间的学习互动（peer - to - peer learning）的商业和金融领域开放式课程。牛津大学创业中心为牛津大学创新

---

[1] University of Oxford, "Our Services", [2021 - 08 - 29], https：//innovation. ox. ac. uk/about/services/.

[2] University of Oxford, "Strategic Plan 2018 - 23", [2021 - 01 - 21], https：//www. ox. ac. uk/about/organisation/strategic - plan - 2018 - 23.

[3] 董泽芳、袁川：《国外高校成功培养创新型人才的经验与启示——以哈佛大学、牛津大学和东京大学为例》，《现代大学教育》2014年第4期。

[4] University of Oxford, "University of Oxford Strategic Plan 2018 - 23", [2021 - 01 - 12], https：//www. ox. ac. uk/sites/files/oxford/field/field_document/Strategic%20Plan%202018 - 23. pdf.

[5] University of Oxford, "Academic Curriculum", [2021 - 01 - 29], https：//www. sbs. ox. ac. uk/programmes/mbas/mba/academic - curriculum.

[6] 韩萌：《牛津大学"共生式"创业教育模式及其借鉴——基于商学院的实践》，《大学教育科学》2020年第1期。

创业活动的培养提供了体验式的学习机会，该中心提供了一系列有关创意和风险投资的课程，支持以 MBA 为核心要素的创业项目，还提供了由来自产业界、学术界以及政府人员所组成的导师团体。① 除此以外，牛津大学还提供了继续教育、持续化的专业发展服务等校外课程服务，进一步提升企业的创新实力。承接该项目的牛津大学继续教育机构（CPD）为专业人士提供持续化专业发展课程，该课程包含短期课程、强化课程以及全学位课程等，为学员提供灵活的线上线下相结合的组合课程学习模式。② 此外，部分学院还积极承接企业的创新创业培训服务。例如，史密斯创业与环境学院（Smith School of Enterprise and the Environment，简称 SSEE）举办周末讲习班和证书课程等活动，为企业环境管理、可持续金融、环境经济学以及企业社会责任等方面提供定制方案。

（2）创新产权管理机制

牛津大学奉行独立的科研成果转化开发机构负责制。③ 1984 年 11 月，英国保守党政府废除了 1967 年《发明开发法》中对科研成果国有化的规定，使得大学和研究者有机会获得由公共资金资助研究所产生的知识产权的所有权。④ 基于此，牛津大学于 1997 年专门成立专利管理和转化机构，负责全校的专利申请和对外技术转让，规范大学的专利管理，加大了科技转化力度。⑤ 牛津大学还建立完备的产权制度，拥有对科研活动所产生的知识产权和所有权，为产学研合作体系的建立奠定了制度基础。英国仅占世界 1% 的人口进行着世界上 5% 的科学研究，发表的科学论文占世界 9%，且引用比例约占全世界 12%。但是，牛津大学不鼓励教师直接投资创办企业，而是鼓励其通过转让科技成果或出售知识产权（如专

---

① University of Oxford, "Entrepreneurship Centre", [2021 - 01 - 16], https://www.sbs.ox.ac.uk/research/centres - and - initiatives/entrepreneurship - centre.

② University of Oxford, "Develop Your Skills", [2020 - 12 - 29], https://www.ox.ac.uk/research/innovation - and - partnership/expertise - and - knowledge/develop - your - skills.

③ 董幼鸿：《关于自主创新战略主体功能定位的若干思考——牛津大学产学研一体化创新体系的启示》，《理论与改革》2007 年第 1 期。

④ 杨巍、彭洁、高续续等：《牛津大学科技成果转化的做法与思考》，《中国高校科技》2015 年第 9 期。

⑤ 黄崴、杨文斌：《研究型大学自主创新能力建设：来自国外名校的实践》，《复旦教育论坛》2010 年第 3 期。

利技术）来获取经济收益。学校明确规定教师和学生的知识产权属于学校，学校会为教师科研成果产业化提供全面、专业的帮助，包括专利授权转让、建立衍生公司和提供咨询服务等。① 这种专利保护机制加强了大学对科研成果的垄断，一定程度上限制了教师科研成果转化的积极性，阻碍了科技成果市场化的进程，值得商榷。

（3）创新创业组织机制

依托创新英国发起的知识转移网络（Knowledge Transfer Network，简称 KTN）计划，牛津大学将商业组织、大学和投资者等区域创新主体联系在一起并促进了区域创新网络机制建设。② 牛津大学设立校企联盟协会，加强高校与产业界的合作，增进了学术界与产业界之间信息的双向互动。牛津大学还成立 oNetwork 协同网络，由一群富有创业经验的创业者和商业领袖组成，举办的活动包括午餐会和全年一对一商业辅导课程。③ 此外，牛津创新协会（OIS）通过举办开放式创新的领先论坛，吸引了一大批研究人员、牛津衍生企业、技术转让人员、本地公司、风险投资集团以及跨国公司的广泛参与。20 多年来，OIS 协助企业参与牛津大学创新活动，始终发挥着产业界与学术界之间的桥梁作用。④ 牛津大学还为企业提供服务多样的创业孵化器（Startup Incubator），免费向牛津大学的成员开放。⑤ 牛津大学始终发挥其创新网络的中心作用，积极组建区域网络组织，吸引企业参与大学创新活动，通过组织机制创新拉动区域协同创新。

（4）创新社会服务机制

牛津大学积极参与政府的公共行政活动，在公共政策制定和公共治理

---

① 陈俐、冯楚健、陈荣：《英国促进科技成果转移转化的经验借鉴——以国家技术创新中心和高校产学研创新体系为例》，《科技进步与对策》2016 年第 15 期。

② University of Oxford, "Join a Network", [2020 - 12 - 28], https：//www. ox. ac. uk/research/innovation - and - partnership/partnerships/join - network.

③ University of Oxford, "The oNetwork", [2021 - 01 - 23], https：//www. sbs. ox. ac. uk/research/centres - and - initiatives/entrepreneurship - centre/onetwork.

④ University of Oxford, "Oxford Innovation Society", [2021 - 01 - 23], https：//innovation. ox. ac. uk/about/networks/oxford - innovation - society/.

⑤ University of Oxford, "Mentor, Advise or Coach", [2020 - 12 - 29], https：//www. ox. ac. uk/research/innovation - and - partnership/partnerships/mentor - advise - or - coach.

能力提升等领域发挥引导作用。在大学政策参与指导小组（University-wide Policy Engagement Steering Group）的领导下，政策参与团队（Policy Engagement Team）加强了研究者与地方政客之间的联系。团队可以通过以下方式提供支持：为政策制定提供指导、为学者和学生参与政策制定提供资助计划和奖学金计划、加强学者与政策制定者的深入合作、为研究人员和博士生提供培训课程以及研讨会，以及组建牛津政策参与网络（Oxford Policy Engagement Network，简称OPEN）等。① OPEN积极推动研究者与当地、国家以及国际政策制定者的联系，为公共政策制定提供发展愿景、网络资源和智力资本。②

在引导公众参与研究方面（Public Engagement with Research，简称PER），牛津大学研究人员与公众展开合作，制订公众参与研究领导计划（Public Engagement with Research Leadership Scheme）。该计划通过与研究人员和公众在特定项目展开合作，协助研究型大学确定未来的研究方向，推动政府部门确立公共政策的发展重点以及推动优秀科研成果的转化与实施。③ 该校还设置了PER领导者奖金，为获奖者提供5000英镑的奖金，以激励其在社会服务重点项目中的研究。④ 此外，牛津大学还设立了公民咨询服务和公民意见收集器项目以更好地吸引研究人员对社会问题的关注。在具体的实践过程中，该项目起到了整合意见、提供优质社会服务的作用。牛津大学还设立了蓬勃发展的社区资助计划，重点支持大学的创新项目，着眼于提升当地居民的生活质量。例如，该计划为牛津郡黑鸟莱思的温代尔小学（Windale Primary School of Blackbird Leys）资助2400英镑用以培养学生的终身阅读习惯，该计划还通过牛津思维运动（Oxford Thinking Campaign）筹集了33亿英镑用于项目开发。牛津大学的

---

① University of Oxford, "Policy Engagement Team", [2020-12-31], https：//www.ox.ac.uk/research/support-researchers/policy-engagement/introducing-policy-engagement-team.

② University of Oxford, "Oxford Policy Engagement Network", [2021-01-23], https：//www.ox.ac.uk/research/support-researchers/policy-engagement/oxford-policy-engagement-network1.

③ University of Oxford, "Why Engage", [2021-01-15], https：//www.ox.ac.uk/research/public-engagement/why-engage.

④ University of Oxford, "Engagement Opportunities", [2021-01-10], https：//www.ox.ac.uk/research/public-engagement/engagement-opportunities.

社会服务机制巩固了牛津大学的社会服务者地位，为社会公众提供平等参与社会发展的机会，提升了公民参与水平，推动牛津大学创新走向新的高度。[1]

3. 牛津大学引导区域创新的内外部协同机制分析

牛津大学在坚持自身创新发展理念的引导下，整合社会资源，将科研机构、中介组织、政府、公民群体、企业等纳入区域创新生态网络中。牛津大学坚持开放式创新发展理念，注重创新知识生产和扩散的各个环节，在引导产学研合作的过程中着重打破组织合作的壁垒，推动创新资源要素有效地流向各创新环节，推动了牛津地区协同创新网络的形成。牛津大学引导区域创新的协同动力机制的逻辑起点在于牛津大学的强大的知识生产过程，通过知识的跨组织传递实现了牛津大学的创新引导作用，其具体的运行机制体现在如下几个方面。

（1）知识生产机制

牛津大学作为牛津郡的知识生产中心为牛津地区创新发展提供知识之源和智力支持。首先，牛津大学专注于科研创新，在增强自身科研实力的同时积极向外辐射，提升区域科技创新能力。牛津大学通过建立新型跨学科学院、加强科研投入产出和科研协作提升了自身科研水平。同时，牛津大学积极与外部科研机构和其他高校合作，例如参与罗素大学集团的各项科研协同攻关，将牛津大学的科研影响力惠及更大的区域范围。通过与企业建立联合研究基地，创建学术型企业等形式，牛津大学摆脱象牙塔的桎梏，为牛津地区的高新技术产业提供了智力支持。其次，牛津大学为牛津郡培养大批富有企业家精神的优质毕业生，带动牛津地区人力资本升级，大批优秀毕业生选择在牛津郡工作，引导了牛津地区的产业发展走向，并为牛津郡打造人才高地和建设创新基地奠定了基础。牛津大学完善的创新人才培养体系适应了牛津地区转型发展的现实需要。最后，牛津大学建设了开放式知识共享机制。牛津大学在协助牛津郡建设"量子谷"的过程中，通过开放数据共享、提供战略咨询以及推动个性化服务等建立信息共享平台，为大学引导区域协同创新提供了新的思

---

[1] University of Oxford, "Annual Review 2018/19", [2021-01-20], https://www.ox.ac.uk/sites/files/oxford/Annual%20Review%202018-19.pdf.

路。总之，牛津大学通过知识的创新、传递和共享引导着区域知识生产的过程，实现知识生产跨组织流动，推动知识生产的转型升级，引领着区域创新发展的方向。

（2）产学研合作机制

牛津大学将促进产学研合作的服务活动常态化以更好地实现知识转移与扩散机制。牛津大学通过提供学术顾问、发展专业技能、提供优质毕业生或开展MBA项目等为外界提供专业知识指导，其中，主要通过专家咨询项目建立与产业界之间的联络机制。牛津大学创新咨询服务主体涵盖了所有学科，企业能够获得牛津大学提供的统计方面的专业咨询服务以及免费的专业研究人员咨询服务。[①] 学术顾问属于OUI的一部分，该团队有来自物理、生命科学、医学和人文社会科学的5000多名学术和研究人员，团队成员通过确定最佳资源以响应客户需求并处理合同、财务以及行政等方面的各项内容。牛津大学与社会各界开展学术咨询的项目包括：有关技术或者商业挑战的专家报告、专利评估和技术尽职调查、专家证人建议、专利流程优化等内容。[②] 除此以外，牛津大学还建立内外部相结合的组织机制以更好地发挥牛津大学的引导作用，通过各类协会以及孵化器加强与产业界的联系，通过成立的全资子公司OUI进一步发挥知识成果转化、孵化衍生企业以及提供深度产学研合作的平台优势。牛津大学一方面为区域提供了富有创新精神和企业家精神的学生与科研人员，另一方面为产业发展提供合作场所，为企业带来优质的人力资本。牛津大学引导区域创新的成功还体现其与区域内其他创新主体建立的长效合作机制中。牛津大学与企业建立长效合作机制，企业带来大量资金和及时准确的市场信息，为其提供方向指引。企业与牛津大学的合作还体现在：共建实验室、联合培养创新创业人才、为科研人员提供项目支持等。

（3）区域协同创新网络生成机制

牛津大学在内外部协同动力机制的作用下形成了以牛津大学为中心

[①] University of Oxford, "Find an Academic Consultant", [2020-12-29], https://www.ox.ac.uk/research/innovation-and-partnership/expertise-and-knowledge/find-academic-consultant.

[②] University of Oxford, "Academic Consulting - Oxford's Expertise", [2020-12-29], https://innovation.ox.ac.uk/academic-expertise-technical-services/academic-expertise/.

的区域协同创新网络。根据主体功能不同，协同创新网络在不同领域具有不同内涵和适用范围，牛津大学主要通过建立区域合作关系网络的形式加强其创新引导能力。牛津大学在协同创新网络中起到了知识生产和资本化的作用。它不断加强与产业界的联系，与产业界建立有效的合作机制。同时，区域文化水平以及政治环境对区域创新具有重要的保障作用，良好的区域文化生态以及政治生态能够进一步提升研究型大学引导区域协同创新的水平，脱离区域文化环境与政治环境，研究型大学引导区域协同创新也将失去意义。[①] 因此，牛津大学格外关注公共部门的发展与区域社会生态环境的建设，主动承担社会责任，积极参与政府等公共组织的战略决策，引导学校员工以及科研人员参与社区服务，关注区域基础教育建设实现区域教育协同发展。此外，为进一步增强其影响力，牛津大学还发挥其文化引导功能，通过开放图书馆、举办文化节、进行公益文化服务等形式不断增强对区域文化的影响力，其打造的文化品牌效应为区域文化创新提供了契机。因此，协同创新网络的作用机制是全方位的，它能够进一步打破隔阂，拉近区域创新主体间的距离，进一步发挥大学在其中的引导和推动作用。

三 英国研究型大学引导区域创新的经验

英国研究型大学在引导区域协同创新的过程中展现出了创新与保守并存、灵活转变与渐进突围并存、统一规划与多样发展并存的局面。不同于别国模式，英国研究型大学在引导区域创新的过程中还注重大学的社会使命，几乎每一所大学都将履行公民使命、推动社会创新作为其重要任务。

首先，英国研究型大学引导区域创新的模式多样化。米歇尔确立研究型大学参与区域创新的四种模式，其中英国研究型大学既具有区域创新系统（Regional Innovation System，简称 RIS）大学模式的特点，又具备了参与型大学模式的特点。英国大学在引导区域创新的过程中发挥了作为知识生产机构的关键角色。在 RIS 的概念下，他们关注与其他 RIS 参与

[①] 郄海霞、余江涛：《研究型大学如何引领区域协同创新？——基于卡迪夫大学的实践》，《高教探索》2021 年第 8 期。

者的互动以及这些互动如何推动系统创新。在该模式下的研究型大学强调高等学校与工业界之间的知识交换（Knowledge Exchange，简称 KE），研究型大学引导创新活动不仅关注商业化活动，而且考虑更广泛的知识转移机制。此外英国研究型大学还着力推动大学的本土化进程，将创新活动聚焦于当地工业和社会，并积极塑造其地区参与者身份。研究型大学通过采取多种形式推动区域创新，尤其是通过积极调整教学活动以适应本土化需求从而实现区域协同创新发展的目标。在具体的实践过程中包括提供以地区为重点的课程、招聘本地学生和留住毕业生。但是高校参与的区域范围和类型受大学历史和地理位置的影响，较年轻的大学和位于大都市地区以外的大学往往更注重区域参与。[①]

其次，英国研究型大学引导区域创新的活动离不开良好创新环境的支持。良好的自然环境与宽松、民主、和谐的社会氛围将会极大地促进研究型大学引导区域创新的活动。区域创新环境的改善离不开多元主体的协同共创，政府等社会公共部门为研究型大学提供了政策、资金与制度保障，为研究型大学引导区域创新提供了政治支持。尤其是政府参与能够有效降低研究型大学引导区域协同创新的风险，政府通过建立风险预警机制、不断完善产权保护制度、净化市场环境等措施能够有效激发研究型大学的创新潜能，推动区域创新向高质量发展。公民社会为研究型大学引导区域创新提供了良好的社会支持，公众的社会关切成为研究型大学引导区域创新的风向标，在提升研究型大学创新能力的同时推动社会形成重视研究、关注社会民主化建设的良好风尚。

最后，研究型大学引导区域创新的活动在于寻求共生，搭建区域协同创新网络。伴随着知识生产模式的转变，研究型大学的知识生产地位得以凸显，其引导区域创新活动的生态性也越发显现。传统的产学互动体系很难体现生态共生的特性，英国研究型大学在引导区域创新过程中着力破除线性创新模式的弊端，从知识生产的各个环节发力，将成果转移分散在各个环节，不断提升其参与水平。研究型大学通过创建生态网

---

① Trippl M., Sinozic T., Lawton Smith H., "The Role of Universities in Regional Development: Conceptual Models and Policy Institutions in the UK, Sweden and Austria", *European Planning Studies*, Vol. 23, No. 9, 2015, pp. 1722 – 1740.

络，将各创新主体联络在一起，形成你中有我，我中有你的局势。通过模糊化管理形式，研究型大学的边界不断拓展，使其能够更好地发挥引导作用。英国高校始终保持良好、严谨的学术氛围，使得研究型大学在引导区域创新的过程中稳中求进、不断变革、不断创新，较好地实现了区域创新发展的目标。

第四节　国外研究型大学引导区域创新的共性与特色

英、美、德三国研究型大学在引导区域创新的过程中既展现了注重区域创新能力提升、注重学生创新创业能力培养、创新组织机制、坚持文化引领、发挥竞争合作优势、构建区域创新网络、注重产学研合作和保障机制构建，又在内外部机制层面展现出了诸多差异。因此，比较三者共性与特色有利于探索研究型大学引导区域创新的规律，为我国研究型大学引导区域创新提供借鉴与参考。

一　国外研究型大学引导区域创新的共性

（一）推动创新创业教育机制改革，提升研究型大学创新实力

创新创业教育是推动研究型大学引导区域创新的动力之源，只有培养创新人才，才能提升研究型大学的创新实力以更好地发挥创新引领作用。美、德、英三国案例大学都注重改变传统的创新创业人才培养机制，通过培养学生企业家精神、跨学科思维、建立教学与项目实践相结合的课程融通机制、建立创新创业中心以及实施创新计划等手段加强研究型大学创新人才培养质量。从人才培养的原则上看，三国案例大学都十分注重培养学生的企业家精神与跨学科思维。三国的大学都强调将学生创新创业意识培养放在首位，通过举办讲座、引导学生创办企业、参与企业家面对面活动等，让学生更多地接触产业界活动，激发学生参与创新创业的积极性，提升其创新创业能力。此外，研究型大学引导区域创新还离不开跨学科人才培养实践，慕尼黑工业大学与牛津大学依托本校的科研优势，将创新活动与跨学科人才培养有机结合。牛津大学将商学院的人才培养逻辑与产业发展相结合，形成文理融通的人才培养机制，为

区域创新发展培养了一大批复合型专业人才。从具体的教学实践来看，三国的大学通过颁布创新人才培养计划以及建立创新创业中心负责制等手段推动研究型大学课程实践融通。一是建立动态的创新创业人才培养机制，依托中央政府各类创新创业计划制定本校的创新发展战略。例如，德国研究型大学依托德国卓越计划以及工业4.0战略，探索出适宜本国的创新集群发展模式。二是依托商学院等平台创建创新创业中心负责本校的创新创业课程设置以及项目实践教学活动，在实践中突出产业界与研究型大学相联系的课程标准，设立选修课与必修课相结合的模块化课程模式，并为企业参与者提供各类继续教育资源。同时，在创新创业教育实践中，三国的案例大学都十分注重大学创新创业项目实践活动与课程理论学习的联系，通过推动学生、企业、教师等群体的共同参与以实现高质量创新创业人才培养目标。

（二）注重研究型大学引导区域创新的组织机制建设

研究型大学在引导区域创新中形成的组织机制有效地加强了学术界、产业界以及社会公众之间的联系，美、德、英三国研究型大学均注重组织机制建设，通过创建跨学科研究中心、科技园、产业转移办公室以及社区联络办公室等加强与外部创新主体之间的联系。首先，三国高校均在校内设立了产业转移办公室以及社区联络办公室等部门加强与企业和社会之间的创新合作。美国研究型大学为深化区域合作，在大学内部建立产业联盟，校内设立各类联络办公室，这些机构的设立加速了大学知识成果的转移效率，提升了知识转移的水平。产业转移办公室还为外部企业界的参与提供合作平台，打通研究型大学的合作壁垒，提升其科研管理水平，进而提升研究型大学的创新实力。其次，研究型大学内部设立的跨学科研究创新中心有效解决了研究型大学创新后劲不足的问题。为顺应知识生产的大规模扩散，各大学另辟蹊径，通过改革传统科研机构以及创设新型跨学科研究中心提升研究型大学的区域创新引导力。例如，海德堡大学成立多个跨学科研究中心，发展重点科研领域，推动研究合作，实现海德堡大学知识大规模生产以及技术创新。此外，剑桥大学还逐步改革传统的科研机构，以卡文迪什实验室为例，该实验室十分注重跨学科科研协同，实验室的跨学科实践巩固了剑桥大学自由严谨的创新科研之风，为剑桥大学科研创新带来活力。最后，三个国家研究型大学引导区域创新还体现在科技园和孵化器建设中。硅谷的崛起离不开加州大学伯克利分校以及周边研究型大学孵化器和科技园的创立，高校产业园与硅谷融为一体，创造了大量的衍生公司，为区域发展带来巨大的物质财富，极大地提升了硅谷地区的创新能力。产业园以及孵化器的建立打破学术界与产业界的分割，体现了研究型大学创新的经济价值，这些组织机构创新知识生产形式，推动了研究型大学引导区域创新向纵深方向发展。

（三）发挥研究型大学文化引领作用，打造区域创新文化生态

研究型大学引导区域创新还体现在文化引领作用上。研究型大学一方面被区域文化所影响，进而塑造本校的文化精神；另一方面也作为区域的文化中心，塑造着区域文化，为区域文化创新提供了土壤。研究型大学与区域文化之间和谐共生的局面为区域创新营造了良好的文化生态。美、德、英三国研究型大学充分发挥其文化引领作用，通过开放校内文化资源、举办创新论坛与科学文化节、创新社区参与形式与建立社区合作机制等形式推动区域创新的可持续发展。首先，各研究型大学开放校内资源吸引社会群体走进来。大学利用自身文化优势，建设开放式校园，将博物馆、科学园、部分实验室免费向公众开放，吸引公众广泛参与，社会公众可以与校内师生进行互动，参与研究型大学的创新活动。其次，研究型大学举办各种常态化活动以增强其文化引导力。美国研究型大学通过举办各类讲座活动、文化节以及学科论坛为宣传其创新理念以及校园文化提供了途径。最后，研究型大学还充分发挥其服务社会的职能，为创造和谐社会做出突出贡献。剑桥大学将引导区域创新作为重要的社会责任，为社区STEM教育、社区活动贡献剑桥智慧，剑桥大学的参与盘活了区域社会资源，增强了剑桥大学处理公共事务的能力，为剑桥地区社会治理能力提升带来了契机。此外，研究型大学还积极探索与社会互动的合作机制，将开放式创新理念导入社区，在社区建立交流互动机制，鼓励大学的研究人员入驻社区加强与社区之间的有效联系，并通过创立社区讲坛等各类常态化合作项目巩固大学—社区关系。在与社区合作过程中，研究型大学还获得了社区治理的第一手资料，有效解决了社会公众的各类需求，使研究型大学引导区域创新更具有针对性和有效性。

(四)发挥外部协同机制优势,构建多元主体协同创新网络

区域创新能力的提升离不开研究型大学、企业、政府、研究机构、中介组织的协同参与,多元主体之间的协同参与形成了研究型大学引导区域创新的网络。区域创新主体协同合作打破了单向度的交流屏障,创新主体间通过打破边界、凝聚共识、协同共创等手段打造了多元化、立体式、多节点、多层级的交互式创新网络。研究型大学借鉴"知识生产模式3"的创新理念,采用协同创新范式,打造了研究型大学引导区域创新的人才网、知识网、信息网。[①] 研究型大学通过人才培养职能向区域输出大量高素质创新人才,为区域创新奠定了强大的人力资本基础。此外,还通过知识生产与输出的过程建立区域知识协同创新网络,注重与各参与主体之间的知识交流与合作,通过组建学术联盟、建立创新集群以及创建学术共同体等手段加强区域创新知识网络建设。在协同创新过程中,不同主体之间基于性质与功能的差异而掌握了不同的信息源。区域创新主体基于主体间的信息差进行大规模的信息交换,为区域创新编制了通畅的信息交流网络。通过人才、知识与信息等资源的交换,研究型大学实现了引导区域创新的目标。

(五)为研究型大学引导区域创新建立全方位的保障机制

研究型大学引导区域创新离不开政府等公共部门所建立的全方位的保障机制。政府等公共部门通过制定区域创新政策、建立合作项目以及为创新活动提供经费支持等手段,为研究型大学引导区域创新提供保障。各国政府均出台了相关的创新发展战略,例如英国创新战略白皮书、德国卓越计划以及美国研究事业的未来等发展战略,这些战略阐明了区域创新发展的方向以及重点的战略举措,为区域创新发展奠定了政策基调。此外,政府还制定了一系列保障措施以保障创新活动的开展。例如,完善科技创新立法,为研究型大学创新活动提供法律支持,保障研究型大学的各项创新资本,有效保护其知识产权输出。同时,各级政府还颁布了产业创新政策,为研究型大学创新和企业创新协同搭建桥梁。在创新项目合作层面,研究型大学一方面积极参与政府提供的各项科研合作项

[①] 郅海霞、姚嘉玉:《一流大学引导的区域协同创新网络——德国慕尼黑地区的经验与特色》,《外国教育研究》2021年第4期。

目，另一方面为政府出谋划策，提供智力支持。各国研究型大学都与政府达成了战略合作框架协议，积极承接政府各类创新合作项目，助力政府去行政化改革，从创新发展的各个层面深化与政府的各项合作。高校作为区域智库的代表能够为政府提供政策咨询服务。研究型大学建立与公共部门合作的办公室或智库集团为政府提供政策信息咨询、公共政策制定以及评估等服务，为政府科学决策提供大学方案，还为政府公共行政改革提供了新思路。在资金支持方面，研究型大学的创新活动受到了政府固定资金与项目合作资金的双重支持。为进一步缓解财政压力，各国政府探索出了一条与市场化相结合的资金分配供应链。各国政府在坚持政府固定拨款长期稳定的基础上，结合市场化机制以及研究型大学内部的实际需求确定了项目拨款形式。政府承担部分研究经费，其余发展经费的筹集自主权交由研究型大学以充分发挥其创新积极性。双重资助保障体系有效降低了研究型大学引导区域创新的金融风险，为其引导区域创新提供了稳定的资金来源与多源流的资金保障。

（六）加强与产业界互动，建立新型产学研合作机制

在与产业界的互动中，各国研究型大学在实践中探索出了以研究型大学为中心的新型产学研合作机制。首先，各国研究型大学摆脱了传统的产学研合作的弊端，通过培养创新性企业以及学术性企业加强合作。各国大学都积极创办衍生企业，鼓励师生将科研成果商业化。对于成果尚未成熟或者不具备商业化条件的研究成果，研究型大学创新孵化机制，为参与者提供成熟的产业孵化成长路径。与此同时，研究型大学还利用自身优势与企业展开合作研究，例如慕尼黑工业大学就当地的雄厚产业基础与西门子等公司共建产业合作实验室以推动企业和大学合作双赢。该合作形式打破了传统的企业—大学单一物质信息交换，形成了企业—大学双向互动的新型产学研合作关系，企业研发功能的提升推动了学术性企业的创建，为产学合作打开了新格局。其次，各国研究型大学注重建立柔性的人才交流机制以推动产学研合作。为进一步理顺企业逻辑与学术逻辑之间的关系，各国研究型大学建立了双向的人才流通渠道以加强产学研合作。各国具有企业家精神的研究型大学毕业生毕业后在当地积极创办高新技术企业，带动地区创新发展的同时也为提升地区就业率作出了突出贡献。例如，麻省理工学院校友创办的企业10年生存率

高达70%，[1] 在MIT创新的引导下，马萨诸塞州劳动者素质不断提升。此外，各国研究型大学在创新创业教育过程中都十分注重教职员工企业家精神的培养，多数负责创新创业课程开发与管理的教师都具有相对丰富的企业工作经历。研究型大学还聘用企业导师为学生创新创业教育提供更为直观的教学体验，这一系列措施加强了企业人员与研究型大学内部人员之间的交流互动，创新了人力资本提升机制。最后，各国研究型大学都建立了成熟且高效的技术转移机制。大学的产业转移部门具有高效的制度设计，各部门采用扁平化的组织结构以减少因行政层级过多而导致的转化效率低下问题。转移机构划分了明确的知识产权分配形式，建立了与企业的直接对接制度，加速了知识成果转移的分配速率。此外，各类合作交流中心的建立及其提出的各类创新合作项目为参与者提供了产学合作的场所与机会，进一步拉近了外部参与者与校内科研工作者的距离，推动了产学合作走向深化。

二 国外研究型大学引导区域创新的特色

由于各国的制度和文化不同，区域发展重点和特色不同，国外研究型大学引导区域创新的实践及其内外部协同动力机制存在一定差异，由此也形成了各国研究型大学引导区域创新的特色：美国研究型大学引导区域创新突出市场的调节机制，强调创新与创业教育的融合；德国研究型大学引导区域创新表现为国家政策引领、科研机构和研究型大学协同合作以及区域创新集群化发展；英国研究型大学引导区域创新展现出国家引领、组织机制创新以及注重社会使命的特色。

美国研究型大学在引导区域创新过程中注重发挥市场的主导作用。从外部动力机制来看，美国联邦政府与州政府创新资金供给渠道，将市场化竞争机制引入资金驱动，为研究型大学提供固定拨款的同时也通过竞标与合作等形式为其提供市场化资金来源。研究型大学建立固定保障资金与竞争性预算相结合的财务管理制度，通过市场化扩大研究型大学的资金来源，为创新活动的开展提供了资金流。美国注重中小企业在区

---

[1] Massachusetts Institute of Technology, "Entrepreneurship and Innovation at MIT", [2020 – 01 – 27], http://web.mit.edu/innovate/entrepreneurship2015.pdf.

域创新中的作用,研究型大学注重分拆公司的创建,为中小企业参与创新提供了合作场所。从内部驱动机制来看,美国研究型大学还注重将自身的研究优势与产业优势对接,通过高校创新集团,积极探索产业界的产业优势,将学科优势转化为创新优势由此推动研究型大学形成创新合力。此外,研究型大学还非常重视区域实际需要,通过建设创新区、区域创新生态以及各类服务办公室来深化大学与所在区域之间的合作。最后,在创新创业教育层面,美国研究型大学注重创新与创业教育的双重驱动,一方面注重挖掘学生的创新潜能,另一方面注重提升学生的创业能力,在创业教育过程中激发学生创新潜能。创新创业教育成为美国创新型人才培养的一体两翼,通过创新促进创业,通过创业反哺创新。

德国研究型大学引导区域创新更多体现了国家宏观调控的特色,研究型大学引导区域创新基于德国颁布的创新战略,这些战略为研究型大学引导创新提供了宏观政策指引和制度保障。德国研究型大学还与区域内的科研机构保持密切的合作关系,科研机构弥补了研究型大学创新实力的不足,二者在科研方面的合作创新了知识生产的形式,为研究型大学引导区域创新提供了新思路。最后,德国研究型大学在引导区域知识生产过程中注重创新集群的建立。慕尼黑工业大学与慕尼黑大学形成大学创新集群,有效地整合区域创新资源。通过创新集群平台,慕尼黑地区创新成果扩散的速率加快,推动了区域创新网络的建设。

英国研究型大学引导区域创新体现为国家宏观调控与市场化相结合的特色。从外部机制来看,英国政府展现了宏观调控的总体特色。政府制定统一的财政分配政策,建立中央政府拨款与机构委员会拨款相结合的财政拨款体系,在资金分配中以研究型大学竞争获取机构拨款的形式为主,政府在参与创新的过程中保障了宏观调控的稳定性。此外,在外部资金保障中,研究型大学还引入市场机制,将校友拨款、企业拨款与其他机构拨款相结合,建立多层次的资金供应链。从内部机制来看,英国研究型大学注重采用市场化的组织管理机制以推动研究型大学创新创业。帝国理工学院与牛津大学都成立了全资子公司负责大学的创新成果转移和产学研合作项目,全资子公司还承担了全校创新成果的产权管理等职责。通过引入市场化的管理手段,英国研究型大学有效地协调了市场逻辑与学术逻辑之间的冲突,促进了研究型大学创新活动的开展。最后,英国研究型大学还非常注重发挥社会服务职能,将"市民大学"理念贯穿其中,将社区发展与大学使命有机结合,为区域创新可持续发展提供了新思路。

第 六 章

我国研究型大学引导区域创新的实证分析

为深入了解我国研究型大学在引导区域创新中的现状及问题,并为未来的优化路径提出更具针对性的建议,本章将在前文理论分析、国际比较基础上对我国研究型大学引导区域创新的现状进行实证分析。首先,在协同动力机制模型的基础上,构建实证分析的指标体系;其次,根据指标体系采用适当的方法处理数据,分析实证研究的结果,并对京津冀地区和长三角地区研究型大学区域创新贡献度进行重点分析和比较。

第一节 指标体系的构建

为了解研究型大学引导区域创新的现状及内外部动力机制,本书以研究型大学对区域创新的贡献度为重点,分析我国一流大学建设高校对区域创新的贡献及不同区域间的差异。在构建指标体系时,以第四章构建的研究型大学引导区域创新的协同动力机制模型为主要框架,构建实证研究的指标体系。具体而言,本书以研究型大学引导区域创新的内部要素作为解释变量,即从知识生产、科技创新、创新创业、人才培养、国际交流与合作 5 个维度建立指标框架,以区域创新能力作为被解释变量,采用《中国区域创新能力评价报告》中"知识创造、知识获取、企业创新、创新环境和创新绩效"计算出的综合值作为一级指标,在遵循科学性、现实性、可操作性、效用性原则基础上,初步构建研究型大学引导区域创新的指标体系，通过逐步回归建立解释变量和被解释变量间的联系，并反复迭代抽取最优核心指标，在此基础上，最终形成本书的指标体系框架。

一　指标构建的基础

本章重点研究我国研究型大学对区域创新的贡献度，即研究型大学对区域创新的影响，因此以研究型大学引导区域创新的因素作为解释变量，以区域创新能力为被解释变量构建指标体系。

前文提到研究型大学通过内外部要素协同引导区域创新。作为区域创新系统中知识创造的主体，研究型大学在长期与企业等知识应用主体的合作发展中，实现了自身内部知识生产、人才培养、技术创新和创新创业教育等功能的有效发挥，从根本上带动了区域社会经济的发展。因此，在构建研究型大学引导区域创新的指标时，以其内部要素，即知识生产、科技创新、创新创业、人才培养、国际交流与合作5个维度建立指标框架。知识生产是指大学的知识是最为基础、最为前沿、最为先进的部分，是区域创新的基础；科技创新则指大学有了知识创新，才会有技术上的新突破，以科研院所和高等院校的科学研究为主构成了知识创新系统；创新创业是指研究型大学创新创业教育可以发挥出其对区域内人口就业与区域发展的倍增效应；人才培养则体现了研究型大学培养高层次研究型和复合型人才，致力于研究基础理论和开发尖端技术，是区域创新的重要人力资源；国际交流与合作是区域城市对外交流的窗口，起着重要的文化引领作用。因此，以研究型大学引导区域创新内部要素构建指标可较全面地衡量研究型大学对区域创新的贡献水平。

区域创新能力是衡量一个区域创新水平的体现，对于各区域创新能力体系建设具有重要意义。但是不同的研究角度所构建的区域创新能力指标也不尽相同。学者最早在研究国家创新体系时，提出用国家创新能力来衡量国家创新体系，随着研究的不断深入，在此基础上一些学者又将创新集中在区域内，提出区域创新体系及区域创新能力。根据已有的关于国家创新能力和区域创新能力的研究，中国科技发展战略研究小组提出《中国区域创新能力报告》用区域创新能力综合效用值来表征区域创新能力。区域创新能力综合效用值包括知识创造能力、知识获取能力、企业创新、创新环境和创新绩效五项指标。由于该小组研究的区域创新能力综合效用值涵盖了区域内大学、政府、市场等方面，能够比较综合客观地衡量一个区域的创新能力，因此本书借鉴《中国区域创新能力报告》，用区域创新能力综合效用值来表征区域创新能力。

国内外对研究型大学与区域创新能力的相关指标也有研究。在国外研究型大学对区域贡献的定量研究中，1989 年美国学者 Jaffe 在《科学研究的真正影响》[1] 中改良了生产函数，探索大学研究对区域的贡献。在选取指标上，作者以大学研发经费、工业界研发经费分别衡量大学研究和工业界研究，区域创新能力则以区域工业专利数量进行测量。随后其他学者丰富了 Jaffe 的研究，指标选取更加多样化。Luc（1997）[2] 继续沿用改良的生产函数，以区域企业新产品发布数量测量区域创新能力，以大学研发支出、学生注册人数、实验室研发就业数量为自变量，分析美国 43 个州大学研发创新对区域的溢出效应。Robin（2013）[3] 采用结构方程固定效应模型研究区域大学数量及大学的创新活动对区域创新的影响，在测量区域创新能力时，除采用区域工业专利数量指标外，还选取了专利被引用数量，同时从数量和质量两个视角测量了区域创新能力。在测量大学数量时采用区域大学的数量、区域人口、产业特征信息等指标；大学创新活动则选取大学论文、专著出版数量、引用数量、大学学术专利数量四个指标。Richar（2018）[4] 认为大学促进区域创新主要通过两种方式：一是通过知识生产影响周围的公司和个人，促进基础科学传播和应用研究；二是大学本身的创新活动如技术转移等为地方经济本身创造

---

[1] Jaffe A. B., "Real Effects of Academic Research", *The American Economic Review*, Vol. 79, No. 5, 1989, pp. 957–970.

[2] Anselin L., Varga A. and Acs Z. J., "Local Geographic Spillovers between University Research and High Technology Innovations", *Journal of Urban Economics*, Vol. 42, No. 3, 1997, pp. 422–448.

[3] Cowan R., Zinovyeva N., "University Effects on Regional Innovation", *Research Policy*, Vol. 42, No. 3, 2013, pp. 788–800.

[4] Florida R., Gaetani R., "The University's Janus Face: The Innovation–Inequality Nexus", *Managerial and Decision Economics*, Vol. 41, No. 6, 2020, pp. 1097–1112.

和吸引人力资本。Richar 运用回归系数的方法，分别测量了大学本身和大学创新活动对区域创新的促进作用。以区域工业专利数量、科学论文、初创公司投资表示区域的创新能力，大学本身因素指标包括大学位置、学生注册人数和大学排名，大学创新活动指标为大学论文发表及引用数量。Bonander[①]研究了瑞典政府的区域创新计划效果，区域创新能力用区域申请的专利数量和初创公司数量两个指标表示，大学的指标则包括学生数量、博士数量和教授数量。

  国内研究中，岳鹄（2009）利用改进的知识生产函数的 Cobb–Douglas 形式，研究我国 30 个省市区区域创新能力及影响因素，被解释变量为区域专利授权总量、发明授权数量和非发明授权数量，解释变量分别为研发投入、研发人员数量、教育支出占财政支出比等[②]。郭泉恩（2017）以空间计量模型扩展知识生产函数，基于空间邻接矩阵和反地理距离矩阵，研究高校对区域创新的影响，他认为高校对区域创新的知识溢出作用主要通过培养人才、发表学术论文、申请和发布专利以及举办学术活动等途径。其中区域创新能力以每百万人均拥有高技术产业专利申请量表征，高校因素包括投入和产出两方面，投入以高校科研全时人员占 R&D 人员比重表示，产出以高校科研人员人均论文发表数量或者出版数量，其他因素包括区域研发投入、技术产业规模等，结果表明高校知识溢出对区域创新有明显促进作用[③]。此外，还有学者运用空间计量统计、DEA 模型、EBA 模型等研究大学对区域创新影响。吴玉鸣（2007）运用空间统计分析 Moran 指数法分析大学、企业对区域创新的影响，区域创新用 10 万人专利授权数，自变量分别为大学、企业研发经费支出占 GDP 的比例等，结果表明大学的研发投入对区域创新产出的作用不显著[④]。王辉

[①] Bonander C., Jakobssen N., et al, "Universities as Engines for Regional Growth? Using the Synthetic Control Method to Analyze the Effects of Research Universities", *Regional Science & Urban Economics*, Vol. 60, 2016, pp. 198–207.

[②] 岳鹄、康继军：《区域创新能力及其制约因素解析——基于1997—2007省际面板数据检验》，《管理学报》2009年第9期。

[③] 郭泉恩：《高校知识溢出对我国高技术产业创新的影响研究——基于省级区域的空间计量分析》，《世界地理研究》2017年第4期。

[④] 吴玉鸣：《大学、企业研发与区域创新的空间统计与计量分析》，《数理统计与管理》2007年第2期。

(2020)运用 DEA 两阶段模型研究高校科技创新对区域创新绩效的影响，第一阶段投入指标为高校研发人员和经费支出，产出指标为高校的论文发表数量、专著出版数量和专利数量；第二阶段的投入指标除去论文发表数量、专著出版数量和专利数量外，加入高校非科研经费支出和非科研人员数量，第二阶段产出指标为区域新产品销售收入和技术市场合同成交额①。李宪印（2017）运用 EBA 模型研究高校创新与区域创新的作用，与其他研究不同是，在测量区域创新能力时，并未用简单指标来测量，而是运用 DEA 模型测算区域创新的投入产出效率，其中投入指标为区域科研人员全时当量、科研经费内部支出，产出指标为专利申请受理量和新产品销售收入；在测量高校创新能力时，以人员投入、经费投入支出、基础设施建设水平、国际交流与合作等作指标②。在研究区域创新能力方面，还加上学者采用论文收录数量③、国外论文收录、技术市场成交额④等指标。

总体来说，大学对区域创新贡献的相关指标中，包括大学研发经费、学生注册人数、高新技术实验室研发就业数量、大学数量、大学论文发表数量、学术专利数量、大学位置、大学排名等。在地区创新能力指标的选取中，多数学者采用工业专利这一指标，还有学者在此基础上纳入初创公司的数量等。国内相关研究在指标选取方面，有关大学的指标为研发人员数量、研发经费（总量或者比例）、论文数量（总量或人均）、专著数量（总量或人均）、专利数量（总量或人均）。区域创新能力多以区域专利授权数量、新产品销售收入、技术市场成交额表示。研究中区域创新能力方面的指标参见表 6-1。

---

① 王辉：《基于两阶段 DEA 模型的高校科技创新对区域创新绩效影响》，《经济地理》2020 年第 8 期。

② 李宪印、于婷、刘忠花：《基于 EBA 模型的高校创新与区域创新的协同作用研究》，《经济与管理评论》2017 年第 2 期。

③ 杨若愚：《市场竞争、政府行为与区域创新绩效——基于中国省级面板数据的实证研究》，《科研管理》2016 年第 12 期。

④ 肖振红、范君荻：《科技人力资源投入对区域创新绩效的影响研究》，《科学学研究》2019 年第 11 期。

表6-1　　　　　　　　　　区域创新能力相关指标

研究学者	区域创新指标
Jaffe①	区域工业专利数量
Luc②	区域企业新产品发布数量
Robin③	区域工业专利数量、专利被引用数量
Richard④	区域工业专利数量、科学论文、初创公司投资
Bonander⑤	区域申请的专利数量和初创公司数量
岳鹄⑥、郭泉恩⑦、吴玉鸣⑧	区域专利授权量
王辉⑨	新产品销售收入、技术市场合同成交额
杨若愚⑩	论文收录数量、专利授权数量、技术市场成交额
李宪印⑪	以专利申请量、新产品销售收入为基础的区域综合技术效率

---

① Jaffe A. B., "Real Effects of Academic Research", *The American Economic Review*, Vol. 79, No. 5, 1989, pp. 957-970.

② Anselin L., Varga A. and Acs Z. J., "Local Geographic Spillovers between University Research and High Technology Innovations", *Journal of Urban Economics*, Vol. 42, No. 3, 1997, pp. 422-448.

③ Cowan R., Zinovyeva N., "University Effects on Regional Innovation", *Research Policy*, Vol. 42, No. 3, 2013, pp. 788-800.

④ Florida R., Gaetani R., "The University's Janus Face: The Innovation-Inequality Nexus", *Managerial and Decision Economics*, Vol. 41, No. 6, 2020, pp. 1097-1112.

⑤ Bonander C., Jakobssen N., et al, "Universities as Engines for Regional Growth? Using the Synthetic Control Method to Analyze the Effects of Research Universities", *Regional Science & Urban Economics*, Vol. 60, 2016, pp. 198-207.

⑥ 岳鹄、康继军：《区域创新能力及其制约因素解析——基于1997—2007省际面板数据检验》，《管理学报》2009年第9期。

⑦ 郭泉恩：《高校知识溢出对我国高技术产业创新的影响研究——基于省级区域的空间计量分析》，《世界地理研究》2017年第4期。

⑧ 吴玉鸣：《大学、企业研发与区域创新的空间统计与计量分析》，《数理统计与管理》2007年第2期。

⑨ 王辉：《基于两阶段DEA模型的高校科技创新对区域创新绩效影响》，《经济地理》2020年第8期。

⑩ 杨若愚：《市场竞争、政府行为与区域创新绩效——基于中国省级面板数据的实证研究》，《科研管理》2016年第12期。

⑪ 李宪印、于婷、刘忠花：《基于EBA模型的高校创新与区域创新的协同作用研究》，《经济与管理评论》2017年第2期。

总体而言，国内外研究在测量研究型大学方面的指标包括大学研发人员数量、研发经费、发表论文和专著、学校专利等。测量区域创新的指标包括专利申请或授权量、技术市场成交额、新产品销售收入、新公司数量等。有关指标选取和筛选方法，目前有熵权法[1]、主成分分析法[2]、熵权—层次分析法[3]、因子分析、灰色关联分析[4]、头脑风暴法[5]、德尔菲法和层次分析法[6]等。

因此本书在测量研究型大学对区域创新能力的作用时，以研究型大学引导区域创新的5个内部要素建立指标框架，参照有关研究成果，构建知识生产、科技创新、创新创业、人才培养、国际交流与合作5个一级指标，根据指标可操作性原则，将5个一级指标细化为研发人员数量、研发经费、论文数量等具体指标。另外，借鉴中国科技发展战略研究小组研究成果，以区域创新能力综合效用值测量各区域的创新能力。

二 指标设计过程

（一）指标设计原则

1. 科学性原则

指标体系的设计必须建立在科学的基础上，客观真实地反映各研究型大学知识生产、传播的现状和结果，以及各区域创新发展能力。要采用科学的方法对指标进行筛选，剔除相关性较高的指标，提炼出代表性强、精练度高，反映研究型大学与区域创新之间真实关系的指标体系。考虑到前文所述熵权法、因子分析法等无法抽取被解释变量相关的核心

---

[1] 苏屹、林周周、欧忠辉：《知识流动对区域创新活动两阶段的影响研究》，《科研管理》2020年第7期。

[2] 徐盈之、朱依曦、孙剑：《知识溢出与区域经济增长：基于空间计量模型的实证研究》，《科研管理》2010年第6期。

[3] 毛锦凰：《乡村振兴评价指标体系构建方法的改进及其实证研究》，《兰州大学学报》（社会科学版）2021年第3期。

[4] 俞立平、潘云涛、武夷山：《科技评价中指标初步筛选的实证研究》，《科技进步与对策》2010年第5期。

[5] 郭芸、范柏乃、龙剑：《我国区域高质量发展的实际测度与时空演变特征研究》，《数量经济技术经济研究》2020年第10期。

[6] 韦云、唐国强、徐俊杰：《指标体系的构建模型》，《统计与决策》2013年第4期。

指标，消解指标共线性问题，经商讨，本书通过逐步回归建立解释变量和被解释变量间的联系，通过反复迭代抽取最优核心指标，并进行计算，提高指标设计的科学性。

2. 现实性原则

指标体系的建立也要考虑现实性原则。鉴于我国研究型大学和区域创新实际，应立足于国情、省情，从科学的角度出发，选取能够反映研究型大学对地区创新能力有贡献的衡量指标，以求对研究型大学引导区域创新能力有一个真实、可靠的评价。近年来我国开展科技体制改革，加强科技奖励工作作为其中一项重要工作，旨在强化奖励的荣誉性，鼓励科技创新工作不断取得突破。本书中研究型大学引导区域创新因素指标选取，除参考国内外研究中所选取的研发人员数量、研发经费、发表论文和专著、学校专利等指标外，还增加了高科技成果奖励情况。

3. 可操作性原则

指标体系的应用需要以实际数据为基础，并可以对相关数据进行处理和分析。关于创新能力的测量还处在探索阶段，学者研究尚未达成一致。同时，由于各个地区的经济发展、社会环境、科技开发、教育等水平不同，研究型大学引导区域创新所面临的问题也就不同。要保证数据的可获得性，对区域创新能力进行测量，尽量选取目前可获取的统一的指标，最大限度地代表区域创新能力，因此本书在梳理相关文献后，征询专家意见，选取了较为全面的区域创新能力指标。此外，本书采用定量研究方法，其指标经过处理需可以直接量化。

4. 有效性原则

统计学中，效度是指测量结果真实反映所观察对象的内容程度，效度越高，测量结果反映被考察对象的真实性越高。在选取指标时，要保证指标的有效性。在选取研究型大学的贡献指标时，需筛选出真正可以代表研究型大学的贡献特征、测量贡献程度的指标。本书为更精准研究问题并确保指标的效度，运用拉索回归、混合指标等对指标体进行筛选，构建了效度较高的指标体系。

(二) 指标框架的构建

本书以研究型大学（可以引导区域创新的因素）作为解释变量，以区域创新能力为被解释变量。解释变量以研究型大学知识生产、科技创新、创新创业、人才培养、国际交流与合作五个维度建立指标框架；被解释变量区域创新能力则借鉴已构建的指标体系。具体如下：

1. 研究型大学引导区域创新因素指标构建

本书以研究型大学引导区域创新内部要素为框架，将指标体系分解为知识生产、科技创新、创新创业、人才培养、国际交流与合作五个方面，并细化到一系列可以观测的指标。

知识生产：大学作为众多知识生产组织中的一环，与其他组织相比具有自身的独特之处。在现代社会，企业、政府、科研院所等都是知识生产主体。但大学之所以成为"高深知识"的专属代表，是因为大学的知识是各门知识中最为基础、最为前沿、最为先进的部分，研究型大学产出的知识类型重点在于解释事件为什么会发生和其发生原理，致力于寻找事物的规律与本质。

科技创新：研究型大学进行技术创新的前提首先是知识创新。或者说，有了知识创新，才会有技术上的新突破。以科研院所和高等院校的科学研究为主构成的知识创新系统，是技术创新的源泉。

创新创业：创新创业教育对研究型大学而言可以解决大学生就业问题，对区域而言可以增加就业岗位，解决区域内其他人员的就业问题，通过内外联动为区域经济发展注入活力，如此一来，创新创业教育就可以发挥出其对区域内人口就业与区域发展的倍增效应。目前，创新创业教育已经作为新的教育发展理念在我国高校全面开展，其重点在培养大学生的创新精神，增强创业意识，提升创新创业能力。

人才培养：研究型大学处于高等教育系统金字塔顶端，其目标是培养紧缺的高层次研究型和复合型人才，致力于研究基础理论和开发尖端技术，其培养创新型人才的重要性和核心地位毋庸置疑。

国际交流与合作：教育的国际交流与合作是指一个国家将本国教育置身于世界教育发展的系统之中来确定发展方向，通过教育交流与合作使得本国教育成为世界教育的有机组成部分。研究型大学不仅承担着为国家培养高层次人才的重要使命，而且作为区域和城市对外交流的窗口，还起着重要的文化引领作用。

2. 区域创新能力指标构建

前文提到，已有研究对区域创新能力的指标测量主要集中于区域专利授权数量、新产品销售收入、技术市场成交额等。究其原因，区域专利授权数量等数据具有较强的易得性，这些指标基本可在《中国统计年鉴》中直接获取，并在一定程度上可以测量区域部分创新能力。但区域创新能力是一个较为宽泛的概念，与区域各种资源相关联的制度组织、专利等指标更适合表征区域的科技创新能力，仅仅用专利等指标衡量区域整体的创新能力未免有失偏颇。

中国科技发展战略研究小组的《中国区域创新能力报告》，用区域创新能力综合效用值来表征区域创新能力。区域创新能力综合效用值是由知识创造能力、知识获取能力、企业创新、创新环境和创新绩效五部分组成，综合效用值涵盖区域内大学、政府、市场等方面，能够比较综合客观地衡量一个区域的创新能力，因此本书借鉴《中国区域创新能力报告》，用区域创新能力综合效用值来表征区域创新能力。《中国区域创新能力报告》中的中国区域创新能力指标体系主要包括5个一级指标、20个二级指标、40个三级指标和137个四级指标。一级指标包括知识创造、知识获取、企业创新、创新环境和创新绩效。

（三）指标筛选过程

为更科学地对研究型大学区域创新能力进行计算，本书在一级指标和二级指标设计上的广度相对较大，故为更精准地对研究问题进行描述，同时降低算法复杂度，选择通过逐步回归建立解释变量和被解释变量间的联系，通过反复迭代抽取最优核心指标，并进行计算。而在指标筛选过程中，我们尝试了多种模型搭配，具体过程大致如图6-1所示。

首先，在算法选择上，逐步回归、岭回归[1][2]、拉索回归[3]在处理共线性、过滤指标表现上较为稳定与有效，同时随机森林算法对易实现并行计算，处理各类数据，抗噪声强，故在数据预处理以后我们主要使用

---

[1] 闫春、邓阳：《人力资本与经济增长：基于超越对数生产函数的一种解释》，《中国人力资源开发》2017年第12期。

[2] 李立国、杜帆：《研究生教育对经济增长贡献率的区域差异与布局结构优化》，《教育发展研究》2020年第21期。

[3] 孙鹤立、孙玉柱、张晓云：《基于事件描述的社交事件参与度预测》，《计算机应用》2020年第11期。

了随机森林回归、逐步回归、拉索回归、岭回归等模型建立解释变量与被解释变量之间的关系，筛选有意义指标；其次，在指标代入过程中主要针对一级指标、二级指标、混合指标进行了不同的分析；再次，由于不同指标具有时间特性，故在时间有区分和时间无区分两个维度下分别细化了步骤；最后，通过因子分析综合得分与熵值综合得分两类方式对研究型大学的区域创新贡献能力进行了计算，并结合合理性与科学性确定最优指标库。

但是要强调，经过每轮与专家商讨的结果，若各步骤出现结果不理想情况，便进行步骤回溯，重新计算新模型搭配的尝试。此外，在此过程中我们受到数据预处理和无效指标项干扰，故在此过程中也存在重返数据预处理和无效指标项删除操作。总的来说，量化研究型大学对区域创新贡献度的过程是一个不断试错和不断优化的过程，根据结果比较，最终我们选择了逐步回归、混合指标、时间无区分的熵值综合得分步骤。

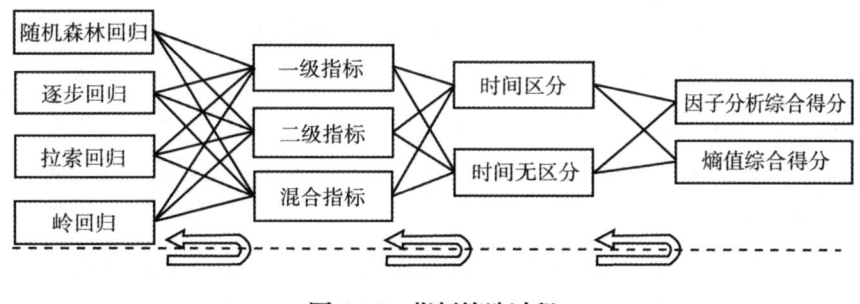

图 6-1 指标筛选过程

三 指标体系确定及数据来源

（一）研究型大学指标体系及数据来源

研究型大学引导区域创新内部因素包括知识生产、科技创新、创新创业、人才培养、国际交流与合作，因为研究型大学通过生产知识为区域创新提供基础知识，大学本身的平台成为区域科技创新的重要载体，创新创业教育是区域创新的重要组成部分，人才培养为区域提供智力支持，国际学术交流、科技合作为区域的国际交流与合作提供平台，对区域创新产生引导作用。研究型大学引导区域创新的这五个维度本身就体现了大学人才培养、科学研究、社会服务、国际交流等基本职能，因此在指标体系构建中，以五个内部因素为框架，探讨研究型大学对区域创新的引导作用。根据国内外相关研究可以发现，学者在测量研究型大学方面的具体指标包括大学研发人员数量、研发经费、发表论文和专著、学校专利等，这些指标体系也体现了大学知识生产、科技创新、创新创业、人才培养、国际交流与合作的功能。

教育部科学技术司出版的《高等学校科技统计资料汇编》（简称《汇编》）是基于第二次全国科学研究与试验发展资源和全国各教育厅、教育委员会《全国普通高等学校科技统计年报》，对高等学校科技情况进行的详细汇编。一方面，中央政府统计数据具有权威性、可靠性和统一性，适用于所有的研究型大学。另一方面，《汇编》统计了研究型大学的教学与科研人员职务职称情况，科技人力投入情况（包括研究生数量），科技经费投入支出，研发项目数量，研发成果获奖、应用和服务情况，科技成果和转让以及国际科技交流情况。这些指标对应了研究型大学知识生产、科技创新、创新创业、人才培养、国际交流与合作功能，如有职称的研发人员是研究型大学知识生产的主力；科技人力、科研经费是大学科技创新的重要投入，而科研项目数量则是科技创新的产出；科技成果的获奖、应用和转让都是研究型大学创新创业的结果；研究生数量也可以表征研究型大学在培养高端人才方面的成就；国际科技交流是研究型大学国际交流的重要方式。

基于此，本书以《汇编》中研发人员、科技人力投入、科技经费等指标为基础，以研究型大学知识生产、科技创新、创新创业、人才培养、国际交流与合作功能五个功能为框架，初步建立研究型大学指标体系库。为减少指标多重共线性，选择与研究型大学与相应区域创新能力较为相关和具有代表性的指标，在确定上述研究方法和相关指标架构的基础上，使用逐步回归对指标库所有指标进行过滤。即使用所有指标作为自变量，使用区域创新能力作为因变量，通过逐步回归的 P 值显著性判断指标有效性与可用性。最终形成表 6-2 所示的指标体系。

表 6-2　　　　　　　　研究型大学引导区域创新的指标体系

1. 知识生产	1.1 教学与科研人员	教授数量	
		副教授数量	
		讲师数量	
		助教数量	
		高级职称教师数量	
		中级职称教师数量	
		初级职称教师数量	
2. 科技创新	2.1 科技人力	科技活动人员数量	科学家和工程师
			辅助人员
		研究与发展人员	科学家和工程师
			辅助人员
		研究与发展全时人员（人年）	科学家和工程师
			辅助人员
		R&D 成果应用及科技服务人员（人）	科学家和工程师
			辅助人员
		R&D 成果应用及科技服务全时人员（人年）	科学家和工程师
			辅助人员
	2.2 科技经费	拨入经费	政府资金
			企事业单位委托
		支出经费	劳务费
			业务费
			转拨外单位
	2.3 研发项目	合计项目数（项）	合计当年投入人数（人年）
			合计当年拨入经费（千元）
			合计当年支出经费（千元）
		基础研究项目数（项）	基础研究当年投入人数（人年）
			基础研究在读研究生（人）
			基础研究当年拨入经费（千元）
			基础研究当年支出经费（千元）

续表

2. 科技创新	2.3 研发项目	应用研究项目数（项）	应用研究当年投入人数（人年）
			应用研究在读研究生（人）
			应用研究当年拨入经费（千元）
			应用研究当年支出经费（千元）
		试验发展项目数（项）	试验发展当年投入人数（人年）
			试验发展在读研究生（人）
			试验发展当年拨入经费（千元）
			试验发展当年支出经费（千元）
3. 创新创业	3.1 科研成果应用及科技服务	合计项目数（项）	合计当年投入人数（人年）
			合计在读研究生（人）
			合计当年拨入经费（千元）
			合计当年支出经费（千元）
		研究与发展成果应用项目数（项）	研究与发展成果应用当年投入人数（人年）
			研究与发展成果应用在读研究生（人）
			研究与发展成果应用当年支出经费（千元）
			研究与发展成果应用当年拨入经费（千元）
		科技服务项目数（项）	科技服务当年投入人数（人年）
			科技服务在读研究生（人）
			科技服务当年拨入经费（千元）
			科技服务当年支出经费（千元）
	3.2 科技成果奖	国家自然科学奖合计	国家自然科学奖二等（项）
			国家发明奖合计（项）
			国家发明奖二等（项）
		国家科技进步奖合计	国家科技进步奖特等（项）
			国家科技进步奖一等（项）
		国务院各部门科技进步奖	
		省、自治区、直辖市科技进步奖	

续表

3. 创新创业	3.3 科技成果	出版科技著作数量（部）	
		发表学术论文（篇）合计	发表学术论文（篇）其中：国外学术刊物
		国家级项目验收（项）合计	国家级项目验收（项）其中：与外单位合作
			国家级项目验收（项）973 计划
			国家级项目验收（项）科技攻关计划
			国家级项目验收（项）863 计划
			国家级项目验收（项）自然科学基金
	3.4 技术转让	专利情况	专利申请数（件）合计
			专利授权数（件）合计
			专利出售数合同数（项）
		与企业签订合同情况	合同数（项）合计
			合同金额（千元）合计
			当年实际收入（千元）合计
4. 人才培养	4.1 在读研究生	研发项目在读研究生数量	
5. 国际交流与合作	5.1 国际科技交流	合作研究派遣（人次）	合作研究接受（人次）
		国际学术会议出席人员（人次）	国际学术会议交流论文（篇）
			国际学术会议特邀报告（篇）
			国际学术会议主办（次）

（二）区域创新能力指标体系构成

本书区域创新能力指标体系以《中国区域创新能力报告》中的指标框架为参照。中国科技发展战略研究小组自 1999 年开始推出《中国区域创新能力报告》，2003 年对评价指标进行调整，初步建立了区域创新评价的指标框架，一级指标分为知识创造、知识获取、企业创新能力、创新环境和创新的经济效益。后根据经济发展和研究的不断深入对指标进行微调，截至 2018 年，《中国区域创新能力报告》中的中国区域创新能力指标体系主要包括 5 个一级指标、20 个二级指标、40 个三级指标和 137

个四级指标。一级指标包括知识创造、知识获取、企业创新、创新环境和创新绩效。其中知识创造用来衡量区域不断地创造新知识的能力；知识获取用来衡量区域利用全球一切可用知识的能力；企业创新用来衡量区域内企业应用新知识、推出新产品或新工艺的能力；创新环境用来衡量区域为知识的产生、流动和应用提供相应环境的能力；创新绩效用来衡量区域创新的产出能力。[①] 表6-3为中国区域创新能力指标体系（一、二级指标）。

表6-3　　　　　　　中国区域创新能力指标体系

一级指标	二级指标	一级指标	二级指标
1. 知识创造	1.1 研究开发投入综合指标	4. 创新环境	4.1 创新基础设施综合指标
	1.2 专利综合指标		4.2 市场环境综合指标
	1.3 科研论文综合指标		4.3 劳动者素质综合指标
2. 知识获取	2.1 科技合作综合指标		4.4 金融环境综合指标
	2.2 技术转移综合指标		4.5 创业水平综合指标
	2.3 外资企业投资综合指标	5. 创新绩效	5.1 宏观经济综合指标
3. 企业创新	3.1 企业研究开发投入综合指标		5.2 产业结构综合指标
	3.2 设计能力综合指标		5.3 产业国际竞争力综合指标
	3.3 技术提升能力综合指标		5.4 就业综合指标
	3.4 新产品销售收入综合指标		5.5 可持续发展与环保综合指标

资料来源：中国科技发展战略研究小组：《中国区域创新能力评价报告2003》，经济管理出版社2003年版，第8页。

创新能力评价采用加权综合评价法，基础指标无量纲化后，用专家打分得到的权重，分层逐级综合，最后得出每个省（自治区、直辖市）创新能力的综合效用值。以2018年报告为例，全国区域创新综合效用值如图6-2所示。

---

① 中国科技发展战略研究小组：《中国区域创新能力评价报告2018》，科学技术文献出版社2018年版，第47页。

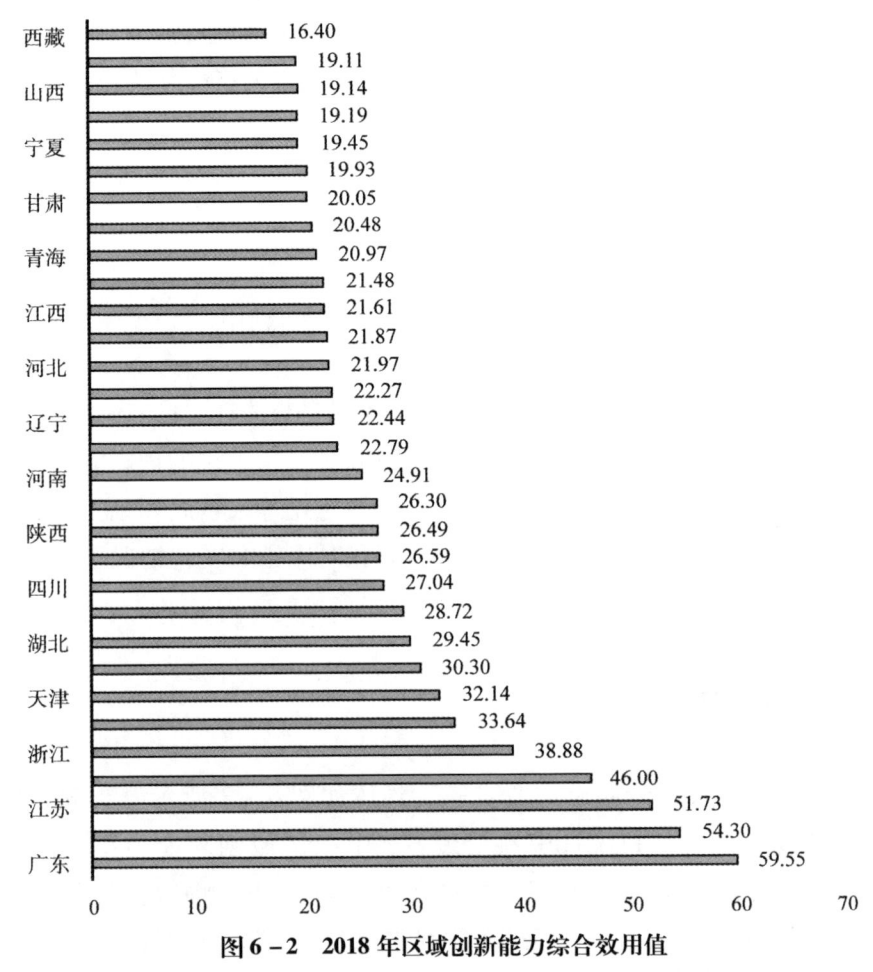

第六章 我国研究型大学引导区域创新的实证分析 / 229

地区	数值
西藏	16.40
	19.11
山西	19.14
	19.19
宁夏	19.45
	19.93
甘肃	20.05
	20.48
青海	20.97
	21.48
江西	21.61
	21.87
河北	21.97
	22.27
辽宁	22.44
	22.79
河南	24.91
	26.30
陕西	26.49
	26.59
四川	27.04
	28.72
湖北	29.45
	30.30
天津	32.14
	33.64
浙江	38.88
	46.00
江苏	51.73
	54.30
广东	59.55

图 6-2　2018 年区域创新能力综合效用值

资料来源：中国科技发展战略研究小组：《中国区域创新能力评价报告 2018》，科学技术文献出版社 2018 年版，第 7 页。

　　本书的"区域创新"指在整个国家创新体系内，将某个特定地理范围内的生产要素进行重新组合，建立一种新的函数关系，并将其付诸实践的过程。《中国区域创新能力评价报告》中的区域创新能力综合效用值包含的指标体系较为全面，涵盖大部分衡量创新的生产要素。从主体来看，创新指标体系不仅涉及区域产、学、研等各方面指标，还关注创新所需环境等；从创新过程看，指标体系包括创新的投入和产出。因此，指标体系的构建具有较好的适切性，为后续的实证分析提供了较为合理和科学的测量与分析基础。

值得注意的是，本书以历年《高等学校科技统计资料汇编》《中国区域创新能力报告》为数据来源，前者选取部分相关指标作为解释变量，后者选取各地区创新能力指数作为被解释变量。由于报告的时间滞后性，故时间上主要区间为 2010—2018 年，具体体现到实际时间即 2009—2017 年。

第二节　我国研究型大学引导区域创新的实证分析

基于上述指标体系，本节依据《高等学校科技统计资料汇编》《中国区域创新能力报告》中的数据，对京津冀和长三角区域的创新能力进行分析，包括其特征分布，与所有地区水平的对比等。在此基础上，结合分析结果和相关材料，对研究型大学得分和时序排名变化情况予以总结和讨论。

一　实证分析框架

（一）研究思路

研究思路共分为四个主要步骤，具体如图 6-3 所示。首先，对历年《高等学校科技统计资料汇编》《中国区域创新能力报告》进行梳理，并通过缺失值处理、标准化处理等办法，将数据转化为模型可识别的矩阵，并消除不同量纲带来的干扰，录入数据库。其次，数据分析方面包括逐步回归特征选择和熵值综合得分计算两个子部分，前者是指依据逐步回归模型从自变量中抽取能够较大程度上解释因变量的特征，其选择标准主要参考逐步回归结果的 P 值显著性。后者是指使用熵值综合评价方法，先建立各特征概率分布矩阵，基于差异系数等得出不同特征权重系数，进而基于上述条件可计算出不同研究型大学在固定特征上，对区域创新贡献程度的综合得分。再次，在地区计算基础上进一步对京津冀和长三角区域的创新能力进行分析，包括其特征分布，与所有地区水平的对比等。最后，结合分析结果和相关材料，对研究型大学得分和时序排名变化情况予以总结和讨论。

第六章 我国研究型大学引导区域创新的实证分析 / 231

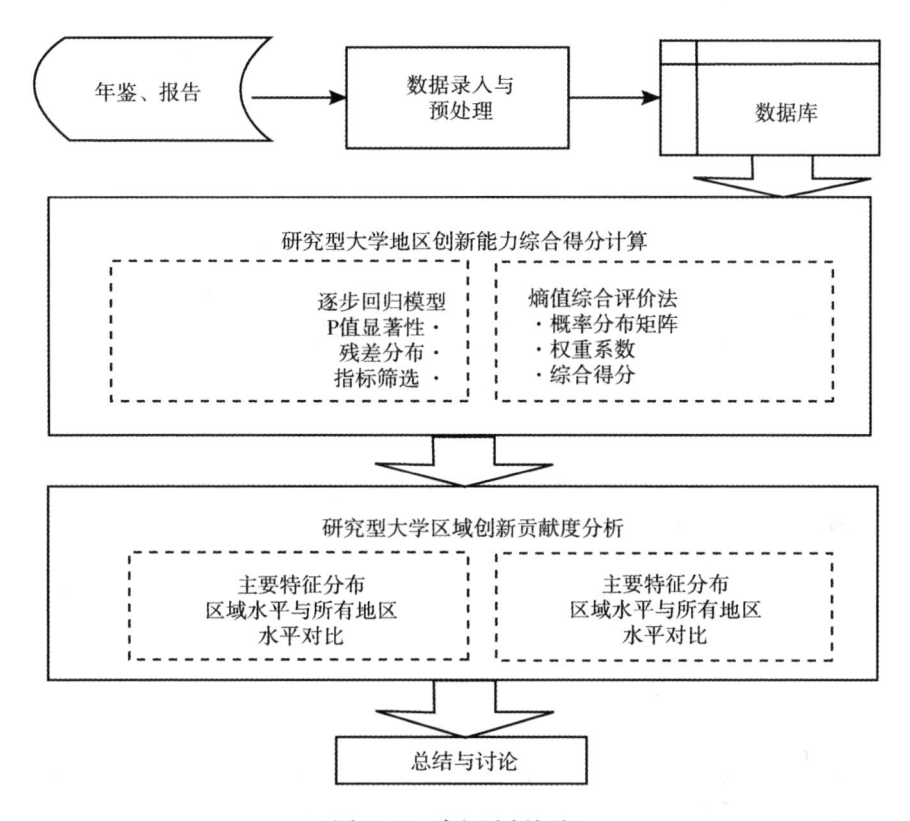

```
年鉴、报告 → 数据录入与预处理 → 数据库
                                    ↓
研究型大学地区创新能力综合得分计算
  ┌─────────────────┐  ┌─────────────────┐
  │ 逐步回归模型      │  │ 熵值综合评价法    │
  │ P值显著性         │  │ ·概率分布矩阵    │
  │ ·残差分布         │  │ ·权重系数        │
  │ ·指标筛选         │  │ ·综合得分        │
  └─────────────────┘  └─────────────────┘
                                    ↓
研究型大学区域创新贡献度分析
  ┌─────────────────┐  ┌─────────────────┐
  │ 主要特征分布      │  │ 主要特征分布      │
  │ 区域水平与所有地区 │  │ 区域水平与所有地区│
  │ 水平对比          │  │ 水平对比          │
  └─────────────────┘  └─────────────────┘
                                    ↓
                              总结与讨论
```

图 6-3 实证分析框架

(二) 数据预处理

首先，构建"年份—高校—地区—特征变量—创新能力综合指标" 60×96 维矩阵，并进一步将 10 年数据集约为 540×96 维矩阵；其次，由于部分院校缺失值较多，故分情况对数据进行不同类型的数据预处理。一是参照有关学者观点，缺失值数量超过阈值 25% 需进行删除[①]。中国人民大学、中国政法大学、中国传媒大学等缺失值比例达到了 26%，故对其进行删除操作。二是对于其他缺失值按实际情况填充。主要包括灰色预测填充、均值填充两种方法。

---

① 潘进：《统计分析方法在数据库精准营销中的应用》，硕士学位论文，东南大学，2017 年。

(1) 灰色预测模型

所谓灰色是包括介于白色系统与黑色系统之间的一种系统，即既包括一定已知信息又包括一定未知信息，灰色预测［Gray mode，GM(1，1)］是一种基于历史已知数据对未知信息量进行短暂拟合与预测的模型，相较多元线性回归、支持向量回归等模型更具科学性与实用性，由于本书中自变量选取较多，使用这些模型进行缺失值拟合反而易对其造成干扰。同时，其他时间序列模型 ARIMA、SARIMA 等对数据量要求较高，一般要求至少达到 30 个周期，然而本书主要针对近 10 年数据进行研究，上述模型也不能作为数据填充办法直接进行使用。灰色预测模型作为一种短期趋势变化预测的研究方法，能够基于少量数据集完成趋势内缺失值填充，故选用灰色预测模型作为缺失值填充办法之一，其核心计算理念如公式 1 所示。

$$\hat{X}^{(1)}(k) = \left(X^{(0)}(1) - \frac{l}{m}\right)e^{-m(k-1)} + \frac{l}{m} \qquad 公式1$$

$$X^{(1)}(k) = \sum_{i=1}^{k} X^{(0)}(i) \qquad 公式2$$

其中，$X^{(0)}$ 为原始随机序列，$X^{(1)}$ 是基于公式 2 进行的"一次累加"变换得到的新生成数据，m 为发展系数，l 为灰色作用量。l 与 m 具体求导方法如公式 3 所示，B 矩阵第一列为滑动平均值，Y 为原始序列除去第一项以后生成的序列。通过反向计算最终可求得公式 1 内所有参数，从而求得预测序列 $\hat{X}^{(1)}$，由于 $\hat{X}^{(1)}$ 经由一次累加变化，故进一步使用公式 6 进行数据还原，从而得到 $\hat{X}^{(0)}$。

$$[m, l]^T = (B^T B)^{-1} B^T Y \qquad 公式3$$

$$B = \begin{bmatrix} -\frac{1}{2}(X^{(1)}(1) + X^{(1)}(2)) & 1 \\ -\frac{1}{2}(X^{(1)}(2) + X^{(1)}(3)) & 1 \\ \cdots & \cdots \\ -\frac{1}{2}(X^{(1)}(n-1) + X^{(1)}(n)) & 1 \end{bmatrix} \qquad 公式4$$

$$Y = [X^{(0)}(2), X^{(0)}(3), \cdots, X^{(0)}(n)]^T \qquad 公式5$$

$$\hat{X}^{(0)}(k) = \hat{X}^{(1)}(k) - \hat{X}^{(1)}(k-1) \qquad 公式6$$

(2) 均值填充

均值填充分为两种情况,但其具体计算方式基本不变,如公式 7 所示,n 为样本个数。首先,由于教育部《高等学校科技统计资料汇编》中解释变量已经按照由大到小的顺序进行排序,故使用缺失值上下文数值能够大致反映缺失值平均水准情况;其次,对于上下文也存在缺失值或同一特征时序上不具连续性,无法使用灰色预测模型做预测的指标,使用历年均值作为填充。

$$\bar{x} = \frac{\sum_{i=1}^{n} x_n}{n} \qquad \text{公式 7}$$

最后,对数据进行标准化处理,具体方式如公式 8 所示,其中,$\bar{x}$ 表示均值,std 表示标准差,变换结果服从 ($\mu = 0$, $\sigma = 1$)。

$$z_i = \frac{x_i - \bar{x}}{std} \qquad \text{公式 8}$$

(三) 主要技术

研究型大学对所属地区创新能力得分的量化计算主要分为两个主要部分:其一是构建逐步回归模型,从 96 项指标中筛选出影响被解释变量较高的特征;其二是构建熵值综合评价法,计算不同特征的概率分布矩阵、差异系数、权重系数等,进而得到综合得分。

1. 逐步回归模型构建

研究者在特定项目调研中无法预知哪些特征属于重要信息,哪些特征属于边缘化信息,只能在研究中尽可能多地将能够获取的信息收集起来进行比较,然而数据特征项过多无疑会增加时间成本和计算难度。为此,逐步回归法应运而生,该方法属于回归分析方法的一种,相较普通多元线性回归需要通过方差膨胀系数和显著性指标等进行特征抽取,对不符合条件的结果进行一一修正或剔除,并经由反复迭代确定最终指标,该过程较为耗时,而逐步回归分析则实现了自动化。逐步回归分析方法对特征影响效应大小具有较强敏感性,该方法自动按照解释变量对被解释变量的影响和显著性程度建立最优回归方程,并在此过程中重复测量新加入特征对已有模型的积极或消极影响作用,自动过滤无效不显著和无效特征。为此,本书拟使用逐步回归分析方法建立回归模型,抽取已选取的解释变量中的重要特征，为综合得分计算提供测量支撑。

逐步回归方程与多元线性回归内在数学表达式与求解方法并无较大区别，其核心要点在于对特征的选取方式有所不同。逐步回归模型先建立因变量与自变量间的一元回归方程，以选取最优特征项，然后按照此逻辑逐步引入其他特征，建立多元回归模型，抽取符合统计学意义的显著性特征项，直至修正后的 R – square 不再提高。因此，可以将逐步回归方法理解为向前回归法和向后回归法结合的研究方法，其理论一般式如公式9所示，其中 y 为因变量，w 为回归系数，X 为筛选后的特征指标，ϵ 为误差项。

最小二乘法也可看为损失函数，核心理念在于通过最小残差平方和得到最优模型，其损失越低，说明模型越准确，具体如公式10所示，其中，带有"^"标记的变量为估计值，其他含义不变，主要为未知参数项 w。依据偏导为零得到最小值解的特性，可进一步对 w 求偏导，得到具体回归系数，结果如公式11所示。

$$y = w_0 + w_1 X_1 + w_2 X_2 + \cdots + w_n X_n \qquad 公式9$$

$$Q = \sum_{i=1}^{m} (y_i - \hat{y}_i)^2 = \sum_{i=1}^{m} (y_i - \hat{w}_0 - \hat{w}_1 X_1 - \hat{w}_2 X_2 - \cdots - \hat{w}_n X_n)^2 \qquad 公式10$$

$$\hat{W} = (X^T X)^{-1} X^T Y \qquad 公式11$$

2. 熵值综合评价法构建

熵是对系统不确定性程度的一种衡量方法，可被用于描述特征信息量的大小。一般而言，熵值越小，系统所包含的信息量越大，对应权重值也就越大；反之，系统包含信息量越小，对应权重值也就越小，基于此，可从客观视角对系统各特征权重进行刻画，进而使用其对各高校综合创新能力进行评价。

设数据集 X_{m*n} 包含 m 条记录，n 个特征项，特征由逐步回归法获得，首先消除不同数据特征量纲规模带来的影响，对于正向指标使用公式12进行标准化，对于逆向指标使用公式13进行标准化，其中正向指标是指其值越大越有利于促进发展的特征，逆向指标是指其值越小越好的特征，i 和 j 分别表示第 i 行第 j 列，$i \in \{1, 2, 3, \cdots, m\}$，$j \in \{1, 2, 3, \cdots, n\}$。同时，为保证特征标准化与后续对数计算具有数据意义，对其进行平移，平移单位一般大于最小值,越接近最小值最好[①],故设置 ε 取 0.01。

$$x'_{ij} = \frac{x_{ij} - min(x_{1j}, x_{2j}, \cdots, x_{mj})}{max(x_{1j}, x_{2j}, \cdots, x_{mj}) - min(x_{1j}, x_{2j}, \cdots, x_{mj})} + \varepsilon \qquad 公式12$$

$$x'_{ij} = \frac{max(x_{1j}, x_{2j}, \cdots, x_{mj}) - x_{ij}}{max(x_{1j}, x_{2j}, \cdots, x_{mj}) - min(x_{1j}, x_{2j}, \cdots, x_{mj})} + \varepsilon \qquad 公式13$$

计算 P 矩阵,计算方式为公式 14 所示,即遍历标准化后第 i 行第 j 列值占所属特征 j 的概率分布情况,同时,可求得 e_j 第 j 列特征熵值,且有 $e_j > 0$,如公式 15 所示。

$$P_{i,j} = \frac{x'_{ij}}{\sum_{i=1}^{m} x'_{ij}} \qquad 公式14$$

$$e_j = -\frac{1}{\ln(m)} \sum_{i=1}^{m} P_{i,j} \ln(P_{i,j}) \qquad 公式15$$

进一步地,已有差异系数 g_j,计算方式如公式 16 所示,其反映的是高校特征 j 组间差异情况,差异越大,熵值越小,指标重要度也就越强,反之则越小。基于此,可计算各特征在所有指标中的分布情况,也称为权重,计算方式如公式 17 所示。

$$g_j = 1 - e_j \qquad 公式16$$

$$W_j = \frac{g_j}{\sum_{j=1}^{n} g_j} \qquad 公式17$$

最终,高校综合得分 S,计算方式如公式 18 所示。

$$S_{i,j} = \sum_{j=1}^{n} W_j * P_{ij} \qquad 公式18$$

二 研究结果

(一) 创新能力概述

衡量高校区域创新能力的备选指标较多,包括科技活动人员、研究与发展人员、政府投入资金、企事业单位委托投入资金、劳务费支出、业务费支出等 96 项指标。为抽取影响区域创新能力的较为关键的指标,使用逐步回归方法建立方程模型,其中解释变量为 96 项指标,被解释变

[①] 袁久和、祁春节:《基于熵值法的湖南省农业可持续发展能力动态评价》,《长江流域资源与环境》2013 年第 2 期。

量选取历年《中国区域创新能力报告》中"区域创新能力综合指标"。首先可对区域创新能力进行宏观分析，具体结果如表6-4所示。

表6-4 2017—2008年部分地区创新能力指数

年份	2017	2016	2015	2014	2013	2012	2011	2010	2009	2008
江苏	49.58	51.73	53.3	57.2	58.01	58.86	57.58	53.84	55.49	52.27
广东	59.49	59.55	55.24	53.62	52.71	52.44	53	49.38	54.88	51.89
北京	53.22	54.3	52.56	52.61	50.45	50.11	50.73	46.11	50.31	47.92
上海	45.63	46	44.81	46.04	45.62	46.59	47.18	42.48	49.98	46.23
浙江	38.8	38.88	37.66	37.94	42.05	41.46	42.4	38.48	42.83	41.23
山东	33.12	33.64	33.77	36.29	37.49	37.93	37.73	36.71	39.04	37.34
天津	28.83	32.14	33.71	34.15	36.49	36.61	36.13	34.09	38.29	35.89
辽宁	22.73	22.44	22.26	24.46	26.88	27.19	28.85	31.28	31.77	28.93
四川	28.03	27.94	27.52	29.07	26.39	26.98	27.16	28.35	31.07	29.95
重庆	30.87	30.3	30.05	32.04	32.99	32.9	33.88	28.08	30.77	29.85
湖南	26.82	26.59	26.63	27.77	28.03	28.59	28.25	28.45	29.81	29.79
陕西	27.34	26.49	26.05	29.29	27.14	26.86	27.68	27.84	29.8	27.79
湖北	29.21	29.45	29.35	29.07	28.59	28.82	28.71	28.35	29.35	30.61
福建	26.56	26.3	25.77	27.2	29.25	28.8	29.33	26.48	28.62	24.16
安徽	28.7	28.72	28.36	30.02	29.86	30.47	29.75	30.08	27.81	28.56
吉林	18.8	20.48	19	18.53	18.95	20.69	22.64	20.76	27.14	22.2
黑龙江	18.53	19.19	19.51	21.16	20.65	21.22	23.55	24.61	24.05	22.84
甘肃	20.1	20.05	20.82	22.06	21.68	23.58	22.2	19.7	22.41	19.83

自2008年以来，创新能力较高的省市主要为江苏、广东、北京、上海、浙江，其创新力稳定占据前5位，在2014年分别达到57.2、53.62、52.61、46.04、37.94；但2014年后广东省创新能力超过了江苏省，并在2015年、2016年、2017年排至首位，3年中广东省创新力指数达到55.24、59.55、59.49，是近10年的最高创新指数，说明广东省完成了对江苏省创新能力的超越。反之，创新能力较为不足的省市主要为福建、安徽、吉林、黑龙江、甘肃，其值2017年只有26.56、28.7、18.8、18.53、20.1，但要强调地区创新能力低，并不能直接说明区域所属高校

对地区创新能力就呈现线性正向或负向相关性,这需进一步剖析。

为说明研究型大学对地区的创新贡献情况,构建"年份—高校—地区—创新能力综合指标"四级映射关系,从已有数据库随机抽取部分结果,按地区进行排序,结果如表6-5所示,其中"创新力"即对应地区的创新能力综合值,该值越大说明地区创新能力越大,但并不表示对应行中高校对地区创新能力贡献度的影响。可见,2008年北京地区的创新力为47.92,2013年该值为50.45;2009年广东地区的创新力为54.88,2014年该值为53.62;2010年江苏地区的创新力为53.84,2015年该值为57.2;2008年山东地区的创新力为37.34,2014年该值为36.29。依据这些记录可以将数据从60×96维矩阵转换为540×96维矩阵,从而基于更优训练集构建逐步回归模型。

表6-5　　　　　　　高校区域创新能力(随机部分)

年份	学校	地区	创新力	年份	学校	地区	创新力
2008	清华大学	北京	47.92	2014	江南大学	江苏	57.2
2015	中国农业大学	北京	52.56	2012	江南大学	江苏	58.86
2013	华北电力大学	北京	50.45	2010	江南大学	江苏	53.84
2014	北京化工大学	北京	52.61	2015	江南大学	江苏	53.3
2015	华南理工大学	广东	55.24	2016	山东大学	山东	33.64
2009	华南理工大学	广东	54.88	2008	中国海洋大学	山东	37.34
2014	华南理工大学	广东	53.62	2014	山东大学	山东	36.29
2012	武汉大学	湖北	28.82	2011	西安交通大学	陕西	27.68
2015	华中师范大学	湖北	29.35	2008	华东理工大学	上海	46.23
2011	武汉理工大学	湖北	28.71	2011	四川大学	四川	27.16
2013	中南大学	湖南	28.03	2010	天津大学	天津	34.09
2010	东北师范大学	吉林	20.76	2011	天津大学	天津	37.13
2008	吉林大学	吉林	22.2	2011	浙江大学	浙江	42.4
2014	南京大学	江苏	57.2	2009	西南大学	重庆	30.77

(二)研究型大学关键指标的选取

通过逐步回归能够抽取具有显著影响作用的指标,避免特征多重共线性。按此方法计算,共得到有效指标19项,具体如表6-6所示,包括试验发展在读研究生、国务院各部门科技进步奖、合作研究派遣、转拨外单位支出、国家科技进步奖、国际学术会议特邀报告、劳务费支出、青年教师数、应用研究当年支出经费、基础研究当年投入人数、省（自治区、直辖市）科技进步奖、专利申请数合计、基础研究项目数、业务费支出、高级教师、应用研究在读研究生、学校研究与发展项目合计项目数、副教授人数等。这些指标经过 25 轮新指标输入，并重新对整体模型进行显著性检验得到，其 P 值均小于 0.05，说明在一定程度上对相应地区创新力指数的影响较高。

表 6-6　　　　　　　　　　　逐步回归结果

编码	指标	单位	P	编码	指标	单位	P
x53	试验发展在读研究生	人	0.00	x42	基础研究当年投入人数	人年	0.00
x85	国务院各部门科技进步奖	项	0.00	x86	省、自治区、直辖市科技进步奖项	项	0.00
x71	合作研究派遣	人次	0.02
x34	转拨外单位支出	千元	0.00	x98	专利申请数合计	件	0.00
x81	国家科技进步奖合计	项	0.00	x41	基础研究项目数	项	0.01
x61	研究与发展成果应用项目	项	0.00	x33	业务费支出	千元	0.04
x75	国际学术会议特邀报告	篇	0.00	x24	高级教师	人	0.00
x32	劳务费支出	千元	0.00	x48	应用研究在读研究生	人	0.00
x26	初级（青年）教师	人	0.00	x36	学校研究与发展项目合计	项	0.00
x50	应用研究当年支出经费	千元	0.00	x19	副教授	人	0.00

同时，逐步回归要求模型残差符合正态性，使用正态 P-P 图对其分布状况进行衡量，由图 6-4 可知，其残差基本分布在黑线上，这说明其符合正态性的要求，该模型构建有效。

（三）基于熵值综合评价法的研究型大学创新能力得分计算

熵值综合评价法使用 P（特征概率分布）矩阵乘以 W（权重）得到最终排名结果，经计算随机选取部分指标和大学 P 矩阵结果如表 6-7 所示，各指标 x75、x85 等恒有 $\sum_{i=1}^{m} x_{ij} = 1$。可知，北京大学在 x75、x85 指标中占比概率较大，达到了 0.006、0.0069，而吉林大学在 x19、x36 以及 x98 中占比概率较大，达到了 0.0069、0.0036 和 0.0035，这说明北京大

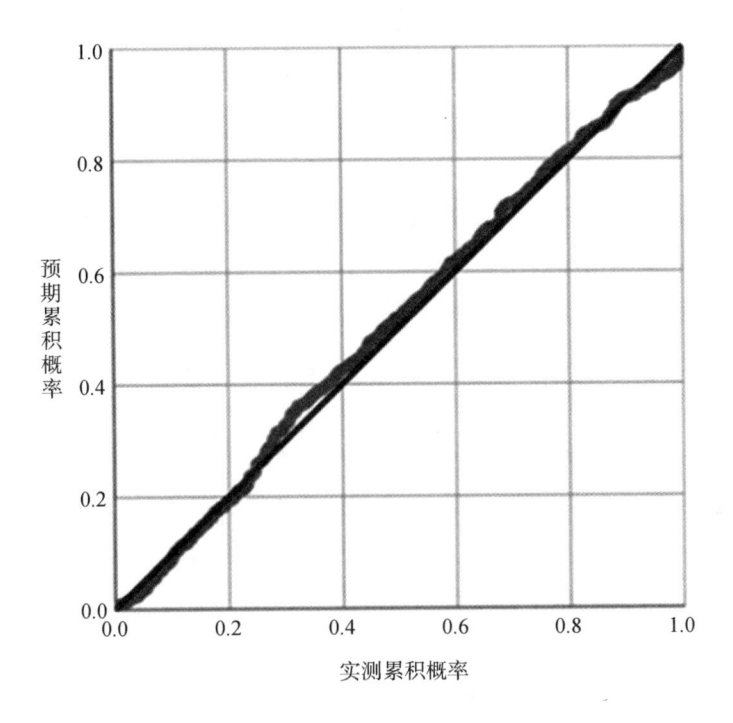

图 6-4 残差分布

学国际学术会议特邀报告次数、国务院各部门科技进步奖项数较多，其在大多学校中成果占据一定优势，类似地，吉林大学副教授数量、学校研究与发展项目合计项目数、专利申请数的成果占据一定优势。此外，对不同年份高校特征变化情况进行描述发现，北京化工大学 2011 年与 2016 年 x75、x19、x36、x98 等指标没有显著变化，其均值误差仅有 0.0001，而 x85 从 0.0015 降至 0.0004，衰减趋势较为明显；同时，华东师范大学呈现较为明显的上升趋势，其各项指标从 2009 年到 2016 年均有一定增长，如 x75 从 0.0013 变至 0.0034，x19 指标从 0.0006 变至 0.0008。

表 6-7　　　　　　　　　特征概率分布状况（部分）

年份	高校	x75	x85	x19	x36	x98
2009	北京大学	0.0060	0.0069	0.0022	0.0023	0.0009

续表

年份	高校	x75	x85	x19	x36	x98
2009	武汉大学	0.0007	0.0015	0.0035	0.0014	0.0010
2009	华东师范大学	0.0013	0.0002	0.0006	0.0008	0.0006
2010	北京交通大学	0.0010	0.0026	0.0014	0.0029	0.0011
2010	北京科技大学	0.0009	0.0021	0.0012	0.0019	0.0010
2011	北京化工大学	0.0013	0.0015	0.0005	0.0008	0.0012
2012	大连理工大学	0.0025	0.0038	0.0020	0.0024	0.0017
2013	电子科技大学	0.0008	0.0009	0.0023	0.0013	0.0020
2013	西安交通大学	0.0021	0.0007	0.0022	0.0030	0.0025
2014	大连理工大学	0.0016	0.0055	0.0023	0.0021	0.0025
2014	东北大学	0.0023	0.0040	0.0017	0.0008	0.0018
2015	吉林大学	0.0019	0.0009	0.0069	0.0036	0.0035
2016	北京化工大学	0.0012	0.0004	0.0009	0.0008	0.0014
2016	华东师范大学	0.0034	0.0013	0.0008	0.0012	0.0008

特征概率分布矩阵仅能说明高校在不同指标环境下的比例分布情况，不能说明各项指标的重要程度，即默认所有特征权重具有等同性，故不能直接作为衡量高校创造力综合得分的主要依据。在此，进一步使用熵值法求得不同特征权重指数，并进行排序，结果如表6-8所示。即试验发展在读研究生、国务院各部门科技进步奖、合作研究派遣、转拨外单位支出、国家科技进步奖合计、研究与发展成果应用项目数、国际学术会议特邀报告、劳务费、初级青年教师、应用研究当年支出经费较为重要，其权重得分分别为0.077、0.071、0.069、0.069、0.068、0.066、0.064、0.063、0.052、0.050，占据总体65%，其次是基础研究当年投入人数、省（自治区、直辖市）科技进步奖等指标，占据总体35%。

表6-8　　　　　　　　　　指标重要度

编码指标	权重	编码指标	权重
x53	0.077	x42	0.049
x85	0.071	x86	0.049

续表

编码指标	权重	编码指标	权重
x71	0.069	x98	0.045
x34	0.069	x41	0.041
x81	0.068	x33	0.039
x61	0.066	x24	0.038
x75	0.064	x48	0.035
x32	0.063	x36	0.030
x26	0.052	x19	0.026
x50	0.050		

最终，求得不同大学的综合排名情况，为方便阅览与对比，对得分进行百分制转换，具体结果如表6-9、表6-10、表6-11所示，其中"得分"特指该大学对其所在区域创新能力综合值得分的描述。以排名前10的大学为例进行说明。2009年排名较为靠前的大学主要包括浙江大学、清华大学、上海交通大学、北京大学、同济大学、吉林大学、四川大学、华中科技大学、华南理工大学、西安交通大学，具体得分分别为100.00、91.64、83.57、75.00、74.20、72.51、71.73、69.62、69.23、67.70；2010年排名较为靠前的大学主要包括浙江大学、清华大学、上海交通大学、北京大学、四川大学、同济大学、吉林大学、华中科技大学、武汉大学、中国农业大学，具体得分分别为100.00、97.21、87.47、74.19、73.06、72.16、71.80、70.84、70.34、68.13；2011年排名较为靠前的大学主要包括浙江大学、清华大学、上海交通大学、吉林大学、北京大学、四川大学、华中科技大学、同济大学、华南理工大学、东南大学，具体得分分别为100.00、97.72、89.06、79.19、74.14、73.07、72.94、71.60、69.81、69.18。

整体而言，浙江大学、清华大学、上海交通大学、北京大学在2009—2011年中最为突出，始终居于前5位置。从指标上看，浙江大学试验发展在读研究生、省（自治区、直辖市）科技进步奖、业务费支出、应用研究在读研究生人数、学校研究与发展项目合计项目、副教授等指标排名较为突出，3年各项指标均值分别达到了2570、81、1285929、

6271、5946、650，取得了较为优异的成绩。这也在一定程度上说明研究生是辅助教师部分科研创新工作的主要生力军，基础研究、应用研究以及试验发展研究相关项目对促进高校区域创新能力具有重要推动作用。同时，从办学理念上看，该校十分重视创新工作，专门成立浙江大学创新创业研究院，积极参与教育部"基础学科拔尖学生培养计划"，在竺可桢学院设立"求是科学班"，以推动基础研究和创新型人才培养①，举办大学—企业协同创新"高端论坛，将政、产、研、用等主体相结合，提出与企业协同创新、互赢互惠的新方案。

清华大学的国务院各部门科技进步奖、转拨外单位支出、国家科技进步奖合计、劳务费支出、应用研究当年支出经费、高级教师人数、合作研究派遣等指标排名较优，3年各项指标均值分别达到了41、457192、12、481513、1072391、727、488，这在一定程度上说明高校区域创新能力与经费支出具有一定相关性，后者输出越多，其教师研究内容可能越具有创新价值，故而所需人力财力就越大。同时，清华大学作为教育部首批"创新创业教育"的试点院校，不断推出各类创新活动、公选课，其 X-LAB 平台，包含创意创新团队 507 个，涉及科技、教育、动画、科研、生命科学等数十个领域②。此外，清华大学也积极联合校友或企业举办各类产业创新论坛，这对于加强创新创业一体化生态圈建设具有重要促进和支持作用。

上海交通大学研究与发展成果应用项目数、初级（青年）教师等指标排名较为突出，3年各项指标均值分别达到了719、521。同样作为"国家 2011 计划"参与者的上海交通大学也拥有创业学院，坚持创新引领创业，从课程体系、实践体系、支撑体系以及国际化办学体系等方面保障创新创业人才发展③，从而促进教师完成更多实用性和公益性项目。北京大学国际学术会议特邀报告、基础研究当年投入人数、基础研究项

---

① 邹晓东、李铭霞、陆国栋等：《从混合班到竺可桢学院——浙江大学培养拔尖创新人才的探索之路》，《高等工程教育研究》2010年第1期。

② 清华 x-lab：《创新创意团》，http：//www.x-lab.tsinghua.edu.cn/? page = 2&c = nurture&a = project，2022年2月28日。

③ 上海交通大学：《培养体系》，http：//chuangye.sjtu.edu.cn/index.php/About/pytx，2022年2月28日。

目数等指标排名较为靠前，3年各项指标均值分别达到了505、1563、2051，其创新研究院、人工智能创新中心有利于带动学生或教师完成各类创新创业项目，服务地区和企业发展。

表6-9　　　　2009—2011年高校对区域创新能力得分

年份	学校	得分	年份	学校	得分	年份	学校	得分
2009	浙江大学	100.00	2010	浙江大学	100.00	2011	浙江大学	100.00
2009	清华大学	91.64	2010	清华大学	97.21	2011	清华大学	97.72
2009	上海交通大学	83.57	2010	上海交通大学	87.47	2011	上海交通大学	89.06
2009	北京大学	75.00	2010	北京大学	74.19	2011	吉林大学	79.19
2009	同济大学	74.20	2010	四川大学	73.06	2011	北京大学	74.14
2009	吉林大学	72.51	2010	同济大学	72.16	2011	四川大学	73.07
2009	四川大学	71.73	2010	吉林大学	71.80	2011	华中科技大学	72.94
2009	华中科技大学	69.62	2010	华中科技大学	70.84	2011	同济大学	71.60
2009	华南理工大学	69.23	2010	武汉大学	70.34	2011	华南理工大学	69.81
2009	西安交通大学	67.70	2010	中国农业大学	68.13	2011	东南大学	69.18

2012年排名中前10位的大学：浙江大学、清华大学、上海交通大学、四川大学、吉林大学、北京大学、同济大学、武汉大学、华中科技大学、北京科技大学，具体得分分别为100.00、99.56、84.48、80.08、79.39、76.29、73.10、72.32、72.04、71.59；2013年排名较为靠前的大学：清华大学、浙江大学、上海交通大学、北京大学、吉林大学、同济大学、四川大学、天津大学、华中科技大学、武汉大学，得分分别为100.00、92.46、85.05、78.82、78.24、74.76、73.95、72.35、72.03、70.18；2014年排名较为靠前的大学：清华大学、浙江大学、上海交通大学、北京大学、四川大学、同济大学、吉林大学、华中科技大学、东南大学、武汉大学，得分分别为100.00、94.96、91.25、83.09、80.85、77.43、77.39、75.81、74.97、73.38。

整体而言，浙江大学、清华大学、上海交通大学等学校依然占据主导位置，其余院校在2012—2014年排名没有较大变化。较为突出的是，清华大学在2013年实现了对浙江大学的超越。从指标上看，清华大学在

2013年国务院各部门科技进步奖、劳务费支出、高级教师人数三项指标数量均有所提升，分别为84、685715、755，在研究型高校范畴内前两者居于首位，特别是国务院各部门科技进步奖具有相对较高权重，其一所大学占据了13%的份额。此外，合作研究派遣、转拨外单位支出、应用研究当年支出经费等指标中清华大学也依然保持着相对优势数量。当然这也与清华大学星火计划、智能媒体计算联合实验室、斩获各类国家科技奖以及相关校企活动具有重要关系。而从浙江大学视角来看该校排名有所下滑，试验发展在读研究生、业务费支出两项指标分别迎来了上海交通大学和清华大学的超越，达到了965、1354666。不过，值得强调的是，试验发展在读研究生人数尽管具有最高权重系数，然而在该指标排名中较为靠前的大连理工大学、西安交通大学、天津大学等大学中，仅有华中科技大学上榜，以致"965"这一数字仅排第11位。这也在一定程度上说明清华大学、浙江大学、上海交通大学等优势院校在区域创新指标中分布较为均衡，综合能力较强。

表6-10　　　　2012—2014年高校对区域创新能力得分

年份	学校	得分	年份	学校	得分	年份	学校	得分
2012	浙江大学	100.00	2013	清华大学	100.00	2014	清华大学	100.00
2012	清华大学	99.56	2013	浙江大学	92.46	2014	浙江大学	94.96
2012	上海交通大学	84.48	2013	上海交通大学	85.05	2014	上海交通大学	91.25
2012	四川大学	80.08	2013	北京大学	78.82	2014	北京大学	83.09
2012	吉林大学	79.39	2013	吉林大学	78.24	2014	四川大学	80.85
2012	北京大学	76.29	2013	同济大学	74.76	2014	同济大学	77.43
2012	同济大学	73.10	2013	四川大学	73.95	2014	吉林大学	77.39
2012	武汉大学	72.32	2013	天津大学	72.35	2014	华中科技大学	75.81
2012	华中科技大学	72.04	2013	华中科技大学	72.03	2014	东南大学	74.97
2012	北京科技大学	71.59	2013	武汉大学	70.18	2014	武汉大学	73.38

2015年排名较为靠前的大学：清华大学、浙江大学、北京大学、上海交通大学、华中科技大学、吉林大学、同济大学、四川大学、东南大学、华南理工大学，得分分别为100.00、91.30、85.80、82.88、78.07、

76.91、76.16、76.10、74.54、73.12；2016 年排名较为靠前的大学：清华大学、浙江大学、北京大学、吉林大学、上海交通大学、同济大学、中山大学、华中科技大学、华南理工大学、复旦大学，得分分别为100.00、93.38、83.18、80.23、80.06、78.13、77.51、76.97、76.62、76.45；2017 年排名较为靠前的大学：清华大学、浙江大学、北京大学、上海交通大学、同济大学、吉林大学、华中科技大学、中山大学、华南理工大学、复旦大学，得分分别为 100.00、98.82、92.58、84.29、81.93、81.80、80.73、80.70、79.76、79.46。

整体而言，高校区域创新能力较高的学校依然是清华大学、浙江大学、北京大学、上海交通大学等院校，且逐步形成了相对稳定的排名趋势。值得一提的是，华南理工大学、复旦大学在 2016 年以来综合实力不断增强，各项指标几乎均实现了较大增加。华南理工大学的试验发展在读研究生、国务院各部门科技进步奖、合作研究派遣、转拨外单位支出、国家科技进步奖合计、劳务费支出、专利申请数合计、业务费支出、应用研究在读研究生、学校研究与发展项目合计、副教授各项指标 2016 年与 2017 年均值分别为 2159、5、74、190615、2、626080、3711、1128363、2019、5228、712，较之前七年，各指标排名分别提升了 2、9、4、3、5、2、2、13、1、1、5 位。2015 年华南理工大学制定《华南理工大学服务创新驱动发展、进一步推进科技成果转化工作的若干意见》，在全国率先强调简化办事流程，成果快速转化于市场，形成良好创新环境和配套政策①，为进一步培育"三创型"（创新、创造、创业）人才，推进创新驱动发展战略，服务各类创新团队具有重要推动作用。此外，党委书记章熙春表示学校近 67% 在校生获得了系统的创新创业能力实践训练，创新始终多种形式贯穿人才培育全过程，以致其 2016 年成为首批"全国深化创新创业教育改革示范高校"，2017 年成为国务院"大众创业万众创新示范基地"，综合创新能力不断提升②。

---

① 华南理工大学科学技术处：《抓机遇 重落地 华南理工推进科技成果转化工作》，http://news.scut.edu.cn/2016/1216/c41a33604/page.htm，2022 年 2 月 18 日。
② 华南理工大学：《华南理工大学入选 2018 年度全国创新创业 50 强高校》，http://www2.scut.edu.cn/cxcy/2018/1025/c19629a290827/page.htm，2022 年 2 月 18 日。

复旦大学的国务院各部门科技进步奖、合作研究派遣、转拨外单位支出、国家科技进步奖合计、研究与发展成果应用项目、国际学术会议特邀报告、应用研究当年支出经费、基础研究当年投入人数、省（自治区、直辖市）科技进步奖项、业务费支出、高级教师、副教授各项指标2016年与2017年均值分别为12、794、289919、2、853、482、191755、816、9、1898724、110、696，较之前七年，各指标排名分别提升了17、2、7、10、25、1、3、1、1、16、1、4位。复旦大学2015年末成立创新创业学院（教育部首批"深化创新创业教育改革示范高校"，2017年教育部国际司组织认定的首批"中美青年创客交流中心"），旨在强化院校、科研机构、政府部门和社会资源的资源共享和联系，构建更加完整的创新型人才培养体系。毋庸置疑，在该学院各类创新创业活动、校企创新平台和项目等合力下，吸引了更多创新项目，促进了更多成果转化。

表6-11　　　　2015—2017年高校对区域创新能力得分

年份	学校	得分	年份	学校	得分	年份	学校	得分
2015	清华大学	100.00	2016	清华大学	100.00	2017	清华大学	100.00
2015	浙江大学	91.30	2016	浙江大学	93.38	2017	浙江大学	98.82
2015	北京大学	85.80	2016	北京大学	83.18	2017	北京大学	92.58
2015	上海交通大学	82.88	2016	吉林大学	80.23	2017	上海交通大学	84.29
2015	华中科技大学	78.07	2016	上海交通大学	80.06	2017	同济大学	81.93
2015	吉林大学	76.91	2016	同济大学	78.13	2017	吉林大学	81.80
2015	同济大学	77.16	2016	中山大学	77.51	2017	华中科技大学	80.73
2015	四川大学	76.10	2016	华中科技大学	76.97	2017	中山大学	80.70
2015	东南大学	74.54	2016	华南理工大学	76.62	2017	华南理工大学	79.76
2015	华南理工大学	73.12	2016	复旦大学	76.45	2017	复旦大学	79.46

综上所述，研究型大学的区域创新能力具有如下特征。

1. 工科优势院校在特定领域占据主导态势。基于"全球大学工程研究影响力排名（RRGUE）报告"[①]、第四轮学科评估结果的工科大学排名

---

① 万码学堂：《2016年全球大学工程研究影响力排名》，http://www.qingruanit.net/m/c_all/article_6914.html，2022年2月18日。

以及相关文献①，工科优势大学包括清华大学、哈尔滨工业大学、上海交通大学、浙江大学、华中科技大学、华南理工大学、同济大学、东南大学、西安交通大学、天津大学、四川大学、北京科技大学、重庆大学等（未排名）。相比较而言，工科优势院校区域创新能力综合得分相对较高，其科研与科技创新、成果快速转化、校企紧密联系等优点较大程度上推动了大学在电子信息技术、土木工程、机械制造、电气工程等多领域发挥作用，在企业孵化和产业升级方面具有较明显优势。

2. 研究型大学区域创新贡献度呈现不均衡性。研究型大学作为科技创新和人才输出的主要高地，其创新成果转化必然具有区域性，即优先服务于本地区生产生活需要，从这个意义上看，不同地区研究型大学对区域创新贡献度分布上具有不均衡性。从研究型大学的数量分布来看，2017 年东部地区 38 所，占总体 63%，中部地区 12 所，占总体 20%，西部地区 10 所，仅占总体 17%，东部地区高校数量约是中部地区或西部地区的 3 倍。从区域创新贡献度来看，2017 年东部地区研究型大学平均区域创新能力综合值得分为 66.97，中部地区研究型大学平均区域创新能力综合值得分为 63.23，西部地区研究型大学平均区域创新能力综合值得分为 62.35。尽管不同区域数值相差相对较小，然而每 1% 的数值差异都为区域各研究型大学带来了 1% 的优势，其现实价值不证自明。从同一区域研究型大学创新贡献度来看，2017 年北京市清华大学（100）、北京大学（92.58）等高校贡献度均大于 90%，而部分行业特色院校均小于 60%，同一区域不同大学的区域创新贡献度差异较大。

3. 研究型大学形成了协同发展、差序发展和独立发展三种主要形态。依据各地区研究型大学数量和创造力得分情况，大致将研究型大学归纳为协同发展、差序发展以及独立发展三种形态，且由于每年研究型大学表现情况的差异，可能大学所属发展形态存在一定细微变化。以 2009 年为例进行说明，其统计结果如表 6-12 所示。其中，"数量"指的是"地区"内的研究型大学数量，"方差""平均值"指的是同"地区"大学对这一"地区"创新能力综合值"得分"离散程度和均值的计算，创造力

---

① 王孙禺、刘继青：《从历史走向未来：新中国工程教育 60 年》，《高等工程教育研究》2010 年第 4 期。

是 2009 年"地区"创新能力综合值。依据方差指标可对不同发展形态进行划分：首先，协同发展是指研究型大学对所属地区创新能力综合值"得分"离散程度较小组的描述，主要包括江苏、广东、山东、湖北、山西、辽宁等地区。此种模式下，研究型大学对该些地区创新力贡献度基本相同或差距不大，整体趋于稳定，故其"得分"大多集中在一起，并位于"得分"排行榜的中上位置。其次，差序发展是指研究型大学对所属地区创新能力综合值"得分"有高有底，离散程度较大的状态描述，主要包括北京、上海、吉林、四川、重庆、湖南、天津等地区。此种模式下，研究型大学对这些地区创新力贡献度差异性较大，一部分大学"得分"值排至前列，另一部分大学这一数字排至末位。最后，独立发展是指"地区"内仅有一所研究型大学，且其方差为零状态的描述，主要包括浙江、福建、安徽、黑龙江、甘肃等地区。该种模式下，地区在研究型大学方面所需的创新力仅由一所研究型大学提供，大多位于发展贡献不足状态。

表 6-12　　　　　　　　全国各地区发展形态

形态	地区	数量	方差	平均值	创新力
协同发展	江苏	7	10	61.00	55.49
	广东	2	1	68.41	54.88
	山东	3	8	61.43	39.04
	湖北	6	27	61.01	29.35
	陕西	5	26	58.98	29.8
	辽宁	2	0	62.10	31.77
差序发展	北京	14	115	60.96	50.31
	上海	6	104	65.70	49.98
	吉林	2	92	62.92	27.14
	四川	2	49	64.74	31.07
	重庆	2	20	61.44	30.77
	湖南	2	16	63.44	29.81
	天津	2	14	60.22	38.29

续表

形态	地区	数量	方差	平均值	创新力
独立发展	浙江	1	0	100.00	42.83
	福建	1	0	56.90	28.62
	安徽	1	0	55.16	27.81
	黑龙江	1	0	53.70	24.05
	甘肃	1	0	55.43	22.41

三 研究型大学区域创新贡献度分析

通过上文分析可以发现，研究型大学创新力得分具有显著地域属性，一般而言，经济较为发达地区研究型大学数量较多，研究型大学创新贡献度也较大，如广东省、江苏省、浙江省、上海市、四川省、湖南省等地区在近些年 GDP 排名中也较为靠前，对应表 6-12 研究型大学创新力得分分别为 68.41、61.00、100.00、65.7、64.74、63.44，均保持在 60 分以上。本书以"京津冀地区""长三角地区"为例，结合上述数据分析结果进行阐述和讨论，以期揭示不同地区创新力发展状况，为相关研究提供理论和方法参考。

（一）京津冀地区

"十二五"规划首次提出"推进京津冀区域经济一体化发展，打造首都经济圈"。"京津冀"的提出有利于加快城市建设，促进区域资源和成果红利共享，带动部分地区经济发展速度，从而为实现科技创新、创新创业等营造更充实的环境。京津冀地区包括北京市、天津市以及河北省 13 个地级市，2019 年其 GDP 分别达到 35371.3、14104.28、35104.5 亿元，占全国 GDP 的 8.6%[1]，是华北地区的主要经济带。但是，由于河北省暂没有相关研究型大学数据，故本书所指京津冀地区主要是北京市和天津市。对京津冀地区研究型大学创新贡献度的揭示及其平均水平的把握，有利于明晰区域在全国创新力中的定位和变化情况。

通过对京津冀地区相关数据进行汇总，可得到该地区研究型大学创

---

[1] 中商产业研究院：《2019 年京津冀地区及长江经济带 GDP 数据分析》，https://www.askci.com/news/data/hongguan/20201214/1019421310822.shtml，2022 年 2 月 18 日。

新贡献度分布状况，具体如表6-13所示。其中，"总和"指当前所有地区总得分，"京津冀"指这一地区得分情况，"占比"即京津冀地区贡献得分占所有地区研究型大学贡献度的比例，"所有地区均值水平"指当年所有地区的平均得分情况，"京津冀均值水平"即京津冀地区内研究型高校的平均得分情况。整体而言，近些年所有地区研究型大学对区域创新力的贡献水平呈"曲折上升"态势，其得分从2009年的1133.53增至2017年的1189.68；相应地，京津冀地区其得分也呈现类似状况，从2009年的121.19增加到2017年的128.33。不过，其"占比"指标却未呈现类似趋势，2009年其比例为10.69%，2013年达到最大比例11.09%，2017年又恢复至一般水平为10.79%。这说明2013年到2015年京津冀地区创新贡献度达到其近些年的一个极点。究其原因，天津滨海新区自上升为国家战略，GDP水平排至第一，单其一区这一数据占到了总体55.92%，其积极聚合创新资源，发挥信息技术的关键作用，使创新驱动"智能"发展和促进活力成为重要议题①，这有利于发展大数据和智能技术，推进高新技术产业建设，提高科技创新水平、促进产业升级与行业结构调整。同时，北京海淀区作为GDP最为发达区域之一，发布《进一步加快核心区科技创新发展实施方案（2013—2015）》，提出坚持市场协同创新、环境导向内生创新、全球整合创新等理念②，这一举措使北京作为京津冀地区最为发达的直辖市③，创新生态更加完善，并进一步激化了其他区域创新活力，聚集了更多科研机构和技术要素，并使其科技转化成果能力（项目、专利、技术等）均高于一般城市。北京与天津的合力加大了高校与相关区域的合作交流，促进了2013—2015年创新力的发展。另一方面，"占比"指标时序分布状况，也说明10%的创新能力是京津冀地区维持基本创新活动或市场新技术、新产品需求的标准，一旦

---

① 网信滨海：《天津滨海新区：创新驱动"智"向未来 积蓄高质量发展"新动能"》，2021年5月2日，https://baijiahao.baidu.com/s?id=1698656003778857100&wfr=spider&for=pc，2022年2月18日。

② 人民网：《北京海淀加快科技创新发展2013—2015年实施方案发布》，2013年6月28日，http://politics.people.com.cn/n/2013/0628/c99014-22002301.html，2022年2月18日。

③ 许爱萍：《京津冀科技创新协同发展战略研究》，《技术经济与管理研究》2014年第10期。

低于该水平则可能说明创新产品或项目等不足以满足推进市场改造升级的需求。

从"均值水平"指标来看,所有地区创新力得分均值水平呈现上升趋势,已从2009年的62.97增加至2017年66.09,与此同时,京津冀地区均值也从2009年的60.59增加至2017年的64.17。若将前者作为衡量所有地区创新力的标准,不难发现京津冀地区这一数值基本小于地区均值水平,2013—2015年均值残差最小,只有0.2、0.62以及0.35。这说明尽管北京作为我国科研创新、成果转化的领军地区,但由于其"差序发展"形态的影响,在其14所研究型大学中仅有较少大学创新力得分达到60分,而多数高校平均创新能力在标准值以下。这也说明尽管研究型大学能够促进技术创新与社会生产力发展,但同一区域内设置过多相关院校或研究机构,可能会导致更多"生态位"重叠,所谓"生态位"即每个院校在特定区域内有特定的定位和目标,进而则会带来更多"竞争",而非"竞合"。例如,从全国范围看,我国民族院校几乎都将民族学作为民族院校的特色优势学科,民族学的设置相差无几,研究方向逐渐趋同,普适性成果较多,而个性化成果较少[①],创新程度较为不足,无法多方面促进创新效能发挥。类似地,京津冀区域或北京市也要确保合适的研究型大学数量,否则在"差序"发展模式下,必然有一部分学校无法得到更多软资源与硬资源,进而不利于创新能力的提升与发展。

表6-13 京津冀地区研究型大学创新力贡献水平

年份	总和	京津冀	占比(%)	所有地区均值水平	京津冀均值水平
2009	1133.53	121.19	10.69	62.97	60.59
2010	1143.66	123.50	10.80	63.54	61.75
2011	1132.24	123.17	10.88	62.90	61.58

---

① 徐发秀:《生态位理论视角下民族院校特色学科建设》,《贵州民族研究》2015年第9期。

续表

年份	总和	京津冀	占比（%）	所有地区均值水平	京津冀均值水平
2012	1141.91	125.11	10.96	63.44	62.55
2013	1138.59	126.10	11.07	63.25	63.05
2014	1162.84	127.97	11.00	64.60	63.98
2015	1153.06	127.42	11.05	64.06	63.71
2016	1162.68	126.34	10.87	64.59	63.17
2017	1189.68	128.33	10.79	66.09	64.17

为进一步探究研究型大学对京津冀地区创新能力得分的特征分布情况，对其相关数据进行整理与合并，得到表6-14，其每个数值表示北京与天津两地区的均值计算结果。可将指标大致分为三种趋势：其一，试验发展在读研究生（x53）近些年呈现下降趋势，从2009年的290下降至2017年的164；其二，研究与发展成果应用项目（x61）、国际学术会议特邀报告（x75）、劳务费支出（x32）、初级（青年）教师（x26）、应用研究当年支出经费（x50）、基础研究当年投入人数（x42）、专利申请数合计（x98）、基础研究项目数（x41）、业务费支出（x33）、学校研究与发展项目合计（x36）、副教授（x19）等指标总体呈现数量（曲折）上升趋势；其三，国务院各部门科技进步奖（x85）、合作研究派遣（x71）、转拨外单位支出（x34）、国家科技进步奖合计（x81）、省（自治区、直辖市）科技（x86）、高级教师（x24）、应用研究在读研究生（x48）等指标分别趋于稳定在10、227、119354、2、11、197、2199等范围内。

综上所述，近些年"试验发展在读研究生"特征对应数据在京津冀地区持续走低，在研究与发展活动总数中逐年减小，在较大程度上将影响到相关创新能力的提高。其中，"试验发展"是指基于各类研究和实践经验，开发和服务于新工艺、新材料等工作，试验发展在读研究生即从事该领域的研究生。特征系数中，"试验发展在读研究生"特征其值最大（0.077）。主要由于"试验发展"在读研究生具有一定科研能力，特别是具备跨专业、跨领域水平的研究生其创新能力更高，他们能够跨越学科界线，利用理学、工学、管理学等领域技术或知识创造实际产品或管理方式；相较于教育学、历史学，从事试验发展方面研究生接触更多与应用实践和社会企业相接触的机会，具备更优的现实资源和更高科研成果转化能力；特别是博士生的科研能力、知识体系基本形成，时间精力相对导师更为充盈，学习能力更快，与相关教师或企业人员对接有更多创新想法。此外，尽管京津冀地区某些指标呈现上升或稳定趋势，可以将其作为该地区优势所在，一定程度上有利于提高其创新能力，然而这些指标所处位置层次并不完全或直接反映出其水平层次，故仍需进一步对其进行解析。

表6-14　　　　　　　　京津冀地区主要特征分布

	2009年	2010年	2011年	2012年	2013年	2014年	2015年	2016年	2017年
x53	290	240	236	244	256	151	108	192	164
x85	8	7	14	12	13	11	7	8	9
x71	157	247	268	226	246	218	217	232	231
x34	88668	133868	111932	137332	136620	106213	103194	121888	134467
x81	3	3	2	3	2	2	3	2	2
x61	51	106	97	116	129	114	134	117	120
x75	93	109	112	107	193	177	221	237	236
x32	75352	84985	100426	114098	121960	141853	120808	132878	189075
x26	90	87	96	103	118	107	109	106	115
x50	189850	285801	320999	329360	345747	380463	356089	319169	383945
x42	362	367	355	377	379	423	435	425	467
x86	10	8	11	14	10	10	14	12	7
x98	315	403	458	511	611	551	666	744	807
x41	571	666	673	725	884	1020	1152	1170	1219
x33	255336	380286	429647	441047	423561	439764	504025	491803	527780
x24	196	198	202	199	200	200	192	190	198
x48	1631	1964	2075	2039	2113	2472	2603	2579	2320
x36	1498	1731	1832	1795	2173	2380	2695	2585	2736
x19	346	357	370	387	391	407	419	446	443

254　/　研究型大学引导区域创新：机制与路径

	2009年	2010年	2011年	2012年	2013年	2014年	2015年	2016年	2017年
x53	-160	-177	-150	-155	-211	-314	-270	-314	-273
x85	0	0	4	1	2	0	-1	1	2
x71	-21	-13	-35	-3	-3	-56	-39	-22	-3
x34	32869	39892	38331	45043	38329	22557	12355	7886	8154
x81	1	0	0	1	0	1	1	0	0
x61	-103	-94	-99	-98	-76	-69	-48	-64	-105
x75	-1	5	-2	-14	43	26	45	59	52
x32	-9249	-11885	-14622	-2674	-3146	5981	-21294	-32221	-17634
x26	-75	-75	-72	-61	-59	-58	-34	-39	-24
x50	43033	60141	85554	95310	100660	115475	74049	58419	64211
x42	-32	-25	-51	-42	-57	-47	-63	-67	-63
x86	-6	-7	-6	-3	-6	-6	-2	-4	-9
x98	-76	-89	-131	-157	-132	-230	-212	-308	-343
x41	14	-3	-56	-65	-24	-13	26	-10	-49
x33	-13046	31009	36345	17688	-25888	-36796	-387	-35177	-68893
x24	-48	-52	-58	-39	-34	-38	-45	-45	-51
x48	203	244	321	273	301	628	679	631	424
x36	-67	-37	-42	-94	55	81	281	47	95
x19	-100	-113	-117	-126	-149	-151	-158	-149	-176

图6-5　京津冀地区与所有地区特征平均值对比

图例：■ <所有地区平均水平　□ ≥所有地区平均水平

为进一步解析京津冀地区其各项特征值在所有地区中呈现的状态，本书对所有地区特征均值进行了梳理，并作出对比，具体结果如图6-5所示。其中，深色底纹表示京津冀地区对应特征值小于所有地区的平均水平，但要强调，各特征具体数值大小单位量纲不同，故彼此间不具可比性。如2009年x53特征对应值为-160，即京津冀地区的"试验发展在读研究生"小于所有地区均值160人；同年，x34特征对应值为32869，即其转拨外单位支出大于所有地区均值32869千元。由此可以发现，试验发展在读研究生（x53）、合作研究派遣（x71）、研究与发展成果应用项目（x61）、劳务费支出（x32）、初级（青年）教师（x26）、基础研究当年投入人数（x42）、省（自治区、直辖市）科技进步奖项（x86）、专利申请数合计（x98）、基础研究项目数（x41）、业务费支出（x33）、高级教师（x24）、副教授（x19）指标其均值都未达到所有地区平均水平，这在一定程度上说明京津冀区域研究型大学创新能力较低主要受这些指标影响，未来对该区域创新能力优化或提高可主要从这些方面入手。

（二）长三角地区

根据《长江三角洲城市群发展规划》，长三角地区包括上海市、江苏省、浙江省、安徽省四个地区，是中国经济的主要增长极，2019年该区域生产总值分别为38155.32、99631.52、62352、37114亿元，达到23.7万亿元，约占全国的23.9%。长三角地区产业布局相对完善，拥有大批高新技术人才，创新平台和创新能力在全国范畴内都较为强劲，是创新成果孵化和科研成果转换的高地。对长三角地区创新能力得分分布状况的剖析，有利于揭示其区域对所有地区创新力贡献度，明晰时序环境下其创新水平变化情况。

通过对长三角地区创新能力数据汇总，得到该地区研究型大学创新力水平分布状况，具体如表6-15所示。整体而言，长三角地区研究型大学得分虽有波动，2009年为281.86，占比24.87%；2013年为275.86，占比24.23%；2017年为288.67，占比24.26%。但其水平和比例基本稳定在281和24.48%。长三角地区研究型大学的创新水平综合能力平均值要远高于京津冀地区。值得关注的是，同是2013年到2015年，当京津冀地区研究型大学创新能力呈现小增长极点的同时，长三角地区这一数值（275.86、283.63、277.48）和比例（24.23%、24.39%、24.07%）处于历史较低点,这说明长三角地区与京津冀地区虽然内部形成了较为完整的产业结构体系,提高了资源配置和创新能力,但两者可能在产业、创新机构、创新制度等方面暂未形成有效的、动态的双向联动机制,导致其"占比"呈现负相关关系,这不利于全国创新体系的架构和协调发展。类似地,"占比"均值为24.48%,这说明20%的创新能力可能是长三角地区维持高创新能力和经济增长的阈值点,正如有关学者所言,"创新能力不强,经济增长持续性也难以为继,增长质量堪忧"[1]。

从"平均值水平"指标来看,长三角地区研究型大学平均水平均高于所有地区平均水平,2009年为70.46,2013年为69.96,2017年达到72.17;残差方面,2010年、2009年与2011年分别达到最大,达到了7.6、7.49与7.43。为进一步透视最优创新能力环境下,不同地区的贡献度分布情况,本书对2009—2011年的长三角地区研究型大学创新贡献度进行分析,2009年上海、江苏、安徽、浙江的研究型大学平均创新贡献得分均值分别为65.70、61.00、55.16、100.00,2010年这一数字分别为66.17、60.91、57.47、100.00,2011年这一数字分别为65.48、60.60、55.23、100.00。可以发现,在长三角区域中浙江省得分最高,达到了100,但要强调浙江省和安徽省高校仅有一所,故为消除两省数量不均衡带来的影响,主要对比上海市与江苏省。两地研究型大学数量分别为六所与七所,前者2009年到2017年得分分别为65.7、66.17、65.48、65.35、66.30、68.85、67.34、68.28、70.04,后者2009年到2017年得分分别为61.00、60.91、60.60、61.37、62.22、64.31、63.68、61.95、64.07。这说明上海市研究型大学创新力贡献均值得分显著高于江苏省,也即其得分优于江苏省大多数地区创新能力。同时,结合历年长三角区域市级地区GDP发展情况,可知该区域已形成以上海为龙头和引领、苏浙皖各扬所长的新格局[2]。对比可知,创新能力高低与GDP发展状况在一定程度上呈现正相关关系,地区创新能力越高其经济发展规模和速度也就越快。这与有关研究"创新指数水平与人均GDP水平大致呈现正向

---

[1] 温军、冯根福:《异质机构、企业性质与自主创新》,《经济研究》2012年第3期。
[2] 丁梦莹:《长三角区域协调发展新格局》,2019年12月2日,http://www.nbtv.cn/xwdsg/gn/30257762.shtml,2022年2月18日。

相关关系"① 的结论相类似。

表 6 – 15　　　　长三角地区研究型大学创新力贡献水平

年份	总和	地区总和	占比（%）	所有地区平均值水平	平均值水平
2009	1133.53	281.86	24.87	62.97	70.46
2010	1143.66	284.55	24.88	63.54	71.14
2011	1132.24	281.31	24.85	62.90	70.33
2012	1141.91	281.84	24.68	63.44	70.46
2013	1138.59	275.86	24.23	63.25	68.96
2014	1162.84	283.63	24.39	64.60	70.91
2015	1153.06	277.48	24.07	64.06	69.37
2016	1162.68	280.37	24.11	64.59	70.09
2017	1189.68	288.67	24.26	66.09	72.17

为具体揭示长三角地区研究型大学创新能力特征分布状况，对相关数据进行整理与计算，得到表 6 – 16，其每个数值表示地区均值计算结果。可将指标大致分为三个趋势：其一，试验发展在读研究生（x53）、初级（青年）教师（x26）呈现（曲折）下降趋势；其二，转拨外单位支出（x34）、国际学术会议特邀报告（x75）、劳务费支出（x32）、应用研究当年支出经费（x50）、基础研究当年投入人数（x42）、专利申请数合计（x98）、基础研究项目数（x41）、业务费支出（x33）、学校研究与发展项目合计（x36）、副教授（x19）等指标呈现（曲折）上升态势；其三，国务院各部门科技进步奖（x85）、合作研究派遣（x71）、国家科技进步奖合计（x81）、研究与发展成果应用项目（x61）、省（自治区、直辖市）科技（x86）、高级教师（x24）、应用研究在读研究生（x48）等指标分别趋于稳定，分别稳定在 12、253、2、320、17、225、1725 水平。

综上所述，长三角地区"试验发展在读研究生"（x53）、初级（青

---

① 魏江、李拓宇、赵雨菡：《创新驱动发展的总体格局、现实困境与政策走向》，《中国软科学》2015 年第 5 期。

年）教师（x26）指标数据变化趋势有所降低，这意味着虽然该两项指标下降趋势的合力并不会直接影响到长三角地区综合创新能力的总和，也说明该地区其他指标均值得分大多优于京津冀地区指标得分。同时，虽然"转拨外单位支出"（x34）指标呈现了上升态势，但其均值得分104528却低于京津冀地区得分119353，近些年数据总体变化上也趋于一致，没有较大差异。同样地，这些指标目前无法动态反映其在全国平均水平上的对比度，故仍需对该两者之间的差异情况进行说明。

表6-16　　　　　　　　长三角区域主要特征分布

	2009年	2010年	2011年	2012年	2013年	2014年	2015年	2016年	2017年
x53	472	560	454	400	447	630	413	448	344
x85	11	8	11	18	16	16	13	9	9
x71	229	174	232	214	259	301	293	295	280
x34	59658	131042	88044	87881	112397	91548	117275	115992	136918
x81	3	3	3	2	2	2	2	2	2
x61	289	351	318	331	335	289	274	293	398
x75	136	143	153	206	215	221	270	263	274
x32	106876	134278	171714	163385	181282	188110	213302	244421	297915
x26	181	183	147	128	134	123	116	107	106
x50	153463	202794	208887	207348	222304	257287	303730	272003	282385
x42	389	370	381	382	415	443	473	488	520
x86	17	18	18	14	18	19	14	15	18
x98	664	847	1029	1127	1125	1132	1150	1330	1327
x41	574	722	763	872	1021	1166	1210	1297	1462
x33	300081	400891	451830	428094	466260	548307	587652	623153	670475
x24	239	257	255	215	192	205	209	230	224
x48	1604	1466	1706	1872	1796	1749	1725	1800	1807
x36	1589	1791	1847	1934	2181	2545	2420	2516	2638
x19	444	453	478	522	563	574	580	599	610

为进一步说明长三角地区与所有地区特征分布情况，对相关数据进行合并与整理，具体如图6-6所示。可以发现，试验发展在读研究生

(x53)、初级（青年）教师（x26）、应用研究当年支出经费（x50）、基础研究当年投入人数（x42）、高级教师（x24）、应用研究在读研究生（x48）、学校研究与发展项目合计（x36）指标在不同程度上未达到所有地区平均水平标准。相反地，国务院各部门科技进步奖（x85）、国务院各部门科技进步奖（x61）、国际学术会议特邀报告（x75）、专利申请数合计（x98）、基础研究项目数（x41）等指标均超过了所有地区平均水平。

相较京津冀地区，对比图6-5与图6-6发现，低于所有地区平均水平（深色）的区域明显减少，即使同为深色区域其数值绝对值也更小，差异更低，例如x53、x26、x42、x24等指标，在京津冀地区差异基本在225、55、50、46左右，而在长三角地区这些数字则为57、34、18、21；同时，x71、x61、x75、x32、x98、x41、x33在京津冀地区低于所有地区平均水平时，长三角地区实现了其数量的正向增长。反之，前者x48指标数量超过了后者，实现了正向增长。由此可知，长三角地区综合创新能力优于京津冀地区，但地区特征分布间存在差异，这些差异（x71、x61、x75、x32、x98、x41、x33）是确保长三角贡献得分实现"高成绩"的主要因素，也是京津冀地区优化和提高创新的主要抓手。

（三）问题与讨论

京津冀地区和长三角地区是我国较有竞争力的地区，其产业布局、科技发达程度以及经济发展规模均引领着未来。本章通过熵值综合评价法对两地区的具体现状进行了分析，认为京津冀地区研究型大学创新力贡献得分虽基本实现了正向增长，均值也较为接近所有地区平均水平，但仍然存在一定差异，其中2013—2015年差异最小，核心影响因素指向试验发展在读研究生（x53）人数，较之长三角地区，研究与发展成果应用项目（x61）、专利申请数合计（x98）增长态势指标有待进一步增速。与所有地区各项特征均值水平比较上，试验发展在读研究生（x53）、合作研究派遣（x71）、研究与发展成果应用项目（x61）等多数指标均未达到所有地区平均水准；另一方面，长三角地区研究型大学创新力得分呈现（曲折）上升态势，其历年得分均值水平都超过了所有地区平均水平，同时，在具体特征指标上其试验发展在读研究生（x53）、初级（青年）

260 / 研究型大学引导区域创新：机制与路径

	2009年	2010年	2011年	2012年	2013年	2014年	2015年	2016年	2017年
x53	23	142	69	1	-20	164	35	-58	-93
x85	4	1	1	7	5	6	5	1	2
x71	51	-87	-71	-15	10	27	37	41	46
x34	3859	37067	14442	-4409	14105	7892	26436	1990	10604
x81	1	0	1	0	0	1	0	0	0
x61	136	151	122	117	129	106	92	112	173
x75	42	39	39	86	65	69	94	85	89
x32	22275	37408	56666	46614	56175	52238	71200	79323	91206
x26	16	22	-21	-36	-42	-42	-28	-38	-32
x50	6646	-22866	-26558	-26703	-22783	-7701	21690	11254	-37349
x42	-5	-21	-25	-37	-21	-27	-25	-4	-9
x86	2	3	1	-3	2	2	-1	-1	2
x98	273	355	441	459	382	352	272	278	177
x41	17	54	33	83	112	133	84	116	194
x33	31698	51614	58528	4736	16811	71747	83239	96173	73802
x24	-5	6	-5	-24	-42	-32	-28	-4	-25
x48	176	-254	-48	107	-16	-95	-199	-148	-89
x36	24	23	-26	45	63	245	6	-22	-3
x19	-2	-17	-9	9	24	16	3	5	-9

图6-6 长三角地区与所有地区特征平均值对比

图例：<所有地区平均水平；≥所有地区平均水平

教师（x26）呈现（曲折）指标下降趋势较为明显，转拨外单位支出（x34）、国际学术会议特邀报告（x75）等指标上升态势幅度更大。长三角地区整体上比京津冀地区发展更为完善，各项指标特征数据也更为显著，但也均存在一定问题值得进一步探讨与商榷。

1. 存在的主要挑战

（1）同一地区内研究型大学过于集中

从北京地区大学数量状况上来看，有14所研究型大学，占到总体23%，其近些年具体创新力得分小于60分的数量2010年最多，达到10所大学，2015年最少有8所大学，2009年到2017年均值为9所。数量优势并没有为北京地区整体带来更高创新能力，并可能使更多学校处于低创新状态。相反，湖北、上海、江苏等省市虽然次于北京，仅有7、6、6所，然而其创新贡献得分基本与北京平均水平相似，北京近些年平均得分为62.18，三省市这一数字为62.04、67.05、62.23。

究其成因，北京作为我国政治中心与文化中心，其人才规格与科技发展程度具有较高示范性。据全国普通高等学校名单[①]统计数据，北京市拥有67所本科学校和25所高职院校，虽然仅次于湖北省的68所学校，但其学校布局更具"差序性"，即研究型大学数量更多，同时，其非研究型大学等学校也较多。此外，北京是中国首都，经济发展较快，人才流动更大，相关投入与资源也更多，故而导致该地区研究型大学建设过于集中，各类资源分流、经费供需不均，人才多集中知名大学，形成"差序"发展格局，从而降低"竞合"关系网络形成的可能性。

（2）两地区近些年试验发展在读研究生均呈缺失状态

有学者提出"试验发展人员投入与自主创新之间存在较强相关性"[②]，研究与试验发展人员数量是衡量创新能力重要的指标之一[③]，本书研究该指标时亦得到最大权重，故该指标对应数量的多寡将在较大程度上影响

---

① 教育部政府门户网站：《全国高等学校名单查询》，http://www.moe.gov.cn/mdcx/qg-gdxxmd/201912/t20191217_10000023.html，2022年2月18日。

② 杨屹、薛惠娟：《产业技术自主创新能力的区域差异性研究》，《中国工业经济》2010年第11期。

③ 林海：《粤港澳大湾区县域创新环境评价——以广东57个县（市）实证分析为例》，《科技管理研究》2020年第12期。

不同区域的综合得分。从京津冀地区、长三角地区与所有地区各项指标平均水平的对比结果中发现，"试验发展在读研究生（x53）"均呈现不同程度衰减，前者较为严重，近五年平均值超过 270 人，后者近两年均值超过了 70 人。

上文提及，试验发展即利用各类研究和实践经验，开发和服务于新工艺、新材料等的工作，换言之，从事试验发展的在读研究生一定意义上是从事创新工作的参与人员。然而，目前相关政策与环境对其关注较少，如以"试验发展"在教育部网站进行搜索，并不能得到有效文件引导，以"试验发展"在文献数据库中进行搜索，发现其与经济增长、创新等关键词共现频次较高，然而有关试验发展在读研究生的文章则相对少见。这也使得两地区基础研究、应用研究与试验发展在读研究生人员的数量上相差数倍以上，以 2017 年数据为例，京津冀地区这一数字分别达到了 14 倍、14 倍，长三角地区这一数字分别达到了 8 倍、5 倍，一定程度上说明长三角地区相对更加"均衡"，创新能力较强。

（3）京津冀地区多项指标平均水平均低于所有地区指标

由图 6-5 可知，京津冀地区除去各类经费支出，合作研究派遣（x71）、研究与发展成果应用项目（x61）、初级（青年）教师（x26）、基础研究当年投入人数（x42）、省（自治区、直辖市）科技进步奖项（x86）、专利申请数合计（x98）、基础研究项目数（x41）、高级教师（x24）、副教授（x19）指标值均值都未达到所有地区平均水平，而与此同时，长三角对应指标得分均值基本保持正向得分，特别是 x98、x41 等指标，这在一定程度上说明京津冀地区研究型大学创新能力的多数特征关注程度较为不足，亟须加大投入，优化布局，以为相关科研人员提供更优质的创新环境。

京津冀地区整体指标分布不均说明该区域内处于"差序"发展格局中发展不足的大学竞争压力较大，而诸如"清华大学""北京大学"等优势院校具有更多社会资源，即形成了"核心—外围"发展圈，核心院校生存更具发展性，外围院校生存更具挑战性，侧面使得京津冀地区整体特征呈现发展不足状态。例如，2017 年合作研究派遣指标下，京津冀地区最低人数 8 人，最高人数 1422 人，而四川地区最低人数 278 人，最高人数 970 人。此外，不同院校指标环境下发展具有特殊性，如北京大学 x61、x86 等指标发展较为不足，清华大学 x26 等指标发展较为不足，北京邮电大学 x19 等指标发展较为不足，北京科技大学 x24 等指标发展较为不足等。

2. 相关建议

（1）强化内涵式发展理念

地区内保持适量大学数量有利于促进其总体创新能力的发展与提高，而过多则会导致其整体创新能力有所衰减。故在无法改变地区院校数量的情况下，理应坚持内涵式发展理念。换言之，北京市要继续吹响创新驱动发展的"号角"，继续加大和提高创新人才培养力度，重组与调整各类生产要素，调整经费投入布局，加大应用型项目的关注程度；培养更多具有跨学科、跨领域能力人才，并使其技术、想法具有孵化平台；强调均衡发展战略和资源共享。此外，也要增强政策引导和相关部分管理力量，使更多人力、物力以及财力等资源能够流入创新能力较低的大学，以完成要素驱动向创新驱动的转变。

（2）为试验发展人员提供更优质的环境

较之基础研究与应用研究，试验发展研究对人员素养具有更高要求，即不仅要求其深谙特定任务基本原理、环境变化带来的影响，也要求其具备较强的科研成果转化能力。加大试验发展研究生的数量，有利于推进京津冀地区和长三角地区的创新能力。加强试验发展研究在读研究生培养，主要包括两个方面：其一，扩充试验发展研究相关专业的招生人数，使更多有想法有能力的青年投入其中；其二，为试验发展研究提供更优质的保障，包括经济投入、试验实施条件等，以促进人才竞争与分流，筛选综合素养更为优秀的青年，从而借助所属大学创新平台提高所属地区创新综合能力。

（3）加大京津冀地区科学研究、人员投入以及成果转化综合能力

京津冀地区虽整体创新能力优于一般地区，但通过与长三角地区对比分析可知，合作研究派遣 x71、研究与发展成果应用项目 x61、初级教师 x26、基础研究当年投入人数 x42、省（自治区、直辖市）科技 x86、专利申请数 x98、基础研究项目数 x41、高级教师 x24、副教授 x19 等指标均低于所有地区平均水平。为提高综合创新能力大致可从三个方面进行

考虑。其一，加大研究与发展项目研究力度和参与情况。研究与发展项目（R&D）包括基础研究、应用研究以及试验研究，三类研究相辅相成，缺一不可。为保障科研人员对 R&D 项目的参与积极性，政府可适当发挥引导作用，并为科学研究快速成果转化提供更优质平台和管理措施，高校、学院可适当增加激励制度，营造更为舒适和公平的竞争环境。其二，增加相关教师与科研人员。数据表明，指标中初级（青年）和高级教师均低于所有地区平均水平，这在一定程度上反映了京津冀地区人力资源较为薄弱。故相关高校有必要根据学校具体情况，聘用具有高科研创新能力骨干教师，加大对青年后备教师的培养，以降低人力缺口对创新能力的影响。其三，强化科研成果转化能力。高校作为高深知识生产主体，要借助企业、社会资源以及科技创新中心加大基础研究向应用研究的转化，积极发展各类先进制造技术，"不断打破区域内市场壁垒，将创新活动内生于区域产业转型"[1]，从而加大多主体间的资源共享，合作交流，加快形成"实体平台为依托的创新种群和创新群落"[2]，以京津冀地区完善创新能力布局与科研成果的有效转化。

尽管京津冀地区与长三角地区在各项特征分布上存在差异，但作为国内主要经济区域，其发展规模与科技发展状况引领和辐射着周边地区的进步，故京津冀地区与长三角地区既要在地区体系内逐步形成完善的产业集群与大学创新相对接，同时也要基于不同地区之间企业行业、高等院校、政府部门、科研机构等联动协调发展和协同育人机制，加大跨地区跨领域项目和成果合作与交流，以构建全国范围内的协同创新生态圈与架构体系，提高研究型大学综合创新能力。

此外，通过对指标的过滤和权重计算，研究发现不同指标在研究型大学区域创新能力的贡献得分上不尽相同，其中"试验发展在读研究生""国务院各部门科技进步奖""合作研究派遣""转拨外单位支出""国家科技进步奖合计""研究与发展成果应用项目"等权重最高，分别达到了

---

[1] 李健、鲁亚洲：《京津冀创新能力预测与影响因素研究》，《科技进步与对策》2019 年第 12 期。

[2] 孙艳艳、苗润莲、李梅等：《京津冀创新生态系统资源整合模式、路径和机制研究》，《中国科技论坛》2020 年第 6 期。

0.077、0.071、0.069、0.069、0.068、0.066，这说明长三角和京津冀地区研究型大学区域创新贡献度的提升可着重围绕这些指标进行建设，例如增加学校试验发展研究生，开展合作研究，加大科技进步相关项目和研究，等等。

第七章

我国研究型大学引导区域创新的案例分析

随着高校原始创新能力的不断提高，研究型大学在引导区域创新方面发挥愈加重要的作用，在世界各国形成不同的引领模式。前文分析了国外研究型大学引导区域创新的经验，深入了解了美国、德国、英国等发达国家研究型大学引导区域创新的机制和模式。在学习国外先进经验的同时需进一步思考，我国研究型大学在引导区域创新方面有无先进典型和"中国特色"。本书实证分析发现，我国研究型大学引导区域创新能力较强的学校是清华大学、浙江大学、北京大学、上海交通大学、华中科技大学、吉林大学和同济大学等院校，且逐步形成了相对稳定的趋势。通过对逐个院校进行分析，并结合各高校在区域创新中的特色，本书选取清华大学北京清华工业开发研究院和深圳清华大学研究院、浙江大学国家大学科技园、同济大学"环同济知识经济圈"作为案例，进一步分析我国研究型大学引导区域创新的不同模式和机制。

第一节 清华大学研究院

清华大学以"清华科技，服务社会"为发展理念，校企协同创新合作走在国内高校前列，形成了较为成熟的校企协同合作模式，有效引导了区域创新发展，因此本节将分别对清华大学引导区域创新概况和两所研究院具体情况进行分析。

一 清华大学引导区域创新概况

基于研究型大学区域创新能力的实证研究发现，清华大学区域创新能力水平相对较高，并在近些年始终排至前列。例如清华大学自2009年至2017年都保持了相对较高的区域创新水平，基本排至前三名，具有较强的典型性。厘清清华大学基本情况，科技创新整体布局结构以及其中的典型案例，有利于为我国其他研究型大学区域创新提供一定的借鉴作用。通过研究资料发现，清华大学在出席国际会议、合作研究项目、合作研究派遣人次、经费、国家科学科技相关奖项、师资队伍及自主创新成果等指标上具有较强优势，以下分别就相关内容进行分析。

清华大学一直坚持开放办学，积极选拔优秀学生赴海外一流大学进行专业交流等。自1999年以来，无论是出国派遣国家数量，还是进修留学、合作研究、出席国际会议的人数都发展迅速。例如，1999年清华大学选派1400人次到38个国家，而截至2008年清华大学选派人员到60个国家出席各种活动，人次达到了51000多。清华大学着眼于世界，改革开放20年时就与26个国家或地区的112所大学签订了校际协议，科技合作项目近900项[①]，如今更是在各个领域加强了与海外机构、院校的项目合作，与世界名校英国剑桥大学、帝国理工大学，日本东京大学，加拿大多伦多大学等10余所高校签订战略性科研合作协议，联合种子基金约160多项[②]。联合项目的开展与合作，不仅意味着学校强有力的科技转化能力、高水平的创新能力，更意味着与国际交流合作的增多。

从近些年《高等学校科技统计资料汇编》的平均水平来看，清华大学每年合作研究派遣1131人，2017年合作研究派遣1422人，接收929人，国际学术会议出席人员3754人，国际学术会议主办178场，早在大学校长全球论坛中，来自中国、美国、法国、俄罗斯、英国、意大利、以色列、印度、印度、韩国、新加坡等17个国家的19所高校共计80多

[①] 姚崇兰：《走向世界 建设开放式大学》，《清华大学教育研究》1999年第2期。

[②] 清华大学：《海外合作》，https://www.tsinghua.edu.cn/kxyj/kyhz/hwhz.htm，2022年2月18日。

位代表相聚"云端"①。

2018年,清华大学的"横向"科研经费高达近20亿元,成为我国大学科技创新的重要力量,科研成果转化各项指标基本均位于国内前列。2019年,清华大学科研经费突破68亿元②,横向课题经费更是在10年内屡创新高,成为我国科学知识原始创新的佼佼者之一。

根据清华大学官方网站教育教学师资队伍的最新统计数据显示,截至2021年清华大学拥有4位国际重要奖励获得者、54位中国科学院院士、35位中国工程院院士、曾获国家级高层次人才计划支持人数占教师总数的11.8%,国家级青年人才计划支持人数占教师总数的12.1%,在职教师人数3641位③。

同时,在这个世界百年未有之大变局的环境下,清华大学110周年庆典上校长邱勇指出:"更开放的大学要勇于打破物理边界、学科壁垒,实现不同知识体系的融合,推动教育变革、科技进步与社会发展的融合。"这不仅反映了清华大学面对社会难题未来学科发展的取向,更进一步阐述了科技进步对于社会发展的重要意义。依据历年《高等学校科技统计资料汇编》数据及其官网相关数据统计,截至2019年清华大学累计获得国家级科学技术奖励591项、国家自然科学奖81项、国家发明奖157项、国家科学技术进步奖352项。截至2017年国内专利申请总数2636项、授权总数2019项,授权比例77%;国外申请总数492项,授权总数380项,授权比例77%。从纵向时间维度来看,清华大学三项奖项,无论是国家自然科学奖、国家发明奖还是国家科技进步奖都有一个稳定水平,大致稳定在第3、第4、第5水平;从横向维度三项奖项的对比来看,国家科技进步奖获得数量均大于其他两项奖获得数量,甚至比前两者总和还多。这说明清华大学不仅重视国家各类前沿科学问题的解决,同时也不断强化自身创新能力的发展,且其课题项目紧跟国家和社会重点攻关项目。

---

① 清华大学新闻:《大学校长全球论坛第三场分论坛》,2021年4月23日,https://www.tsinghua.edu.cn/info/1668/83332.htm,2022年2月18日。

② 武洋、徐治立:《清华大学"产学研医"校企协同创新案例分析》,《科学管理研究》2021年第1期。

③ 清华大学:《师资队伍》,https://www.tsinghua.edu.cn/jyjx.htm#szmd,2022年2月18日。

例如"编码摄像关键技术及应用""复杂水域水动力特征和生境要素模拟与调控关键技术与应用""绿色公共建筑环境与节能设计关键技术研究及应用"等课题。

二 清华大学研究院基本情况

清华大学与不同地区、企业共同建立了 40 多个研发基地和多所研究院，其中最具代表性的就是北京清华工业开发研究院和深圳清华大学研究院[①]，两者分别对应清华大学在北京和深圳两个地区与地方政府合作促进科研成果转化的研究案例，故分别对其进行研究与说明，以期为我国其他科研成果转化活动带来启示。

（一）北京清华大学工业开发研究院

北京清华大学工业开发研究院也称清华工研院，成立于 1998 年，设立在清华大学东南侧的清华科技园内，是北京地方政府和清华大学合作管理的事业单位，旨在借助北京和清华双方资源优势，面向市场，通过创新驱动发展战略促进重大科技成果在本地区进行转化；与国际社会知名科技产业或创新产业一道开展广泛合作；构架国际化技术转移体系，促进国家技术在全球范围内组建完整生态体系；特别强调北京全国科创中心"三成一区"建设和创新投资基金建设[②]。自 2000 年开始，该研究院历年合作具体金额都超过了 1.2 亿元，此外，北京清华工业开发研究院在 20 余家企业孵化、改造和股份完善中都扮演了重要角色，截至 2005 年其引进资金 2.16 亿元，重点孵化企业合同金额产值达到 2.42 亿元[③]。立项支持科技成果孵化项目共 150 项，涉及经费 2.2 亿元[④]。

北京清华大学工业开发研究院实行理事会领导下的院长负责制，理事会为其最高决策层，其次分别是理事长、副理事长以及理事成员。根

---

① 陈希、关兆东：《清华大学在科技成果转化中积极探索》，《清华大学教育研究》2000 年第 1 期。
② 北京清华工业开发研究院：《北京清华工业开发研究院简介》，https://gyy.tsinghua.edu.cn/gywm/yjyjj1.htm，2022 年 2 月 18 日。
③ 何建坤、孟浩、周立等：《研究型大学技术转移及其对策》，《教育研究》2007 年第 8 期。
④ 荣泳霖：《清华大学政产学研合作互动的实践》，《中国高校科技与产业化》2009 年第 10 期。

据北京清华大学工业开发研究院官方网站显示,理事长由北京市副市长担任,副理事长由清华大学副校长担任,理事包括北京市科学技术委员会主任、北京市经济和信息化局局长、中关村管委会主任、清华大学校长助理以及清华大学副秘书长等。

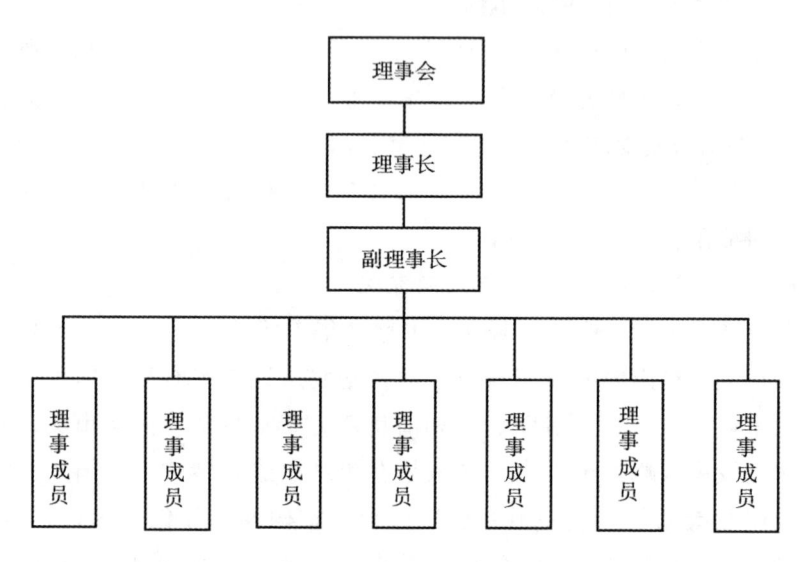

图 7-1　北京清华大学工业开发研究院组织结构

（二）深圳清华大学研究院

深圳清华大学研究院（简称"研究院"）由深圳地方政府和清华大学于 1996 年合作建立,位于深圳市南山区高新技术产业园南区,其启动资金 8000 万元由市政府和学校共同出资。截至 2011 年深圳清华研究院成立了 180 多家高新技术企业,15 家上市公司,仅 2010 年企业销售额超过 260 亿元[1]。截至 2022 年,研究院累计投入 9 亿元,前后成立了 70 多个实验室和研发中心,拥有 7 名国内外知名院士、数百人的研发团队,累计孵化 2600 多家相关企业、25 家上市公司,在英国、德国、以色列等 7 个国家创立海外创新中心,以进一步拓展研究院的全球生态环境布局[2]。

---

[1] 何继江、王路昊、曾国屏：《以技术能力的商业开发促进科技成果转化——以深圳清华大学研究院为案例》,《科学学研究》2013 年第 9 期。

[2] 深圳清华大学研究院：《关于研究院》, https：//www. tsinghua－sz. org/about#s4,2022 年 2 月 19 日。

研究院是以企业化方式运作的事业单位，双方共同设立理事会作为决策机构，实行理事会领导下的院长负责制，具体包括教委会、院办、技术创新部、资产管理部、财务部、创业投资部、教育培训部等九大部门（见图7-2）。每个部门各司其职，都在研究院发挥着不同作用。例如：技术创新部具有管理创新基地、知识产权、企业孵化等职能；资产管理部具有固定资产管理、设备管理以及招商管理等职能；创业投资部具有委托资金管理、风险投资等职能[①]。

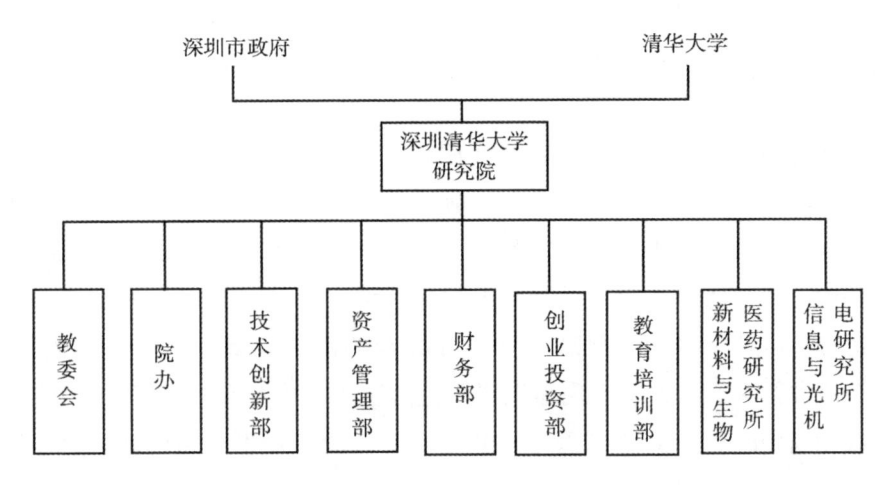

图 7-2 深圳清华大学研究院组织架构

三 内部动力机制

（一）北京清华工业开发研究院

1. 知识生产

大学对区域创新的贡献主要通过高水平科学研发促进知识的溢出与转换，从而服务于区域内各主体的创新发展。清华大学通过发展内部知识网络，建立相关学术机构和研发中心等，跨越组织机构边界，协调校内校外产学合作各部门，从而促进部门间的资源信息流动，激发大学内

---

① 胡维祺：《探索官产学研资相结合的新路子 促进区域经济繁荣持续发展——深港产学研基地、深圳清华大学研究院调研情况》，《江苏科技信息》2009年第5期。

部交流活力，实现以科研创新激发知识产出，从而优化科技创新资源，带动区域内相关企业的创新发展①。北京清华工业开发研究院以国家前沿战略为基本方向，基于清华大学与北京市资源优势，支持知识生产与知识应用高水平发展。有学者认为研究院的建设模式大致可以分为高等院校主导型、科研机构主导型、地方政府主导型以及龙头企业主导型，而北京清华工业开发研究院属于高等院校主导型，其核心特征是研究院所需的大多技术、人员、设施来源于高校②，这意味着知识创新与知识生产的源动力主要来自高校内部，具有一定的保障。目前，北京清华工业开发研究院为加大知识原始创新能力，设置了全球健康产业创新中心、全球健康药物研发中心、北京市医疗机器人产业创新中心、冷冻电镜与药物发现创新中心、细胞与基因治疗创新中心、清华工研院雁栖湖创新中心（重点聚焦科研仪器、传感器、新材料三大产业方向）等六个创新中心。此外，清华工研院孵化了天智航、亿华通以及键凯科技等重点企业。这些中心依托清华大学得天独厚的科研优势，充分发挥了研究型大学学科优势，以及学科交叉融合优势，开辟新的研究领域，进行科研创新，与企业进行深度合作，实现知识体系的精深和广博发展③。借助专门实验室或创新中心对知识的纵深化研究，不仅推动了知识原始创新，也促进了技术从 1 到 N 的转化。

2. 科学研究

研究型大学基于科研设备先进、人才素质较高等科研优势，通过产出高质量的论文、著作、专利等科研成果回馈社会，所产出的原创性研究成果可以成为经济发展和企业科技创新的理论来源和依据，对区域创新活动起着指导作用。北京清华工业研究院在多项科技课题中获得国家或省市奖项认可，例如"石英数字式力传感器及系列电子衡器的研究与产业化"被评为年度国家技术发明奖二等奖；"微波通信用高温超导滤波系统产业化"项目被评为"2007 年十大信息产业重大技术发明"，

---

① 王凯、胡赤弟、吴伟：《基于"学科—专业—产业链"的创新创业型大学：概念内涵与现实路径》，《清华大学教育研究》2017 年第 5 期。

② 任玉峰：《产业技术研究院发展改革探析》，《管理观察》2018 年第 19 期。

③ 方维慰：《研究型大学的区域创新功能与实现途径》，《江苏高教》2013 年第 5 期。

2008年获得"教育部技术发明奖一等奖",并入选"科技奥运亮点工程",2009年入选教育部组织评选的"中国高等学校十大科技进展",2010年1月荣获2009年度"国家技术发明奖"二等奖[1];"城市客车多能源一体化混合动力系统及其系列化车型应用"成果获得2010年度国家科技发明奖二等奖,相关成果还多次获得北京市科技进步奖一等奖[2]。科学研究不仅使成果得以产出,更重要的是这些成果大多能够解决区域亟须解决的重要问题,且能够在较大程度上加速区域科技活动和经济运转活动,提高科技创新效率与科技竞争力。因此,通过建立这种以高校为主导的研究院,既可实现高校科研资源与区域经济发展的有效对接,也可实现高校与企业两个创新主体的知识交流与共享,跨越大学外部组织边界,适应新的时代发展要求,进而不断优化科研组织机构,形成开放、协同、高效的区域研发组织体系,提升科研知识转化水平,使研究型大学的科研成果有效地针对区域创新发展要求,促进区域创新战略实施。

3. 社会服务

随着大学的发展,其社会服务职能日益凸显,知识生产要求具有一定的社会价值,研究型大学的知识生产及科研成果应具备社会应用性,并通过服务社会以促进区域经济发展以及社会融合和可持续发展。为此北京市政府为研究型大学参与区域创新提供了政策引导、法律支持以及资金保障,有效促进了大学原始知识创新以及科技知识的实际转化。为攻克社会重点问题,清华工研院致力于解决北京前沿重点建设项目,重点实现科学技术零的突破,完成科技成果在企业和市场的应用。例如,清华工研院"建设国家服务业扩大开放综合示范区和中国(北京)自由贸易试验区"(简称"两区")是加快北京科技成果转化和科技创新的重大制度支持,也是新时代深化技术改革,完成产业布局和结构优化的重要契机。"两区"建设重点项目,主要包括重大基础设施和创新平台、人

---

[1] 北京清华工业开发研究院:《〈微波通信用高温超导滤波系统产业化〉项目简介》,2012年1月11日,https://gyy.tsinghua.edu.cn/info/1062/1267.htm,2022年2月19日。

[2] 北京清华工业开发研究院:《〈微波通信用高温超导滤波系统产业化〉项目简介》,2012年1月11日,https://gyy.tsinghua.edu.cn/info/1062/1267.htm,2022年2月19日。

工智能领域独角兽企业、央企板块等多个行业领域①。此外，清华工研院也与北京多地区签订了共同发展契约，这些项目内容具有较强的应用性和前沿性，均是目前企业和社会亟须突破的重要技术。清华工研院作为科技成果转化能力较强的合作研究院，拥有该领域或相关领域充足的工程师和科研队伍，其围绕社会服务所产生的技术合作有效促进了技术进步，促进区域经济快速发展，与国内外建立广泛合作，进而形成完整的产业链。因此，清华工研院建设的核心经验在于加强与区域发展问题的联系，并以技术创新和技术突破逐步实现"新产品"的诞生，通过企业化和产品化途径加大其在全国乃至国内外的影响力。

4. 国际交流与合作

清华工研院不仅面向国内重大需求问题攻关，也重视与国外重要科技机构的合作。清华工研院院长金勤献积极与俄罗斯、德国展开在科技创新、医学等领域的合作。此外，清华工研院也与日本神户医疗创新产业群（FBRI）签订了战略合作备忘录，并有意向在基因与细胞治疗领域、中日产业创新平台建设、产业化发展规划等领域展开更多积极合作②。FBRI 是日本最大的生物医疗产业群，2018 年诺贝尔生理学或医学奖获得者本庶佑教授是其现任理事长，FBRI 聚集了包括武田制药、日本理研等一大批日本知名生物医药医院与机构③，是日本该领域的重要科研创新平台。此次签署备忘录的阶段性成果不仅意味着国内生物医学领域技术战略布局的进一步拓展和完善，也有利于双方在该领域前沿技术的进一步提升。从清华工研院与不同国家合作交流的案例来看，其正在积极完善自身在全球范围内的产业布局，但目前尚处于初期探索和交流阶段，仍主要以在国内促进科技创新成果转化为主。因此，总的来看，北京清华大学工业开发研究院国际交流和合作的经验可以总结为：基于全球前瞻

---

① 北京清华工业开发研究院：《清华工研院国际氢能中心签约海淀区"两区"建设重点项目》，2021 年 5 月 5 日，https：//gyy. tsinghua. edu. cn/info/1008/1401. htm，2022 年 2 月 19 日。

② 北京清华工业开发研究院：《清华工研院与日本神户医疗创新产业集群签署战略合作备忘录》2020 年 9 月 27 日，https：//gyy. tsinghua. edu. cn/info/1008/1065. htm，2022 年 2 月 19 日。

③ 北京清华工业开发研究院：《清华工研院与日本神户医疗创新产业集群签署战略合作备忘录》2020 年 9 月 27 日，https：//gyy. tsinghua. edu. cn/info/1008/1065. htm，2022 年 2 月 19 日。

问题建立广泛合作；围绕核心攻关问题深化合作交流；积极通过多种形式不断深化双方对核心研究问题的认识与交流。

(二) 深圳清华大学研究院

1. 知识生产

研究型大学被普遍认为是生产和传播知识的机构，是区域创新发展的主体之一。深圳清华大学研究院围绕国家战略发展布局要求，为区域协同创新发展提供智力资本输入保障，不仅是服务于地方科技成果转化与推动经济发展的重要机构之一，也是知识生产的源头力量之一。首先，在国家层面上，深圳清华大学研究院的建立是为了践行创新发展战略，寻找科技资源以支撑高新技术产业发展，突破技术缺乏、人才缺乏的制约，服务于深圳区域经济的发展，为区域市场创新发展提供知识智力资本输入。为此，研究院在国家发展重点领域如先进制造、生命健康、新一代信息技术、环保和安全、能源新技术、新材料以及其他战略新兴领域设置了高端半导体激光器研究中心、等离子体纳米生物芯片研发中心、复眼计算视觉技术与智能装备研发中心、工业分离实验室、高端海洋工程装备研究中心、先进储能材料与器件实验室、城乡发展研究中心等 66 个实验室或研发中心，通过产出高技能人力资本和知识资源实现经济系统的升级发展。其次，在布局上，深圳清华大学研究院以珠三角为主要辐射区，分别建立了深圳清华信息港、珠海清华科技园、东莞力合双清创新基地等创新产业孵化基地，为区域创新发展输送大量智力资源保障，形成国家与区域发展的重要区位优势。最后，在战略定位上，注重产学研合作，加强与市场企业的合作办学模式。深圳清华大学研究院借助其创新资源优势和多方公司的技术、产业优势，与华润、中国海油、商飞、运联合、西门子能源等多方企业建立联合研究中心[①]。据有关学者统计，深圳清华大学研究院培育了 5 个国家重点实验室、3 个部级实验室以及 21 个深圳实验室，与企业共建联合研发中心 19 个，累计承担包含孵化企业横向科研在内的项目 1500 余项，获得国家级奖励、省部级奖励等 67 项，专利申请 1111

---

① 深圳清华大学研究院：《研发平台》，https：//www.tsinghua-sz.org/institute/detail/10，2022 年 2 月 19 日。

项，在高端半导体激光器、电力线载波通信芯片、石墨烯技术等领域科研成果转化价值超上百亿元[①]。这些成果不仅是对原始创新的肯定，也是新知识生产、输出的重要载体。

2. 科学研究

深圳清华大学研究院凭借独特的"四不像"科技成果创新模式，累计孵化公司2600余家，其中成功上市公司25家，相关投资企业400余家[②]。所谓"四不像"指既是大学又不完全像大学、既是企业又不完全像企业、既是研究机构又不完全像科研院所、既是事业单位又不完全像事业单位。该模式创新和优化了原有科研体制，摆脱了"政府是投入主体、领导是基本观众、得奖是主要目的、仓库是最终归宿"的传统科研管理模式。这意味着研究院至少具有三方面特征：首先，区别于传统研发机构，新型研发机构主体具有多元性，除政府出资以外，高校、创新企业、产业联盟都可以出资成为其管理主体，进而产生校地共建、联盟共建等多种模式[③]。其次，不同的主体或管理模式影响着最终目的的多元性。新型研发机构不仅要服务于国家前沿战略的主导需求方向，同时也将大力服务于地方科技成果转化，孵化创新企业，促进投资主体需求和市场需求双边发展。最后，这种"四不像"发展模式注重市场导向作用，学习企业运营模式，强调科研成果转化和科技成果产业化，是科技、产业创新发展的强有力黏合剂[④]。基于"四不像"运行模式，深圳清华大学研究院实现了五个第一：第一家新型研发机构，第一个提出"四不像"理论并基于该理论进行实践的机构，第一个成为创业投资型公司，第一个新型科技金融平台，第一家海外创新创业中心[⑤]。

---

① 刘宇雄：《立体式的科技创新孵化"引擎"——深圳清华大学研究院集成创新项目摘取省科学技术最高奖》，《广东科技》2015年第5期。

② 深圳清华大学研究院：《关于研究院》，https：//www. tsinghua-sz. org/about，2022年2月19日。

③ 梁红军：《我国新型研发机构建设面临难题及其解决对策》，《中州学刊》2020年第8期。

④ 李栋亮：《广东新型研发机构发展模式与特征探解》，《广东科技》2014年第23期。

⑤ 陈印政：《粤港澳大湾区实施创新驱动发展的战略思考》，《智库理论与实践》2019年第6期。

由于独特而高效的运行模式，深圳清华研究院承担了国家863、973、国家重大专向、国家自然科学基金重点项目、科技支撑计划等近700余项纵向课题，1520项横向课题①。为此，深圳清华研究院成立了5个国家重点实验室、3个省部级实验室、21个市重点实验室、1个中小企业服务中心、1个产学研示范基地，等等②。2020—2022年就成功研发了28项目科技成果，例如电子信息领域基于RISC-V开源技术的新一代CPU芯片、超高速无线光通信技术等，新材料与生物医药领域等离子体纳米生物芯片、结构超滑技术等，光机电与先进制造领域自主创新的电力线物联网通信技术、PSF精密喷射成形，等等。这些重大课题和重要研究成果不但在理论上拓展了原有研究，更解决了社会实践最前沿和亟须解决的重大攻关问题，其价值除带来的经济效益，也深层次地对产业结构、产业链结构带来了潜在影响，而这些内容的变化也必定从不同层面提高了区域创新能力和创新水平。

3. 社会服务

为培育符合未来社会需求以及先进科学技术的产业公司，深圳清华大学研究院在研发业务、孵化器业务、科技金融业务等方面建立了完善的整体孵化体系。首先，研发是科技成果转化的前提和根本，深圳清华大学研究院同时运作实验室与院内企业合作、实验室与院外企业合作两种模式。对于前者，企业科技成果研发核心动力来源实验室，并通过实验室和创新公司的大力合作，共同促进成果研发、试验、推广及升级③，服务于社会；对于后者，深圳清华研究院与外部公司分别承担技术开发与资金支持的角色，双方在足够信任程序下不断加大研发和投入力度④。其次，企业是科技、人力以及资金的重要载体，孵化器业务有利于促进产品专业化和产业化发展，在一定时间内孵化创新型企业。深圳清华研

---

① 刘宇雄：《立体式的科技创新孵化"引擎"——深圳清华大学研究院集成创新项目摘取省科学技术最高奖》，《广东科技》2015年第5期。

② 刘宇雄：《立体式的科技创新孵化"引擎"——深圳清华大学研究院集成创新项目摘取省科学技术最高奖》，《广东科技》2015年第5期。

③ 何继江、王路昊、曾国屏：《以技术能力的商业开发促进科技成果转化——以深圳清华大学研究院为案例》，《科学学研究》2013年第9期。

④ 何继江、王路昊、曾国屏：《以技术能力的商业开发促进科技成果转化——以深圳清华大学研究院为案例》，《科学学研究》2013年第9期。

究院一般包括两种孵化模式①：一是研究院直接对实验室具有前景性产品进行产业化操作，并在相关资金的保障下，成立初创型公司；二是广泛吸引外部创新公司入驻深圳清华研究院，并通过技术保证、研发管理以及资金投入促进其产品产业化。通过两种孵化模式的对比可以发现，对创新型产品或公司的筛选是其较为重要的一环，这就要求研究院务必拥有充足经验和"独到"眼光，判断哪些项目能够成功落地，服务社会发展。最后，为进一步促进资金可持续发展，深圳清华研究院1999年就成立了深圳清华科技开发有限公司，2009年开始以受托管理方式运营创投基金，同年成立深圳力合智通融资担保股份有限公司②。研究院通过引入风险资本、控股上市公司实施资本运作等手段，在中国创业板出现之前，就已经相对科学实现了资本流入和流出功能③。

4. 国际交流与合作

深圳清华大学研究院以海外合作部为依托实施国际化全球战略，目前已和英国、德国、以色列等七个国家建立长效合作机制，近些年研究院与硅谷 Plug and Play 孵化器、旧金山 Read Write Lab 孵化器等机构合作共建创新中心④，集聚了一大批创新骨干和科研、投资力量。研究院海外合作部面向业务包括国际资源对接、技术转移咨询、跨境孵化加速等⑤。同时，研究院海外合作部2002年下设技术转移中心，专门负责国际事务间的技术转移工作，进一步促使不同业务流程的处理与管理更加专业化和精细化。从深圳清华研究院的建设经验上来看：首先，其广泛与世界各国接轨，充分利用和整合了国内外创新资源，与全球许多国家和知名企业建立了长久合作；其次，深圳清华研究院着力于区域经济发展重大

---

① 董书礼：《科技成果产业化的一种新模式——基于深圳清华大学研究院的案例研究》，《中国科技论坛》2010年第12期。
② 何继江、王路昊、曾国屏：《以技术能力的商业开发促进科技成果转化——以深圳清华大学研究院为案例》，《科学学研究》2013年第9期。
③ 董书礼：《科技成果产业化的一种新模式——基于深圳清华大学研究院的案例研究》，《中国科技论坛》2010年第12期。
④ 范拓源、聂晨曦：《全球研发网络与海外离岸创新中心建设模式研究》，《科技管理研究》2018年第14期。
⑤ 深圳清华大学研究院：《海外合作》，https://www.tsinghua-sz.org/cooperation#s1，2022年2月19日。

问题，涉及领域包括传感器、通信技术、信息技术等多个领域；最后，深圳清华研究院重视企业研发与市场化，实现了一整套企业孵化、企业服务、孵化加速的管理理念。例如：初创企业服务方面，海外合作部积极协调各方资源在人才培养、投资服务、运营管理等方面提供支持；"大企业"服务方面，在应用层、产业端打造知识产权及产品市场、常用应用场景服务等[1]。

四 外部动力机制

（一）北京清华工业开发研究院

1. 政府支持

科技成果转化是科技成果的重要实践与检验，是理论向产品转化的"最后一公里"。在北京，政府十分关注科技成果转化问题，并通过宏观（北京市）、中观（具体"区县"）乃至高校层面加大了对科技成果转化的保障。《北京市促进科技成果转化条例》[2] 以问题为导向，提出提高科学技术经费的财政投入，设立科技创新基金，同时要求研发机构、高等院校与各类科学技术部门要将科技成果转化成果列入绩效考核制度之中，重新分配成果转化收入，并为科技成果转化人员解决落户、住房、医疗保险、子女就学等问题。《关于2020年度北京市科学技术奖励的决定》：首都科技工作者要积极投身在其专家领域科技创新实践，解决社会重要创新问题和难题，攻克关键技术，进而加大北京市科技成果转化能力和创新水平[3]。此外，《昌平区"两区"建设工作方案》《平谷区"两区"建设工作方案》等文件则从具体区域视角鼓励农业科技创新领域、医药健康领域、5G+教育、5G+工业互联网的原始创新，并提出组建服务平台、加大政策宣传、统筹全区资源，加大支持力度等。可以说，这些政

---

[1] 深圳清华大学研究院：《大企业服务》，https：//www.tsinghua-sz.org/cooperation#s3a，2022年2月19日。

[2] 北京市人民政府网站：《北京市促进科技成果转化条例》，2019年12月5日，http：//www.gov.cn/xinwen/2019-12/05/content_5458814.htm，2022年2月19日。

[3] 政府公报：《北京市人民政府关于2020年度北京市科学技术奖励的决定》，2021年9月25日，http：//www.beijing.gov.cn/zhengce/zhengcefagui/202109/t20210924_2501050.html，2022年2月19日。

策针对北京科技成果转化的现状问题，提供了较为强劲的政策支持，打通了科技成果转化的"最后一公里"，不仅在地区不同层面细化了战略目标，同时着重强化了对创新者的保障。

2. 企业合作

在企业合作方面，研究院积极建设企业—大学合作平台，围绕市场和社会需求，同海内外企业建立合作，帮助企业形成一套自主创新的决策、协调、运作以及约束机制，拓展产学研合作的有效途径，从而提高研究型大学科研成果的转化以及企业的创新实践能力。为此，清华工研院始终坚持"双孵化（孵化成果、孵化企业）"模式，对具有可实施性和前景性项目予以各方面资源大力支持，促进其科技成果的转化。同时，允许待孵化成果技术成熟度达到应用阶段，寻求相关企业试点合作，完成技术向企业和市场的转变；另一方面，直接利用孵化成果创办公司企业，并通过企业盈余和社会投资形成其国内循环体的良性发展。以"北京亿华通科技股份有限公司"（简称"亿华通"）企业为例进行说明，亿华通依托清华大学车辆与运载学院相关资源，成功研制开发出中国第一辆氢燃料电池客车，并以此为基础成功孵化企业。该公司致力于创新氢燃料电池发动机技术的研发和产业化，目前以核心技术为基点，形成了包括双极板、智能 DC/DC、测试设备等一体化服务体系[1]。据官方统计显示，亿华通是氢燃料电池开发和应用领域的佼佼者，已经和福田、申龙、安凯、东风、陕汽、长安等企业合作，涉及车款类型包括客车、物流车、叉车、固定典型等完整的一系列项目[2]。亿华通基于已有资源和经费投资完成初步重点技术突破，创建企业，并通过与广泛品牌合作，一方面拓展国内知名度，另一方面从中获得一定营收，实现资本再生产，以此往复，不断提高自身科学技术和产业化程度。此外，清华工研院还先后孵化出北京键凯科技股份有限公司（键凯科技）和北京天智航医疗科技股份有限公司（天智航）等重要科技公司。

---

[1] 北京清华工业开发研究院：《亿华通》，https://gyy.tsinghua.edu.cn/kjfh/zdqy/yhtt.htm，2022 年 2 月 19 日。

[2] 北京清华工业开发研究院：《亿华通》，https://gyy.tsinghua.edu.cn/kjfh/zdqy/yhtt.htm，2022 年 2 月 19 日。

（二）深圳清华大学研究院

1. 政府支持

相较北京清华工业开发研究院，深圳清华大学研究院属于派出研究院，尽管合作院校为北京清华大学，但机构坐落于深圳市，其战略目的也旨在推动深圳市经济发展，因此，可从深圳市视角对政府支持做简要论述。相较北京2020年发布科技成果转化条例，广东省2016年就发布了该政策，即《广东省促进科技成果转化条例》。条例指出鼓励金融机构对企业、高等院校或相关机构科技成果转化的融资力度，提倡将科技成果转化相关评价指标融入职称评审[①]。深圳市人民政府也在文件中强调，下级政府要将科技成果转化作为具体任务展开规划，加大资金投入与政策支持，支持有条件的高校开设科技成果转化相关课程，为高端人才解决出入境、住房、子女入学、医疗配置等方面问题[②]。另一方面，2015年在深圳市市委市政府支持下，深圳市各领域、各行业专家组建"深圳市科技成果转化促进会"，专门用于促进地方科技成果转化，在政府与企业间或政府与各界沟通、联系、统计调查中发挥着十分重要的作用[③]。其经验大致可总结为两个方面：其一是大力支持高校研究院科技成果创新，政策在区域创新中发挥着主导作用，其支持力度大小较大程度上决定研究院创新活力。其二是完善保障机制，科技创新者是科技创新活动的主体，尽管其不完全为利益所驱动，但完善的保障机制更有利于促进其产品落地，进而推动区域经济发展，主要措施包括政策支持、红利支持等。

2. 企业合作

深圳清华大学研究院凭借独特的运作模式和独特的管理机制，培育了一大批具有前景的项目和公司，截至2013年孵化了15家上市公司，如今更是培育了25家上市公司。这些公司绝大多数都是深圳清华大学研究院与众多企业积极合作交流与探索的成果，较少公司完全凭借自身发展

---

① 广东省人民政府：《广东省促进科技成果转化条例》，2022年2月10日，http：//www.gd.gov.cn/zwgk/wjk/zcfgk/content/post_2722517.html，2022年2月19日。
② 深圳市人民政府：《深圳市人民政府办公厅关于印发促进科技成果转移转化实施方案的通知》，2016年10月5日，http：//stic.sz.gov.cn/attachment/0/301/301874/2910198.pdf，2022年2月19日。
③ 深圳市科技成果转化促进会，https：//baike.baidu.com/item，2022年2月19日。

起来，有学者将其称为"开放式创新""协同式创新"①。除培育企业外，该院也积极与企业合作共建各类"创新"研究院或实验室。例如：华润科学技术研究院与深圳清华大学研究院合作共建联合研究院，成立华润化学材料高性能热塑性复合材料实验室，聚焦新材料、新建材研发与使用；中海油能源发展股份有限公司与深圳清华大学研究院签订合作协议，共建创新研究院，以加速海上能源产业创新，推动海上力量的原始创新力；研究院与西门子能源有限公司合作共建"西门子能源—深圳清华大学研究院联合创新中心"，解决能源生态问题等。深圳清华大学研究院建设经验大致可以总结为两点：一是十分重视企业合作，研究院开放程度一定程度上决定了研究院在当前复杂社会中的综合创新能力；二是重视资源优势互补，大力发挥研究院与企业资源、生产要素功能，并对其进行整合，进而实现区域协同创新，且该种方式更加有利于推动成果产品化与产业化。

五　内外部动力机制的协同过程

（一）北京清华大学工业开发研究院

北京清华大学工业开发研究院在内部动力机制与外部动力机制的分别作用下，较好地促进了研究型大学区域创新功能。同时，北京清华工业开发研究院也潜在形成了内外部机制相互作用、相互影响的机制。

首先，研究院为完成知识的原始创新，不断为社会提供更为优质的服务，促进科技快速发展，其凭借研究院本身资源、清华大学相关资源，以及全球健康产业创新中心、细胞与基因治疗创新中心等重要高水平知识学术机构，完成了技术的改革升级以及新知识输出。知识创新源于现实需求和国家需求，这是"研究型大学引导区域创新协同动力机制"运行的基础条件。

其次，从研究院作用途径和保障机制上来看，对于前者，研究院实现区域创新的主要途径包括积极与企业合作、与国内外相关创新机构合作等，通过广泛合作，建立多元信息交流平台以及利益一致的战略导向，

---

① 何继江、王路昊、曾国屏：《以技术能力的商业开发促进科技成果转化——以深圳清华大学研究院为案例》，《科学学研究》2013年第9期。

进一步提升了其成果转化能力,以及成果产品化能力与市场化能力;对于后者,知识认知能力以及知识创新能力的不断提高,离不开当地政府的强力支持,这种支持不仅体现在政策支持与引导,还体现其一系列制度支持、经济支持等,也离不开研究院本身对学术创新机构的大力支持,因此,强大的知识输出系统定然离不开内外部协调一致的保障机制。这种作用途径和保障机制,是"研究型大学引导区域创新协同动力机制"运行与相互协调的内在作用机理,这与本书第四章构建的理论模型相一致。

最后,北京清华工业开发研究院通过完善内部知识创新机构设置,加强与外部机构的联系,创造了一系列有价值有意义的科研成果,这些成果不仅为其产生了一定经济效益,也在一定程度上优化了人们的生活方式、出行方式乃至工作方式,进而为社会整体的发展和前进奠定了坚实基础。

(二) 深圳清华大学研究院

深圳清华大学研究院同样通过内外部相互协同过程完成了区域创新过程。

首先,深圳清华大学研究院为了加强其内部知识创新广泛建立工业分离实验室、等离子体纳米生物芯片研发中心等66个实验室以及研发中心,与清华科技园以及相关知识创新机构广泛合作,建立独特的"四不像"运行机制,进而解决了国家、地方、横向、纵向课题中众多复杂问题与亟待攻关的难题。这种深厚的知识生产单元与合作模式是第四章"研究型大学引导区域创新协同动力机制"中"基本条件"的现实刻画,也是"相互作用机理"中的必然运行组件。与北京清华工业开发研究院相比,深圳清华大学研究院从内部革新了其运行机制,建立更有利于科技创新的管理模式,外部也拓展了其与大学科技园等机构的合作。

其次,深圳清华大学研究院的作用途径和保障机制也是"研究型大学引导区域创新协同动力机制"的必要成分。对于前者,研究院建立了与国内外更加广泛的合作机制,甚至在海外成立了专门的技术转移相关机构,更加注重与企业的合作研发、风险投资、公司孵化等,可以说深圳清华大学研究院从初创企业服务到企业上市,从科技成果选择到产品市场化拥有完整系统的流程与对应管理机构,分工更加系统与细化;对于后者，尽管深圳清华大学研究院隶属一种派出研究院，但同样受到深圳市的大力支持，包括政策大力支持、利益分配机制，等等。尽管北京以及深圳在促进科技成果转化方面的相关条例发布时间不完全一致，但从内容上来看大致相同，即为研究院更好地完成区域创新提供更为便利的保障机制。

最后，深圳清华大学研究院通过优化自身运行机制，扩大与外部相关知识创新机构的联系，不仅提高了其整体实力，更在知识创新过程中孵化了众多上市公司、众多科技创新产品，且其中许多产品解决了国家重点难题，为促进社会发展起到了重要作用。因此，尽管北京清华工业开发研究院与深圳清华大学研究院在内外部运行机制或与外部建立的合作网络上不尽相同，但均促进了人们认知能力的大发展，促进了社会整体的大发展，为社会运行提供更为便利的服务。

第二节　浙江大学国家大学科技园

一　浙江大学引导区域创新概况

由第六章实证分析中可知，浙江大学对区域创新贡献得分一直处在研究型大学前三位，甚至2009—2014年浙江大学区域创新能力得分位于研究型大学之首，可见浙江大学在引导区域创新中表现优异，是研究型大学引导区域创新的典型案例。深入分析浙江大学在引导区域创新中的经验，可为我国研究型大学提供借鉴，以此促进我国研究型大学与区域的协同发展。

浙江大学是我国综合实力雄厚的综合性研究型大学，背靠市场经济发达的浙江省，在长期互动发展中实现了大学与区域的双赢。自1998年新的浙江大学组建以来，浙江大学在创建世界一流大学征程中不断取得新成就，2017年有18个学科入选一流学科建设名单，2022年一流学科数量增至21个。浙江大学是浙江省科研教育高地，依托高水平教学科研团队、齐全的学科门类、雄厚的科研实力为区域发展提供了人才支持、科技创新和社会服务；浙江省和杭州市政府的资金投入、活跃的市场经济又为浙江大学的发展提供了强有力的支撑。

浙江大学作为浙江省唯一一所综合性研究型大学，在引导区域创新中发挥了重要作用。从 2000 年开始，浙江大学与杭州市、宁波市、海宁市、温州市等开展战略合作。在科技创新方面，浙江大学与区域形成了持续战略合作。以杭州市为例，浙江大学和杭州市成立了战略合作促进委员会，下设发展规划组、创新创业组等 8 个小组，推进高校与城市的深度融合。浙江大学已成为杭州市科技创新的重要源头，在全市重大科技创新计划项目中，80% 以上有浙江大学承担与参与[1]。双方合作推进了浙江大学创新生态和杭州区域创新体系的全面对接、创新事业和产业经济的同频发展。一方面加快合作平台建设，浙江大学与杭州市共同建立了浙江大学国家大学科技园和紫金众创小镇，以此为平台，政府、高校、企业协同合作促进科技成果转化，带动地方产业创新升级。另一方面开展标志性引领性的项目合作，双方重点推进青山湖能源研究基地、智能诊疗设备制造业创新中心、浙江大学（杭州）创新医药研究院、浙江大学计算机创新技术研究院、浙江大学硅谷中心等项目建设[2]。

在人才建设方面：为吸引全球高端人才和优秀创新团队，浙江大学与杭州市联合实施"顶尖科学家汇聚计划"；为汇集校友资源促进区域发展，浙江大学梳理海内外校友资源，拓宽人才引进渠道，积极打造创新人才高地；此外，浙江大学还与杭州市共同开展各类人才交流与项目合作活动，吸引杭州经济社会发展需要的创新人才及创新团队[3]。

在社会服务方面：浙江大学发挥智库职能，成立浙江大学区域协调发展研究中心，为区域乃至全国发展建言献策。区域协调发展中心围绕区域协调发展重大理论和实践问题，依托浙大多学科综合优势，将区域经济合作、社会民生改善、生态文明建设作为三大研究方向，将人才培养和数据资源库作为两大支撑平台。区域协调发展中心成果丰硕，参与了《推动共建丝绸之路经济带和 21 世纪海上丝绸之路的愿景与行动》等

---

[1] 浙江大学：《杭州市与浙江大学深化全面战略合作》，2022 年 7 月 25 日，http：//zdpx.zju.edu.cn/news1_5730_301.html，2022 年 11 月 18 日。

[2] 中华人民共和国科学技术部：《杭州与浙大深化全面战略合作 共建浙江大学杭州国际科创中心》，2019 年 7 月 17 日，http：//www.most.gov.cn/dfkj/zj/zxdt/201907/t20190717_147790.html，2022 年 4 月 7 日。

[3] 中华人民共和国科学技术部：《杭州与浙大深化全面战略合作 共建浙江大学杭州国际科创中心》，2019 年 7 月 17 日，http：//www.most.gov.cn/dfkj/zj/zxdt/201907/t20190717_147790.html，2022 年 4 月 7 日。

重要文件起草，完成了 600 多项地方经济社会发展课题；连续出版《浙江跨区域合作发展报告》等，为区域和全国政策完善提供支持。

此外，浙江大学发挥科技人才优势服务"三农"工作，促进浙江省现代农业农村发展。一是完善服务"三农"组织和制度保障。成立由校领导担任院长的浙江大学新农村发展研究院，按"聚焦湖州、立足浙江、服务西部、面向全国、走向世界"的工作思路，支持现代农业综合性科技发展，为现代农业发展提供战略咨询、职业农民培训和政策研究服务。为支持特派员深入基层支持现代农业发展，制定并实行分类考核配套政策，在岗位考核和职称评聘上对农业技术推广人员和科技特派员给予政策倾斜[①]。二是持续开展技术队伍选派，服务现代农业发展。浙江大学长期选派技术特派员深入浙江省乡镇农业发展中，为农业发展和农业增收解决实际问题，截至 2021 年，已有 15 批技术特派员深入 25 个乡镇，涌现出一批先进人物。三是注重农业技术推广，传播科技知识。通过举办农业科技培训、宣传农业先进知识、开展农业项目合作和提供产业规划和技术示范，将先进生产技术推广至农民手中，促进现代农业发展。

二 浙江大学国家大学科技园基本情况

浙江大学引导区域创新的典型案例是浙江大学国家大学科技园。浙江大学国家大学科技园是依靠浙江大学的科技、人才、设备等资源优势建立的从事科技创新、科技成果转化与产业化的基地，是浙江大学服务社会和产学研合作的重要平台。浙江大学拥有学科综合性交叉性优势和雄厚的师资队伍，科研设备齐全，并出台一系列支持科技创新成果转化的支持政策，支持教师和学生通过大学科技园开展成果转化。除此之外，浙江大学保持对科技园的日常监督，具体管理由管委会负责，以主管科技的校长为主。科技园依托浙江大学，在政府政策支持下，不断引进市场资本，完善创新服务体系，为园区企业提供全方位服务。

浙江大学国家大学科技园（简称"浙大科技园"）成立于 2000 年，

---

① 中华人民共和国科学技术部：《浙江大学发挥科技人才优势深化"三农"服务》，2016 年 12 月 30 日，http：//www.most.gov.cn/dfkj/zj/zxdt/201612/t20161230_130035.html，2022 年 4 月 7 日。

2001年5月被科技部、教育部联合批准为国家级大学科技园，是浙江大学的直属单位、首批15个大学科技园试点园区之一。2002年浙江大学与杭州市西湖区、余杭区签订区校战略，合作的核心载体是打造浙大科技园，政府给予优惠政策，每年拨付100万元运营补助，与此同时杭州市采用多种措施鼓励高校教师团队进行创新创业，资助创新项目。2009年4月，学校成立工业技术研究院。2015年10月，学校研究决定更名为工业技术转化研究院，国家大学科技园管理委员会与工业技术转化研究院合署办公。浙大科技园在科技部、教育部等中央政府、浙江省政府和杭州市政府政策支持下，依靠浙江大学的资源，积极整合学术界、政府和社会等各类资源，构建园区建设与运营、科技创新创业服务、科技成果转化与企业孵化、创新创业人才培养"四个平台"，实现园区资本、技术和人才"三个聚合"，不断推动区域创新创业、成果转化和人才培养协同发展，形成了有特色的发展模式，为区域科技进步和经济社会发展做出了积极贡献。

（一）浙江大学科技创新资源支持

浙江大学是一所学科门类齐全的综合型、研究型、创新型大学。学校现有紫金港、玉泉、西溪等7个校区。截至2020年年底，学校有全日制学生60739人、国际学生5596人、教职工9674人，教师中包括中国科学院院士、中国工程院院士（含双聘）、文科资深教授、教育部"长江学者奖励计划"特聘教授、国家杰出青年科学基金获得者等优秀人才。根据教育部2022年公布的第二轮"双一流"建设名单，浙江大学有21个学科入选一流学科。浙江大学科研基础雄厚，拥有良好基础设施。目前学校拥有10个国家重点实验室、12个国家（地方联合）工程中心（实验室）、4个国家工程技术研究中心、2个国家临床医学研究中心等[1]。本书第六章实证研究中表明：浙江大学试验发展在读研究生、学校研究与发展项目合计项目、副教授等指标排名突出，2009—2011年各项指标均值分别达到了2570、5946、650，在研究型大学中脱颖而出，可见雄厚的人才资源和丰富的科研条件对于浙江大学引导区域创新有重要支撑作用。浙江大学教学和科研条件优越，学校资源多、规模大、学科齐全，多次

---

[1] 浙江大学：《学校概况》，https://www.zju.edu.cn/512/list.htm，2022年4月7日。

在学科评估中取得优异成绩。学校建设高水平教师团队，拥有在众多领域表现突出的中国工程院院士、中国科学院院士，为培养大批高层次创新人才、促进学校科技创新提供了强大动力。此外，浙江大学依托国家重点实验室、国家工程中心等，不断加强国家重大前沿科技创新。在资源优势下，浙江大学发挥多学科综合优势，在人才培养、科技创新、服务社会中发挥着重要作用。

（二）浙江大学科技创新管理支撑

研究型大学的科技创新和科技成果转化工作通常由学校科研管理部门负责。科研管理部门通常以管理制度支持、资源投入等促进技术创新科技成果转移。

浙江大学科学技术研究院（简称"科研院"）是浙江大学科技政策制定、科技规划布局、科研机构管理、科技项目组织、科技成果管理与转化等的职能部门。在机构设置上，科研院下设"七部一办"，即高新技术部、农业与社会发展部、基础研究与海外项目部、区域创新管理部、科技开发部、科研平台管理部、科技成果管理部和院办公室。科研院还设立了浙江大学技术转移中心，为区域工作开展提供有力支持。科研院坚持"长三角战略必争、珠三角和京三角战略合作、中西部和东三省战略互动"的科技合作战略，不断优化产学研合作布局，在国内已建设93家区域分支机构，分布在江苏、山东、安徽、河南、江西、湖南、黑龙江、广东、贵州、云南、宁夏和四川12个省（自治区）。在管理制度上，浙江大学加快破"五唯"步伐，不断为人才松绑减负，优化实施预聘、长聘制度，为青年教师成长提供宽松环境，激励青年教师投身于科技创新工作中。在科技成果转化工作中，浙江大学不断完善科技成果转化激励政策，制定科技成果转化细则；明确科技成果作价投资净收益70%归属成果完成人；支持教师离岗创业或兼职。科研院秉承"学科—科研—人才"一体化发展理念，瞄准"四个面向"总要求，坚持"顶天立地、育才树人"的科研工作核心思想，秉持"精心谋划—细心管理—用心服务—全心奉献"的工作理念，做好科技工作规划、优化基地布局、强化科技队伍建设、加强项目成果组织、探索社会服务新模式、推进协同创新、创新体制机制，以组织化的科技活动促进科技工作的持续创新与可持续健康发展。

浙大科技园是促进浙江大学科技创新和促进科技成果转化的重要平台，是国家首批 15 个大学科技园试点园区之一，由浙江大学全资运作，但资产公司仅为法律层面上的法人，是科技园公司的董事，而非董事长。具体管理由管委会负责，以主管科技的校长为主。科技园依然在学校的科研体系内。学校设平台管理部和专门的管理办法对各院进行监管。院长、副院长由学校派出。管理以教师团队为主，可社会招聘职业经理人进行具体操作。

浙江大学科研管理部门内部分工较为明确，涉及科技成果转化制度建设、科技成果建设平台、科技成果转化项目服务等职能。围绕面向世界科技前沿、面向经济主战场、面向国家重大需求，主动加强服务，提高学校的科技创新和科技成果转化水平。在常规管理之外，浙江大学成立浙大科技园，建立科技成果转化和创新创业平台，全面整合浙大的综合优势资源与社会优势资源，是支撑其科技成果转化、高新技术企业孵化、创新创业人才培养、服务地方经济建设的重要载体，是国家区域创新体系的重要组成部分[①]。

三　内部动力机制

研究型大学具有优质的科研资源，如丰富的科技创新信息、人才、实验室等，通过科技创新和科技成果转化等方式为区域提供新的技术和资源。在区域创新系统中，研究型大学可以根据企业的需求为企业创新提供创新知识、人才资源和科技成果，不断促进区域创新能力提升。

（一）知识生产

大学知识是各门知识中最为基础、最为前沿、最为先进的部分，研究型大学知识产出致力于寻找事务的本质和规律，是区域知识创新的策源地。浙大科技园之所以能够发展成为集科技成果转化、企业孵化、新兴产业培育、创新创业人才培养于一体的创新性综合服务平台，主要是依托了浙江大学在科技、人才、文化等方面的资源优势。一是浙江大学的科研基地和实验室等资源对科技园开放，园区依托其科研基地和实验

[①] 夏英、张勇等：《大学科技园：历史、现状及未来趋势》，《成都理工大学》（社会科学版）2015 年第 4 期。

设备，为入园的企业提供研发服务，同时也激励了教师和科研人员到园区创办科技企业的热情；二是科技园依托浙江大学的优势学科建立了浙大科技园"光与电技术开放实验室""生物医药分析测试中心""新材料技术实验室""动漫研发服务平台"四个公共技术服务平台[①]，搭建了学校与企业合作研发、科技成果转化平台；三是浙江大学的一批省部级重点研发机构参股创办了以科技开发和成果转化为主的高技术企业，为园区发展提供智力支持。浙大科技园与浙大深度链接，作为重要的创新创业服务平台，助力浙江大学引导区域科技的进步和经济的发展。

（二）人才培养

创新人才在区域创新中具有举足轻重的地位，而研究型大学是高层次人才创新的主要场域。研究型大学拥有高水平的教师、丰富的教学和科研资源，为社会和区域培养大量具有创新精神的高层次人才。浙江大学深度优化人才培养格局，在人才培养过程中坚持服务国家重点区域，2020届有78.37%的毕业生服务于长江经济带[②]；浙江大学瞄准国家重点领域，积极引导毕业生投身于科技创新中，为社会和区域提供了大量高层次人才。浙大科技园以丰富的资本、信息和创业人才资源，助力浙江大学将创业教育嵌入人才培养环节。一是浙大科技园开展实践型教育课堂，为提高课程的实践性和针对性，园区聘请具有实践经验的企业家、资深职业经理人和专家型政府官员为学生授课。二是为浙大的学生提供实习机会，使学生深度了解企业发展全过程。三是为学生提供创业实践，整合不同专业的学生形成创业团队，组建模拟公司，支持学生在浙大科技园进行创业实战体验[③]。浙大科技园为浙江大学人才培养提供创业教育平台和资源，推动了学校、区域乃至全国的创新发展。

---

① 浙江大学国家大学科技园：《浙大科技园：搭建科技转化平台 助推师生创新创业》，2015年12月21日，http：//zjusp. zju. edu. cn/index. php? a = detail&id = 2257，2022年4月7日。

② 浙江大学：《浙江大学就业公报（2020）》，2021年6月23日，https：//www. zju. edu. cn/2021/0623/c32668a2398340/page. htm，2022年4月7日。

③ 中华人民共和国教育部：《浙江大学科技园发挥平台优势 积极支持和服务大学生创业》，http：//www. moe. gov. cn/jyb_xwfb/s6192/s133/s192/201005/t20100520_88341. html，2022年4月7日。

（三）创新创业

2015 年，国务院印发的《关于发展众创空间推进大众创新创业的指导意见》提出要"大力培育企业家精神和创客文化，将奇思妙想、创新创意转化为实实在在的创业活动"。高校是大众创业、万众创新生力军的主要培养者和输送者[1]。浙江大学在创新创业方面的探索走在全国的前列。在支持教师创新创业方面：浙江大学不断完善创新创业机制，激发教师创业动力。早在 2000 年年底，浙江大学出台了《关于浙江大学教职工和学生在大学科技园创办科技孵化企业的若干规定》，明确支持教师、学生到科技园内创办科技企业、转化成果。2010 年又制定教师队伍分类管理政策，设立技术推广岗位，鼓励教师从事科技成果转化工作、创办孵化企业，带动区域经济社会发展。浙江大学还健全科技评价制度，不仅明确教师科技成果转化利益分享制度，还对教师分类管理，尤其是分类晋升，保证了主动参与科技成果转化教师的利益。

在支持学生创新创业方面：一是完善成果转化机制，做好学生创新项目知识产权确认、保护等工作。大力推进紫金科创小镇建设，着力打造国际合作与技术转移大平台、中小企业创新生态系统核心区、师生联合创业梦工场等，积极引领带动区域战略性新兴产业发展。在长三角、珠三角、京津冀等重点区域设立研究院 10 个，在全国设立技术转移分中心近百个，推动派出研究院与企业共建各类联合研发中心 60 个，进一步构建起广辐射、高能级的产创融合体系。二是以科技园为载体促进师生创业。浙大科技园凭借丰富的经验和专业的服务为浙江大学内部的科技项目转化、产业化提供专业性支持，如项目申报、人力资源、创业辅导等服务，促进浙江大学科技成果转化和高新技术企业孵化。三是加强创新创业教育。浙江大学从 20 世纪 90 年代开始创办创业竞赛，2017 年又成立创新创业学院，面向学生开展创新创业教育[2]。科技园成立后，浙江大学又和园区合作形成"实践型课堂教育＋创业型企业实习＋体验型创

---

[1] 周亚军、薛浩：《传承与构建：高校创客文化的内涵、特点及培育路径》，《中国青年研究》2020 年第 12 期。

[2] 孙菁：《我国研究型大学参与区域创新的机制研究》，《中国人民大学教育学刊》2022 年第 1 期。

业实战"的创业教育模式。在实践型课堂教育中,园区按照不同培训对象,分别设置了创业雏鹰班、创业强鹰班和创业精英班。授课的老师10%是来自高校的教授。授课的内容包括实务性、实战性创业经验,以及企业成长各个阶段所需的企业经营和管理知识。

四 外部动力机制

(一)政府支持

高校科技成果顺利转化需要外部支持。一方面,为了突破现有科技成果转化中存在的障碍,政府需完善科技成果转化机制、搭建高效科技成果转化平台。另一方面,高校科技成果转化普遍面临资金短缺、投入不足的困境,拓宽资金来源,加大政府资金投入是高校科技成果转化的重要保障。在战略合作方面:2002年杭州市西湖区政府与浙江大学签署战略合作协议。西湖区政府专门成立"接轨浙大办公室"负责与浙江大学的合作对接,挂靠在西湖区政府。政府给予优惠政策,每年拨付100万元运营补助,与此同时杭州市采用多种措施鼓励高校教师团队进行创新创业,资助创新项目。2008年杭州市和浙大共建和谐杭州示范区工作全面展开,提出浙江大学国家大学科技园"扩园强园工程"。2020年西湖区人民政府与浙江大学签订全面战略合作协议,进一步发展科技园。在具体政策方面:政府为入驻园区企业提供系列便利条件,政府将工商管理、财税等与企业有关的部分政府机构派驻园区,为入驻园区的企业在人事、咨询服务、工商注册、税务登记等方面提供一条龙服务。科技园已初步形成了由政府、科技园管委会和中介服务机构等三方面组成的综合创新创业服务体系。

(二)企业合作

高校引导区域创新的重要方式是与企业合作并将技术转移至企业。大学科技园连接高校和企业的合作,为区域创新、科技成果转化提供信息、人才和资金支持,极大地推动了高校科技成果转化、高技术企业孵化,加快了经济发展方式转变,创造了良好的社会经济效益[1]。浙大科技

---

[1] 夏英等:《大学科技园:历史、现状及未来趋势》,《成都理工大学》(社会科学版)2015年第4期。

园作为综合性创新创业服务平台，促进浙江大学与企业的合作。一是为企业提供优惠政策，促进科技成果转化。科技园为入驻企业提供大量优惠政策，促进企业进一步发展。入驻浙大科技园企业在同等条件下可优先获得杭州市高新技术成果转化基金以无偿拨款、科技贷款贴息、风险投资、融资担保等形式的支持。二是提供信息金融服务，促进高技术企业孵化。科技园内的金融机构利用资金优势参与企业的孵化，为企业提供金融服务；中介机构及时地传递行业科技信息，为企业提供科技咨询、财务会计、资产评估等转化服务。三是搭建合作平台，发挥产业集群效应。大学科技园集聚政策资源、金融资源、智力资源和专业化孵化器，发展成可为企业提供支持的综合型平台，在此基础上建立科学合理的组织管理模式，通过创造浓厚的创新氛围，融合园区各主体，并促进主体之间的互动合作，促进科技园内企业发展。

浙大科技园自成立以来，按照"集成资源、构建平台、强化服务、孵小扶新"的建设方针，在各级政府和浙江大学的支持下，打造一流的园区自然生态系统和企业成长生态系统（"双生态系统"），构建"四个平台"（园区建设与运营平台、科技创新创业服务平台、科技成果转化与企业孵化平台、创新创业人才培养平台），实现园区"三个聚合"（资本聚合、技术聚合、人才聚合），通过不断开拓创新，在推进科技成果转化与产业化、孵化高新技术企业、培育创新创业人才等方面取得了可喜成绩。截至2020年，浙大科技园（西溪园区）有孵化场地面积60000多平方米，累计创办各类企业1800多家，创办科技孵化企业1200多家，培育上市企业（含新三板挂牌）12家，在浙江省股权交易中心"浙大科技板"挂牌企业52家[①]。并且，浙大科技园与地方政府合作共建杭州市大学生创业园（西湖·浙大科技园）、杭州国际人才创业创新园（西湖园区）、杭州大学生创业学院等双创载体，建有智能制造国家专业化众创空间和国家科技部备案众创空间——浙江大学 e-WORKS 创业实验室等众创空间，与江山市等共建"科创飞地"。同时，浙大科技园在"一园多点"原则指导下，根据学校综合部署，与地方政府合作建设了江西南昌、

---

① 浙江大学国家大学科技园：《园区介绍》，http://zjusp.zju.edu.cn/index.php?a=flist&catid=431，2022年4月7日。

浙江宁波科技园分园，并在毗邻浙大紫金港校区打造"紫金众创小镇"。浙大科技园形成了具有自己特色的发展模式，成为浙江大学引导区域创新的典范，促进了区域创新和经济发展。

五 内外部动力机制的协同过程

研究型大学引导区域创新是一个复合系统，它由具有相互作用关系且具有不同属性的内部协同创新子系统与外部协同创新子系统复合形成。研究型大学内部协同创新机制是以高校自身为主体，通过高校内部人才、科研等创新要素和资源的互动来实现。外部创新机制通过与区域政府、高新企业、科研机构等主体互动来实现。

浙江大学处于区域创新系统的中心地位：一是知识生产是研究型大学引导区域创新的根本动力。浙江大学自身拥有科研基地和实验室等优势资源，且在工业自动化等学科中具有优势，在与外部主体浙大科技园的互动中，一方面为科技园提供基础设施服务，另一方面更在与浙大科技园的合作研发中通过创办高技术企业，为浙江大学科学研究和知识生产提供平台支持。二是研究型大学拥有高层次人才，人才培养是内部动力的核心载体。浙江大学人才培养与区域外部主体衔接，一方面与浙大科技园开展人才培养合作，浙大科技园通过开展实践课堂、实习、创业实践为浙江大学人才培养提供资源，另一方面浙江大学培养的人才投入浙大科技园开展服务。三是创新创业是研究型大学区域创新的动力之一，浙江大学自身的创新创业系统与外部浙大科技园平台相互作用，浙大科技园凭借丰富的经验和专业的服务为浙江大学内部的科技项目转化、产业化提供专业性支持。

外部创新机制是研究型大学通过与区域政府、高新企业、科研机构等主体互动来实现。一是杭州市政府与浙江大学签署战略合作协议，在政策和资金上鼓励浙江大学教师开展创新创业。此外，浙大科技园也是杭州市政府与浙江大学共建的成果，依托浙江大学资源优势，园区在政府支持下、科技园管委会的管理下，发展成为支持科技开发、创新创业、成果转化、企业孵化、人才培养的服务平台。二是浙大科技园企业与浙江大学相互作用共同引导区域创新。浙江大学为浙大科技园企业提供人才、科研支持；浙江大学通过浙大科技园加快科技成果转化和高技术企业孵化，以带动区域创新，为区域发展带来经济效益。

浙江大学国家大学科技园凝聚了研究型大学、科研机构、政府部门、企业和中介组织等区域创新主体。浙江大学作为研究型大学为浙大科技园提供知识、人才、实验设备，促进园区企业发展；各级政府制定创新发展政策和资金人才支持，为园区发展提供良好的外部环境；园区在此基础上整合金融、信息、人才资源，通过现代化管理形成浓厚的创新氛围，为高技术企业提供互动和交流平台，形成集聚效应；中介组织等为园区企业提供信息、科技资源和服务。浙大科技园在区域创新主体的融合中不断发展，促进了区域经济社会的发展。

第三节 同济大学"环同济知识经济圈"

一 同济大学引导区域创新概况

研究型大学拥有高端的科研水准和丰富的智力资源，在国家建设和经济发展中发挥重要作用，肩负着服务社会的使命[①]。同济大学作为上海乃至长三角重要的研究型大学，充分发挥自身优势，在区域创新中发挥重要作用。根据前文实证分析结果可发现，样本期内同济大学引导区域创新能力一直处于研究型大学的前列。同济大学在引导区域创新布局中立足上海、辐射全国，通过"环同济知识经济圈"引导上海创新发展的同时，还建立了一批区域研究院服务京津冀一体化、粤港澳大湾区等其他区域。

（一）立足上海

同济大学作为上海一所特色鲜明的理工为主的研究型大学，积极践行社会服务职能，与上海产业对接，促进产学研深度合作。同济大学根据三个校区所在区域的产业现状和发展定位规划不同校区专业布局，促进产学研联动，形成各具产业特色的"环同济知识经济圈"。其中，最为突出的为杨浦区"环同济知识经济圈"。近年来，同济大学根据不同校区所在区域产业优势，力图打造不同版本的嘉定校区"环同济知识经济圈"

---

① Checkoway B., "Reinventing the Research University for Public Service", *Journal of Planning Literature*, Vol. 11, No. 3, 1997, pp. 307–319.

和普陀校区"环同济知识经济圈"。

1. 杨浦区"环同济知识经济圈"

同济大学杨浦校区围绕传统城市建设拥有全国一流的相关专业，包括土木工程、建筑与城市规划、艺术设计等，这些优势学科集聚了全国该领域的顶尖人才，每年输出大量优秀毕业生，为环同济经济圈主要产业建筑设计产业的形成提供了技术支持。从20世纪90年代开始，同济大学围绕建筑和设计类专业，建设创新产业园区和设计类企业孵化地，形成"环同济知识经济圈"，成为同济大学发挥自身学科、人才优势，主动带动区域产业发展和技术创新的典型案例。

2. 嘉定校区"环同济知识经济圈"

在杨浦区建设"环同济知识经济圈"取得成功后，同济大学又在嘉定区和普陀区打造不同产业的"环同济知识经济圈"。

2000年年初，上海市政府选择嘉定区建设上海国际汽车城，在嘉定区产业布局中，汽车产业具有举足轻重地位。一方面汽车产业占据了嘉定区工业发展"半壁江山"，据统计嘉定区2020年主要产业包括汽车产业、电子信息制造业、装备制造业、有色金属及化工材料业和生物医药产业五个产业集群，其中汽车产业占所在区域工业总产值的63%。另一方面汽车行业企业在区域发展中发挥"领头羊"作用。在嘉定区"百强企业"中，汽车零部件及配件制造业企业占"百强企业"产值总量的41.2%；在88个"三个千亿元级"工业企业中，涉及汽车行业的有50家[1]。

围绕嘉定区汽车产业布局，同济大学在嘉定校区构筑了以地面交通为核心、以汽车产业为龙头的现代装备制造学科链，包括汽车、交通运输、软件等专业。同济大学汽车专业与嘉定区汽车产业联动，根据汽车产业企业需求开展校企合作，并成立了汽车产业研究相关的智能汽车研究所、人车关系实验室等，以合作开发和技术转移等不同渠道带动区域汽车产业升级，如汽车学院余卓平教授团队将EHB相关专利作价1086万元投资同驭汽车公司，促进了公司技术的提升。

---

[1] 上海市嘉定区人民政府：《2020年嘉定区工业经济运行分析》，http：//www.jiading.gov.cn/publicity/jggk/tjsj2_fdzdgknr/tjsj/tjfx/136776，2022年4月7日。

3. 普陀校区"环同济知识经济圈"

上海普陀区近年来大力发展生命健康行业，依靠区域两块"金字"招牌——中以（上海）创新园和上海清华国际创新中心，布局健康产业高地。2021年普陀区政府印发《普陀区加快发展生命健康产业实施意见》，推动普陀区生命健康产业高质量发展，着力打造立足上海、辐射长三角、面向国际的生命健康总部基地、高端医学创新中心、医药资源配置中心、数字医疗服务中心[①]。该意见对生命健康领域企业给予资金、国际交流、人才职称政策支持。在"普陀区十四五规划"中，政府提出加快构建集医药流通、医药器械、健康管理与服务、生物技术研发、智慧医疗于一体的生命健康产业链[②]。

为与普陀区健康产业联动：一方面同济大学主动与健康产业对接，部署同济医科发展。2020年将同济大学沪西校区（位于普陀区）400余亩土地划归医学发展使用，促进医学院及附属医院在产学研、医教研融合创新发展。同济大学旨在将沪西校区医学院建设成为在国际上具有较高影响力的医学教育培训的高地、医学科学创新的高地、医工交叉创新高地、区域融合产学研转化高地。同时，与市区两级政府深入合作，打造"一核、一城、一岸"，即以同济大学医学院为辐射源，打造生命健康策源核，成为国内一流的环同济国家生物医药产业园区，并同步带动建设TOP智创城、苏河生命水岸，初步形成超百亿元级环同济医学园区经济圈[③]。另一方面，同济大学医学院与生物医药公司开展合作，根据企业需求开展研究，并将成熟的技术进行转移。如同济大学医学院抗感染药物研究实验室与迈威（上海）生物技术有限公司签订《抗感染药物研究框架合作协议》，双方从立项之初开展密切合作，研究过程中优势互补，项目研发成功后，同济大学将成果转让给公司，转让金额高达2500万元，

[①] 上海市嘉定区人民政府：《关于印发〈普陀区加快发展生命健康产业实施意见〉的通知》，2021年9月28日，https://www.shpt.gov.cn/shpt/gkwj-weiguifan/20211105/789495.html，2022年4月7日。

[②] 央广网：《上海普陀：布局百亿级生命健康产业 打造"生命智谷"》，2020年12月28日，https://www.sohu.com/a/441056876_362042，2022年4月7日。

[③] 同济大学医学院：《学院介绍》，2022年6月19日，https://med.tongji.edu.cn/xygk/xyjs.htm，2022年11月18日。

实现了产学研高度融合,带动了区域技术创新。

(二) 辐射全国

同济大学一直密切与地方的产学研合作,注重做好平台的建设布局。围绕京津冀一体化、长三角一体化与长江经济带发展、粤港澳大湾区建设、"一带一路"倡议等重大国家战略布局,与地方政府开展深度合作对接。与此同时,为进一步整合政府、区域资源,同济大学与多地合作共建了多元化的成果工程化与产业化合作平台。

同济大学在与地方政府合作中主要有以下特征。一是根据我国区域发展,合理布局校地合作平台。同济大学目前的校地合作平台包括同济大学苏州研究院、同济大学太仓高新技术研究院、嘉兴同济环境研究院、东莞同济大学研究院、同济大学青岛高等研究院、同济(嘉兴)新产品研发中心、同济大学北京研究院、同济大学重庆研究院、同济大学雄安新区未来城市研究院、深圳市未来智能网联交通系统产业创新中心、南昌智能新能源汽车研究院。其中,苏州研究院和嘉兴同济环境研究院服务长三角地区,东莞研究院和深圳市未来智能网联交通系统产业创新中心服务于粤港澳大湾区,北京研究院服务京津冀一体化。二是优势学科主动对接区域特色产业,促进产业集聚。以南昌智能新能源汽车研究院为例,南昌市近年来打造千亿元产业集群、汽车和新能源汽车产业是南昌市的主攻产业之一。汽车专业是同济大学特色和优质学科,是国内新能源汽车、智能汽车和空气动力学科技术开发高地。同济大学发挥专业优势,以优势学科汽车专业主动对接南昌汽车产业,与当地汽车龙头企业江铃集团共同举办了南昌智能新能源汽车研究院[①]。研究院依托同济大学技术及人才优势、南昌市政府和江铃集团汽车行业发展的区位优势服务于江西汽车的创新驱动,为江西省汽车产业发展提供关键研发技术支撑。

二 "环同济知识经济圈"基本情况

"环同济知识经济圈"是同济大学杨浦校区发挥传统城市建设优势专

---

① 同济大学南昌智能新能源汽车研究院:《本院简介》,http://naiine.com/byjj,2022 年 4 月 7 日。

业带动杨浦区建筑设计及相关产业发展的成果,是依托同济大学优势学科和人才知识库形成的研究型大学引导区域创新的典型案例。同济大学作为研究型大学,在与"环同济知识经济圈"互动中在推动科技创新成果转化、支持教师创新创业、人才培养、社会服务等方面发挥了重要作用;"环同济知识经济圈"的良性发展也离不开上海市杨浦区政府的政策支持和企业的交互合作。同济大学发挥内部优势,在与区域政府、企业等创新主体合作中引导了杨浦区创新发展。

"环同济经济知识圈"是同济大学与上海市杨浦区政府密切合作的主要成果。2006年,时任同济大学校长万钢第一次提出"环同济知识经济圈"的概念,2007年成立环同济知识经济圈管理委员会,并成立推进基地建设管委会。杨浦区树立"支持高校发展就是支持杨浦"的理念,围绕同济大学,依托同济大学优势学科,充分发挥大学的知识溢出效应,主动服务,着力推动三区联动。"环同济知识经济圈"由一个核心圈、一个扩展圈和四个辐射点组成。"核心圈"以同济大学四平路校区为核心,包括赤峰路、密云路、中山北二路、江浦路、控江路、大连路、四平路围合的区域,面积约 2.6 平方公里[①]。由同济大学师生参与或创办的大量设计公司和工作室在经济圈内形成了全国一流的设计群。除建筑与设计外,与之相关的给排水、道路桥梁、土木建筑、岩土测量、轨道交通、环境景观、通信工程、地下空间等产业也汇聚在此,在产业互动基础上形成产业链,并培养大批优秀人才。

(一) 同济大学科技创新资源支持

同济大学是教育部直属并与上海市共建的全国重点大学,2017年列为国家"世界一流大学"建设高校。学校与地方政府联合推动建设"环同济知识经济圈",产值从初期 2005 年的不足 30 亿元发展到 2019 年的 460 亿元,开创了"三区融合、联动发展"校地合作的典范模式。目前,同济大学设有 29 个专业学院,4 个主要校区。截至 2022 年 11 月,学校有全日制本科生 18536 人,硕士研究生 11288 人,博士研究生 7668 人,国际学生 3160 人。拥有专任教师 2815 人,其中中国科学院院士 16 人(含

---

① 上海市杨浦区人民政府:《"环同济样本"为杨浦千亿级"设计之都"打样》,2020 年 4 月 29 日,https://www.shyp.gov.cn/shypq/jjsc/20200429/354927.html,2022 年 4 月 7 日。

双聘)、中国工程院院士26人(含双聘)、外籍院士29人次。此外,还有多种高端人才计划获得者和创新人才团队,如国家级教学名师、教育部"长江计划"特聘教授、国家重点基础研究发展计划首席科学家、国家重点研发计划首席科学家、国家杰出青年科学基金获得者等,以及国家级教学团队、国家自然科学基金创新群体、教育部"创新团队发展计划"、科技部重点领域创新团队。[①]

学校学科设置齐全,涵盖工学、理学、医学、管理学、经济学、哲学、文学、法学、教育学、艺术学10个门类,为基础研究和交叉研究奠定了良好的学科基础;拥有一级学科博士点、硕士点和博士后流动站,以及国家重点实验室、国家工程实验室、国家重大科技基础设施、国家协同创新中心等大量国家级和省部级科研创新平台。此外,同济大学拥有丰富的教学科研资源,包括完备的学科体系、高水平的科研团队、先进的科研设施、大量科技信息和浓厚的创新氛围。优秀的创新人才、强大的学科基础和丰富的科研创新平台,一方面为区域创新提供了大量高素质的创新者,另一方面通过承接重大课题、为企业提供前沿知识和先进技术等方式,解决了区域重大科技问题,促进区域科技创新。

(二)同济大学科技创新管理布局

同济大学设置了专门的科研管理机构——科研管理部(简称科管部),负责全校科学技术研究工作。其主要职责包括:本部办公室和嘉定办公室的综合管理、信息化建设和科技统计;相关科研政策的研究和制定;校科学技术协会和校学术委员会的秘书处工作;重大科研项目的谋划培育和组织申报;基础研究、国际合作项目的谋划培育、组织申报及国际合作与交流;科研人才队伍的培养和建设;科研项目的过程管理;科研成果的培育、申报和过程管理、科研成果奖励申报管理;科研基地平台的谋划培育、组织申报和运行管理;科技成果转移转化;同济大学高等研究院[②]。

---

① 同济大学:《学校简介》,https://www.tongji.edu.cn/xxgk1/xxjj1.htm,2023年1月15日。

② 同济大学科研管理部:《部门简介》,http://kgb.tongji.edu.cn/index.php?classid=11292,2022年4月29日。

根据职能要求，科研管理部下设：综合办公室、重大项目办公室、基础研究与国际合作办公室、项目管理中心、成果与奖励办公室、基地办公室、转移转化办公室、嘉定办公室、高等研究院①。

同济大学以科研管理部门为抓手，统领学校科技创新工作，在分工明确的基础上重点关注科技创新项目。科研管理部门通过对学校的科技活动进行组织、调节和协调，加快学校和政府、企业沟通合作，提高科技成果产出和效益产出。

三　内部动力机制

研究型大学作为知识生产与应用、人才培养、技术创新的高地，是区域创新的重要支撑，其主要通过培养高层次人才、开展高水平科技创新、服务社会、传承优秀文化等形式引导区域创新。

（一）科技创新

完善创新机制是科技创新的重要保障。同济大学通过完善科技成果转化工作体系、激发科研人员动力、构建科技成果转化平台等方式，加快科技创新和科技成果转化。

1. 构建科技成果转化管理体系

高校在科技成果转化中承担科技成果提供者的角色，高校应为科研人员提供市场需求信息，搭建高校与企业成果转化平台。高校科研管理机构和成果转化机构在科技成果转化中有至关重要的作用。同济大学科技成果转化工作由科研管理部牵头，会同工程产业研究院、同济创新创业控股有限公司及国家大学科技园等部门和单位，从政策制定、流程管理、成果运营、投资管理、企业孵化等各个环节共同打造产学研转化平台，共同推进科技成果转化。

2. 完善科技成果转化政策体系

激发科研人员科技成果转化动力至关重要。目前高校普遍存在创造的科研成果和发明专利"锁在抽屉里"、科技与经济"两张皮"，以及"重学术轻技术、重科研轻转化"等问题，其中重要原因是科研人员从事

---

① 同济大学科研管理部：《部门简介》，http://kgb.tongji.edu.cn/index.php?classid=11292，2022年4月29。

科技成果转化动力不足。自 2017 年修订《中华人民共和国科技成果转化法》后，国务院印发《促进科技成果转移转化行动方案》，教育部为贯彻落实精神，促进高校科技成果转化，相继下发《促进高等学校科技成果转移转化行动计划》《教育部办公厅关于进一步推动高校落实科技成果转化政策相关事项的通知》等政策文件。同济大学在落实相关文件精神的基础上，勇于突破束缚，大刀阔斧地开展相关改革，激励科研人员创新。2017 年，印发《同济大学科技成果转移转化实施细则》（同济科〔2017〕6 号），明确科技成果转化的界定、审批决策流程、收益奖励分配原则。这是学校开展科技成果转化工作的基本文件。细则规定扣除成本后转化净收益的 70%—85% 用于奖励完成团队。2018 年，印发《同济大学科技成果评估项目备案工作操作细则》（同济国资内〔2018〕2 号），落实教育部、财政部有关国有资产评估备案管理规定，并结合本校实际，优化评估备案程序。2019 年，《同济大学关于进一步贯彻落实科研管理自主权的若干措施》（同济科〔2019〕3 号）进一步简化转化流程，明确以"实施许可"形式开展转化，可以不进行成果价值评估。① 同济大学多措并举，不断完善制度建设，激发教师参与科技成果转化动力。

3. 搭建科技创新平台

科技创新平台是共享科技创新信息资源的重要载体，也是开展科技成果转化的重要渠道。学校与地方积极共建校地合作平台，旨在整合学校优势学科资源，与地方产业进行对接，促进产学研深度融合。学校已成立同济大学苏州研究院等平台，这些平台依托学校的学科优势，以创新引领为战略，为地方经济和社会发展服务，同时，学校也致力于把这些平台打造为学校集聚国内外优势资源、进一步扩大社会影响力的新领域和新空间，从而进一步推动有组织的科研及社会服务工作，为学校应用研究成果走向社会搭建桥梁。在调研中，工作人员提到"这些创新合作平台实现了学校和地方政府双赢，地方政府依托同济大学的技术、人才促进当地产业升级，依靠同济大学声誉吸引更多商业投资、促进产业集聚；同时地方政府在资金、土地、政策上给予平台支持，平台依据地

---

① 以上三份文件来自同济大学官网：《科研成果与知识产权》，https://www.tongji.edu.cn/info/1155/20361.htm，2022 年 4 月 7 日。

方政府和产业的需求面对学校师生开展科研立项，在资金等方面予以支持，促进了产学研合作"。除此之外，同济大学也不断积累与地方合作的经验，学校与江苏、黑龙江、贵州、云南等地建立了良好的合作基础，还与嘉兴合作共建了创新驱动发展示范区。

（二）创新创业

开展创新创业是我国创新驱动发展的重要抓手。高校需构建创新创业生态体系，支持教师和学生积极参加科技创新和创业实践。同济大学为师生提供了宽松的创业环境，不干涉教师业余时间安排，对学生课余时间要求较低，学生有较多时间在环同济知识经济圈实习。据统计，"环同济知识经济圈"的企业中的80%由同济师生创办，更易获得同济大学学术和后勤服务等各方面的支持，如各类学术讲座、科教资源、大量专业人员培训班、图书馆资源、校园运动设施和餐厅等与"环同济知识经济圈"的企业员工共享，为硬软件设施不齐全的中小企业提供了便利。[①] 学校支持科研人员参与兼职和离岗创业，并规范相关行为，以推动科技成果转化。2017年7月，学校制定印发《同济大学关于科研人员兼职、离岗创业的实施意见（暂行）》（同济人〔2017〕88号），支持学校科研人员在校外从事技术开发、技术攻关，成果转化等。同济大学系列政策促进了师生创业热情，调研中工作人员指出，依托同济大学的影响和效应，同济大学师生创业已形成"环同济品牌"，经济圈成立大量"同家军"企业，这些企业多为专家教授和校友创办，形成了产业集聚。

除通过系列政策支持创新创业外，同济大学还加强创新创业环境建设，不仅破除物理空间的围墙，方便大学周边市民和企业员工共享校内资源，而且勇于破除思想上的"围墙"，为师生的创新创业营造良好的文化环境。在这种开放、宽松的氛围下，越来越多的师生参与到创业中，一方面为区域创新发展做出贡献，另一方面也提高了创新人才培养质量。

（三）人才培养

研究型大学处于高等教育系统金字塔顶端，其目标是培养紧缺的高层次研究型和复合型人才，带动区域和国家经济社会发展。同济大学拥

---

① 王玉梅：《环同济知识经济圈发展的现状、问题与对策》，《中国证券期货》2012年第7期。

有全国一流的建筑设计类专业，集聚了全国该领域的顶尖人才，每年输出大量优秀毕业生，为环同济经济圈主要产业建筑设计产业的形成提供了技术支持。在教育部第四轮学科评估中，同济大学的土木工程、环境科学与工程、城乡规划学、管理科学与工程四个学科排名获得 A+，这四个学科又正好与环同济知识经济圈的四大产业——建筑设计、环保产品、城市规划和工程咨询——对应。依托一流的学科基础，一方面同济大学为"环同济知识经济圈"培养大量创新创业人才，创办以校友企业为主体的"同家军"企业，促进了杨浦区产业集聚，形成了建筑设计类产业链；另一方面，同济大学每年培养的毕业生也加入经济圈，不断为经济圈发展提供人才支持。据统计，学校每年会有 400 多名毕业生选择包括环同济知识经济圈在内的杨浦区就业①。同济大学在优势学科资源支持下，为区域提供大量创新创业人才，形成了高校与区域经济及创新的良性互动。

（四）社会服务

高校是知识创新的核心主体之一，依靠高水平的科学家群体、先进的科研设备、巨大的科技信息资源，同时充分利用产学研之间的相互作用，成为区域富有强大生命力的知识创新源②，进而对经济社会做出重大贡献。同济大学各科研团队每年承接大量项目，为企业解决技术难题，提供技术服务。2017—2019 年，完成多个高质量成果转化项目，典型案例包括：物理学院王占山教授团队"高性能激光薄膜器件技术及装备"等 6 项专利实现 3800 万元的现金转让；海洋学院周怀阳教授团队"海底直流电高低压转换及数据传输系统"等 7 项专利权作价 3018 万元投资上海亨通海洋装备有限公司；生命科学院裴钢院士团队两项"神经退行性疾病治疗药物"方面的专利成果 2400 万元现金转让；医学院姜远英、安毛毛教师团队以 3000 万元转让"抗真菌感染单克隆抗体"成果；汽车学院余卓平教授团队 EHB 相关专利作价 1086 万元投资同驭汽车。③ 同济大

---

① 同济大学：《环同济知识经济圈专场招聘会在同济大学科技园举行》，2021 年 5 月 24 日，https://news.tongji.edu.cn/info/1003/77663.htm，2022 年 4 月 7 日。
② 肖俊夫、胡娜、李华：《高校促进区域创新：发展趋势与行动策略》，《中国高校科技》2011 年第 12 期。
③ 同济大学：《科研成果与知识产权》，https://www.tongji.edu.cn/info/1155/20361.htm，2022 年 4 月 7 日。

学根据企业等创新主体的客观需求,通过提供知识、技术和人才支撑,从创新人才、科研开发和技术集成等方面不断充实企业的创新力量[①],发挥知识扩散功能,在与企业、政府等主体的合作中实现资源互补,加强有机联系,形成创新网络,共同促进区域创新。

四 外部动力机制

(一)政府支持

政府创造良好的外部环境是高校科技创新、成果转化的重要保障。"环同济知识经济圈"的成功离不开政府在政策和资金上的支持。上海市杨浦区政府为"环同济知识经济圈"提供大量政策支持。作为国家级双创示范基地,上海市杨浦区政府立足区域特色,以"创业苗圃——孵化器——加速器"的全方位创业孵化服务体系,针对企业的不同发展阶段提供个性化的环境支持。[②] 杨浦区与同济大学共同制定了《环同济知识经济圈总体规划纲要》;推出企业注册一条龙服务,设立企业孵化期,给予项目直接资助,放宽了公司注册政策,降低了企业的入驻门槛;规定"大专院校、科研院所在高新技术成果转化中建立的有限责任公司或股份有限公司;应用型科技园所整体转制为科技企业的,五年内可享受规定的税收优惠政策"等[③]。2020年10月,为落实上海《关于推进大学科技园高质量发展的指导意见》,杨浦与同济签订新一轮战略合作协议。新一轮战略合作的重点除设计产业以外,还包括"设计+人工智能""设计+区块链""设计+新能源"等领域。杨浦区将在政策上支持环同济的科技成果加速转化,形成全生命周期的产业链。

杨浦区政府推出了一系列促进创意产业的优惠政策,例如《关于促进杨浦区研发外包服务业发展的扶持办法》《杨浦区现代设计企业财政扶

[①] 肖俊夫、胡娜、李华:《高校促进区域创新:发展趋势与行动策略》,《中国高校科技》2011年第12期。

[②] 柳剑雄等:《立足创新,三区联动实现可持续发展——上海杨浦区"环同济知识经济圈"模式解析与优化》,《可持续发展经济导刊》2020年第4期。

[③] 王玉梅:《环同济知识经济圈发展的现状、问题与对策》,《中国证券期货》2012年第7期。

持政策》等①。杨浦区政府还提出"三个舍得",即舍得腾出最好的土地支持大学就近就地拓展;舍得把商业和地产项目让出来建设大学科技园区;舍得投入人力、物力、财力,整治和美化大学周边环境②。

(二)企业合作

区域创新系统由企业、政府、高校、科研院所等主体构成,而企业是区域创新的核心主体之一。企业需求是高校科技创新的重要来源,高校为企业技术创新提供知识基础、人才支撑和技术成果,并在企业、大学和科研院所之间实现优势互补,形成一个支持企业技术创新的有机网络,从创新人才、科研开发、技术集成等方面不断充实企业的创新力量③。

20世纪90年代初,借力浦东新区开发的契机,上海以浦东为切入点带动整个城市建设,在此背景下,上海的房地产开发产业得到迅猛发展,同济大学师生利用土木建筑规划等学科优势,在校园里以及周边地区创办了各种设计相关公司或工作室。随着学校房产资源紧张,杨浦区以"服务科教就是服务杨浦,发展科教就是发展杨浦"的理念为指导,牵头在赤峰路组建沪东科技经济园区,"建筑设计一条街"渐渐成型。2004年,同济大学科技园成立,一批高科技企业迁入,极大提高了科技园集聚性。2007年6月,"杨浦环同济知识经济圈"建设正式启动。最初"环同济知识经济圈"以设计类产业为主,但是随着进一步发展,上下游土木建筑、给排水、轨道交通等产业业逐步进入,产业之间形成了集群效应。④"环同济知识经济圈"内有大量相关企业,包括被称为国内建筑与城市规划领域的"五大金刚",以及大量充满活力的中小型企业和工作室。除此之外,经济圈内企业依托同济大学在土木、环境、交通、海洋等多学科的人才和技术优势,凭借对市场的洞察力,在传统业务基础上,

---

① 王玉梅:《环同济知识经济圈发展的现状、问题与对策》,《中国证券期货》2012年第7期。
② 新华社:《工业"摇篮"的蝶变传奇——上海杨浦的双创之路》,2018年12月21日,https://baijiahao.baidu.com/s?id=1620426532766849098&wfr=spider&for=pc,2022年4月17日。
③ 肖俊夫、胡娜、李华:《高校促进区域创新:发展趋势与行动策略》,《中国高校科技》2011年第12期。
④ 邵学清:《用活一所大学的资源——环同济知识经济圈成功的经验与启示》,《创新科技》2009年第2期。

逐步向生态环境、交通、海洋、金融等行业拓展。如在生态环境领域，同济咨询以环境专项咨询为出发点，结合客户实际需求，提供建设项目全过程环保咨询和环保技术专项咨询等服务，获得较高成效。[①]

得益于政府政策支持和学校提供的人才基础，"环同济知识经济圈"与学校形成了联动机制。圈内汇集了国内一流的建筑与城市规划设计领域的研究院，吸引了大量国内外优秀企业入驻，并促进了中小企业的孵化和发展，为区域经济和产业发展做出了积极贡献。到2019年，据不完全统计，环同济知识经济圈的产值已近500亿元。[②]

五 内外部动力机制的协同过程

同济大学引导区域创新是区域内各主体互动、内部动力和外部动力协同作用的结果，同济大学在内外部机制协同过程中形成了"环同济知识经济圈"，区域内各要素和主体在互动中使得区域内创新能力不断提升。

就内部机制而言，主要体现在以下方面。第一，科技成果转化是内部动力的目标导向，外部区域提供广阔的区域性潜在市场，促使研究型大学更好地引导区域技术创新。同济大学内部通过政策激励、外部通过搭建政府合作平台，引导师生参与科技成果转化。如以地方研究院为载体，同济大学提供人才、知识支持，地方政府提供基础设施和经费支持，在科技成果转化中促进同济大学和区域发展。第二，创新创业是内部动力的载体。同济大学利用自身的科教资源为创新创业提供学术和后勤服务，与"环同济知识经济圈"的企业员工共享图书和其他资源。同济大学外部创办大量校友企业，为学校科研人员的兼职和离岗创业提供条件。第三，人才培养是内部动力的基础。依托一流的学科基础，一方面同济大学为"环同济知识经济圈"培养大量创新创业人才，创办以校友企业为主体的"同家军"企业，促进杨浦区产业集聚，形成建筑设计类产业

[①] 袁方翠：《聚力创新 成就工程咨询行业翘楚——专访上海同济工程咨询有限公司总经理杨卫东》，《建设监理》2021年第2期。

[②] 解放日报：《着眼周边，引领"环同济知识经济圈"》，2020年12月25日，https://www.jfdaily.com/staticsg/res/html/journal/detail.html?date=2020-12-25&id=306092&page=10，2022年6月20日。

链；另一方面，"环同济知识经济圈"为同济大学师生提供就业和实习机会，为区域提供大量创新创业人才，促进了高校与区域的良性互动。

外部机制通过研究型大学与区域政府、高新企业、科研机构等主体互动来实现。在区域政府方面，杨浦区将"环同济知识经济圈"作为重要经济载体，通过制定总体规划纲要、与同济大学开展战略合作协议等，支持"环同济知识经济圈"发展。此外，杨浦区政府制定创意产业优惠政策支持经济圈发展。在企业方面：一方面由于企业在区域创新系统中具有核心地位，企业为同济大学科学研究、人才培养等提供支持，为同济大学科技成果转化提供市场和需求；另一方面企业依托同济大学土木、环境等多学科优势开展业务，双方在良性互动中促进区域创新。

在经济圈发展过程中，同济大学积极为区域发展提供人才和智力支持，在区域内形成集聚效应；杨浦区政府将学校与区域发展置于战略高度，积极给予政策支持，如资金、场地等优惠，为大学与区域协同创新提供良好政策环境；大学与政府顺应经济和产业发展，逐步形成产业集群，"环同济知识经济圈"获得良性发展。

第八章

我国研究型大学引导区域创新的优化路径

通过实证研究和案例分析可以发现，我国研究型大学在引导区域创新方面既取得了一定成绩，也存在一些亟待解决的问题，如何更好地发挥研究型大学在区域创新方面的引导作用将是我国进一步推动创新驱动发展战略、提升"双一流"建设成效、发挥研究型大学在创新引领中的作用的关键。本章将结合当前我国研究型大学引导区域创新的实际情况，分析研究型大学在引导区域创新过程中面临的亟待解决的问题，在此基础上提出我国研究型大学引导区域创新的优化路径，为其在区域创新中更好地发挥引导作用提供切实可行的解决之道，以更好地服务于国家创新驱动发展战略，全面推动和实现产业、区域、国家的协同创新发展。

第一节 我国研究型大学在引导区域创新中面临的问题

随着人类社会步入知识经济时代，知识、技术、人才等创新要素的重要性愈加突出，与此同时，汇集这些关键要素的核心机构——大学的重要性也日益凸显。研究型大学作为知识和研究密集型大学，具有突出的综合创新优势和顶尖科研能力，作为区域创新体系的重要主体之一，在其中发挥的引导作用越来越明显。因而，在实施国家创新驱动发展战略、构建区域创新体系的过程中，世界各国及地区均将研究型大学作为科技创新的有利阵地，我国也不例外。无论国家或地方政府，还是研究型大学自身，均认识到了研究型大学在引导区域创新中所发挥的重要作用，并致力于采取各种措施以促进其作用的发挥，目前已取得了初步明显的成效。但通过前文的实证分析与案例分析可以发现，我国研究型大学在引导区域创新的过程中还面临着各区域相关制度政策实施存在差异、研究型大学与区域内各主体之间的合作机制不完善、研究型大学校际协同创新能力亟待增强、研究型大学自身在引导区域创新中存在不足等诸多问题。

一 各区域相关制度政策实施存在差异

政策制定和实施是研究型大学引导区域创新的重要推动力，高效合理的区域创新政策体系能够较大程度上吸引研究型大学参与并引导区域创新。从国外实践来看，英国 21 世纪以来在科技创新相关政策上形成了较为全面和完善的政策配套体系，涉及内容包括量子技术战略、机器人与自动化战略、5G 战略、产业发展战略等，并在其基础上改革了监督制度体系与评价方式，极大地激活了英国人才和高校的创新发展活力。德国也出台了多级政府共同主导的创新政策体系，其主体包括欧盟、联邦政府以及联邦各州，每一级又都细化为不同层次不同政策保障和促进体系，这些体系较好地吸引了研究型大学在区域创新中积极发挥作用，并使得德国在知识产权、人力资本等方面一度位于欧盟前列，取得了世界瞩目的成绩。此外，其他国家案例也均不同程度上说明了完善、适当的政策体系对于提升研究型大学引导创新能力的重要性，并同时带来了经验上的启发。

就我国的情况来看，各地区政策发布与政策实施存在一定差异。从我国高校区域创新政策配套体系来看，从国家层面到区域层面再到高校层面大致形成了相对完备的政策系统，但各地区政策实施不平衡。科技成果产出及其市场化、产品化是高校引导区域创新的重要且必需途径，因此这里以《促进科技成果转化条例》为例作进一步说明。江苏省于 2010 年发布了该条例[1]，强调要鼓励高等学校（包括研究型大学）、科研单位积极开展产学研合作，以多种形式和方式加大高校科技成果转化，

---

[1] 江苏省人民代表大会常务委员会：《江苏省促进科技成果转化条例》，http://www.jsrd.gov.cn/zyfb/sjfg/201010/t20101008_58117.shtml，2022 年 1 月 19 日。

帮助解决研究人员在技术开发、转让、诊断以及推广等环节存在的问题，形成完整的科教服务体系。同时，条例也要求各级各类地方政府科技行政部分应当充分负责协调、配合以及管理高等学校在区域科技创新方面的工作，建立省专利专项资金，对促进本区域经济发展、有产业化前景、提高农业产业化的项目或专利技术予以优先考虑。从条例的具体内容和设置重点可以发现，江苏省较早建立了原则标准、服务体系与保障机制，完善了过程与结果管理内容，这也较好地为江苏省研究型大学科技成果在本区域的创新与推广奠定了良好基础。建立并实施有利于研究型大学区域创新的政策既是促进所在区域（特别是欠发达地区）实现经济发展的重要战略，也是科教兴国的必要内容。从时间上来看，不同省市各类政策发布与使用时间存在一定差异。区域创新政策作为区域和研究型大学上通下达的重要"中枢"，其作用若无法得到有效发挥，必然影响研究型大学在区域创新上的贡献和动力。因此，未来亟须进一步加强和优化政府—区域—高校级联政策设置，进一步推动政策设置和实施不足区域的配套体系，避免上层"热热闹闹"，下层"冷冷清清"的局面，切实落实政策的最大化功效，使研究型大学成为区域创新的原始高地。

二 研究型大学与区域内各主体间的合作机制不健全

本书所指区域各主体主要包括政府、企业、中介机构以及科研院所四个方面，研究型大学在引导区域创新过程中与区域内各主体合作机制不完善的问题包括以下四个方面。

（一）政府与研究型大学的合作机制尚待深化

大学是实施教育教学的核心场所，研究型大学是"大学"原始知识创新的重要高地，具有创新人才与社会专业人才培养的重要作用。政府与研究型大学之间具有委任代理关系[1]，其中政府是大学制度变化，行为规范的主要力量，也是管理高校办学的主要负责人（并非完全负责人）[2]，

---

[1] 罗泽意、董维春：《学生家庭：全面大学治理视野下的非独立性治理主体》，《大学教育科学》2011年第1期。

[2] 王洪才：《"两体三维"理论：一种本土化的大学校长专业化理论——兼评〈中国大学校长管理专业化研究〉》，《复旦教育论坛》2021年第4期。

因此其权力设置、服务水平的差异也一定程度上使得与研究型大学合作模式存在差异，进而一定程度上影响区域创新能力。

1. 政府权力设置情况一定程度上阻塞了双方主体合作

政府权力"下放"与"下放程度"影响了研究型大学科技活动范畴边界与合作方式。在我国，尽管教育部较早开始实行高等教育领域的"放管服"，但具体权力下放以及不同地区放管服自由度尚存在较大差异，具体原因是尽管政府期望转变职能，但受到计划经济影响，地方政府部门仍然对自身权力定位不够清晰，"管得多""服务少"，合作之间地位不平等，进而使得地方政府与研究型大学存在观念、利益分配等衍生问题[1]。正如前文所述，北方高等学校及其研究院自由度相对较小，许多类型科技创新活动需要与政府多轮协商，合作管理模式与制度、运行机制都相对不够完善。而江苏、上海、深圳等地作为我国重要经济枢纽和中心，则注重生产要素和市场的聚合效应，自由度高，能够在顶层设计以内，更灵活与各类机构展开深入合作，深圳清华大学研究院就是典型案例。正因如此，我国学者也提出政府与大学（包括研究型大学）之间的控制与被控制关系已经出现了诸多弊端，大学自主权受到削弱，合作创新受到阻碍，我国应当尽快改变现状[2]。

2. 促进政府与研究型大学合作的保障机制有待完善

研究型大学作为区域知识创新和科技成果创新的高地，其与政府所建立的合作机制尚不完善。通过对研究型大学区域创新能力的实证研究发现，不同高校区域创新能力存在显著区别，而该部分研究所涉及的多数指标直接或间接与不同级别、不同部门政府存在联系，因此，也一定程度上揭示了部分研究型大学与政府合作情况，不同区域高校的影响因素特征不完全相同，且呈现了协同发展、差序发展以及独立发展情况，这较大程度上说明了高校自身的复杂性、不同类型高校与地方政府合作保障机制的困难性。从我国实践情况来看，也较少有专门针对政府与研

---

[1] 马永斌：《区域创新体系中大学、政府和企业合作存在的问题及对策》，《科学管理研究》2010年第5期。

[2] 龙献忠、陶静：《合作伙伴：治理视野中政府与大学关系的新愿景》，《高等教育研究》2008年第5期。

究型大学协商合作的相关保障机制或政策,"放管服"改革不够持续,缺少相应保障,长期呈现一种"不确定色彩"[①]。大学与政府之间缺少协调保障机制,如何优化政府权力,保障大学与政府的合作,完成高校治理乃至社会治理,这些重要的问题仍然没有得到较好的解决[②]。事实上,政府一直在协调自身与其他主体(包括研究型大学)权力协调和保障方式,由于我国国土面积大,研究型大学数量相对较多,不同区域情况复杂,如何合理与科学实施并长期不断优化研究型大学与政府的合作保障模式依旧需要长时间探索。

(二)企业与研究型大学双方的积极性有待提升

企业是高校人才实践的最佳场所,也是研究型大学实现创新价值不可或缺的重要合作伙伴之一。建立校企长效合作机制既有利于创新型人才培养,也是研究型大学引导区域创新的必然途径。

1. 企业参与研究型大学育人与创新的积极性有待提高

建立企业与研究型大学的协同创新模式,通常要求前者能够参与到后者全过程。然而,我国企业参与研究型大学人才培养的积极性不够高,行业标准无法引入高校之中,校企合作缺乏制度和法律保障,使得高校特别是工程教育人才长期脱离于社会,无法高效发挥行业优势[③]。同时,企业对创新活动资金投入较为不足,形式单一,规模也较小,企业创新模式多为渐进式,而少为"突破式"[④]。因此,企业既无法有效同研究型大学建立广泛合作,从源头参与创新人才培养的一般过程,也无法建立两者的广泛合作模式,使得校企合作无实质进展。

2. 研究型大学吸引企业合作与创新的力度有待提高

从我国研究型大学吸引企业协同创新的现状来看,其力度较为不足,或者说研究型大学为企业参与协同创新所提供的服务性工作水平仍有待

[①] 解德渤、王思懿、叶强等:《思维·价值·秩序:中国高等教育治理现代化的变革之路(笔谈)》,《重庆高教研究》2019年第3期。

[②] 熊庆年、张珊珊:《我国高等教育社会治理的过渡性特征》,《教育发展研究》2009年第3期,第55—58、62页。

[③] 《中国制造2025》与工程技术人才培养研究课题组:《〈中国制造2025〉与工程技术人才培养》,《高等工程教育研究》2015年第6期。

[④] 李兰、张泰等:《新常态下的企业创新:现状、问题与对策——2015·中国企业家成长与发展专题调查报告》,《管理世界》2015年第6期。

进一步提高。研究型大学能为企业提供的服务工作包括但不限于为企业承担高级人才管理培训工作、专门人才培训工作、产学研教学与服务工作等①，加强这些工作有利于提高企业对研究型大学总体认知和认可程度，更有利于为两者建立长效合作机制奠定坚实基础。但实际情况是，企业一定程度上为研究型大学敞开了"大门"，但大学似乎为企业所能提供的资源或服务较为不足②，甚至一定程度上成为校企合作中的被动者，这种"被动"反映在大多数研究型大学的专业设置、人才培养规格、培养计划、培养方式、教学内容、生产要素储备、创新活动所扮演的角色中。

（三）促进协同创新的中介机构建设有待完善

中介机构包括技术转移机构、科学园、创新中心以及各类区域金融平台等，主要承担高校与产业间的"中介桥梁"作用。建立完善的中介组织机构，一定程度上有利于大学将前沿技术和相关成果产品化、产业化。然而，从我国创新中介机构现状来看，"资金管理体系建设"与"科学创新成果转化队伍"的不完善，一定程度上导致了我国研究型大学与中介机构合作机制"外实而内虚"。

1. 资金管理体系建设有待完善

一份实证研究表明，大学科技园创业服务中，最为突出的问题是资金短缺、与市场联系不够紧密、人才缺失，一半以上的人表示未享受过政府倾斜政策帮助，甚至出现不同区域资金设置不完善等情况③。事实上，从实证研究章节中最终筛选指标也可知，业务费支出、劳务费支出、转拨外单位支出、应用研究当年支出经费等金融类指标对研究型大学区域创新具有重要促进作用，然而较多高校其经费实则设置不高，甚至出现较强不均衡性。资金管理体系不单单意味着对科技成果项目的经济支持，其深远意义在于研究型大学科研人员与科技项目的认可与认证，能

---

① 李拓宇、李飞、陆国栋：《面向"中国制造2025"的工程科技人才培养质量提升路径探析》，《高等工程教育研究》2015年第6期。

② 刘耀东、孟菊香：《校企协同培养人才的反思与模式构建》，《中国大学教学》2018年第3期。

③ 郑刚、郑青青、梅景瑶等：《大学科技园服务大学生创业的现状与提升对策——以浙大国家大学科技园为例》，《高等工程教育研究》2018年第5期。

够在研究型大学与市场之间建立"桥梁",更好地发挥双方主体创新作用,进而促使大学与区域中介机构、市场建立更加全面的合作关系机制。

2. 中介机构技术转移人才队伍建设较为缺乏

目前,我国科技中介机构身份相对单一,仅为意义上的"第三方机构",其与市场、科学研究、产业行业以及科技创新之间的联系不够紧密,无法真正解决研究型大学科技项目在实际转化过程中存在的各种问题[①]。而技术转移机构作为科技中介机构中较为重要的一环,其主体功能多面向行政层面,区域范围内社会化的科技成果转化服务始终不足[②],而在技术转移团队方面,大多数人员机构侧重于研发人员,专门负责对接社会市场的专业人员也较为不足[③]。由此,尽管高校与中介外部形式上存在许多联系,但高校科技成果在向社会化转化过程中始终"动而不进"。

(四)科研院所与研究型大学深入合作与保障机制有待完善

科研院所主要包括科研机构、研究院、研究所等,在高校发挥区域创新作用的过程中,科研院所同样发挥了较为重要的作用。

1. 科研院所与研究型大学深入合作较为不足

科研院所作为研究型大学协同创新的重要主体之一,具有汇聚智库促进发展的重要作用,加强科研院所和研究型大学之间的合作,有利于知识的原始创新,也有利于其共同解决现代社会前瞻研究问题。然而,从我国研究型大学"合作研究派遣"指标来看,不同大学具体数值差异较大,不均衡性强;而从我国科研院所现状来看,国内科研院所资源相对分散[④],无法较好地协调科研院所与研究型大学之间的资源共享。尽管科研院所与研究型大学之间科研项目相对较多,经验较为丰富,但作为主力军的研究生数量却相对较少,部分研究型大学与科研院所的合作意

[①] 宋河发、李振兴:《影响制约科技成果转化和知识产权运用的问题分析与对策研究》,《中国科学院院刊》2014年第5期。

[②] 吕薇、马名杰、戴建军等:《转型期我国创新发展的现状、问题及政策建议》,《中国软科学》2018年第3期。

[③] 隆云滔、张富娟、杨国梁:《斯坦福大学技术转移运转模式研究及启示》,《科技管理研究》2018年第15期。

[④] 周亚虹、蒲余路、陈诗一等:《政府扶持与新型产业发展——以新能源为例》,《经济研究》2015年第6期。

愿较低①，能够与科研院所建立的合作形式相对单一，无法有效发挥两者协同创新优势。

2. 科研院所与研究型大学的合作保障机制尚待完善

科研院所与研究型大学深度合作涉及相当数量人力、物力与财力的投入，因此两者合作过程中任一主体都需要多方面保障机制建设。从我国现状来看，科研院所与研究型大学协同育人方面，缺少持续的专项扶持基金，或收入相对较低②，无法协调好"入"与"出"的关键问题。利益分配上，也需要进一步完善现有激励与约束体制，重点形成有利于科研院所和研究型大学协同创新合作共赢的利益保障机制③，促进双方在关键问题上的深入探讨。除此以外，如何将双方科技成果转化作为其考核指标也是重要影响因素。

三 研究型大学校际协同创新能力亟待增强

研究型大学作为所在区域创新型人才培养及会聚的高地、知识生产以及创新的活力源泉、引领高新技术集成创新的平台、新思想与新文化的主要辐射源、国际交流与合作的桥梁与纽带，其重要性不言而喻。但一所大学的作用终究有限，而同一地区或临近区域的多所研究型大学通过协同发展构建完善的空间网络聚集体，将资源优势聚在一起加以整合分享，不仅能够促进自身的发展，而且能够与区域中的其他组织协作，共同带动整个区域经济社会的发展。但就目前的情况而言，在我国，不同区域内部研究型大学之间尚未形成良好的协同机制，校际合作协同创新能力亟待增强，具体而言，主要存在三方面问题：在宏观理念上表现为合作共享的理念不够深入导致缺乏开展协同创新的动力，在中观建设上表现为各研究型大学的区域创新能力不同导致缺乏开展协同创新的基础，在微观实施上表现为尚未形成有机完善的运行机制导致缺乏开展协同创新的保障。

---

① 王荣：《大力发展研究生教育 为科教兴国兴省服务》，《江苏高教》2001年第3期。
② 沈成君、冯江：《"院+校"农科教融合协同育人模式创新研究》，《中国高校科技》2020年第7期。
③ 余学军、侯志峰、刘波：《合作共治与协同创新——甘肃高校与科研院所、企业联合培养研究生的探索与实践》，《学位与研究生教育》2013年第7期。

(一) 各研究型大学的协同合作理念不够深入

从宏观理念层面上来看，各研究型大学大多独立发展，尚未形成合作共享的理念，导致缺乏相互之间的积极互动，无法形成和谐有序的研究型大学共同体。之所以缺乏协同创新发展的理念：一方面是由于各个研究型大学固守自身利益，只知竞争不懂合作。按照集体行动的逻辑，在开展协同合作的过程中，各研究型大学拥有不同的优势资源，但在大学排名、获取经费拨款等竞争因素的驱动下，在不确定最终合作成果的成本付出、相关风险、所获收益以及归属问题的情况下，各研究型大学选择坚守自身利益，无法以全面开放的姿态与其他优秀的院校伙伴开展相关合作。另一方面，各研究型大学的需求与发展定位均有所不同，在选择院校伙伴开展协同合作时，它们往往会选择与自身发展定位、相关需求、优势领域等较为一致的学校，而缺乏与那些和自身各方面差距较大的学校之间的互补性合作。如一些工科强势的院校通常会选择同样具有工科强势的院校作为其合作伙伴，在一定程度上忽视了一些同样优秀的以人文社会科学为优势领域的院校。

(二) 各研究型大学的区域创新能力存在差异

从中观建设层面上来看，区域内部各研究型大学的创新能力不同导致缺乏开展协同创新的核心基础。通过第六章实证研究发现，由于各区域内部研究型大学各自的创新能力存在差异，因而全国各地区形成了协同发展、差序发展和独立发展三种不同的发展格局。以2009年的数据为例，协同发展主要包括江苏、广东、山东、湖北、山西、辽宁等地区；差序发展主要包括北京、上海、吉林、四川、重庆、湖南、天津等地区；独立发展主要包括浙江、福建、安徽、黑龙江、甘肃等地区。由此可以看出，目前我国属于协同发展的地区数量还较少，大多属于差序发展和独立发展，即各区域内部研究型大学的区域创新能力水平较为分散，尚未达成均衡稳定的状态。由于高校自身的区域创新能力存在较大的差异，因而不同创新能力的研究型大学在开展协同创新时存在匹配对接问题。

以京津冀地区为例，该区域是我国最重要的政治、经济与科技中心之一，与长三角、珠三角地区一同被公认为我国三大人口和社会经济活动的聚集地。但实证研究发现，其协同发展水平明显低于其他经济圈。之所以会产生发展较为缓慢、创新严重不足的现象，其中一部分原因在于京津冀地区内的研究型大学之间并没有构建良好的协同互动关系，进而极大地削弱了他们本应通过协同合作所发挥的促进区域创新的重要引导作用。通过数据统计可以看出，在京津冀这一区域中，北京拥有数量最多且质量最高的研究型大学，其创新能力极强，天津次之，河北最后。因而在开展协同创新的过程中，虽然河北的合作意愿最为强烈，表现得最为积极主动，强烈希望促成协同合作的开展，但由于河北的大学与天津、北京的大学的创新能力与水平存在较大差距，因而三地研究型大学开展合作的意愿不足，且在实际的合作过程中存在无法良好对接的问题。

（三）研究型大学之间尚未形成协同创新的运行机制

从微观实施层面上来看，区域内部各研究型大学之间尚未建立完善的运行机制，因而在开展协同创新的过程中缺乏相应的保障。一是交流合作机制不健全。区域内部各研究型大学具有不同的利益诉求，基于各个利益相关者多元需求基础上的交流合作机制尚未形成，主要表现为合作的深度较为浅显、范围较为狭窄、形式较为单一。二是协调分工机制不规范。各研究型大学在协同合作的过程中缺乏与之相关的文件、规则、章程、协议、框架等明确规定，导致各高校在开展合作中面临分工、定位、管理、评价、财政收支、风险预测承担、利益分配均衡等问题时大多采取模糊处理。三是资源共享机制不充分。虽然各研究型大学在空间上聚集在一起，但由于资源共享不足，集群作用并未有效发挥出来。四是特色发展机制不明确。目前，国内几乎所有研究型大学均以"研究型""综合性""开放式""国际化"来界定自身的办学定位，导致严重的办学同质化现象。同质化办学导致各高校之间开展合作时缺乏创新，进而无法通过协同创新引导区域的创新发展。五是监督评价机制不完善。目前对于研究型大学之间开展协同互动缺乏完善的监督评价体系，高校大多是按照各自不同的想法达成共识开展合作，至于合作的效果如何、合作中可能存在的问题与不足、如何在此基础上进行改善等关键问题在一定程度上有所忽视，无法对当前开展的协同合作进行客观清晰的评价。

四 研究型大学自身需提升创新实力

当前我国大学肩负着人才培养、科学研究、社会服务和国际交流的重要使命。一个地区的影响力与竞争力是该区域经济实力、科技实力、文化实力的象征，研究型大学作为知识生产与应用、人才培养、技术创新的重地，在区域创新体系中的重要作用无可争辩，通过培养创新人才为区域创新提供人力资本，开展高水平研究为区域创新提供大量原创知识。但是目前我国研究型大学在引导区域创新方面自身还存在诸多不足，具体表现如下。

(一) 研究型大学为区域培养创新人才的模式尚不成熟

现代大学的核心功能即培养国家和社会急需的各类专业人才。尤其是研究型大学，目标是培养紧缺的高层次研究型和复合型人才，致力于研究基础理论和开发尖端技术，带动区域和国家经济社会发展。因此，培养创新型人才是研究型大学的首要任务。2015年国务院印发的《统筹推进世界一流大学和一流学科建设总体方案》将培养拔尖创新人才作为重要的建设任务之一，要求一流大学坚持立德树人，突出人才培养的核心地位，着力培养具有历史使命感和社会责任心，富有创新精神和实践能力的各类创新型、应用型、复合型优秀人才[1]。本书实证研究表明，"试验发展在读研究生"与区域创新存在较强相关性，但是近年来京津冀地区试验发展在读研究生呈缺失状态。"试验发展在读研究生"是具备基础研究与应用研究的经验与技能的研究生，是研究型大学培养高端人才的主要成果，研究型大学特别是京津冀地区研究型大学"试验发展在读研究生"培养不足说明部分研究型大学在人才培养方面仍存在问题，人才对区域创新的驱动作用尚未充分发挥。

1. 创新人才培养过程与培养目标存在偏差

一是创新人才的标准模糊。以信息与通信工程专业为例，根据实证研究中区域创新能力靠前的研究型大学名单，选取了清华大学、浙江大学、上海交通大学。除清华大学从专业理论、实践、潜力、视野等方面对人才培养提出了明确的标准[2]外，浙江大学和上海交通大学只明确了专业课程等信息，而并未提及人才培养标准，其中浙江大学介绍了专业的

---

[1] 教育部：《国务院关于印发统筹推进世界一流大学和一流学科建设总体方案的通知》，2015年10月24日，http://www.moe.gov.cn/jyb_xxgk/moe_1777/moe_1778/201511/t20151105_217823.html，2022年5月6日。

[2] 清华大学：《电子工程系本科生教学情况》，https://www.ee.tsinghua.edu.cn/zsjx/bks/bksjxgk.htm，2022年7月28日。

主干课程、主要就业方向及应用前景①；上海交通大学则只提供了更加详细的专业课程设置情况②。可见我国研究型大学在人才培养标准上存在较为模糊的现状。由此可见，研究型大学对培养拔尖创新人才的价值认识不到位，内涵理解不清晰。二是高校教师教学创新能力有限，热情不高。一方面，研究型大学忽视对教师教学能力的培训与考核，教师对教学工作重视不足，教学质量下降。且有些学校不重视教师团队建设，缺少开发精品课程的动力，学校未能给教师提供跨学科教学交流的平台，教师教学以个人为主。另一方面，课堂教学以传统知识传授为主，教师作为课堂主体，向学生传授标准的知识，学生被动接受知识而非主动探索，从而陷入"范式陷阱"，成为旧知识的维护者和忠诚者，而不是新知识的创造者、新学科的创建者、新技术的发明者③，创新能力不足。三是课程内容陈旧，缺少学科理论前沿。由于教学改革深入不够，教改方案和文件落实不到位，很多教学工作处于应付层面④。由于教师对课程教学重视不够，精力投入不足，导致大量"水课"出现。课堂教学内容要么缺乏深入剖析要么不能反映学科前沿，学生通过课堂学习难以了解最新的知识前沿和专业发展动态。

研究型大学创新人才培养模式仍存在突出问题：人才培养标准模糊、教师教学创新能力有限，教学内容未能与理论前沿相衔接。这些因素阻碍了研究型大学创新型人才培养的进程，未能及时向区域经济和社会发展提供人才支持，区域长期发展潜力不足。

2. 跨学科人才培养受限

新中国成立至改革开放之前，我国高等教育主要借鉴苏联模式，实行专业教育，为我国各行各业输送了一大批高级专门人才⑤。但是随着经

---

① 浙江大学：《信息与电子工程学院专业介绍》，http：//www.isee.zju.edu.cn/21106/list.htm，2022 年 7 月 28 日。
② 上海交通大学：《电子信息与电气工程学院教学与人才培养》，https：//bjwb.seiee.sjtu.edu.cn/bkjwb/list/2690 - 1 - 20.htm，2022 年 7 月 28 日。
③ 张建红：《"双一流"建设背景下我国高校拔尖创新人才培养研究》，《江苏高教》2021 年第 7 期。
④ 王亮、王凯、时国庆：《研究型学院本科人才培养问题解析及创新发展策略》，《华北理工大学学报》（社会科学版）2021 年第 6 期。
⑤ 邬大光：《走出计划经济与市场经济的双重藩篱——我国高等教育 70 年发展的反思》，《苏州大学学报》（教育科学版）2019 年第 3 期。

济社会发展，专业教育的弊端逐步凸显，学科之间壁垒森严，跨学科交叉融合培养人才的组织和机制难以形成，从而导致跨学科人才培养受限。随着信息化发展，西方发达国家逐步打破学科壁垒，大力发展通识教育，如美国开展了系列包括"区域研究"在内的跨学科项目，跨学科创新人才层出不穷。这些创新人才掌握尖端技术和知识，在核心领域取得突破，带动区域乃至整个国家经济社会发展，提高国家的竞争力。随着国内外高校不断深入交流，在意识到专业教育弊端之后，我国研究型大学也在逐步探索综合性跨学科人才培养模式和路径，但目前仍然存在以下问题。

一是跨学科人才培养的理念不强。很多研究型大学未能充分认识到跨学科人才培养的必要性和重要性，跨学科人才培养的动力不足，目标不清晰，跨学科课程建设不足，仍然固守旧的教学模式或进行简单的课程相拼，缺乏系统的建设和知识整合。二是未能建立跨学科人才培养机制。由于我国专业设置以"专业目录"为指导，高校自主设立专业权限有限，多数专业局限于学科门类，跨学科专业较少。研究型大学内部教育资源以院系为单位，院级层面资源共享有限，人才培养模式仍只能局限于专业教育框架内。三是跨学科教育模式创新不足。美国研究型大学形成了较为成熟的跨学科教育模式，既有以独立设置跨学科专业、跨学科课程为依托的独立模式，也有整合多学科要素的组合模式[①]。相比较而言，我国研究型大学尽管已经认识到跨学科教育的重要性，开始探索跨学科教育的多种模式，但总体上还处于初步探索阶段，在组织模式和机制上仍然存在较多壁垒，跨学科程度较低，传统的学科课程和教学模式仍然占主导地位，不利于创新型人才培养。

当前，跨学科人才培养已成为高校特别是研究型大学创新人才培养的重要抓手和实现方式。培养跨学科人才对于研究型大学、区域和国家科技创新有至关重要的作用。我国研究型大学需要破除跨学科人才培养的障碍，更新跨学科人才培养理念、完善培养机制、创新培养方式，为区域和国家科技创新提供人才支撑。

---

① 张晓报：《我国高校跨学科人才培养面临的困境及突破——基于理念、制度和方式的分析》，《江苏高教》2017 年第 4 期。

3. 创新人才培养支撑体系不完善

我国研究型大学发展中一直存在"重科研轻教学"的倾向。研究型大学在引进人才时，通常将科研能力作为主要标准，对教学能力或者不提要求，或者笼统表达为符合"四有"标准。高校"挖人"大战中也侧重于考虑教师的科研能力、论文数量和项目数量[①]。研究型大学对教师的考核偏重于科研成果尤其是论文。教师在评价体系的指挥下将大部分精力投入科研，而只将教学当作完成工作量的手段。长此以往，研究型大学教师的科研水平可能不断提升，但是教学能力提升动力不足，课堂教学仍以传统的教学方式为主，教学方式、课程内容创新不足，这对培养创新人才无疑是个巨大的挑战。

研究型大学肩负着为区域科技创新培养紧缺型创新型人才的重要使命，但目前我国研究型大学在为区域培养创新人才方面存在诸多问题，研究型大学应在充分认识创新人才培养重要性的基础上，不断完善创新人才培养模式，健全创新人才培养体系，为区域发展提供高质量人力资源。

（二）研究型大学科技成果转化存在机制梗阻

研究型大学作为区域创新系统的一环，可以根据合作企业的技术需求，将技术转移至企业，通过技术分解机制，实现技术落地与企业应用，创造利益。科技成果转化作为高校引领区域创新的关键手段，是经济社会发展的必然要求，也是衡量研究型大学社会服务能力的重要指标。尤其是研究型大学所致力的应用研究能够解决区域发展中的诸多难题，促使区域产生良好的经济与社会效益。但实证研究显示，我国京津冀地区研究型大学研发项目和专利申请数量指标相对较低，与其他区域相比存在不足，京津冀地区研究型大学科技成果相对不足。究其原因，可能在于目前部分研究型大学科技成果转化机制仍存在问题。

1. 研究型大学科学研究缺乏市场意识

一方面知识经济发展对知识创新提出了更高要求，科技创新需要走出实验室，面向市场，才能解决社会经济发展面临的问题；另一方面研

---

① 刘仁山：《"双一流"建设与新时代人才培养》，《国家教育行政学院学报》2018 年第 6 期。

究型大学科技成果的价值需要走出校园，交给市场来衡量，根据技术水平、市场地位和工序需求来评估其价值及转化的难易程度①。但是目前研究型大学科学研究存在"闭门造车"现象。主要表现在："向内"缺乏对应用型科技成果研发的源头引导、需求投放、质量管控②；"向外"缺少与企业的沟通交流，双方信息沟通不顺畅，二次开发、风险投资不足，造成"研发—市场""成果—转化"间的断层和脱节。

2. 部分研究型大学科技成果转化资金投入不足

第六章实证研究结果显示，京津冀地区的科技经费支出中的劳务费支出（x32）和业务费支出（x33）都处于降低水平状态，在一定程度上掣肘了研究型大学对区域创新的促进作用，也体现了科研经费对区域创新的影响。科技成果转化资金不足主要表现在：（1）科学研究项目资金来源单一。在目前我国的高校科研管理制度下，研究型大学的科研项目经费主要来源于经费拨款。据统计，京津冀地区研究型大学 2017 年科技经费 66.5% 来源于政府经费投入，其中中国农业大学政府经费投入占比高达 89.1%，中国政法大学这一比重达 87.2%。除此之外，科研工作经费只占全部科技经费 1/20，而用于科技成果开发的经费更是少之又少③。（2）科技成果转化融资渠道狭窄，这是由于科技成果转化风险大，金融机构对企业财务有一定要求，无法满足金融机构投资条件，且我国创业投资市场发展不成熟，创业投资基金有限。（3）科技成果转化投资机制不健全。现阶段风险投资机制在市场准入、实收资本金制度、企业组织形式、退出机制等方面存在障碍。这在很大程度上阻碍了风险投资业在国内的发展，直接限制国内外风险资本对于高校科技成果转化的推动作用④。

3. 研究型大学科技成果转化服务平台不成熟

整体而言，研究型大学创新创业体系不完善，难以满足科研人员科

---

① 林泽昕：《〈转化法〉视域下高校科技成果转化的促进机制构建》，《中国高校科技》2016 年第 5 期。

② 田天、沈铭：《地方高校科技成果转化和技术转移体系的组建与培育——以苏州大学为例》，《中国高校科技》2020 年第 10 期。

③ 林素仙：《高校科技成果转化存在的问题与对策》，《中国高校科技》2015 年第 9 期。

④ 张力、王皓：《北京高校科技成果转化率偏低的深层原因与破解路径》，《新视野》2016 年第 6 期。

技成果转化需求。其一，研究型大学内部科技成果转化机构市场化不足。成果转化机构并非独立运营，人才队伍、工作方式专业化程度较低。现有研究型大学科研成果转化机构大多作为科研部门下属机构，缺少融合科技、法律、商业、专利维护等"全领域"的支撑成果转化的专业人才。也正是由于缺乏专业人士，成果转化机构的工作内容以专利的登记管理、资助奖励、成果发布等为主，工作方式简单，缺乏对市场需求的主动出击，也未能为高校科研成果转化提供市场评估、谈判、权利转让、股份分成等专业支撑①。其二，我国研究型大学科技成果转化中试试验条件不成熟，科技成果在学校内未能进一步进行中试试验，面向市场后，其不足逐渐暴露，造成"带病"上市的现象，影响科技成果的转化质量和市场需求度②。

4. 研究型大学科技成果转化激励机制不完善

主要表现在考评和激励两个方面。在考评上，尤其是在高校教师职称评定方面，高校存在"重科研轻转化"现象，职称评定条件多以发表论文、出版著作、申请项目、获得奖励为主要指标，而忽视教师科技成果转化，从而抑制高校教师开展科技成果转化的积极性，使其将主要精力投入论文写作和项目申请，对科技成果转化精力和资金投入不足，降低了科技成果转化实效。在激励政策上，高校科技成果转化收益分配方案未能充分发挥激励作用，目前我国高校教师隶属于高校，两者存在委托代理关系，教师在科技成果转化收益分配中处于劣势地位，教师权益得不到保障会降低其公平感，科技成果转化积极性受挫③。

研究型大学与所在区域和企业开展合作，不仅可以实现知识的价值，为企业获得竞争优势，反过来研究型大学也在科技成果转化过程中获得了利润与声望，从而激励自身创造更先进的科技成果。但是一个无法忽视的重要事实是绝大部分由研究型大学所创造的科研产出和发明专利实际上多数"锁在抽屉里"，科技成果转化率不高的特征非常显著。

---

① 黄海燕：《产教融合背景下高校科技成果转化效率提升机制研究——基于江苏常州地区高校的调查分析》，《中国高校科技》2020年第12期。

② 林素仙：《高校科技成果转化存在的问题与对策》，《中国高校科技》2015年第9期。

③ 龚敏、江旭、高山行：《如何分好"奶酪"？基于过程视角的高校科技成果转化收益分配机制研究》，《科学学与科学技术管理》2021年第6期。

许多科研成果未能进行产业化应用，科技与经济"两张皮"现象仍然存在，如何提高科技成果转化的质量和效率是研究型大学面临的重要课题。

（三）研究型大学引导区域创新能力不足

实证研究结果表明，高校引导区域创新能力得分排名前十中京津冀地区只有清华大学和北京大学，且京津冀地区研究型大学科技经费（业务支出、劳务支出）、科技人力（试验发展在读研究生、初级教师、高级教师）均存在"洼地"，在一定程度上牵制了区域的创新能力提升，也反映了京津冀部分研究型大学内部在引导区域创新方面存在不足。

1. 部分研究型大学引导区域创新动力不足

就研究型大学内部而言，一方面，我国大学很多科学研究仍然存在"脱离实际"的现象，科学研究没有面向社会重大需求、行业产业等关键问题，导致科研成果沉睡在实验室里而"无人问津"；另一方面，研究型大学与企业在利益上没有交集，缺乏参与产学研协同创新的内在动力，即使政府将产学研协同创新写进"中央文件"，产学研各主体也难以站在国家层面的战略高度去思考开展协同创新的必要性和重要性[1]。就研究型大学外部而言，目前我国产学研合作机制尚不完善，研究型大学引导区域创新政策虽已成体系，但是政府在"放管服"工作中尚有不足，研究型大学在引导区域创新中尤其是在与相关企业、创新机构联合性任务的开展受限相对较多，动力不足。

2. 部分研究型大学引导区域供给能力不足

高校引导区域创新需要与区域的其他相关主体尤其是企业加强互动，高校为企业提供人力资本、原创性知识和社会服务资源，企业获得创新产品和高质量劳动力。但是目前一些高校与企业合作存在供给不足现象，高校与企业创新合作并不深入，多数停留在表面，如在教学课程设计合作、为教师提供工程实践机会，或者联合培养人才，企业参与度普遍较低。高校为区域企业的服务大多数为企业提供劳动力，由于高校创新人才培养不足，为企业提供创新人才能力不足。

---

[1] 张艺：《"双一流"大学与产业部门、科研机构的三螺旋互动成效》，《中国高校科技》2020年第10期。

3. 研究型大学基础文化设施服务区域发展功能不足

高校图书馆是区域创新体系中重要的基础设施，比区域图书馆的信息资源、人才队伍和技术平台更为丰富。但是目前高校在区域创新体中的功能未能充分发挥，在服务模式上，高校图书馆公益度和开放度较低，一般只面向校内师生，在区域内的社会认可度较低，未能与区域图书馆实现创新联动。在服务内容上，高校图书馆服务内容单一，基本以图书借阅、提供学习空间为主，缺少更加深入、个性化的服务。造成高校图书馆共享不足的原因有以下方面：一是我国法律法规缺少高校图书馆服务区域、提供社会服务的相关规定；二是高校图书馆经费来源渠道单一，资金来源主要是高校的事业经费，缺少政策专门的经费支持，对高校依附性较强。此外，研究型大学与区域政府签订协议落实不足。有学者指出[①]，2016 年之前我国 C9 高校联盟与区域签订合作协议达到 88 份，但协议未经过深入研究，表现在协议与高校和区域发展目标、战略结合不足；部分协议停留在宏观层面，缺乏实质内容和合作措施与条件，后续合作无法落地；还有一些协议缺乏持续性和稳定性，尤其是高校或者区域领导更替后协议被束之高阁，无人跟进，协议成为一纸空文，不了了之。

4. 研究型大学服务区域创新专业人员不足

产学研合作是研究型大学引导区域创新重要渠道之一，目前研究型大学产学研合作通常以项目的形式开展。研究型大学拥有人员招聘权，尤其是科研专业人员的招聘仍然在学校层面，且大多实行事业单位招聘程序和办法。单个产学研合作项目没有人员招聘权，导致很多教师只能"压榨"学生。此外，学校高度集中的人员招聘机制导致产学研合作机构难以招到足够的专业人才，也难以获得专业的业务服务和支持，进而限制了产学研合作的扩大[②]。

面对知识经济快速发展和科学技术突飞猛进，研究型大学有着主动参与到区域发展中来的责任与动力。研究型大学作为区域创新系统中知

---

① 李春林、王开威、陆风等：《一流大学建设中高校科技创新服务区域经济社会发展研究》，《科技管理研究》2020 年第 24 期。

② 杨志：《高校产学研合作发展现状、困境及发展建议——基于对九十五所高校的调查》，《国家教育行政学院学报》2019 年第 6 期。

识创造的主体，正逐步成为引导区域发展的主导性力量，从根本上带动了区域社会经济的发展。研究型大学引导区域创新水平受诸多因素的影响，就大学内部因素而言，主要表现为研究型大学为区域培养创新人才的模式不成熟、科技成果转化存在机制梗阻，以及研究型大学引导区域创新能力不足。因此研究型大学亟须破除障碍，提高引导区域创新能力。

第二节 我国研究型大学引导区域创新的优化路径

为确保继续立足服务国家区域发展战略，推动研究型大学深度融入区域创新体系，加快形成区域高等教育发展新格局，推动构建服务全民终身学习的教育体系，引领区域经济社会创新发展，本书在相关理论分析及当前面临的现实问题基础上，从政策体系、合作机制、研究型大学集群、研究型大学内生动力等方面提出优化路径。

一 优化创新政策体系，增强研究型大学引导区域创新的活力

政策不仅能够保障教育活动与实践有条不紊开展，更能对区域未来活动具有前瞻性指导。然而，从全国范围来看不同地方政府促进研究型大学区域创新相关政策力度不尽相同，这也使得不同地区区域创新能力活力及其成效各异。因此，应从三方面进行调整或优化。首先，强化不同地区科技创新政策设置，使其形成"政府—地区—高校联动"政策体系。地方政府是承接国家意识，指导地区活动的核心主体。地方政府应尽可能设置促进高校特别是研究型大学创新的相关政策、计划与项目，加强具有前景性和可产品化的课题研究，使其与区域可靠产业合作促进项目具体落地，助推未来发展科学化、系统化、战略化，并进一步确定不同范围周期的具体目标、推进方式等内容。其次，完善促进研究型大学区域创新的配套政策，发挥"人才创业类+创新环境类+金融类"等组合政策优势，激发中介机构、研究院、企业等主体的参与意愿。最后，加强地方政府促进研究型大学创新的保障体系建设。政府乃至高校应出台配套激励政策，加大对专项计划的支持力度，尽可能激发教师、科研人员等创新活动主体积极性。例如，重塑利益分配机制，税收减免，以及解决子女就学、人才落户、住房等一系列核心问题。

二 构建"政—校—企—社"深度合作机制，形成新的区域创新体系

（一）持续深化政府与研究型大学的合作与管理机制

政府在促进大学引导区域创新过程中发挥着不可或缺的重要作用，其宏观引领作用或管理方式差异在较大程度上影响着区域内研究型大学的行为。结合前文分析与问题梳理，笔者认为政府可从两个方面优化研究型大学在区域创新中的引导作用。

1. 持续深化"放管服"改革，平衡合作伙伴关系

研究型大学是人才培养的主要场所，其权力边界范围一定程度上影响到区域创新，政府给予高校适当权力不仅有利于为政府"排忧解难"，使其能够将更多精力放到重要时代问题上，更有利于高校发挥办学主体优势。然而通过上文分析可知我国政府放管服政策落实依然不够，政策评估、社会参与等一系列问题依然没有得到很好解决，特别是在北方地区。相比较而言，德国通过权力转移和权力下放，已经建立了相对有效的创新创业激励机制，使得高校与政府或其他机构有更多合作机会；美国研究型大学也享有更多自主权，其与政府、企业合作等科技活动可能性更大。根据国外经验和我国实际，本书认为，为进一步推动"放管服"改革，政府要完善"放管服"顶层设计，促进正确理念先行。换言之，政府应继续深化"放管服"政策执行，通过宣讲、政策制定等多种形式引导高校去除行政化的倾向，赋予研究型大学更多自治权，并加强科研（包括成果转化方面工作）、学术权力建设，建设多元协同治理局面。此外，政府要尽快完善对合作项目的监督机制，在不同地方不同区域建立专门促进高校区域创新和放管服监督小组。小组主要职责包括但不限于：利用行政规制办法纠正政策失灵问题、协调高校与区域创新、提供咨询服务、建设评价指标等。同时也要优化环境建设，打破行政垄断，大力推行"三去一降一补"[①]，进而促进地方政府与研究型大学开展更多顶层设计或具体活动。

2. 完善促进政府与研究型大学合作的具体措施

加强政府与高校之间的合作及协同创新是提高大学区域创新能力的

---

① 孙豪、桂河清、杨冬：《中国省域经济高质量发展的测度与评价》，《浙江社会科学》2020年第8期。

有效途径之一,然而目前相应保障机制或政策尚不完善,参照国内外建设经验,本书认为至少应当从两个方面加强政策或制度建设。首先,建立国家—大学合同法制,即期望政府相应人员同研究型大学专业研究团队以平等公平的身份签订合同,对项目涉及的问题进行互惠谈判交流。由于该种政策法案源于国外,其在我国的实际实施和适用必然存在多方面阻碍。因此,在此过程中,无论政府还是研究型大学,都要认识到自身定位及其权力的转变,充分发挥政府所赋予的相应权力,有效协调各类资源。其次,建立服务不同地区的公共服务平台。政府可在公共服务平台对促进本区域创新待转化成果予以公示与招标,吸引市场端企业或风投机构参与。同时,也在该平台增加研究型大学重大课题或重大技术攻关人员招募或合作意向功能,进而使研究型大学与政府部门建立合作,促进生产要素合流,进而保障研究型大学与政府的"真正"交流,促进成果产出,提高其区域协同创新能力。

(二)增强企业与研究型大学双方协同创新的积极性

校企合作、产教融合是推动研究型大学内涵式发展的重要方式,也是促进其人才创新培养的核心"抓手"。

1. 激励企业参与研究型大学创新人才培养

从企业积极参与研究型大学协同创新视角来看,企业至少可从三个方面加强其在研究型大学创新人才培养中的重要作用。其一,参与人才培养方案、部分专业规划、教学内容设计等环节,鼓励引企驻校,以市场需求或社会所需的核心能力和素养培养人才,尽可能发挥企业在人才培养、资金支持、社会经验等方面的多元作用。其二,参与具体人才培养过程。企业可通过积极与高校沟通,共同搭建实践实训平台,委任善于沟通、专业能力强的专门人才参与高校部分课程授课(包括理论或实践课)。其三,积极参与行业特色院校创新类大赛或活动评价,为研究型大学输入最新评价标准和产品要求,使高校人才能够不断提高产品和产品研发能力。其四,企业应积极配合高校技术或产品创新过程,优化专业孵化器,并同高校协商利益分配模式,提供技术人员指导、资金支持等多方面帮助,这既有利于企业技术迭代,有源源不断的创新理念,也有利于高校同企业保持更密切的联系,完成区域的协同创新。

2. 强化研究型大学在校企合作创新中的重要角色

从大学成为社会的轴心机构开始，高校的责任便不仅是人才培养，还逐步拓展到为区域乃至国家发展服务，研究型大学更是如此。在研究型大学为社会服务的总体布局中，加强其与企业之间的联系和为企业服务的功能，有利于工程实践人才培养，也有利于为高校—企业协同创新奠定基础。从世界教育强国的高校办学经验来看，加强校企协同创新，也要强化教育机构的积极性。例如：剑桥大学剑桥郡商务和知识产权中心积极为海量公司提供目录服务，超过6000万专利可供企业免费使用，MIT积极为企业管理层在职人员开设领导力培训项目。加强研究型大学对企业的服务性，有利于吸引企业与研究型大学共同合作。研究型大学为企业提供的服务大致可以分为三个方面。其一是资源服务，主要包括学术资源、目录服务、非重点资源服务等；其二是智力与知识服务，为企业部分管理或问题提供咨询、技术支持等；其三是人才服务，一方面为企业人才提供进修培训，另一方面为企业创新提供青年人才。总之，深化高校与企业的沟通与协作，不仅是合作双边提升自身实力的要求，同时也是提高双边创新，提升高校区域创新能力的基础和必要过程。

（三）完善中介机构资金管理体系与技术转移团队建设

中介机构在高校区域创新中同样承担着重要作用，基于上文分析，笔者认为发挥好中介机构服务功效至少应当从两个方面予以优化。

1. 建立完善的资金管理体系，使中介机构与研究型大学协同共进

资金管理体系是促进科技成果转化，提高高校区域创新能力的重要保障。从前文分析来看，剑桥大学等较早通过科学园、金融机构以及各类创新中心，较好地解决了科技成果无法向区域产品化和经费不足等问题。而我国许多科技园或创新服务中心等中介机构事实上无法为创新团队提供相对充足保障。鉴于此，应当至少从三个方面进行相应调整。首先，建立中介科技机构的专项投资基金，适当均衡投资项目数量，使不同区域特别是经济欠发达城市有基金数量定额，对有前景的创新项目予以适当激励。其次，鼓励区域间高校与中介机构合作成立风投基金，扩大孵化基金总量和专门评审队伍，这种联合投资形式更易共同承担风险，弱化风险，也能够加大各高校创新基金规模。再次，各协作单位必须形成一致的管理条例，例如风投项目标准、管理标准、风投额度标准、退

出机制等。最后，完善促进研究型大学区域创新的配套政策，发挥"人才创业类＋创新环境类＋金融类"等组合政策优势，激发中介机构、研究院、企业等主体的参与意愿。

2. 完善中介机构技术转移团队建设，促进研究型大学科技项目落地

完善的中介机构科技成果转化团队是促进项目市场化的重要前提，然而，现有科技中介服务机构核心组织队伍多为行政性质，不利于成果向外发展。故而依据国内外高校建设经验，有必要完善团队建设，进一步拓展中介机构中专门负责对接社会市场的技术转移人员。首先，各技术转移团队或机构应合理建设团队，为专门对接市场或负责技术转化的专员预留一定名额，使其能够专门从事技术转移工作。其次，加强保障机制建设。出于任务考核、研发周期等的考虑，更多中介技术转移机构较多愿意从事研发相关任务，较少愿意负责技术转化工作，并使得该方面人员长期处于缺乏状态，因此有必要明确团队人员定位，为后者提供更多激励条例或制度。例如，红利抽成、政策补贴等。完善中介机构技术转移团队建设，不仅意味着其队伍建设更加科学，更有利于发挥其"虹吸效应"，使中介机构、研究型大学、企业以及其他主体共同为区域创新建立合作。

（四）深化科研院所与研究型大学多途径合作与保障措施

从前文分析可知，我国科研院所在区域创新体系中与研究型大学所进行的合作仍不够深入，为促进科研院所创新功能发挥，结合我国实际情况，应进一步深化科研院所与研究型大学的多途径合作，完善两者保障机制建设。

1. 深化科研院所与研究型大学之间的多途径合作

研究型大学作为创新体系的重要主体之一，已经逐渐成为区域经济发展和技术进步的重要力量，深化研究型大学与科研院所之间的合作不仅有利于其共同解决区域难点，也有利于促进两者在一定范围内实现创新技术或创新知识的有效流动与互通有无。结合剑桥地区、海德堡地区、深圳清华大学研究院等科研院所建设经验，提出如下建议：首先，发挥研究型大学与科研院所协同育人优势。研究型大学为创新主体提供必要的专业教育基础，科研院所为其提供丰富和较为先进的科研教育资源，双方寓教于研。协同育人能够有效深化高校与科研院所之间的联系，并为技术创新培育可靠人才。其次，加强研究型大学与科研院所人才双向

认可。研究型大学人才（包括副教授、教授、领军人才等）作为专业领域的重要专家或领军者，知识范围面广，项目操作经验相对较多，行业科研院所可多与之合作。例如：合作开展新型研究机构，专家联合聘任，以中科院著名科学家姓名"冠名"创新人才班，选派学生前往科研院学习并参与一系列创新实验；科研院所在研究型大学设立专项基金，开展行业讲座，研究型大学向科研院提供免试研究生人才等。总之，深化研究型大学与科研院所之间合作，既是实现优势互补、资源共建共享的有效方式，也是研究型大学实现创新人才培育和引导区域创新的必要途径。

2. 完善科研院所与研究型大学合作保障机制建设

研究型大学与科研院所在区域创新中的主要功能体现为知识原始创新、人力资本、技术资本等，但这些资本最终都需要完善的保障机制才能真正形成创新成果。结合德国、英国、我国部分研究院建设经验，提出如下建议：首先，建立完善的风投体系和多渠道融资机制，通过研究型大学与科研院所虹吸作用，广泛吸引多方主体资金投入，建立多主体风投体系，发挥成本共担作用，促进"大联合"与"大创新"。其次，优化利益共享制度与考评制度。尽管目前一些科研院所与部分研究型大学建立了合作，但其合作动力始终不足，因此有必要建立更加完善的利益分配机制，明确双方责任，优势互补。同时优化现有考评制度，将科技成果转化相关指标纳入其中，以保障"科研院所与研究型大学共同体"在新时代的合作机制建设。最后，为保障科研院所与研究型大学深入合作，建议双方成立战略联盟机制。通过构建战略联盟机制不仅可促进创新项目、科研成果落地，也有利于使两者长期围绕社会需求前沿发展。

三 构建研究型大学集群，增强区域协同创新能力

著名高等教育学家克拉克·克尔曾指出："高等教育呈现在我们眼前的不再是一个个学术高峰星罗棋布，将要出现的是一幅山脉占主导地位的画面[①]"，强调了建立大学集群的重要作用。大学集群是指一组相互独立的大学在某一区域或特定领域依据某种内在关联因素联系在一起，并

---

① ［美］克拉克·克尔：《大学的功用》，陈学飞等译，江西教育出版社1993年版，第49—50页。

与周边环境整合为一体化的空间集聚体①。大学集群是大学适应现代经济社会发展的组织转型和职能创新，其价值在于对内促进各所研究型大学之间有机互动，对外实现大学集群与产业集群、区域发展密切融合，内外联动共同促进协同创新。基于此，本书认为各区域应加强研究型大学集群建设，以不断增强区域的协同创新能力。以当前不同区域内研究型大学的发展现状为基础，本书提出以下三条优化路径。

（一）培育文化认同，强化合作共享理念，制定共同愿景

大学集群内的文化认同是指集群内大学之间办学理念、组织文化、价值取向、历史传统之间的相互认同程度。依据认同程度不同，大学集群内的文化认同可分为三个层次（个人层次、学科层次、大学层次），认同程度依次加深。其中，大学层次的文化认同是大学集群建设的基础，它决定着不同大学间合作的广度和深度。大学间认同程度越高，越能够促进双方的理解和信任，越容易在尊重差异基础上展开长期深入合作，形成长效合作机制，伴随着这一机制的完善，合作的范围也会逐渐扩大。以天津大学和南开大学为例，两校同属于"双一流"建设高校，但由于办学理念、历史传统、学科特色各有不同，两校形成了各具特色的大学文化。天津大学继承北洋大学的优良校风和传统，坚守"实事求是"校训，形成了以工为主、严谨治学的办学特色。南开大学传承西南联大的精神，秉承"允公允能，日新月异"的校训，形成了文理结合、自由民主的办学特色。文化传统的差异使两校在办学理念、学科发展方向、课程体系、研究特色等方面各具特色。但由于两校之间形成了相互认同、求同存异的合作理念，因而形成了既独立办学又紧密合作的发展模式，不仅充分利用学科和科研优势，创办协同创新中心，而且在跨校联合培养人才、课程建设等方面形成了长期合作。此外，两校师生之间还在个体和团队层面进行资源共享，优势互补。因此，两校之间无论是正式的合作关系，还是非正式的合作关系都相对比较健全，相互之间的知识流动和互享达到了较高的程度②，成为高校之间强强联合、协同创新的

---

① 王庆：《大学集群组织属性界说》，《经济与社会发展》2006年第9期。
② 潘海生、韩铁：《基于知识发酵模型的大学集群知识增长机制分析》，《福州大学学报》（哲学社会科学版）2011年第2期。

典范。

　　我国高校已经初步形成了大学集群,但发展尚不成熟,需要进一步加强顶层设计和组织管理,通过内外部机制引导,将多所大学的优势转化为区域高等教育共同体优势,产生区域大学集群协同效应。大学集群所产生的竞争力是远非单个高校个体分散出击、单打独斗的力量可以比拟的[1]。因而,区域内研究型大学必须不断强化彼此之间合作共享的理念,构建大学共同体,制定共同愿景,开展协同合作。具体可以在三方面采取行动。首先,各高校要认识到合作与共赢已经成为当今时代世界高等教育发展的共同趋势,研究型大学集群建设是高等教育引导区域创新发展的重要形式。其次,各高校要明确自身在区域经济社会发展和区域高等教育体系建设中的作用。作为一所研究型大学,要明确发展定位和目标,一方面致力于为国家重大发展战略服务,另一方面也应肩负起带动区域经济社会发展以及促进区域高等教育体系建设的责任。二者之间是紧密联系、有机转化的。众多区域经济社会的良好发展构成了国家整体的繁荣富强,而国家整体实力的增强在一定程度上又能够促进各个区域的发展,如何把握二者之间的均衡关系是一所研究型大学实现良好发展的立足之本。最后,各高校要认识到研究型大学集群发展和个体发展之间的双向互动作用。单一大学无论多么优秀,也难以超越大学集群发挥的合力。因此,各高校要根据自身的价值观念、战略目标、发展愿景,寻找和谐相融、互惠互利的合作伙伴[2]。研究型大学集群并不是几所大学的简单相加,而是各大学之间通过相互开放、彼此合作、优势互补、共同发展,从而实现信息、知识、技术等方面的辐射、扩散和对流,充分发挥"集聚—溢出"效应[3],运用自身优势特色合作开展重大创新,提供单一研究型大学所无法提供的复合型创新人才、多学科领域交叉的课题项目与解决方法、综合范围广泛的科技成果转化技术等,进而更好地引导区域的创新发展。

---

　　[1] 刘祖良:《我国大学集群状况研究:动力·生态·展望》,《学术论坛》2011年第6期。
　　[2] 张雪、静丽贤、孙晖等:《基于大学联盟视角的京津冀区域高等教育合作》,《河北联合大学学报》(社会科学版)2015年第3期。
　　[3] 吴岩、刘永武、李政等:《建构中国高等教育区域发展新理论》,《中国高教研究》2010年第2期。

(二) 根据不同发展模式建设多元化大学集群，突出特色发展

实证研究发现，我国研究型大学在引导区域创新过程中形成了协同发展、差序发展和独立发展三种主要模式。在协同发展模式下，各研究型大学由于创新能力相近，因而可以优势互补，资源共享，汇聚多校力量，聚焦国家重大需求，在重点领域开拓创新，取得重大突破。在差序发展模式下，各研究型大学对区域创新的贡献较为分散或存在较大差异，因此需要通过一定的政策引导和顶层设计，根据区域产业需求和区位优势，制定区域内研究型大学集群发展规划，利用研究型大学的优势学科建立研究型大学特色集群，实现区域内研究型大学协同、错位发展，促进研究型大学之间、研究型大学与其他高校和企业之间的协同合作。在独立发展模式下，区域创新能力主要由一所研究型大学贡献，多数高校处于贡献不足状态，这不仅不利于该区域的持续创新发展，同时也会阻碍这所研究型大学的长远发展。因此，地区及国家主管部门需通过政策引导、制度保障等多种途径扶持和引导其他研究型大学的建设，鼓励研究型大学之间的优势互补、协同合作，形成以优势大学为主导的研究型大学集群，打破单一研究型大学支撑整个地区的不利局面。

发挥大学特色优势是研究型大学集群建设的基础。集群内各大学的办学特色无论是对于本校的发展，还是整个集群的发展都发挥着重要的促进作用。因此，区域内研究型大学应该在共同愿景基础上，发挥各自优势，将各种知识、技术、研究进行融合，明确各自的分工任务，在协同合作中突出特色，做到"求异存同"。在开展协同发展实践过程中，为明确自身的优势特色，各研究型大学应该明确三个维度。首先是高校自身。各高校应该根据自身现在和过去发展的情况，以及所处地域、享有资源等条件进行合理定位，集中优势资源，发展优势学科。其次是集群内以及国内其他高校。高校应了解集群内部以及国内同层次、类型及不同层次、类型高校的优势所在，在此基础上进行客观的比较分析，做到"人无我有，人有我优"。最后是国外高校。所谓世界一流大学就是要在世界范围内达到一流。因而，把握国外一流高校的优势特色、当前发展情况与未来规划有利于我国与世界接轨，更好地了解世界高等教育的发展趋势和区域创新趋势，使研究型大学在引导区域创新过程中更好地把握世界前沿和国际趋势。

（三）完善研究型大学集群的协同创新机制

1. 健全交流合作机制

首先，搭建交流合作平台，促进融通互动整合。区域内研究型大学协同发展需要借助一定的平台确保其顺利实施，因而各个研究型大学应建立良好的交流合作信息平台，构建方便快捷的信息通道与共享机制，不仅能够实现对区域资源的合理有效共享，完善区域内资源的优化配置，而且可以扩大科技创新成果的影响范围。这一平台可以由一所或几所研究型大学牵头在本校设立，与此同时，集群中的其他研究型大学需要选派相应的常驻委员。平台的各项事务应由全部委员讨论通过。委员会的主要任务包括制订合作计划、提供科技成果孵化和金融等信息服务；设置学生互动交流区，为学生的创意和实验提供交流平台；与国外一流研究型大学和重点实验室建立合作，突破体制障碍，充分发挥各研究型大学的特色优势。其次，拓展交流合作内容，提升合作交流水平。研究型大学集群既可以就某一领域开展深度合作，也可以建立全面的合作关系。例如：大学集群内可以建立跨校联合培养人才机制，在跨专业建设、课程互认、选修辅修、研究生交流、导师队伍建设等方面建立合作机制；或者根据国家重大需求和区域创新需求，在有组织的科研、创新创业、校企合作等领域建立多方面的合作关系。最后，规范交流合作机制，确保顺畅和谐有序[1]。构建风险防范机制、利益分配机制、动力机制、开放机制及大学治理机制，为研究型大学集群的良好运转提供条件。研究型大学集群会面临来自集群内部和外部的各类风险，建立风险防范机制有助于加强风险防范与管理，约束各主体的行为，促进区域内研究型大学集群的良性运转。在利益分配方面，各大学要恪守公开透明、平等互利的原则，处理好成果归属、高校声誉等方面的问题，建立研究型大学共同体利益分配制度。动力机制通过为集群内各研究型大学提供资金支持和政策倾斜，建立并完善大学科技创新合作的相关制度，最大限度上激发教师及科研人员创新的原动力。开放机制则要打破区域壁垒，从国家和全球视野审视各研究型大学，构建互利互惠、开放包容的合作体系。

---

[1] 许长青：《高水平合作，高质量发展，推动粤港澳大湾区建设》，《现代教育论丛》2019年第1期。

大学治理机制即建立一种基于大学共同体的大学治理模式和运行机制，激发研究型大学在区域创新中的积极性和主动性。

2. 规范协调分工机制

研究型大学集群运行机制的核心体现在建立一种有序统一的规章制度、利益保障体系，以较快实现集群组织的稳定运转①。研究型大学集群应以平等互惠为原则，在满足每个大学自身发展的利益诉求基础上实现大学集群的共同目标。为此，可以设立研究型大学集群推进协作组，通过定期联席会议制度、不定期召开工作研讨会等，建立常态协调机制，及时协调和推进各个领域的合作与协同。研究型大学集群形成以后要制定相关的规章制度、文件协议等，对其所开展的各项活动进行保障。规章制度由集群内的各个研究型大学共同协商决定，用于约束和规范各个研究型大学的行为，以此保证集群的有效运转，平衡内部利益分配问题，明确界定集群内各个研究型大学分工及各自的责、权、利关系②。

3. 强化资源共享机制

当前，阻碍研究型大学集群有序发展的首要痼疾就是各所大学之间的行政机制壁垒。为此，各研究型大学应以协同发展为理念指导，以尊重认同为原则，突破行政机制壁垒的束缚，强化资源共享机制，实现要素流动与资源互补，在具体实践中可将其细化为物质资源、学术资源、管理资源三个层次。从物质资源的角度来看，建立图书资料、实验仪器设备、实训基地等共享机制，各所学校可以便捷地从集群内其他成员高校中获取先进资源，主管部门在对资源进行分配时也应转变思维，从向单一高校提供资源转变为向某一区域的研究型大学集群提供资源，这种分配方式在一定程度上可以提高资源的利用率，从而避免资源的重复建设。从学术资源的角度上来看，不同的研究型大学具有不同的优势领域和特色学科，因而，各高校应以此为共享基础，构建包含跨校选课、学分互认、重大科研项目共担、研究中心机构共用在内的学术资源共享机

---

① 吴泗宗、王庆：《大学集群知识资本特征及整合效应研究》，《教育发展研究》2006年第21期。

② 张雪、静丽贤、孙晖等：《基于大学联盟视角的京津冀区域高等教育合作》，《河北联合大学学报》（社会科学版）2015年第3期。

制。从管理资源的角度来看,良好的组织管理可以为资源共享提供有力支持。各大学可以建立人力资源共享机制、职业资格互认机制、管理人员跨校交流与轮岗学习机制等,通过交流共享,学习优秀的管理模式,为本校的组织管理提供更好的服务。此外,值得注意的是,在信息技术高度发达的当今社会,研究型大学还应充分利用信息化技术优势,通过网络平台打破时空距离的限制,使合作开展更为便捷,合作程度更为深入[1]。

4. 完善监督评价机制

集群发展是研究型大学间的深度交流合作,是崭新的发展范式。打破传统的管理体系、评价模式、合作机制,既是对创新体制的基本要求,也是研究型大学的重要追求。首先,优化科研管理评价机制,形成面向高质量创新的评价体系。落实目标管理,推行层次化多级考核与团队考核相结合,建立并完善考核体系,明确评价指标和要素,重视对创新质量、社会效益、经济效益、协同互动等多角度多层次的综合考核。其次,根据区域特色,建立对集群内高校的奖惩退出与监督机制[2]。定期监督研究型大学集群内的协同创新活动,实现监督机制对协同创新活动的正向反馈,落实奖惩与监督制度,推广学习表现优异的典型高校,并对表现不佳的高校进行批评、调整,或撤离,以确保集群内的研究型大学均能够积极活跃地开展协同合作。

打造研究型大学集群,总体规划我国高等教育的区域发展战略,统筹兼顾调整区域发展的建设领域、优先次序等,可以实现合作与分工的互利协作式发展,避免不同区域间出现闭关绝市、重规沓矩的不良竞争,充分发挥高等教育的溢出效应,提高等教育的倍增作用;可以推动高校在更宽阔、更全面的区域范围进行科学的定位、统筹兼顾地分配高校资源、实现知识技术的合理分工,集中高校的区域力量,凝练高校的区域特色,从而进一步提升高等教育的整体水平[3],在此基础上为区域及国

---

[1] 谢玲玲、杨科正:《"西三角"地方高校集群发展策略》,《教学研究》2021年第4期。

[2] 李科利:《区域内高校集群发展的价值分析及对策研究》,《湖湘公共管理研究》(第六卷),2015年,第127—132页。

[3] 魏小鹏:《高等教育强国目标下的高等教育区域中心建设》,《中国高教研究》2010年第8期。

家的创新发展贡献重要力量。因此，规范引导研究型大学集群的有序发展，加强研究型大学集群的内涵建设，强化研究型大学集群的内核，打造知识共同体，提升大学集群的竞争力十分重要。

四 激发研究型大学引导区域创新的内生动力

随着社会体系变化，大学尤其是研究型大学逐步从象牙塔走向社会，参与到工业研究和科技创新中，为区域技术进步带来新的动力，成为区域创新系统重要组成部分。当前，研究型大学不仅致力于知识创造，而且提供了多样化的知识转移机制，已经成为西方发达国家区域创新生态系统中的核心组织①，如何激发研究型大学引导区域创新的内生动力，提高研究型大学引导区域创新的能力是当前发展亟须解决的问题。

（一）完善创新人才培养机制，为区域创新提供创新型人才资源

1. 树立培养创新人才理念，优化创新人才培养过程

在国外先进经验中，慕尼黑大学始终保持与社会对话，根据社会对人才需求的变化调整研究重点，培养人才具备欧洲区域内的领导能力、解决社会实际问题能力和与社会其他创新主体对话的能力。研究型大学要认识到在服务国家重大战略需求和社会经济发展中实现建设世界一流大学的目标。在国家发展和国际竞争的历史节点上，研究型大学应深入分析新时代新形势对拔尖创新人才培养提出的新要求，牢牢把握拔尖创新人才培养大方向，坚持立德树人，着力提高人才培养质量。根据国家战略需求和社会对人才需求，确定创新人才培养标准。一是要平衡研究型大学教学和科研工作，加强教师队伍的教学投入。研究型大学要引导教师摆正人才培养和科学研究、学科建设等重点任务之间的关系，在教书育人中实现多重任务的融合发展。对教师实行岗位分类管理，使教师个人才能充分发挥。职称评定、薪酬制度设计、职务晋升空间等牵涉教师经济利益的事项应注重科研经济收入、教学经济收入和社会服务经济收入的平衡，稳定教师热爱教学、潜心教学和研究教学的心态，使教学工作真正成为教师的基本工作、

---

① 龚晓瑾：《研究型大学在区域创新体系中的角色定位》，《学习与实践》2020 年第 7 期。

核心工作和前沿工作①。教师的教学投入有助于加强师生之间交流，对创新型人才培养具有重要作用。二是要创新教学模式，建设人才培养"金课"，培养区域创新所需人才。教师要改变传统的教学方法和模式，在教学过程中以学生为主体，加强师生互动。教师以理论引导学生，激发学生学习参与的主动性，自觉思考如何学习。具体而言，首先教师要设计一个问题引导学生深入思考，设计的问题是现实迫切需要解决的困境或者仿真的项目主体，②将学生通过问题或项目与现实世界联系起来，激发创新思维。其次是加强互动，加强学生之间、教师与学生之间、教师之间的互动和协作，组织实践学习。学生之间的互动是学生根据要解决的问题，内部分工合作，搜集、分析和处理资料，提出设计方案并制作原型，共同商讨完成实践③；教师与学生合作是教师为学生实践提供指导，协调冲突；教师之间互动是通过搭建不同学科教师交流平台，为学生分析问题、解决问题提供多学科指导。再次是丰富课堂教学工具。教师在教学环节可以充分利用各种工具和方法。在设计实践的各个环节中，学生需学会运用如调查、访谈、观察、头脑风暴等方法；会使用如手工工具、3D 打印机、编程工具、开源硬件、机械加工工具等技术工具等④，使学生在不同工具和方法指导下有更多新的发现。

2. 加快跨学科人才培养

第一，要树立跨学科人才培养理念。斯坦福大学工程学院将跨学科发展融入人才培养目标中，培养一大批具有批判性思维、探索精神的创新型人才。因此首先要充分认识到研究型大学培养创新人才的使命，随着信息化发展，国家发展越来越依托于创新人才，而研究型大学作为顶尖大学，在学科、教师等资源上有充分优势，具有培养跨学科人才的优势。研究型大学要不断创新教育模式，重塑专业结构，致力于跨学科研

---

① 安国勇、刘翔：《"双一流"建设背景下拔尖创新人才培养问题研究》，《河南大学学报》（社会科学版）2022 年第 1 期。

② 陈鹏、黄荣怀：《设计思维带来什么？——基于 2000—2018 年 WOS 核心数据库相关文献分析》，《现代远程教育研究》2019 年第 6 期。

③ 陈鹏、黄荣怀、年智英：《面向创新人才培养的大学"金课"实践研究：设计思维视角》，《中国电化教育》2021 年第 2 期。

④ 陈鹏、黄荣怀、年智英：《面向创新人才培养的大学"金课"实践研究：设计思维视角》，《中国电化教育》2021 年第 2 期。

究和人才培养。其次要认识到解决复杂问题、实现创新依靠跨学科人才。研究型大学要培养学生用跨学科知识去解决复杂问题，培养学生跨学科视域下思考、辨析和解决问题的能力。再次要以学生为中心。目前的专业目录指导下培养的学生并不能满足学生的需求。一方面，研究型大学的学生在综合素质、学习能力上具有一定优势，不少学生对跨学科知识有浓厚兴趣且有能力驾驭跨学科课程和知识，但是目前的学科组织模式下，学生缺少接受跨学科培养的机会，不能满足学生需求；另一方面，目前的专业目录下，学生的专业与就业市场未能匹配，学生就业受限，不能充分实现自我价值。

第二，要完善跨学科人才培养机制。首先教育部门要落实"放管服"，给予高校充分办学自主权，尤其是将学科设置和调整权力下放高校。高校学科设置不必拘泥于"专业目录"的限制，可根据现实需求自行设置跨学科专业，并给予跨学科专业课程设置、招生安排、人才培养、学位授予权力。其次是改革高校办学体制机制，打破院系壁垒，实现资源共享。建立多学科型、流动型和协作型的跨学科大学运行体系，将跨学科大学的各类学科组织有机衔接起来，形成一个综合的学科组织系统①。一方面设置跨学科教育组织，以减少院系分割带来的教育资源尤其是教师和课程分割，弱化学科界限，使不同学科的知识在跨学科教育组织的平台上交流和合作。另一方面改革目前教师的组织关系，教师不再完全属于某个学院或专业，可以根据现实需要、科研需求和人才培养要求自主选择学科或组织，保证教师在不同学科之间的自由流动。此外，要共享教育和科研设施，教学科研设施跟着教师和知识匹配，而不是归属于某一学院，为人才培养提供物质基础。

3. 优化创新人才培养支撑体系，为区域所需创新人才培养提供支持

一方面根据创新人才培养目标，制订学科、专业建设规划，构建招生、培养与就业联动的学科、专业调整机制，完善学科与专业布局，使人才培养与社会需求衔接。另一方面增加人才培养在学科评估中的权重。现有学科评估指标体系中的人才培养质量指标虽然包括人才培养过程质量、在校生质量、毕业生质量这些指标，但大多还是以论文或获奖为评

---

① 王建华：《跨学科性与大学转型》，《教育发展研究》2011年第1期。

估标准，对于教学质量尤其是本科教学质量重视度，是远远不够的。因此，在学科评估指标体系中要增加人才培养的权重①。

研究型大学引导区域创新的重要途径是为区域科技创新提供创新型人才。创新型人才培养是一个复杂的过程，针对目前我国研究型大学存在的问题，主要从理念和实践层面提出优化路径。在理念层面，研究型大学需认识到创新型人才培养的重要性，在教师、教学各方面加快改革和投入；在实践层面，可通过培养跨学科人才作为抓手，不断完善创新型人才培养机制，为区域创新培养所需人才。

（二）畅通研究型大学科技成果转化机制，加快研究型大学技术转移进程

1. 研究型大学要增强市场意识

在科研选题上，研究型大学要以区域市场和区域社会需求为导向布局科研选题：一方面要与市场相适应，符合社会经济的现实和长远需要，适应国家经济发展和产业升级；另一方面需要符合成果转化规律和科技发展规律，提高科技成果的科学性、创新性、先进性，避免科技成果"千项一面"的低水平重复研究②。在市场交互中：一是可以选派科技特派员、科技顾问等专业技术人才驻派方式，将科学研究直接与市场需求对接，增强企业自主创新能力。二是拓展校企沟通渠道，利用新媒体开展线下线上各类科技成果转化对接大型技术成果推广活动，以及依托各级政府、企业孵化器、投融资机构等创新创业服务机构开展的各类校企资源对接服务③，加快与区域相关企业的合作与交流，促进研究型大学技术向区域企业转移。

2. 加大研究型大学科技成果转化投入

要改变目前经费投入为主的科研经费制度，加快风险投资市场建立，扩大投资渠道。从政府投入来看，可借鉴国外先进的经验，在法律层面通过立法形式降低风投准入门槛，在政策制定中加大对风险投资支持力

---

① 刘仁山：《"双一流"建设与新时代人才培养》，《国家教育行政学院学报》2018 年第 6 期。
② 李海建：《高校科技成果转化管理制度创新初探》，《中国高校科技》2016 年第 3 期。
③ 袁传思、贾晓、袁俪欣：《高校科技成果转化实施模式与路径的探索研究》，《科技管理研究》2020 年第 3 期。

度，通过制定财税政策，加大资金投入力度，为风险投资机构创造良好的市场环境[1]。就风投机构角度而言，以促进科技成果转化为目标，加强自身融资能力，不仅争取吸纳政府和企事业的资金，还要扩展思路，吸收社会闲散资金，拓宽融资渠道。同时，以强化提供增值服务的能力为主攻方向促进科技成果转化，风险投资与传统金融机构的区别不仅在于对所投资金安全性的考虑，还在于风险投资能够延伸服务功能，提供增值服务[2]。从研究型大学来讲，要学习世界一流大学，积极拓宽科技成果转化资金来源渠道。例如，华盛顿大学除了联邦经费的注入，还积极拓展收受途径，开展校友捐赠和专利许可应收，特别是成立华盛顿研究基金会（Washington Research Foundation），为学校科研提供大量的营收。因此，我国研究型大学可采取如下措施拓展资金渠道：一是成立专门机构吸收利用社会闲散资金，在国家支持下成立新的企业法人实体，以股份制形式代表高校持有、经营、管理学校经营性资产，努力实现资产的保值和增值，以科技成果吸引国内外的金融机构、社会企业与个人融资纳股，形成由政府、金融机构、社会企业及个人构成的多元融资体系[3]。二是可以主动加强与市场联系，与企业共建实验室，不仅吸收企业的外部资金，也为双方联合开展科技成果转化和技术咨询提供合作场所，实现优势互补，加强科技成果转化[4]。

3. 完善研究型大学科技成果转化服务机构

其一，建立专业的成果转化机构，借鉴美国加州大学伯克利分校等一流大学成果转化机构组织模式，增强成果转化机构的市场属性。科技成果转化机构要减少行政事务的困扰，以加快高校科技成果转化为主要任务，面向市场代表高校对外推广和营销科技成果，以高校技术交易管理、产学研合作、协同创新等一系列的高校技术

---

[1] 姚思雨、何海燕：《高校科技成果转化影响因素研究——基于OrderedLogit模型实证分析》，《教育发展研究》2017年第9期。

[2] 杜建：《高校科技成果转化难的症结及对策研究》，《国家教育行政学院学报》2017年第3期。

[3] 王凡：《高校科技成果转化中"政产学研金服用"模式探讨》，《中国高校科技》2021年第6期。

[4] 袁传思、贾晓、袁佩欣：《高校科技成果转化实施模式与路径的探索研究》，《科技管理研究》2020年第3期。

转移工作为职能①。在人员结构上，可借鉴加州大学旧金山分校经验，聘用一流的科学家和著名投资人成立专业委员会，强化科技成果转化人员面向市场开展科技成果转化的专业素质。其二，建立高校中试基地，整合各种资源实现概念平台建设②，通过中试基地实验，提高科技成果的成熟度，提高科技成果转化效率和质量。其三，重建研究型大学科技成果转化平台，推进资源共享。主要分为三层，分别为公共信息平台（为校企合作提供基础条件）、中介平台（为校企合作提供定价、谈判专业服务）、公共技术资源平台（为校企合作提供中试、监测、检验服务）③。

4. 加快完善研究型大学科技成果转化管理机制

在教师考核方面，要创造灵活多样的科研评价机制，高校科研应该改变"重科研轻转化"的导向，改变过去以论文、项目、奖励和专利为主体的评价体系和职称评定体系，要将科研成果转化率以及科研成果对实际生产力的促进程度纳入考评范畴，促使教师聚焦实际问题、将科技成果工作落到实处，而不是只关注容易发表论文和申请专利的领域，真正做到科研服务于社会④。在人员激励方面，剑桥大学明确发明者、学院和学校的利益分配机制，针对科研成果不超过 10 万英镑、10 万—20 万英镑、超过 20 万英镑三个不同等级，建立明细的分配制度，极大地激发了研究人员的创新积极性。因此，要充分调动高校教师积极性，依据国家法律法规制定科技成果转移转化收入分配和股权激励方案，明确对科技成果完成人、院系以及为科技成果转移转化做出重要贡献的人员、技术转移机构等相关方的奖励和股权奖励方案⑤。此外，在岗位设定方面，设立科技成果转化专职岗位，专职人员在一定年限保留人事关系，工资正

---

① 陶娜、郭英远、张胜：《基于利益相关者理论的高校科技成果转化机制研究》，《科技管理研究》2018 年第 21 期。

② 罗建、史敏、彭清辉等：《核心利益相关者认知差异视角下高校科技成果转化问题及对策研究》，《科技进步与对策》2019 年第 13 期。

③ 刘天柱、侯锡林、马佳：《基于接力创新的高校科技成果转化机制研究》，《科技进步与对策》2017 年第 3 期。

④ 孟祥利、曹源、王巨汉：《高校科技成果转化的困境与对策》，《中国高校科技》2020 年第 9 期。

⑤ 申秩男、张超、朱国峰等：《高校科技成果转化存在的问题、成因及解决办法》，《中国高校科技》2016 年第 3 期。

常发放，根据其在岗位发的工作业绩进行考核，聘期结束后可转回科研岗位或继续聘任原岗位①。还要加强对科研成果转化完成人以外人员的激励，进一步完善转化贡献的认定体系，根据人员对于科技成果转化贡献合理分配收益②。

（三）完善大学内部机制，促进研究型大学与区域良性互动

1. 增强服务区域创新的意识

华盛顿大学将服务区域发展作为学校重要使命之一，成立区域与社区关系办公室（Office of Regional & Community Relations），主动构建与区域居民和政府之间的合作关系。就研究型大学自身而言，要将服务区域社会发展列入学校发展规划中，不断改革科研体制机制，增强科研团队创新水平，为企业科技创新和区域经济社会发展提供智力支持。研究型大学在对外服务中，要提高服务国家和社会的使命意识，改变当前普遍"闭门造车"的状况，主动面向世界科技前沿，坚持面向经济主战场、坚持面向国家重大需求、坚持面向人民生命健康市场，围绕困扰行业产业发展的核心问题，结合自身学科优势，有针对性地开展产学研合作，努力提高产学研合作的有效度。打破校内学科和行政壁垒，组织多学科专家队伍对企业技术问题把脉问诊，提供一揽子的技术解决方案③。

2. 主动融入区域创新体系

美国研究型大学不断提升自身科研实力，始终走在创新前沿，以超强的创新创业能力带动区域的发展。其中加州大学旧金山分校利用自身生命科学和医学学科优势，主动与泰克（Genentech）、辉瑞（Pfizer Inc.）等生物技术公司开展合作，推动解决重大健康难题，主动促进区域和全美医药行业的发展。在区域创新体系中，需要政府、产业和高校多主体形成合力，相对于政府拥有物质资源和社会资源，高校拥有丰富的知识资源和人力资源，可以为企业提供人力资本、原创性知识和社会服务。因此，高校需破除传统思想，改进办学思路，根据国家重大发展战略需

---

① 李海建：《高校科技成果转化管理制度创新初探》，《中国高校科技》2016 年第 3 期。
② 顾志恒：《如何调动高校教师转化科技成果的积极性——从科技成果转化人才激励机制谈起》，《中国高校科技》2018 年第 3 期。
③ 施艳萍：《高校产学研合作供给侧改革》，《中国高校科技》2019 年第 S1 期。

求和区域经济发展特色,积极探索适合自身发展的道路,积极融入区域发展,主动与企业交流合作,实现高深知识在高校与企业之间畅通流动,打破两者之间壁垒。一是促进双方人员的交流和合作,进一步实现"人"的流动,为高校创业型教授与企业专家之间的双向流动提供政策支持[①],拓展教师和学生视野,增强其实践能力。二是在融入区域发展过程中,积极吸收社会资源。如,政策和资金,促进自身发展。三是根据区域发展要求,增强人才培养的针对性和科学研究的服务性,根据区域创新和经济社会发展需求优化专业结构,以区域发展作为对自身办学成果检验的标准,促进开放办学和对社会发展的适应性,促进区域与社会双向互动,实现共赢。

3. 开放高校既有资源,提高资源利用效率

首先,研究型大学要结合自身特色和发展优势,找准在区域发展中的定位,科学合理培养人才和开展科学研究,实现可持续发展。其次,要成立高校与区域其他主体联合工作平台,加强与区域合作的统一性和协调性。如:浙江大学与杭州市政府合作,成立战略合作促进委员会,促进研究型大学和区域的全面对接;西北工业大学与陕西省、西安市政府联合成立陕西空天动力研究院、西安柔性电子研究院等创新研究机构,围绕制造业关键核心技术开展联合攻关。最后,要提供高校文化基础设施共享功能,创新服务模式,为区域提供优质的图书资源。不仅可以与区域图书馆建立资源共享机制,加强联动,实现资源互补,实现双方资源利用率最大化,延伸彼此服务范围和深度,还可以为区域的政府机关、企事业单位等提供个性化服务。此外还可以围绕高校和区域特色,与旅游公司以及其他高校密切合作,开展研学活动推动旅游产品、文创产品开发,综合利用关系营销、借势营销、服务营销等营销方式,在适度盈利的基础上更好地服务公众并解决高校博物馆资源闲置和财政紧缺问题[②]。

---

① 沈洁、徐守坤、谢雯:《我国高等教育产教融合政策的逻辑理路、实施困境与路径突破》,《高教探索》2021年第7期。

② 卓泽林:《高等教育赋能区域发展战略的现状、挑战与对策——以京津冀、长三角、粤港澳大湾区为例》,《教育发展研究》2021年第21期。

4. 改善研究型大学人事招聘制度

产学研合作需要研究型大学发挥多方面的功能，因此与学校内部各方面制度具有高度相关性。若要推动产学研合作深度发展，需要进一步改革和完善研究型大学的制度建设。其中比较重要的是建立产学研合作项目人员单独招聘制度，改革科研经费使用制度，赋予产学研合作主体更大自主权，解决合作过程中的人员不足问题。

研究型大学作为区域创新体系的主导力量，在区域创新中发挥着举足轻重的作用。通过完善创新人才培养机制、畅通研究型大学科技成果转化机制、完善研究型大学服务区域创新的内部机制等措施，激发其内生动力，促进研究型大学与区域良性互动，这对于提升研究型大学引导区域创新的能力具有重要作用。

结　　语

在知识经济和数字经济时代，研究型大学作为知识创新、技术创新和创新人才培养的主体，在区域创新中发挥着越来越举足轻重的作用。本书采用定性研究和定量研究相结合的混合研究范式，以研究型大学如何引导区域创新为核心问题，重点分析和阐述了研究型大学为何能够引导区域创新、如何引导区域创新、国内外研究型大学引导区域创新的现状如何、我国研究型大学如何更好地在区域创新中发挥引导作用等具体问题。基于上述问题，本书阐述了研究型大学引导区域创新的外部诉求和内在逻辑，分析了研究型大学引导区域创新的内外部动力及其协同机制，构建了研究型大学引导区域创新的协同动力机制模型，归纳了国外研究型大学引导区域创新的典型经验和特色，以京津冀地区和长三角地区为例对比分析了我国研究型大学对区域创新的贡献，并对清华大学、浙江大学、同济大学进行了案例分析，最后提出我国研究型大学引导区域创新的优化路径。

一　结论与讨论
（一）研究结论

第一，研究型大学在区域创新中发挥引导作用源于外部诉求与内在逻辑的双重驱动。就外部诉求而言，国家发展战略需要研究型大学提高贡献度，要求高校坚持"四个面向"，扎根中国大地办大学，成为国家战略科技力量的重要组成部分；区域经济社会发展需要研究型大学扩大支撑度，要求研究型大学在引导区域经济发展和产业升级转型中发挥关键作用；区域创新体系建设需要研究型大学增强引领度，发挥好思想引领、文化引领和智库的作用。从研究型大学内部来看，自我发展的原动力、既得利益驱动，以及知识生产异质性和溢出性等内在特征使其具有引导区域创新的内在动力。同时，研究型大学是创新型人才培养及会聚的高地，是知识生产和创新的活力源泉，是高新技术集成创新转化的平台，是新思想与新文化的主要辐射源，是国际交流与合作的桥梁与纽带。外部诉求和内在逻辑双重驱动使研究型大学应该而且能够在区域创新中发挥引导作用。

第二，研究型大学引导区域创新是内外部动力机制协同发挥作用的过程。外部动力机制是在国家与区域政策支持下，结合区域经济社会发展需求与企业转型升级的技术需求，通过研究型大学积极与其他创新主体互动合作，并与各种创新资源合力构成包括系统协同机制、政策支持机制、利益分配机制和知识产权保障机制在内的复杂性外部动力机制网络系统。内部动力机制是研究型大学在自身需求的基础上产生的内部推动力，驱使其采取一系列措施达到满足自身需求的内部力量，以此参与到引导区域创新中。研究型大学通过知识生产机制、创新人才团队产生机制与技术转移机制等内部动力机制的作用实现对区域创新的引导，使区域创新系统不断迸发出新的生机与活力。在区域系统内，研究型大学引导区域创新的过程是创新主体和要素在内外部动力机制协同作用下不断发展的过程。内部动力推动研究型大学利用自身职能主动引导区域创新，外部动力通过国家和区域创新的多种需求对研究型大学内部产生作用，有效拉动研究型大学引导区域创新，内外部动力机制在实现创新供给与创新需求的对接中逐渐形成一个动态关联整体，通过非线性协同作用来提升研究型大学引导区域创新的能力。

第三，研究型大学引导区域创新既遵循内外部机制协同作用规律又具有鲜明特色。通过对英、美、德三国研究型大学引导区域创新的比较分析发现，研究型大学在引导区域创新过程中既具有共性规律，同时也受各国政治、经济、文化传统及大学自身等因素的影响呈现鲜明的特色。从共性来看，各国研究型大学均注重创新创业教育改革，提升自身创新实力；注重研究型大学引导区域创新的组织机制建设；发挥研究型大学文化引领作用，打造区域创新文化生态；发挥外部协同机制优势，构建多元主体协同创新网络；加强与产业界互动，建立新型产学研合作机制；

为研究型大学引导区域创新提供全方位保障。从特色来看，美国研究型大学引导区域创新突出市场的调节机制，强调创新与创业教育的融合；德国研究型大学引导区域创新表现为国家政策引领、科研机构和研究型大学协同合作以及区域创新集群化发展；英国研究型大学引导区域创新展现出了国家引领、组织机制创新以及注重社会使命的特色。

第四，我国研究型大学在引导区域创新方面，尤其是在企业孵化和产业升级方面，呈现以工科优势院校为主导、不同区域贡献度不均衡不充分的特点。相比较而言，工科优势院校区域创新能力综合得分都相对较高，其科研与科技创新、成果快速转化、校企紧密联系等优点较大程度上推动了大学在电子信息技术、土木工程、机械制造、电气工程等多领域发挥作用，在企业孵化和产业升级方面具有较明显优势。此外，研究发现，创新能力较高的大学大多位于北京、浙江、江苏、上海等发达地区，而其他欠发达地区的大学贡献度相对较低，未达到平均水平，发展呈现显著不均衡性。京津冀和长三角地区研究型大学引导区域创新的贡献度存在较明显差距：京津冀地区研究型大学创新贡献得分虽基本实现了正向增长，但与所有地区平均水平相比仍有一定差异；长三角地区研究型大学创新贡献得分呈现（曲折）上升态势，整体上比京津冀地区发展更为完善，各项指标特征数据也更为显著。我国研究型大学引导区域创新形成了协同发展、差序发展、独立发展三种主要形态。在协同发展形态下，大学对地区创新贡献度基本相同或差距不大，整体趋于稳定；在差序发展形态下，高校对地区创新贡献度差异性较大，部分大学贡献度较高，而另一部分大学则贡献度很低；在独立发展形态下，仅有一所研究型大学为区域创新做出较大贡献，其他高校贡献不足。三种发展形态一方面表明我国研究型大学引导区域创新在区域间存在较大差异，另一方面也提示我们要重视区域高等教育布局建设，适时调整国家和区域高等教育政策，推动实现不同区域高等教育协调发展，为各地区创新作出实质性贡献。

第五，我国研究型大学引导区域创新需在创新政策、合作机制、大学集群建设、研究型大学自身建设等方面采取优化措施。通过实证分析与案例研究发现，我国研究型大学在引导区域创新的过程中存在各区域相关制度政策实施不同步、研究型大学与区域内各主体间的合作机制不完善、同一区域内不同研究型大学之间缺乏校际协同、研究型大学自身引导区域创新的能力不强等问题。基于此，应进一步优化区域创新政策体系，增强高校区域创新活力；构建"政—校—企—社"深度合作机制，形成区域创新网络；加快建设研究型大学集群；提高研究型大学自身引导区域创新的能力。

（二）讨论

本书以"研究型大学如何引导区域创新"为核心问题，通过研究发现，随着各国创新发展战略的提出，知识、技术、人才、信息在国家和区域创新体系中的作用日益凸显，研究型大学对区域创新的贡献在各国均倍受重视。第四次产业革命、人工智能和数字经济的发展进一步赋予研究型大学在区域创新中更加重要的地位，研究型大学对区域创新的引导作用毋庸置疑。尽管由于各国研究型大学发展历史和特色各不相同，各国区域经济发展水平和产业发展重点各异，研究型大学引导区域创新的方式不尽相同，但总体而言，各国大学均充分利用自身的创新要素，与政府、企业、中介机构和社会公众之间深入互动，在内外部协同机制作用下不断提升区域创新水平。通过实证研究和案例分析发现，我国不同区域的研究型大学对区域创新的总体贡献较大，但不同区域间存在差异，且在某些因素上存在较大差距。与国外典型案例相比，我国研究型大学在引导区域创新上仍存在一定问题，需要进一步优化研究型大学引导区域创新的路径，为新时代更好地发挥研究型大学在国家和区域创新体系中的作用，实现高等教育内涵式发展提供可参考的对策建议。

关于研究型大学在区域创新中的作用，本书主要从国家战略和区域创新的外部需求以及研究型大学内部逻辑角度强调了研究型大学在区域创新中的引导作用，旨在强调在知识经济和数字经济时代，区域创新体系建设需要研究型大学积极发挥作用，研究型大学也应该在区域创新中主动发挥引领作用，不断提升区域创新的能力和水平。当前，知识生产模式向非线性、多主体、多节点的"模式3"转型，区域创新模式打破了原来单一、线性模式，转向大学、政府、企业、社会公众、自然环境等多主体参与的多元、交叉的四螺旋或五螺旋创新模式，区域创新体系建设不再以政府或企业单一主体为主导，作为知识生产、技术创新和信息交互的主体，研究型大学的作用日益凸显，发挥好研究型大学在区域创新中的主动性和引导性，有助于协调好大学、政府、企业、中介机构、社会公众等创新主体在区域创新中的作用，建立多主体、多要素协同的区域创新机制，形成良好的区域创新生态。当然，强调研究型大学的引导作用并不是要否定政府、企业、中介机构等其他创新主体的作用，也不是将其他主体置于被动地位，而是突出研究型大学在思想上、文化上、理论上、知识上对区域创新的引领性和主动性，而这些是以知识生产"模式3"为主导的创新模式的关键要素，未来的区域创新不仅是技术创新，更重要的是思想创新、文化创新、知识创新和技术创新的融合，因此需要研究型大学积极发挥引导作用，与其他创新主体建立深度融合的协同创新机制，建立区域创新网络，共同提升区域创新水平。

关于研究型大学引导区域创新的协同动力机制，本书在已有研究基础上，基于区域创新理论、四螺旋理论和大学职能论，从内外部创新要素、促使研究型大学引导区域创新的内外部动力及其作用机制三个维度进行分析，提炼出研究型大学引导区域创新的关键要素，这些要素相互作用并形成一定的结构，遵循一定的规则发挥特定功能，从而形成了研究型大学引导区域创新的内外部动力机制。根据系统论的观点，这些机制之间并非孤立地发挥作用，而是彼此之间相互影响，形成合力，协同发挥作用。基于此，研究型大学引导区域创新的过程即是研究型大学利用自身的人才、学科、科研、管理等创新要素和资源，与区域内其他创新主体之间通过资源和要素的深度融合，通过内外部协同机制提升区域创新水平的过程。当然，本书主要从研究型大学发挥引导作用的视角阐述区域创新的协同机制，除上述相关要素和机制外，企业系统、政府系统以及社会系统内部还有相关要素影响着整个区域创新体系的发展。区域创新体系建设和区域创新能力提升绝不仅仅是某个单一主体的作用，而是多种利益相关方协同发挥作用的结果。因此，本书构建的研究型大学引导区域创新的协同动力机制模型在一定程度上为研究提供了理论分析框架，但并非放之四海而皆准的真理，需要在实践中具体问题具体分析，综合考虑影响区域创新的其他要素和机制。

关于研究型大学引导区域创新的国际经验，本书主要考虑借鉴成功经验，因此重点选择了美、德、英发达国家研究型大学引导区域创新的案例，结合前面的理论分析框架，重点分析了这些大学在引导区域创新过程中采取的具体措施和机制,从而得出相关的经验与特色。欧美发达国家研究型大学引导区域创新的模式和机制受各自国家政治、经济、文化、历史传统等多重因素影响。相对而言,我国作为"后发外生型"国家,高等教育具有明显的"后发外生型"特点,欧美发达国家的实践为我国研究型大学引导区域创新提供了一定经验,但并不一定完全适用我国实际,因此,未来应该选择与我国具有类似特征的案例做进一步分析,扩大比较的区域和范围,为我国研究型大学引导区域创新提供更全面、更适切的建议。

关于我国研究型大学引导区域创新的实证研究,本书以京津冀地区和长三角地区为研究对象,两个区域均有具有竞争力的城市群,产业布局、科技发达程度以及经济发展规模在一定程度上代表着未来我国区域创新发展的方向。总体而言,京津冀地区研究型大学创新贡献得分虽基本实现了正向增长,均值也较为接近所有地区平均水平,但仍然存在一定差异;长三角地区研究型大学创新贡献得分呈现(曲折)上升态势,其历年得分均值水平都超过了所有地区平均水平,整体上比京津冀地区发展更为完善,但也存在一定问题。由于受资料限制,本书未对粤港澳大湾区研究型大学引导区域创新的情况进行分析。实际上,近年来随着粤港澳大湾区的迅速发展,该区域对研究型大学的重视程度日益加深,研究型大学对粤港澳大湾区的创新贡献越来越明显。因此,本书研究的结果只能在一定程度上代表我国主要研究型大学对区域创新的贡献。

关于我国研究型大学引导区域创新的案例,本书主要基于京津冀地区和长三角地区实证研究的结果,选择对区域创新贡献大的清华大学、浙江大学、同济大学作为案例分析对象,通过点面结合的方式,在分析案例学校对区域创新贡献整体情况基础上,重点对北京清华工业开发研究院和深圳清华大学研究院、浙江大学国家大学科技园、同济大学"环同济知识经济圈"引导区域创新的具体举措和内外部机制进行分析,旨在总结我国研究型大学引导区域创新的典型模式,为其他高校提供经验参考。本书主要基于构建的理论分析框架展开案例分析,但由于各大学所在区域的具体政策、产业发展和高校的学科特色不同,因此影响区域创新的具体要素及形成的互动机制有所不同。

国内外实践证明,研究型大学是引导区域创新的动力站和知识源,是区域经济腾飞的坚实后盾,是大国崛起的支撑力量。第三次科技革命以来,一批研究型大学成为科技创新的直接推动者,以研究型大学为代表的高等教育机构成为推动科技进步和经济发展的重要力量。当前,以信息技术和数字经济为代表的新经济时代,推动区域创新成为国家创新体系建设的关键因素。研究型大学具有开展突破性创新的巨大潜能,其完善的学科体系和组织环境为交叉学科的产生和发展提供了良好的条件,为大量创新性成果的出现奠定了基础。此外,研究型大学在国家科教资源分配上也具有天然优势,在科研体制改革与创新氛围上有国家的积极支持,因此更有突破传统科技创新范式的可能性。

二　不足与展望

尽管本书在理论上阐明了研究型大学引导区域创新的必要性和可行性,分析了其引导区域创新的内外部动力机制和协同机理,并通过实证研究和案例分析对国内外研究型大学引导区域创新的实践进行了深入分析,得出了具有启发意义的结论,并针对现实问题提出了相关建议。但由于研究能力和资料限制,本书的研究依然存在一些局限,需进一步改进与完善。首先,在国际比较部分,本书选取的案例均为欧美发达国家的研究型大学和相关区域,虽各有特色,但总体上代表的是欧美模式。我国高等教育深受东方文化影响,特别是儒家文化影响,但具有东方文化特点的国家案例不足。其次,在实证分析部分,数据获取的全面性、指标选取的多样化仍有待进一步完善,文化传承与创新作为我国研究型大学的突出特色,难以转化为可操作的量化指标,此外大学自身的声誉和大学师生对区域创新的隐性影响也难以用数字衡量,因此指标体系具有一定的局限性。最后,在国内研究型大学引导区域创新的案例分析中,本书在文献研究和参考官方网站信息基础上,对部分大学的相关人员进行了访谈,但由于寻找访谈人员存在困难、访谈对象数量少,导致对研究型大学引导区域创新的内外部机制、现实困境等缺乏深入挖掘,分析不够深入。

总之,研究型大学引导区域创新是一项复杂的系统工程,内外部创新要素之间不是毫无联系地孤立存在,而是直接或间接地相互作用,形成协同创新机制。本书在分析研究型大学如何引导区域创新这一问题上取得了一定创新性的成果,但仍需进一步挖掘我国研究型大学在区域创新中的引导作用,通过深入调研剖析典型案例的经验,提出更具针对性的建议。

参考文献

（一）中文文献

［美］伯顿·克拉克：《高等教育系统——学术组织的跨国研究》，杭州大学出版社1994年版。

［美］戴维·林德博格：《西方科学的起源》，王珺译，中国对外翻译公司2001年版，第220页。

［美］德里克·博克：《走出象牙塔》，徐小洲等译，浙江教育出版社2001年版。

［美］弗兰克·罗德斯，《创造未来：美国大学的作用》，王晓阳、蓝劲松等译，清华大学出版社2007年版。

［美］亨利·埃兹科维茨：《麻省理工学院与创业科学的兴起》，王孙禺、袁本涛译，清华大学出版社2007年版。

［美］克拉克·克尔：《大学的功用》，陈学飞等译，江西教育出版社1993年版。

［美］亚伯拉罕·弗莱科斯纳：《现代大学论——美英德大学研究》，徐辉、陈晓菲等译，浙江教育出版社2001年版。

［美］约翰·S.布鲁贝克：《高等教育哲学》，王承绪、郑继伟、张维平等译，浙江教育出版社2001年版。

［美］约瑟夫·熊彼特：《经济发展理论》，叶华译，中国社会科学出版社2009年版。

［美］约瑟夫·熊彼特：《经济分析史（第一卷）》，朱泱、李宏译，上海印书馆2008年版。

［美］詹姆斯·杜德斯达：《21世纪的大学》，刘彤、屈书杰、刘向东译，北京大学出版社2005年版。

［英］阿什比：《科技发达时代的大学教育》，滕大春等译，人民教育出版社1983年版。

［美］布鲁贝克：《高等教育哲学》，王承绪等译，浙江教育出版社2002年版。

［英］亨利·纽曼：《大学的理想（节本）》，徐辉等译，浙江教育出版社2002年版。

［英］吉本斯等：《知识生产的新模式：当代社会科学与研究的动力学》，陈洪捷、沈文钦等译，北京大学出版社2011年版。

［英］吉本斯等：《知识生产的新模式：当代社会科学与研究的动力学》，陈洪捷、沈文钦等译，北京大学出版社2011年版。

［英］齐曼：《真科学：它是什么，它指什么》，曾国屏、匡辉、张成岗译，上海科技教育出版社2008年版。

［英］约翰·亨利 纽曼：《大学的理想》，徐辉等译，浙江教育出版社2001年版。

《辞海》编辑委员会：《辞海（第2卷）》，上海辞书出版社2009年版。

邴浩：《区域创新视角下高校创新人才培养模式研究》，《中国高校科技》2014年第10期。

曾冬梅：《地方大学服务创新型区域建设的路径》，《高校教育管理》2011年第1期。

陈安国、张继红、周立等：《论研究型大学的技术转移模式与制度安排》，《科学学与科学技术管理》2003年第9期。

陈德宁、沈玉芳：《区域创新系统理论研究综述》，《生产力研究》2004年第4期。

陈光、王永杰：《区域技术创新系统研究论纲》，《中国软科学》1999年第2期。

陈广胜、许小忠、徐燕椿：《区域创新体系的内涵特征与主要类型：文献综述》，《浙江社会科学》2006年第3期。

陈俐、冯楚健、陈荣：《英国促进科技成果转移转化的经验借鉴——以国家技术创新中心和高校产学研创新体系为例》，《科技进步与对策》

2016 年第 15 期。

陈鹏、黄荣怀、年智英：《面向创新人才培养的大学"金课"实践研究：设计思维视角》，《中国电化教育》2021 年第 2 期。

陈鹏、黄荣怀：《设计思维带来什么？——基于 2000—2018 年 WOS 核心数据库相关文献分析》，《现代远程教育研究》2019 年第 6 期。

陈琪、徐东：《区域创新体系的系统结构研究》，《科技进步与对策》2007 年第 8 期。

陈琪：《基于不同视角的区域创新体系模式研究》，《科技进步与对策》2009 年第 8 期。

陈强、霍丹：《德国创新驱动发展的路径及特征分析》，《德国研究》2013 年第 4 期。

陈天荣：《区域创新系统动力论》，社会科学文献出版社 2009 年版。

陈希、关兆东：《清华大学在科技成果转化中积极探索》，《清华大学教育研究》2000 年第 1 期。

陈印政：《粤港澳大湾区实施创新驱动发展的战略思考》，《智库理论与实践》2019 年第 6 期。

陈颖：《我国大学研究型学院的定位与特征探析》，《黑龙江高教研究》2017 年第 1 期。

陈昀、贺远琼、周振红：《研究型大学主导的区域创新生态系统构建研究》，《科技进步与对策》2013 年第 14 期。

程鹏：《高校 R&D 知识溢出与区域创新能力——基于空间杜宾模型的实证研究》，《教育与经济》2014 年第 6 期。

党文娟、张宗益、康继军：《创新环境对促进我国区域创新能力的影响》，《中国软科学》2008 年第 3 期。

邓草心：《高校促进经济发展的创新系统路径》，《中国高校科技》2012 年第 12 期。

董书礼：《科技成果产业化的一种新模式——基于深圳清华大学研究院的案例研究》，《中国科技论坛》2010 年第 12 期。

董幼鸿：《关于自主创新战略主体功能定位的若干思考——牛津大学产学研一体化创新体系的启示》，《理论与改革》2007 年第 1 期。

董泽芳、袁川：《国外高校成功培养创新型人才的经验与启示——以哈佛大学、牛津大学和东京大学为例》,《现代大学教育》2014 年第 4 期。

杜建:《高校科技成果转化难的症结及对策研究》,《国家教育行政学院学报》2017 年第 3 期。

范柏乃、余钧:《高校技术转移效率区域差异及影响因素研究》,《科学学研究》2015 年第 12 期。

范拓源、聂晨曦:《全球研发网络与海外离岸创新中心建设模式研究》,《科技管理研究》2018 年第 14 期。

方维慰:《研究型大学的区域创新功能与实现途径》,《江苏高教》2013 年第 5 期。

冯惠玲、胡娟、惠新宇:《高等教育国际化:内涵、挑战与取向》,《中国高等教育》2011 年第 11 期。

冯倬琳、赵文华:《研究型大学在国家自主技术创新中的作用》,《清华大学教育研究》2007 年第 2 期。

傅凰:《研究型大学的历史演进及概念界定》,《理工高教研究》2008 年第 6 期。

高树仁、张秀萍:《大学集群的区域效应及发展对策研究》,《当代教育科学》2014 年第 3 期。

龚放:《在社会变革的大潮中把握自我——兼论我国大学职能的延伸》,《高等教育研究》1990 年第 1 期。

龚敏、江旭、高山行:《如何分好"奶酪"? 基于过程视角的高校科技成果转化收益分配机制研究》,《科学学与科学技术管理》2021 年第 6 期。

龚晓瑾:《研究型大学在区域创新体系中的角色定位》,《学习与实践》2020 年第 7 期。

龚雪、余景丽、余秀兰:《麻省理工学院本科生创新研究能力培养实践经验及启示》,《高教探索》2020 年第 1 期。

顾新:《区域创新系统的内涵与特征》,《同济大学学报》(社会科学版)2001 年第 6 期。

顾志恒:《如何调动高校教师转化科技成果的积极性——从科技成果转化人才激励机制谈起》,《中国高校科技》2018 年第 3 期。

桂昭明:《人才资源经济学》,蓝天出版社 2005 年版。

郭泉恩：《高校知识溢出对我国高技术产业创新的影响研究——基于省级区域的空间计量分析》，《世界地理研究》2017年第4期。

郭孝锋、吴志功：《论研究型大学与区域的战略融合》，《中国高教研究》2009年第6期。

郭永刚、罗新宇：《哈佛校长萨默斯：让最佳思想家聚在一起》，《中国青年报》2001年。

郭芸、范柏乃、龙剑：《我国区域高质量发展的实际测度与时空演变特征研究》，《数量经济技术经济研究》2020年第10期。

韩萌：《剑桥大学学术创业集群的构建及其启示》，《高等教育研究》2020年第1期。

韩萌：《牛津大学"共生式"创业教育模式及其借鉴——基于商学院的实践》，《大学教育科学》2020年第1期。

韩儒博：《创新模式研究及其国际比较》，博士学位论文，中共中央党校，2013年。

何红媛、郑小莉、何涛：《高校科研项目与企业研发有效结合机制研究》，《科学管理研究》2014年第3期。

何继江、王路昊、曾国屏：《以技术能力的商业开发促进科技成果转化——以深圳清华大学研究院为案例》，《科学学研究》2013年第9期。

何建坤、孟浩、周立等：《研究型大学技术转移及其对策》，《教育研究》2007年第8期。

何郁冰、周子琰：《慕尼黑工业大学创业教育生态系统建设及启示》，《科学学与科学技术管理》2015年第10期。

胡凯、尹继东：《区域创新体系的构成及作用机制研究》，《科技管理研究》2007年第7期。

胡树华、牟仁艳：《构建区域创新体系战略研究》，科学出版社2016年版，前言。

胡维祺：《探索官产学研资相结合的新路子 促进区域经济繁荣持续发展——深港产学研基地、深圳清华大学研究院调研情况》，《江苏科技信息》2009年第5期。

胡志坚、苏靖：《区域创新系统理论的提出与发展》，《中国科技论坛》

1999年第6期。

黄福涛:《外国高等教育史》,上海教育出版社2008年版。

黄海燕:《产教融合背景下高校科技成果转化效率提升机制研究——基于江苏常州地区高校的调查分析》,《中国高校科技》2020年第12期。

黄鲁成:《关于区域创新系统研究内容的探讨》,《科研管理》2000年第2期。

黄鲁成:《宏观区域创新体系的理论模式研究》,《中国软科学》2002年第1期。

黄鲁成:《研究型大学在中小企业技术创新中的作用》,《研究与发展管理》2002年第3期。

黄崴、杨文斌:《研究型大学自主创新能力建设:来自国外名校的实践》,《复旦教育论坛》2010年第3期。

黄小平、刘光华、刘小强:《"双一流"背景下区域高校系统科技创新能力:绩效评价与提升路径》,《江西师范大学学报》(哲学社会科学版)2018年第6期。

黄瑶、王铭:《"三螺旋"到"四螺旋":知识生产模式的动力机制演变》,《教育发展研究》2018年第1期。

黄媛、孙曼丽:《剑桥大学创业教育的现状、特点及启示》,《职业教育研究》2020年第5期。

霍丽娟:《基于知识生产新模式的产教融合创新生态系统构建研究》,《国家教育行政学院学报》2019年第10期。

江育恒、赵文华:《研究型大学在区域创新集群中的作用研究:以美国五大生物医药集聚区为例》,《高等工程教育研究》2017年第5期。

姜澄宇:《科技创新是研究型大学的本质要求》,《中国高等教育》2002年第21期。

姜丽君、李敏:《研究型大学科技成果的技术转移模式探讨》,《北京交通大学学报》2011年第3期。

蒋洪新、孙雄辉:《大学科技园视阈下高校科技成果转化路径探索——来自英国剑桥科技园的经验》,《现代大学教育》2018年第6期。

教育部科技委《中国未来与高校创新》战略研究课题组:《中国未来与高校创新》,中国人民大学出版社2011年版。

杰拉德·卡斯帕尔,《杰拉德·卡斯帕尔谈研究型大学必备的四种特性》,《中国教育报》2002年7月30日第三版。

解德渤、王思懿、叶强等:《思维·价值·秩序:中国高等教育治理现代化的变革之路(笔谈)》,《重庆高教研究》2019年第3期。

靳玉乐、李红梅:《英国研究型大学拔尖创新人才培养的经验及启示》,《高等教育研究》2017年第6期。

李春林、王开威、陆风等:《一流大学建设中高校科技创新服务区域经济社会发展研究》,《科技管理研究》2020年第24期。

李栋亮:《广东新型研发机构发展模式与特征探解》,《广东科技》2014年第23期。

李恩极、李群:《政府主导的产学研协同创新的利益分配机制研究》,《研究与发展管理》2018年第6期。

李海建:《高校科技成果转化管理制度创新初探》,《中国高校科技》2016年第3期。

李宏、惠仲阳、陈晓怡等:《美国、英国等国家科技创新政策要点分析》,《北京教育(高教)》2020年第9期。

李虹:《区域创新体系的构成及其动力机制分析》,《科学学与科学技术管理》2004年第2期。

李健、鲁亚洲:《京津冀创新能力预测与影响因素研究》,《科技进步与对策》2019年第12期。

李立国、杜帆:《研究生教育对经济增长贡献率的区域差异与布局结构优化》,《教育发展研究》2020年第21期。

李丽:《协同创新背景下科技资源的整合与共享》,《中国高校科技》2017年第Z1期。

李林、杨泽寰:《区域创新协同度评价指标体系及应用——以湖南省14地市州为例》,《科技进步与对策》2013年第19期。

李琳璐:《慕尼黑工业大学创新创业教育探析》,《中国高校科技》2018年第12期。

李茂林:《大学群落的地域性经济贡献探究——以美国波士顿地区的8所研究型大学为例》,《比较教育研究》2009年第1期。

李鹏虎:《论我国研究型大学中"巴尔干化"式的组织割据》,《国家教育行政学院学报》2019 年第 5 期。

李拓宇、李飞、陆国栋：《面向"中国制造 2025"的工程科技人才培养质量提升路径探析》，《高等工程教育研究》2015 年第 6 期。

李宪印、于婷、刘忠花：《基于 EBA 模型的高校创新与区域创新的协同作用研究》，《经济与管理评论》2017 年第 2 期。

李应博、何建坤、吕春燕：《区域产业结构优化中的研究型大学技术转移》，《科学学研究》2006 年第 S1 期。

李志峰、高慧、张忠家：《知识生产模式的现代转型与大学科学研究的模式创新》，《教育研究》2014 年第 3 期。

联合国教科文组织：《教育——财富蕴藏其中》，教育科学出版社 1996 年版。

梁传杰、罗勤：《我国研究型大学的内涵与特征》，《武汉理工大学学报》（社会科学版）2007 年第 6 期。

梁红军：《我国新型研发机构建设面临难题及其解决对策》，《中州学刊》2020 年第 8 期。

林海：《粤港澳大湾区县域创新环境评价——以广东 57 个县（市）实证分析为例》，《科技管理研究》2020 年第 12 期。

林善泉、刘嘉丽、刘沛：《区域创新能力与潜力评价——以珠三角国家自主创新示范区为例》，《现代城市研究》2019 年第 4 期。

林素仙：《高校科技成果转化存在的问题与对策》，《中国高校科技》2015 年第 9 期。

林迎星：《区域创新优势》，经济管理出版社 2006 年版。

林泽昕：《〈转化法〉视域下高校科技成果转化的促进机制构建》，《中国高校科技》2016 年第 5 期。

刘宝存：《大学对地方社会经济发展的贡献——加州大学伯克利分校的个案研究》，《清华大学教育研究》2005 年第 6 期。

刘明广：《区域创新系统绩效评价的影响因素实证研究》，《工业技术经济》2013 年第 7 期。

刘仁山：《"双一流"建设与新时代人才培养》，《国家教育行政学院学报》2018 年第 6 期。

刘天柱、侯锡林、马佳：《基于接力创新的高校科技成果转化机制研究》，

《科技进步与对策》2017 年第 3 期。

刘耀东、孟菊香：《校企协同培养人才的反思与模式构建》，《中国大学教学》2018 年第 3 期。

刘友金：《基于行政区划的区域创新体系研究》，《企业经济》2001 年第 3 期。

刘宇雄：《立体式的科技创新孵化"引擎"——深圳清华大学研究院集成创新项目摘取省科学技术最高奖》，《广东科技》2015 年第 5 期。

柳剑雄等：《立足创新，三区联动实现可持续发展——上海杨浦区"环同济知识经济圈"模式解析与优化》，《可持续发展经济导刊》2020 年第 4 期。

柳御林：《区域创新体系成立的条件和建设的关键因素》，《中国科技论坛》2003 年第 1 期。

龙献忠、陶静：《合作伙伴：治理视野中政府与大学关系的新愿景》，《高等教育研究》2008 年第 5 期。

隆云滔、张富娟、杨国梁：《斯坦福大学技术转移运转模式研究及启示》，《科技管理研究》2018 年第 15 期。

罗建、史敏、彭清辉等：《核心利益相关者认知差异视角下高校科技成果转化问题及对策研究》，《科技进步与对策》2019 年第 13 期。

罗泽意、董维春：《学生家庭：全面大学治理视野下的非独立性治理主体》，《大学教育科学》2011 年第 1 期。

罗占收、邵莹、吴勉华：《高校内部科技资源整合与开放共享探析——基于"政产学研"协同创新视角》，《中国高校科技》2016 年第 6 期。

罗占收、邵莹、吴勉华：《高校内部协同创新的动力机制研究——基于"2011 计划"背景》，《中国科技论坛》2016 年第 10 期。

吕薇、马名杰、戴建军等：《转型期我国创新发展的现状、问题及政策建议》，《中国软科学》2018 年第 3 期。

马永斌、刘帆、王孙禹：《美国大学、政府和企业合作的角色定位、特征与不足分析》，《科学管理研究》2009 年第 6 期。

马永斌：《区域创新体系中大学、政府和企业合作存在的问题及对策》，《科学管理研究》2010 年第 5 期。

马云泽：《区域产学研结合技术创新体系的要素构成》，《产业与科技论坛》2014 年第 12 期。

毛锦凰:《乡村振兴评价指标体系构建方法的改进及其实证研究》,《兰州大学学报》(社会科学版) 2021 年第 3 期。

毛艳华:《区域创新体系的内涵及其政策含义》,《经济学家》2007 年第 2 期。

孟浩、王立杰、刘祥:《论企业创新集成》,《中国煤炭》2003 年第 10 期。

孟浩、王艳慧:《基于突变评价法的研究型大学知识创新综合评价》,《运筹与管理》2008 年第 3 期。

孟浩、周立、何建坤:《研究型大学技术与创新能力转移的公共选择》,《科学学研究》2007 年第 5 期。

孟卫东、但森:《区域创新体系创新能力影响因素实证分析》,《特区经济》2013 年第 5 期。

孟祥利、曹源、王巨汉:《高校科技成果转化的困境与对策》,《中国高校科技》2020 年第 9 期。

苗青:《剑桥大学创新创业教育对我国的启发》,《河北师范大学学报》(教育科学版) 2018 年第 2 期。

闵维方:《发展知识经济的关键与大学的使命》,《教育研究》1998 年第 9 期。

牛士华:《加快推进高校知识产权转化运用》,《中国高校科技》2018 年第 10 期。

牛司凤、郄海霞:《高校与区域协同创新的路径选择——以美国北卡罗来纳州"研究三角园"为例》,《高教探索》2014 年第 6 期。

潘德均:《西部大开发战略与区域创新系统建设》,《决策咨询通讯》2002 年第 1 期。

潘海生、韩铁:《基于知识发酵模型的大学集群知识增长机制分析》,《福州大学学报》(哲学社会科学版) 2011 年第 2 期。

乔颖、王永杰、陈光:《研究型大学在区域创新体系中的地位与作用》,《科学学与科学技术管理》2002 年第 6 期。

乔章凤:《研究型大学与城市科技创新发展研究》,博士学位论文,天津大学,2011 年。

郄海霞、李欣旖、王世斌:《四螺旋创新生态:研究型大学引导区域协同创新机制探析——以苏黎世联邦理工学院为例》，《高等工程教育研究》2020 年第 2 期。

郗海霞、姚嘉玉：《一流大学引导的区域协同创新网络——德国慕尼黑地区的经验与特色》，《外国教育研究》2021 年第 4 期。

郗海霞、余江涛：《研究型大学如何引领区域协同创新？——基于卡迪夫大学的实践》，《高教探索》2021 年第 8 期。

秦惠民、吕萍：《创新大学教育传播机制 推动中华传统文化传承》，《中国高等教育》2018 年第 7 期。

任胜钢、陈凤梅：《国内外区域创新系统的发展模式研究》，《研究与发展管理》2007 年第 5 期。

任玉峰：《产业技术研究院发展改革探析》，《管理观察》2018 年第 19 期。

荣泳霖：《清华大学政产学研合作互动的实践》，《中国高校科技与产业化》2009 年第 10 期。

邵学清：《用活一所大学的资源——环同济知识经济圈成功的经验与启示》，《创新科技》2009 年第 2 期。

申秩男、张超、朱国峰等：《高校科技成果转化存在的问题、成因及解决办法》，《中国高校科技》2016 年第 3 期。

沈成君、冯江：《"院+校"农科教融合协同育人模式创新研究》，《中国高校科技》2020 年第 7 期。

沈佳坤、张军、冯宝军：《研究型大学知识创新的生产效率评价》，《高校教育管理》2020 年第 3 期。

沈洁、徐守坤、谢雯：《我国高等教育产教融合政策的逻辑理路、实施困境与路径突破》，《高教探索》2021 年第 7 期。

沈能：《大学知识创新效率的测度与空间收敛分析》，《科学学与科学技术管理》2012 年第 5 期。

盛冰：《知识的新生产及其对大学的影响》，《清华大学教育研究》2003 年第 1 期。

施孝忠：《大学与创新型城市协同发展研究》，《江苏高教》2018 年第 7 期。

石金叶、范旭、陆剑宝：《美国高校在区域发展中的作用及其启示》，《科技管理研究》2007 年第 5 期。

史静寰、赵可、夏华:《卡内基高等教育机构分类与美国的研究型大学》,《北京大学教育评论》2007 年第 4 期。

世界银行和联合国教科文组织特别工作组编著:《发展中国家的高等教育:危机与出路》,蒋凯等译,教育科学出版社 2001 年版。

宋河发、李振兴:《影响制约科技成果转化和知识产权运用的问题分析与对策研究》,《中国科学院院刊》2014 年第 5 期。

苏屹、李忠婷:《区域创新系统主体合作强度对创新绩效的影响研究》,《管理工程学报》2021 年第 3 期。

苏屹、林周周、欧忠辉:《知识流动对区域创新活动两阶段的影响研究》,《科研管理》2020 年第 7 期。

隋唐:《德国高等教育产学合作运行机制研究》,硕士学位论文,沈阳师范大学,2018 年。

孙豪、桂河清、杨冬:《中国省域经济高质量发展的测度与评价》,《浙江社会科学》2020 年第 8 期。

孙菁:《我国研究型大学参与区域创新的机制研究》,《中国人民大学教育学刊》2022 年第 1 期。

孙绵涛、郭玲:《知识创新是创建一流大学的关键》,《高等教育研究》2017 年第 7 期。

孙艳艳、苗润莲、李梅等:《京津冀创新生态系统资源整合模式、路径和机制研究》,《中国科技论坛》2020 年第 6 期。

孙远雷:《研究型大学的内在特征分析》,《清华大学教育研究》2003 年第 5 期。

陶娜、郭英远、张胜:《基于利益相关者理论的高校科技成果转化机制研究》,《科技管理研究》2018 年第 21 期。

田天、沈铭:《地方高校科技成果转化和技术转移体系的组建与培育——以苏州大学为例》,《中国高校科技》2020 年第 10 期。

涂成林:《关于国内区域创新体系不同模式的比较与借鉴》,《中国科技论坛》2007 年第 1 期。

王传毅、黄显惠:《学术资本主义下的大学创业生态系统构建》,《现代教育管理》2016 年第 1 期。

王凡:《高校科技成果转化中"政产学研金服用"模式探讨》,《中国高校科技》2021 年第 6 期。

王方、何秀：《高校面向区域发展协同创新的困境与突破》，《高校教育管理》2019 年第 1 期。

王海军、王楠、陈劲：《组织模块化嵌入的研究型大学技术转移》，《科学学研究》2019 年第 5 期。

王洪才：《"两体三维"理论：一种本土化的大学校长专业化理论——兼评〈中国大学校长管理专业化研究〉》，《复旦教育论坛》2021 年第 4 期。

王辉：《基于两阶段 DEA 模型的高校科技创新对区域创新绩效影响》，《经济地理》2020 年第 8 期。

王骥：《大学知识生产方式：概念及特征》，《自然辩证法研究》2010 年第 10 期。

王嘉毅、陈建海：《从研究型大学到创新性大学——我国高水平大学的发展方向》，《高等教育研究》2016 年第 12 期。

王稼琼、绳丽惠、陈鹏飞：《区域创新体系的功能与特征分析》，《中国软科学》1999 年第 2 期。

王建华：《大学创新创业生态系统的构建——基于硅谷的分析》，《江苏高教》2019 年第 12 期。

王建华：《跨学科性与大学转型》，《教育发展研究》2011 年第 1 期。

王建华：《知识社会视野中的大学》，《教育发展研究》2012 年第 3 期。

王凯、胡赤弟、吴伟：《基于"学科—专业—产业链"的创新创业型大学：概念内涵与现实路径》，《清华大学教育研究》2017 年第 5 期。

王乾坤：《变革中的德国大学发展理念与范式——德国大学卓越战略政策研究》，硕士学位论文，北京大学，2008 年。

王庆：《大学集群组织属性界说》，《经济与社会发展》2006 年第 9 期。

王荣：《大力发展研究生教育 为科教兴国兴省服务》，《江苏高教》2001 年第 3 期。

王茹、高珊、吴迪：《美国 2015 版卡内基高等教育机构分类介绍》，《世界教育信息》2017 年第 9 期。

王帅：《开放式创新视角下区域创新系统演化机制及其绩效影响因素研究》，博士学位论文，中国科学技术大学，2016 年。

王孙禺、刘继青：《从历史走向未来：新中国工程教育60年》，《高等工程教育研究》2010年第4期。

王永杰、陈家宏、陈光等：《研究型大学在知识创新中的地位和作用》，《科学学研究》2000年第2版。

王玉梅：《环同济知识经济圈发展的现状、问题与对策》，《中国证券期货》2012年第7期。

王战军、蓝文婷：《世界一流大学与社会发展"双螺旋"模式》，《中国高教研究》2020年第8期。

王知桂：《要素耦合与区域创新体系的构建——基于产业集群视角的分析》，《当代经济研究》2006年第11期。

王志强：《研究型大学与美国国家创新系统的演进》，中国社会科学出版社2014年版。

魏江、李拓宇、赵雨菡：《创新驱动发展的总体格局、现实困境与政策走向》，《中国软科学》2015年第5期。

魏江、夏雪玲：《区域创新系统的结构与系统演变》，《科技管理研究》2005年第3期。

魏小鹏：《高等教育强国目标下的高等教育区域中心建设》，《中国高教研究》2010年第8期。

魏心镇、王缉兹：《新的产业空间：高技术产业开发区的发展与布局》，北京大学出版社1993年版。

温芳芳、曹世锋、李翔宇等：《我国"双一流"高校专利技术转移速度研究——基于专利许可转让年龄的多维比较和历时分析》，《情报理论与实践》2020年第11期。

温军、冯根福：《异质机构、企业性质与自主创新》，《经济研究》2012年第3期。

温新民：《区域技术创新体系中的政府职能研究》，博士学位论文，大连理工大学，2003年。

翁君奕：《美日中高校技术转移激励政策比较》，《高等教育研究》2000年第4期。

邬大光：《走出计划经济与市场经济的双重藩篱——我国高等教育70年发展的反思》，《苏州大学学报》（教育科学版）2019年第3期。

吴康宁：《教育改革的"中国问题"》，南京师范大学出版社 2015 年版。

吴泗宗、王庆：《大学集群知识资本特征及整合效应研究》，《教育发展研究》2006 年第 21 期。

吴先慧、吴海燕、陆强等：《我国区域创新体系的影响因素实证研究——以深圳为例》，《科技进步与对策》2011 年第 7 期。

吴雪萍、袁李兰：《美国研究型大学研究生创新人才培养的基础、经验及其启示》，《高等教育研究》2019 年第 6 期。

吴岩、刘永武、李政等：《建构中国高等教育区域发展新理论》，《中国高教研究》2010 年第 2 期。

吴玉鸣：《大学、企业研发与区域创新的空间统计与计量分析》，《数理统计与管理》2007 年第 2 期。

武学超：《英国罗素大学集团卓越科研能力提升的策略与启示》，《国家教育行政学院学报》2012 年第 11 期。

武洋、徐治立：《清华大学"产学研医"校企协同创新案例分析》，《科学管理研究》2021 年第 1 期。

夏英等：《大学科技园：历史、现状及未来趋势》，《成都理工大学》（社会科学版）2015 年第 4 期。

向波涛、马宁：《建设世界一流大学视域下的文化传承创新》，《高校理论战线》2012 年第 1 期。

肖国芳：《创新驱动视域下的研究型大学创新能力提升机制研究》，《科学管理研究》2019 年第 3 期。

肖俊夫、胡娜、李华：《高校促进区域创新：发展趋势与行动策略》，《中国高校科技》2011 年第 12 期。

肖兴志、徐信龙：《区域创新要素的配置和结构失衡：研究进展、分析框架与优化策略》，《科研管理》2019 年第 10 期。

肖振红、范君荻：《科技人力资源投入对区域创新绩效的影响研究》，《科学学研究》2019 年第 11 期。

肖智、吕世畅：《基于微粒群算法的自主创新能力综合评价研究》，《科技进步与对策》2008 年第 4 期。

谢安邦：《高等教育学（修订版）》，高等教育出版社 1999 年版。

谢玲玲、杨科正：《"西三角"地方高校集群发展策略》，《教学研究》

2021 年第 4 期。

谢伟:《国家创新系统理论的来源和发展》,《中国科技论坛》1999 年第 3 期。

熊鹏、宋雨:《区域创新系统评测体系及关键影响因素研究——基于湖北 2010—2019 年面板数据的分析》,《湖北社会科学》2021 年第 3 期。

熊庆年、张珊珊:《我国高等教育社会治理的过渡性特征》,《教育发展研究》2009 年第 3 期。

徐发秀:《生态位理论视角下民族院校特色学科建设》,《贵州民族研究》2015 年第 9 期。

徐晶晶、黄荣怀、王永忠等:《区域教育信息化协同发展:挑战、实践模式与动力机制》,《电化教育研究》2019 年第 6 期。

徐显明:《文化传承创新:大学第四大功能的确立》,《中国高等教育》2011 年第 10 期。

徐盈之、朱依曦、孙剑:《知识溢出与区域经济增长:基于空间计量模型的实证研究》,《科研管理》2010 年第 6 期。

徐祖广:《研究型大学在建设国家创新体系中的地位和作用》,《清华大学教育研究》1999 年第 2 期。

许爱萍:《京津冀科技创新协同发展战略研究》,《技术经济与管理研究》2014 年第 10 期。

许长青:《高水平合作,高质量发展,推动粤港澳大湾区建设》,《现代教育论丛》2019 年第 1 期。

许长青:《美国大学与区域创新互动发展研究》,《中国高校科技》2017 年第 11 期。

薛岩松、卢福强:《高等学校在国家创新体系中的作用》,《科技进步与对策》2011 年第 20 期。

薛永刚:《基于 S–SEM 的区域创新系统影响因素和路径研究》,《科研管理》2021 年第 8 期。

闫春、邓阳:《人力资本与经济增长:基于超越对数生产函数的一种解释》,《中国人力资源开发》2017 年第 12 期。

杨慧玉、王会斌、张平平:《高校技术转移的机制研究》,《研究与发展管理》2005 年第 5 期。

杨九斌、王咏梅：《大学与城市：二战后美国研究型大学科研在城市创新中的角色研究》，《教育学术月刊》2020年第7期。

杨若愚：《市场竞争、政府行为与区域创新绩效——基于中国省级面板数据的实证研究》，《科研管理》2016年第12期。

杨省贵、顾新：《区域创新体系间创新要素流动研究》，《科技进步与对策》2011年第23期。

杨巍、彭洁、高续续等：《牛津大学科技成果转化的做法与思考》，《中国高校科技》2015年第9期。

杨贤金：《研究型大学要成为科技创新的主要基础》，《中国高等教育》2016年第12期。

杨屹、薛惠娟：《产业技术自主创新能力的区域差异性研究》，《中国工业经济》2010年第11期。

杨志：《高校产学研合作发展现状、困境及发展建议——基于对九十五所高校的调查》，《国家教育行政学院学报》2019年第6期。

姚崇兰：《走向世界 建设开放式大学》，《清华大学教育研究》1999年第2期。

姚思雨、何海燕：《高校科技成果转化影响因素研究——基于OrderedLogit模型实证分析》，《教育发展研究》2017年第9期。

叶林、赵旭铎：《科技创新中的政府与市场：来自英国牛津郡的经验》，《公共行政评论》2013年第5期。

易高峰、赵文华：《创业型大学：研究型大学模式的变革与创新》，《复旦教育论坛》2009年第1期。

游士兵、惠源、崔娅雯：《高校协同创新中交叉学科发展路径探索》，《教育研究》2014年第4期。

余学军、侯志峰、刘波：《合作共治与协同创新——甘肃高校与科研院所、企业联合培养研究生的探索与实践》，《学位与研究生教育》2013年第7期。

俞立平、潘云涛、武夷山：《科技评价中指标初步筛选的实证研究》，《科技进步与对策》2010年第5期。

袁传思、贾晓、袁俪欣：《高校科技成果转化实施模式与路径的探索研究》，《科技管理研究》2020年第3期。

袁广林：《大学职能的界说依据》，《现代教育管理》2010年第5期。

袁永、陈丽佳、王子丹：《英国2017产业振兴战略主要科技创新政策研究》，《科技管理研究》2018年第13期。

袁永久：《知识创新导向的研究型大学知识整合机理研究》，《图书情报工作》2013年第1期。

岳鹄、康继军：《区域创新能力及其制约因素解析——基于1997—2007省际面板数据检验》，《管理学报》2009年第9期。

臧欣昱：《区域创新系统多元主体协同创新机制研究》，博士学位论文，哈尔滨工程大学，2018年。

詹湘东：《基于知识管理的区域创新能力评价研究》，《科技进步与对策》2008年第4期。

张帆：《德国高等学校的兴衰与等级形成》，北京师范大学出版社2012年版。

张海娜、曾刚、朱贻文：《德国创新政策及其对区域发展的影响研究》，《世界地理研究》2019年第3期。

张慧明：《中外高等教育史研究》，湖南大学出版社1998年版。

张建红：《"双一流"建设背景下我国高校拔尖创新人才培养研究》，《江苏高教》2021年第7期。

张乐平、周卉：《略论研究型大学教育科技创新的资源能力建设》，《高等工程教育研究》2005年第6期。

张力、王皓：《北京高校科技成果转化率偏低的深层原因与破解路径》，《新视野》2016年第6期。

张宁宁、温珂：《中国特色国家创新系统理论初探》，《科学学研究》2022年第1期。

张蓉：《推进高校创新创业教育与区域经济协同发展》，《中国高等教育》2017年第23期。

张晓报：《我国高校跨学科人才培养面临的困境及突破——基于理念、制度和方式的分析》，《江苏高教》2017年第4期。

张雪、静丽贤、孙晖等：《基于大学联盟视角的京津冀区域高等教育合作》，《河北联合大学学报》（社会科学版）2015年第3期。

张艺：《"双一流"大学与产业部门、科研机构的三螺旋互动成效》，《中国高校科技》2020年第10期。

赵旻、陈海燕：《国际交流合作在大学的职能定位研究》，《中国高等教育》2017年第17期。

赵沁平：《发挥大学第四功能作用 引领社会创新文化发展》，《中国高等教育》2006年第Z3期。

赵沁平：《精英教育：高水平研究型大学的人才培养理念》，《中国高等教育》2004年第8期。

赵沁平：《与时俱进 适应需要 逐步在我国形成一批高水平研究型大学》，《中国高等教育》，2002年第11期。

赵勇、白永秀：《知识溢出：一个文献综述》，《经济研究》2009年第1期。

赵哲、姜华、杨慧等：《责任与使命：大学服务社会的历史渊源与现实诉求》，《现代教育管理》2011年第5期。

甄峰、黄朝永、罗守贵：《区域创新能力评价指标体系研究》，《科学管理研究》2000年第6期。

郑刚、郑青青、梅景瑶等：《大学科技园服务大学生创业的现状与提升对策——以浙大国家大学科技园为例》，《高等工程教育研究》2018年第5期。

中国科技发展战略研究小组：《中国区域创新能力报告2005—2006》，科学出版社2006年版。

中国科技发展战略研究小组：《中国区域创新能力评价报告2018》，科学技术文献出版社2018年版。

中国企业家调查系统、李兰、张泰等：《新常态下的企业创新：现状、问题与对策——2015·中国企业家成长与发展专题调查报告》，《管理世界》2015年第6期。

中国社会科学院语言研究所词典编辑室编：《现代汉语词典》（第6版），商务印书馆2012年版。

周济：《创新与高水平大学建设——在第三届中外大学校长论坛上的演讲》，第三届中外大学校长论坛，2006年。

周小丁、黄群：《德国高校与企业协同创新模式及其借鉴》，《德国研究》2013年第2期。

周亚虹、蒲余路、陈诗一等：《政府扶持与新型产业发展——以新能源为例》，《经济研究》2015年第6期。

周亚军、薛浩：《传承与构建：高校创客文化的内涵、特点及培育路径》，《中国青年研究》2020年第12期。

周亚庆、张方华：《区域技术创新系统研究》，《科技进步与对策》2001年第2期。

朱海就：《区域创新能力评估的指标体系研究》，《科研管理》2004年第3期。

朱蕾：《美国公立研究型大学参与区域发展的路径与机制研究》，硕士学位论文，浙江大学，2019年。

卓泽林、向敏：《学术资本主义视域下的大学创新创业转型》，《高教探索》2020年第3期。

卓泽林：《高等教育赋能区域发展战略的现状、挑战与对策——以京津冀、长三角、粤港澳大湾区为例》，《教育发展研究》2021年第21期。

邹晓东、李铭霞、陆国栋等：《从混合班到竺可桢学院——浙江大学培养拔尖创新人才的探索之路》，《高等工程教育研究》2010年第1期。

（二）外文文献

Amidon D. M., "Knowledge Innovation: The Common Language", *Journal of Technology Studies*, Vol. 19, No. 2, 1993, pp. 15–21.

Anselin L., Varga A. and Acs Z. J., "Local Geographic Spillovers between University Research and High Technology Innovations", *Journal of Urban Economics*, Vol. 42, No. 3, 1997, pp. 422–448.

Ashby E., *Universities: British, Indian, African – A Study in the Ecology of Higher Education*, London: The Weidenfeld and Nicolson Press, 1966, p. 1.

Asheim B. T., Isaksen A., "Location, Agglomeration and Innovation: Towards Regional Innovation Systems in Norway?" *European Planning Studies*, Vol. 5, No. 3, 1997, pp. 299–330.

Asheim B. T., Isaksen A., "Regional Innovation Systems: The Integration of Local 'Sticky' and Global 'Ubiquitous' Knowledge", *Journal of Technolo-*

gy Transfer, Vol. 27, No. 1, 2002, pp. 77 – 86.

Baker D. P., Bao W., Crist J. T., et al, *The Century of Science: The Global Triumph of the Research University*, Britain: Emerald Publishing Limited, 2017, p. 27.

Baker D. P., Bao W., Crist J. T., et al, *The Century of Science: The Global Triumph of the Research University*, Britain: Emerald Publishing Limited, 2017, p. 12.

Baker D. P., Bao W., Crist J. T., et al, *The Century of Science: The Global Triumph of the Research University*, Britain: Emerald Publishing Limited, 2017, p. 20.

Baker D. P., Bao W., Crist J. T., et al, *The Century of Science: The Global Triumph of the Research University*, Britain: Emerald Publishing Limited, 2017, p. 13.

Barra C., Zotti R., "The Contribution of University, Private and Public Sector Resources to Italian Regional Innovation System (in) Efficiency", *The Journal of Technology Transfer*, Vol. 43, No. 2, 2018, pp. 432 – 457.

BeanitzS., Feldman M. P., "The Engaged University", *Journal of Technology Transfer*, Vol. 37, No. 2, 2012, pp. 139 – 157.

Bender T., Schorske C., *American Academic Culture in Transformation: Fifty Years, Four Disciplines*, Princeton: Princeton University Press, 1998, p. 17.

Benneworth P., Pinheiro R., Karlsen J., "Strategic Agency and Institutional Change: Investigating the Role of Universities in Regional Innovation Systems (RISs)", *Regional Studies*, Vol. 51, No. 2, 2017, pp. 235 – 248.

Black G. J., Apfel H., *The Top 50 Universities Producing VC – backed Entrepreneurs 2018 – 2019*, PitchBook Data, 2018, p. 10.

Bonander C., Jakobssen N., et al, "Universities as Engines for Regional Growth? Using the Synthetic Control Method to Analyze the Effects of Research Universities", *Regional Science & Urban Economics*, Vol. 60, 2016, pp. 198 – 207.

Braczyk H. J., Cooke P., Heidenreich M., eds., *Regional Innovation Sys-*

tems, London: UCL Press, 1998.

Branscomb L. M., Kodama F., Florida R. L., *Industrializing Knowledge: University – Industry Linkages in Japan and the United States*, Cambridge: The MIT Press, 1999, pp. 589 – 610.

Broekel T., Brenner T., "Regional Factorsand Innovativeness: An Empirical Analysis of Four German Industries", *The Annals of Regional Science*, Vol. 47, 2011, pp. 169 – 194.

Calcagnini G., Favaretto I., Giombini G., et al, "The Role of Universities in the Location of Innovative Start – ups", *Journal of Technology Transfer*, Vol. 41, No. 4, 2016, pp. 670 – 693.

Carayannis E. G., Campbell D. F. J., " 'Mode 3' and 'Quadruple Helix': Toward a 21st Century Fractal Innovation Ecosystem", *International Journal of Technology Management*, Vol. 46, No. 3 – 4, 2009, pp. 201 – 234.

Chaminade C., Vang J., "Globalisation of Knowledge Production and Regional Innovation Policy: Supporting Specialized Hubs in the Bangalore Software Industry", *Research Policy*, Vol. 37, No. 10, 2008, pp. 1684 – 1696.

Checkoway B., "Reinventing the Research University for Public Service", *Journal of Planning Literature*, Vol. 11, No. 3, 1997, pp. 307 – 319.

Coenen, L., "The Role of Universities in the Regional Innovation Systems of the North East of England and Scania, Sweden: Providing Missing Links?" *Environment and Planning C: Government and Policy*, Vol. 25, No. 6, 2007, pp. 803 – 821.

Commission on Intellectual Property Rights, *Integrating Intellectual Property Right and Development Policy*, Report of the Commission on Intellectual Property Rights, London, September, 2002.

Cooke P., "Regional Innovation Systems: Competitive Regulation in the New Europe", *Geoforum*, Vol. 23, No. 3, 1992, pp. 365 – 382.

Cooke P., Heidenreich M. and Braczyk H. J., eds., *Regional Innovation System: the Role of Governance in the Globalized World* (2nd Edition), London: Routledge, 2004.

Cooke P., Schienstock G., "Structural Competitiveness and Learning Regions", *Enterprise and Innovation Management Studies*, Vol. 1, No. 3, 2000, pp. 265 – 280.

Cooke P., Uranga M. G., Etxebarria G., "Regional Innovation Systems: Institutional and Organisational Dimensions", *Research Policy*, Vol. 26, No. 4 – 5, 1997, pp. 475 – 491.

Cowan R., David P. A., Foray D., "The Explicit Economics of Knowledge Codification and Tacitness", *Industrial and Corporate Change*, Vol. 9, No. 2, 2000, pp. 211 – 253.

Cowan R., Zinovyeva N., "University Effects on Regional Innovation", *Research Policy*, Vol. 42, No. 3, 2013, pp. 788 – 800.

Cunningham J. A., Lehmann E. E., Menter M., Seitz N., "The Impact of University Focused Technology Transfer Policies on Regional Innovation and Entrepreneurship", *The Journal of Technology Transfer*, Vol. 44, No. 5, 2019, pp. 1451 – 1475.

Department for Business, Energy & Industrial Strategy (BEIS), Corp Creator, *International Comparison of the UK Research Base*, London: BEIS, 2019.

Doloreux D., "What We Should Know about Regional Systems of Innovation", *Technology in Society*, Vol. 24, No. 3, 2002, pp. 243 – 263.

Doloreux D., Bitard P., Hommen L., "Identifying Regional Innovation Systems in a Globalising Economy: A Plead for an Integrated View", II Globelics Conference, Beijing, China, 2004.

Dutta S., Lanvin B. and Wunsch S. – Vincent eds., *The Global Innovation Index 2020: Who Will Finance Innovation?* Cornell University, INSEAD and the World Intellectual Property Organization, 2020.

Eickelpasch A., "Innovation Policy in Germany: Strategies and Programmes at the Federal and the Regional Level", Incontri di Artimino sullo Sviluppo Locale, XXII edition, Artimino (Prato, Italy), 8 – 10 October, 2012.

Feldman M., Desrochers P., "Research Universities and Local Economic Development: Lessons from the History of the Johns Hopkins University", *Industry and Innovation*, Vol. 10, No. 1, 2003, pp. 5 – 24.

Florida R., Gaetani R., "The University's Janus Face: The Innovation – Inequality Nexus", *Managerial and Decision Economics*, Vol. 41, No. 6, 2020, pp. 1097 – 1112.

Freeman C., *Technology Policy and Economic Performance: Lessons from Japan*, London and New York: Pinter Publishers, 1987.

Fritsch M., Slavtchev V., "Universities and Innovation in Space", *Industry and Innovation*, Vol. 14, No. 2, 2007, pp. 201 – 218.

Furman J. L., R. Hayes., "Catching Up or Standing Still? National Innovative Productivity among 'Follower' Countries, 1978 – 1999", *Research Policy*, Vol. 33, No. 9, 2004, pp. 1329 – 1354.

Gurmu S., Black G. C., Stephan P. E., "The Knowledge Production Function for University Patenting", *Economic Inquiry*, Vol. 48, No. 1, 2010, pp. 192 – 213.

Hollanders H., Nordine Es – Sadki, Iris Merkelbach, *Regional Innovation Scoreboard* 2019, European Union, 2019.

Howells J., "Regional Systems of Innovation?" in Archibugi D., Howell J., Michie J., eds., *Innovation Policy in a Global Economy*, Cambridge: Cambridge University Press, 1999, pp. 67 – 93.

Isaksen A., "Building Regional Innovation Systems: Is Endogenous Industrial Development Possible in the Global Economy?" *Canadian Journal of Regional Science*, Vol. 24, No. 1, 2001, pp. 101 – 120.

Jaffe A. B., "Real Effects of Academic Research", *The American Economic Review*, Vol. 79, No. 5, 1989, pp. 957 – 970.

Karlsson C., Zhang W. B., "The Role of Universities in Regional Development: Endogenous Human Capital and Growth in a Two – region Mode", *Regional Science*, No. 35, 2001, pp. 179 – 197.

Lee Y. S. "'Technology Transfer' and the Research University: A Search for the Boundaries of University – Industry Collaboration", *Research Policy*, Vol. 25, No. 6, 1996, pp. 843 – 863.

Logsdon J. M., "Interests and Interdependence in the Formation of Social Problem – Solving Collaborations", *Journal of Applied Behavioral Science*, Vol. 27, No. 1, 1991, pp. 23 – 37.

Madsen A. N., Andersen P. D., "Innovative Regions and Industrial Clusters in Hydrogen and Fuel Cell Technology", *Energy Policy*, Vol. 38, No. 10, 2010, pp. 5372 – 5381.

Martin G., Gollan P. J. and Grigg K., "Is There a Bigger and Better Future for Employer Branding? Facing Up to Innovation, Corporate Reputations and Wicked Problems In SHRM", *International Journal of Human Resource Management*, Vol. 22, No. 17, 2011, pp. 3618 – 3637.

Nelson R. R., *National Innovation Systems: A Comparative Analysis*, Oxford: Oxford University Press, 1993, pp. 13 – 28.

Nelson. R. R., *National Innovation System: A Comparative Analysis*. Oxford: Oxford University Press, 1993, pp. 13 – 28.

Perri 6, "Joined – Up Government in the Western World in Comparative Perspective: Preliminary Literature Review and Exploration", *Journal of Public Administration Research and Theory*, Vol. 14, No. 1, 2004, pp. 103 – 138.

Pinto H., Guerreiro J., "Innovation Regional Planningand Latent Dimensions: The Case of the Algarve Region", *The Annals of Regional Science*, Vol. 44, No. 2, 2010, pp. 315 – 329.

Piqué Josep M., Berbegal – Mirabent J., Etzkowitz H., "The Role of Universities in Shaping the Evolution of Silicon Valley's Ecosystem of Innovation", *Triple Helix Journal*, Vol. 7, No. 2 – 3, 2020, pp. 1 – 45.

Ramos – Vielba I., Fernández – Esquinas M. and Espinosa – de – los – Monteros E., "Measuring University – Industry Collaboration in a Regional Innovation System", *Scientometrics*, Vol. 84, No. 3, 2010, pp. 649 – 667.

Rawlings H., "The Modern Research University: Intellectual Innovator and Cultural Bridge", *Procedia – Social and Behavioral Sciences*, Vol. 2, No. 5, 2010, pp. 7192 – 7197.

Revilla Diez J., Kiese M., "Regional Innovation Systems", *International Encyclopedia of Human Geography*, 2009, pp. 246 – 251.

Schiuma G., Lerro A., "Knowledge – based Capital in Building Regional Innovation Capacity", *Journal of Knowledge Management*, Vol. 12, No. 5, 2008, pp. 121 – 136.

Schultz T. W., "Investment in Human Capital", *The American Economic Review*, Vol. 51, No. 1, 1961, pp. 1 – 17.

Scott P., *The Globalization of Higher Education*, Buckingham: SRHE and Open University Press, 1998, pp. 70 – 87.

Sharpe S., Cristina Martinez – Fernandez, "Measuring Regional Knowledge Resources: What Do Knowledge Occupations Have to Offer?" *Innovation: Management, Policy & Practice*, Vol. 9, No. 3 – 4, 2007, pp. 262 – 275.

Takeda Y., Kajikawa Y., Sakata I., et al, "An Analysis of Geographical Agglomeration and Modularized Industrial Networks in a Regional Cluster: A Case Studyat Yamagata Prefecture in Japan", *Technovation*, Vol. 28, No. 8, 2008, pp. 531 – 539.

Tiffin S., Kunc M., "Measuringthe Roles Universities Play in Regional Innovation Systems: A Comparative Study between Chilean and Canadian Natural Resource – based Regions", *Science and Public Policy*, Vol. 38, No. 1, 2011, pp. 55 – 66.

Trippl M., Sinozic T., Lawton Smith H., "The Role of Universities in Regional Development: Conceptual Models and Policy Institutions in the UK, Sweden and Austria", *European Planning Studies*, Vol. 23, No. 9, 2015, pp. 1722 – 1740.

Trippl M., Tödtling F., "Developing Biotechnology Clusters in Non – high Technology Regions: The Case of Austria", *Industry and innovation*, Vol. 14, No. 1, 2007, pp. 47 – 67.

University of Cambridge, *Annual Reports of the Council and the General Board* 2019, University of Cambridge Annual Reports 2019.

University of Cambridge, *Reports and Financial Statements* 2019, University of Cambridge Annual Report 2019.

Walshok M. L., *Knowledge Without Boundaries: What America's Research Universities Can Do for the Economy, the Workplace, and the Community*, San Francisco: Jossey – Bass Publishers, 1995.

Wolfgang A. H., Tina H. *Technical University of Munich – The Entrepreneurial University*. Munich: Druckerei Joh Walch GmbH, 2011, p. 5.

Zabala – Iturriagagoitia J. M., Voigt P., Gutiérrez – Gracia A., et al, "Regional Innovation Systems: How to Assess Performance", *Regional Studies*, Vol. 41, No. 5, 2007, pp. 661 – 672.

后 记

选择研究型大学与区域创新这一主题，缘于对大学与城市互动的关注。在分别完成了"美国研究型大学与城市互动机制研究""高校与城市互动模式与机制比较研究"两项研究后，我们越来越发现，随着大学与社会的联系日益密切，大学在区域中的作用愈加凸显。特别是在一些创新能力强的区域，大都聚集着不同类型的高等教育机构，他们各具特色，分类发展，与区域产业密切联系，有力地支撑着区域经济和社会的发展。研究型大学是各类高等教育机构中的耀眼明珠，他们在提升区域创新能力、推动区域创新发展方面发挥着最为突出的作用。特别是近年来，实施创新驱动发展战略已经成为我国发展的迫切要求，同时也被置于国家发展全局的核心位置。区域创新是国家创新体系的重要组成部分，研究型大学作为创新人才培养的高地和基础研究、科技创新的中坚力量，在区域创新中发挥着重要的引领作用。基于此，本书选择了研究型大学如何引导区域创新这一问题进行深入研究。

本书是国家社科基金教育学一般课题"研究型大学引导区域创新的协同动力机制与优化路径研究"（课题批准号：BIA170172）的研究成果。课题聚焦研究型大学引导区域创新的协同动力机制这一核心问题，围绕"研究型大学为何能够引导区域创新、如何引导区域创新、引导区域创新的现状如何，以及如何更好地在区域创新中发挥引导作用"等问题展开研究。通过综合运用文献研究法、比较分析法、统计分析法、案例研究法等研究方法，本书作为课题成果阐明了研究型大学引导区域创新的外部诉求和内在逻辑，阐述了研究型大学引导区域创新的内部动力、外部动力和协同机理，总结了国外研究型大学引导区域创新的典型经验与特色，以京津冀和长三角地区为例分析了我国研究型大学引导区域创新的现状及典型案例，最后基于现实困境提出了我国研究型大学引导区域创新的路径。全书尽量做到理论与实践统一、国内与国外兼顾、定性与定量结合，希望能够深刻揭示研究型大学在区域创新中的引领性作用及其作用机制，为我国实施创新驱动发展战略、提高研究型大学服务区域创新的能力提供理论和实践参考。

  本书的出版离不开各位专家的大力支持和课题组成员的共同努力。特别要感谢我的导师、北京师范大学国际与比较教育研究院教授王英杰先生。先生一直关心课题研究工作，书稿完成后欣然答应为本书作序，给予我莫大的支持和鼓励，令我十分感动。课题研究工作历时近五年，其间多次邀请各位专家给予指导，在此向为课题研究贡献智慧和提供帮助的各位专家学者致以诚挚的谢意！课题组成员多次召开研讨会，商讨研究方案，推进研究进展，向课题组各成员表示衷心感谢！我的博士、硕士研究生们积极参与课题研究工作，其中，王佳昕、李欣旖参与第二、四章，李莹参与第三、八章，陶金虎、任珺楠参与第六、七、八章，余江涛、姚嘉玉、赵蓓、邢颖洁参与第五章，韩通、廖丽心参与国内外研究现状梳理，郑宜坤、赵折折参与部分数据录入工作，在此一并向他们表示感谢。本书由郄海霞对研究思路、研究框架和研究内容进行整体设计，并负责绪论、第一至五章和结语部分，董伟负责第六至八章。最后，郄海霞对全书内容进行整体修改和完善，陶金虎对全书注释和参考文献格式进行统一修订。

  本书的出版得到了国家社科基金（教育学）、天津大学社科处和天津大学教育学院的大力支持，在此特别感谢。同时也感谢中国社会科学出版社的大力支持和责任编辑张林女士的辛苦付出。

  由于水平所限，书中纰漏在所难免，敬请广大读者批评指正。

郄海霞
2022 年 11 月 12 日